제3판

영유아교육의 교수학습방법

김희진·김언경 지음

도서출판 파란마음

2007년 출판된 책을 5년이 지난 2013년 개정한 후 10년 만에 개정판을 다시 준비하게 되었습니다. 준비하는 과정에서 가장 고민되는 것은 어떤 것을 덜어내고 어떤 것을 더 할지를 결정하는 일이었습니다. 지난 10년간 유아교육계의 변화 반영하기, 개정된 국가 수준 교육과정을 구현하는 데 필요한 교수학습방법 포함하기, 현재 상황에서 필요하지 않은 교수학습방법 삭제하기, 새로 주목받는 교수학습방법 소개하기 등을 목표로 삼아 이런저런 조사와 연구를 하였습니다.

조사와 연구 결과, 다음의 측면을 개정판에서 강조해야 한다고 생각했습니다. 첫째, 3~5세 유아를 대상으로 새로 개발된 2019 개정 누리과정과 0~2세 영아를 대상으로 시행되고 있는 표준보육과정에서 강조되는 것을 반영하고자 노력하였습니다. 둘째, 0~2세 영아와 3~5세 유아를 같은 방법으로 지도하고 있는 현실을 개선하도록 영아를 지도하는 데 알아야 할 교수학습방법의 핵심에 대해 더 자세히 밝히려고 노력하였습니다. 셋째, 3, 4, 5세를 가르칠 때 성장과 발달의 경향이 다름을 어떻게 교수학습방법 측면에 반영할 수 있을지를 더 구체적으로 제시하였습니다.

한편으로 이 책에 담긴 전반적인 내용을 살펴보니 저자가 생각하기에 너무 기본적인 것이 많아 일부분을 삭제할까 고민하면서 현장의 의견을 구하였습니다. 그러나 이 책에서 제안하는 방식대로 가르치는 현장이 오히려 드물며, 근거를 찾을 수도 없는 교수학습 방법을 활용하는 현장이 아직 많다는 의견을 주시는 분이 상당히 있었습니다. 그래서 기본적인 것조차 기본인지 모르는 경우에 참고할 수 있도록 그대로 두기로 하였습니다. 그 외 개정 교육과정에 맞춰 교육계획안을 새롭게 작성하였으며, 도움을 주신 이화어린이 연구원 전 교사 송정아님에게 감사의 인사를 드립니다.

2007년에 준비했던 머리말도 다 삭제하고 다시 준비할까 고민했었습니다. 다시 읽어 보니 기본적인 내용이지만 여전히 중요한 내용을 담고 있기에 이 역시 그대로 두기로 하였습니다. 새로 준비한 책을 펼쳐 사용하기 전에 아래에 이어지는 초판의 머리말도 읽어 보시기를 권합니다.

영유아를 대상으로 하는 교육은 초등 이상의 각급 학교에서 하는 교육과 본질적으로 다른 측면이 많으며, 대표적인 차이점은 교과서가 없다는 것과 교수학습방법이 다르다는 것입니다. 무엇을 어떻게 가르쳐야 한다는 구체적인 지침이 없기 때문에 영유아를 대상으로 하는 교육을 잘하기 위해서는 교사의 능력과 노력이 더욱 요구됩니다.

이 책은 어떻게 가르쳐야 할 것인가를 다시 생각해 보기 위해 준비했습니다. 현장을 관찰하면 영유아의 학습 특성을 이해하고 잘 가르치는 교사도 계시지만, 초·중등 학교에서 가르치는 방법으로 가르치는 교사도 많았습니다. 교사와 이야기를 나눠보면 자신의 교수법이 옳은지 그른지에 대한 확신이 없거나, 잘 모르기 때문에 선배 교사가 하던 대로 따라한다는 분도 계셨습니다. 학부생의 경우에도 각 교과목에서 지도 방법을 배우지만 과목마다 다르게 배우거나, 모든 과목을 듣는 것이 아니기 때문에 특정 활동을 위한 교수법은 전혀 배우지 못한 채 졸업해서 현장으로 가기도 합니다. 따라서 유아교육 현장에서 일하는 교사가 교수학습방법 측면에서 알아야 할 모든 내용을 다시 정리할 필요를 느꼈습니다. 다양한 형태의 유아교육기관에서 다양한 연령을 지도하거나 지도할 모든 유아 교육인에게 도움이 되기를 희망합니다.

이 책은 여러 번의 개정을 거쳐왔습니다. 고 이정환 교수님이 쓰신 1993년 초고에 2007년 새로운 경향을 추가하여 반영하라는 말씀을 따라 이정환, 김희진 공저로 다시 개정되었습니다. 생존 시에 이 책을 매우 자랑스러워하셨고, 본인이 돌아가시면 새로운 저자를 추가하여 이 책이 현장에 오래 기여할 수 있게 되길 바라셨습니다. 이정환 교수님의 유고를 받들어 이 책을 지속적으로 발전시킬 수 있는 신진학자와 개정 작업을 하게 되었습니다.

이 책의 내용은 이화여자대학교 사범대학 초대 학장이셨던 김애마 선생님의 강의, 이정환 교수님을 비롯한 많은 선배님들의 가르침, 그동안 배운 이론, 현장 교사로서의 경험과 현장 지도 시의 관찰 경험이나 교사의 조언 등에 기대고 있습니다. 특히, 김애마 선생님과 선배 선생님들의 가르쳐 주셨던 유아교육의 원리가 현재에도 그리고 앞으로도 변함없이 적용되는 원리라는 것을 느낄 때마다 새삼 고개가 숙여집니다. 유아교육의 본질이 쇠퇴해가고 적절하지 않은 교수학습방법이 무분별하게 사용되기도 하는 현실에서 이 책이 유아교육의 근본이 무엇인지 알리는 데 미약하나마 기여하기를 희망합니다.

2024년 8월

저자

Chapter 5 행사

Chapter 1

유아교육기관의 필요성과 교육 및 보육과정의 이해

1. 유아교육기관의 필요성
2. 2019 개정 누리과정과 제4차 표준보육과정의 이해
3. 2019 개정 누리과정에 따른 영역별 지도 방안

» 0~5세의 일반적인 유아를 의미할 때는 '유아'라는 용어를 사용함

» 특별히 연령을 구분할 필요가 있을 때는 'O~O세 영아 또는 유아'라는 용어를 사용함

» 2024년에 시행되고 있는 교육과정은 2019 개정 누리과정(3~5세)과 제4차 표준보육과정(0~1세 보육과정, 2세 보육과정)임

» 특정 시기에 시행된 교육과정에 포함된 내용을 기술할 때는 그 시기에 사용된 교육과정 명칭을 사용하고 일반적 의미에서 서술할 때는 '교육과정', 3~5세 유아를 위한 교육과정은 '누리과정', 0~2세 영아를 위한 보육과정은 '표준보육과정'이라는 용어를 사용함

» 유보통합 및 정부조직법(법률 제20145호, <개정 2023. 12. 26.> <시행 2024. 06. 27.>)에 따라 교육부로 보육 업무가 통합·이관되어 본 서에서는 교육과 보육을 구분하지 않고 '교육'이라는 용어로 통일함

1 유아교육기관의 필요성

유아교육기관은 유아가 전인적으로 성장하는 데 도움을 주도록 구성된 교육과정에 따라 교육 목표와 교육 내용을 설정하고 교육적으로 의미 있는 활동을 통해 이를 실현하는 곳이다. 유아교육기관에는 유아의 다양한 욕구와 흥미, 그리고 발달 차이를 수용할 수 있는 시설, 교수 자료와 놀잇감 같은 물리적 환경과 전문적 능력을 갖춘 교사와 또래 집단 같은 인적 환경이 준비되어 있다. 유아는 전문적인 교육과정, 적절한 물리적 환경, 최적의 인적 환경이 갖춰진 유아교육기관에서의 상호작용을 통해 함께 놀면서 배우고 성장한다.

초등학교 입학 전의 5세 이하 유아를 대상으로 교육하는 유아교육기관은 유아기에 반드시 필요하다. 생의 초기에 해당하는 유아기는 타고난 잠재적 능력을 기반으로 신체 · 인지 · 언어 · 사회 · 정서 능력이 발달하고 사회적 상황과 끊임없이 상호작용하면서 사회적 존재로 성장해 나가는 시기이다. 이 시기에 유아는 물리적 환경뿐 아니라 부모를 비롯한 가족 구성원, 또래 집단이나 교사와 같은 인적 환경으로부터 성장과 발달에 필요한 경험과 자극을 받으며 자란다. 물리적 · 인적 환경이 제공하는 경험은 유아가 살아가는 사회의 요구와 변화에 따라 다양한 형태로 영향을 미친다. 특히 과거에 비해 유아가 하루 중 많은 시간을 유아교육기관에서 지내는 점을 고려한다면 여러 환경 중에서 유아교육기관이 유아의 성장과 발달에 중요한 영향을 미침은 의심할 여지가 없다. 유아교육기관에서 이루어지는 교육이 유아의 삶에 어떤 의미를 갖는지를 발달적 측면, 사회적 측면, 연계적 측면에서 살펴보고자 한다.

1) 발달적 측면

영아기와 유아기는 신체 · 인지 · 언어 · 사회 · 정서적 발달의 결정적 시기로 모든 면에서 성장과 발달이 왕성하게 일어나는 시기이다. 영아기와 유아기를 거치면서 체격 및 운동 능력은 완전히 다른 모습과 능력으로 성장하며, 옹알이에서 시작한 언어 능력은 자신의 생각을 능숙한 어휘와 문장으로 표현할 수 있는 정도로 발달하게 된다. 감각 기관을 이용하여 주변 환경을 탐색하던 능력은 자신의 호기심을 구체적인 방법으로 탐색하는 인지적 능력으로 발달한다. 유아는 점차 자신의 정서를 조절하여 다른 사람과 원만하게 의사소통하고 관계를 형성해 가는 방법을 배워나간다. 영아기와 유아기의 성장과 발달을 촉진하기 위한 경험과 환경은 발달적으로나 개인적으로 적합하도록 제공되어야 한다. 각 영역의 발달을 살펴보면 다음과 같다.

(1) 신체 발달

출생에서부터 유아기에 이르기까지의 신체 발달은 일생 중 어느 때보다도 빠르게 나타날 뿐만 아니라 그 변화도 가장 크다. 특히 영아기는 신장과 체중뿐 아니라 운동 능력도 급속하게 발달하는 시기이며, 유아기를 거치면서 신체의 비율도 점차 성인의 비율에 가까워진다. 유아는 성인에 비해 움직임이 활발하고 운동량이 많다. 달리기, 높이뛰기, 구르기, 기어오르기와 같은 이동 운동이 점차 능숙하고 정교해지며 좀 더 복잡한 말 뛰기, 앙감질하기와 같은 동작도 가능해진다. 유아기 후기에 이르면 기구를 이용한 다양한 운동도 원활하게 할 수 있으며, 소근육 기능이 정교해짐에 따라 쓰기나 만들기 같은 활동도 능숙해진다.

(2) 인지 발달

영아기에는 기본적인 반사 능력과 감각 기관을 사용하여 직접 만지고, 먹어보고, 냄새를 맡고, 소리를 들음으로써 주변 환경을 탐색하고 이해한다. 이에 더해 자발적인 탐색 동기와 성인의 적절한 지원으로 인하여 점차 새로운 개념과 기술을 학습한다. 유아기에 이르면 언어 능력과 표상 능력이 발달하게 되므로 감각적 정보뿐만 아니라 논리적으로 사고하기, 예측하기, 상상하기와 같은 정신적 능력을 사용하여 문제를 해결한다. 유아의 경험이 확장되고 인지적 문제해결을 위한 정신적 도구가 세련되어짐에 따라 인지적인 능력이 점차 고도화된다.

(3) 언어 발달

탄생의 첫울음과 함께 시작된 음성적 자기표현은 영아기의 쿠잉, 옹알이, 한 단어로 표현하는 일어문 시기를 거치면서 2세경에는 50여 개의 단어를 기반으로 두 단어로 문장을 구성하는 전보문 시기가 된다. 유아의 언어적 표현 능력은 점차 발전하며, 사회적 경험이 확대되고 인지 능력이 발달함에 따라 어휘의 양과 표현이 다양해지며 풍부하고 정교해진다. 4세경에는 자신의 생각과 느낌을 비교적 완전한 문장으로 말할 수 있고 대화를 즐기며 문자에 관심을 나타내기도 한다. 5세경에는 논리적으로 말하는 능력이 더욱 발달하고 문법적으로도 거의 정확한 문장을 사용한다. 또한 문해 활동에 대한 관심이 높아지면서 읽거나 쓰려는 시도가 증가한다.

(4) 사회성 발달

유아가 맺는 최초의 사회적 관계는 부모 또는 양육자와의 관계이다. 부모 또는 양육자와의 긴밀하고 신뢰로운 관계는 건강한 애착 관계를 형성하도록 돕고, 지속적으로 유아의 사회성 발달과 성숙에 영향을 미친다. 영아의 생활 반경이 점차 넓어지고 부모와 가족 이외에 유아교육기관의 교사와 또래 집단으로 사회적 관계가 확대되면서 놀이의 형태도 혼자놀이에서 타인에게 관심 표현하기, 병행놀이로 발달해 간다. 3~4세경의 유아는 또래와의 상호작용이 빈번해짐에 따라 자기중심적인 면에서 차츰 벗어나고 다른 사람과 협동적이고 공정한 관계를 유지해 나갈 수 있는 사회적 기술을 배운다. 5세경이 되면 유아는 협동적인 기술을 더 발휘하고, 집단에서의 규칙에 대한 인식이 발달하며, 선호하는 친구와의 우정을 형성하기도 한다.

(5) 정서 발달

슬픔, 화남, 기쁨 등 단순한 감정을 표현하던 영아는 점차 감정이 분화되면서 자신의 감정을 다른 사람에게 받아들여질 수 있는 적당한 방법으로 표현하는 능력이 발달한다. 3세 유아에게 다른 사람의 감정을 받아들이고 자신의 감정을 억제하는 일은 아직 어렵다. 하지만 4세 유아는 다른 사람의 감정을 동일시하여 서로 비슷한 감정으로 공감할 수 있으며, 부적절한 방법으로 감정을 표현하는 것이 점차 줄어든다. 5세 유아는 정서의 조절력이 발달하여 자신의 느낌과 감정을 표현하는 적절한 방법을 알게 되며, 상대방의 입장을 이해하고 자신의 정서를 억제하거나 긍정적으로 표현한다. 또한 인지적 능력과 자아 개념이 발달함에 따라 수치심, 죄책감, 창피함 같은 2차적인 정서도 나타난다.

2) 사회적 측면

유아교육의 내용과 방법은 사회구조의 변화, 문화의 발달, 시대적 요청, 지식에 대한 관점의 변화 등 사회적 요인의 영향을 받아 변화하고 발전해 간다. 즉, 사회적인 요구를 수용하기도 하고 사회적인 변화가 유아교육의 외부적인 형태를 재조직하기도 한다. 유아교육이 가지는 가치의 중요성, 유아교육에 대한 관점, 유아교육에 부과되는 책무감 또한 사회적인 변화와 유기적 관계를 맺으며 변화되어 간다. 이와 같은 관점에서 유아교육기관의 교육에 요구되는 사회적 측면에 대해 살펴보고자 한다.

(1) 가족 제도의 변화에 따른 유아교육기관의 필요성

급변하는 현대 사회의 사회·경제적인 구조로 인하여 핵가족화, 형제 수의 감소와 같은 가족 형태의 변화뿐 아니라 가족 구조의 변화도 나타나고 있다. 이혼 가족, 재혼 가족, 미혼부모 가족, 편부모 가족, 조손 가족, 미성년부모 가족, 입양 가족 등 현대 사회의 가족 구조에서 나타나는 여러 가지 변화는 가족의 전통적인 기능을 변화시킨다. 전통적인 가족 구조에서는 부모 및 조부모, 나이 든 형제와 가까운 친척들이 유아기 자녀를 신체적, 심리적으로 돌보고 사회의 구성원으로 성장하도록 교육하는 기능을 담당하였다. 그러나 전통적인 가족의 기능만으로는 부모가 가지는 교육적 기대감을 충족시킬 수 없게 되었으며, 현대의 가족 구조는 가족 구성원 내에서의 돌봄과 교육의 기능을 약화시켰다. 유아는 어린 나이부터 유아교육기관에 다니게 되고, 유아교육기관에서는 그에 따른 기능을 담당한다.

가족 제도의 변화는 지역사회 및 주거 환경의 변화와도 관련되는데 이웃과 개방적이던 전통적인 주거 환경은 이웃과의 관계가 매우 제한적인 아파트와 같은 폐쇄적인 주거 환경으로 바뀌었다. 폐쇄적인 주거 환경은 지역사회에서 또래와 자연스럽게 접촉하고 사회적 관계를 형성하던 전통 사회에 비해 유아가 또래집단을 경험할 수 있는 기회를 축소시킨다. 그러므로 부모는 또래 간의 사회적 상호작용의 기회를 제공하고자 하는 목적으로 어린 자녀를 유아교육기관에 보내며 또래관계가 주는 긍정적인 교육 경험을 자녀가 받길 원한다.

(2) 취업모의 증가에 따른 유아교육기관의 필요성

기혼 여성의 사회 진출이 증가하면서 가정을 대체하여 유아기 자녀를 돌보고 교육할 수 있는 유아교육기관의 확대를 부모는 강력하게 요구하고 있다. 취업모는 자녀 양육의 전통적인 역할을 전적으로 담당할 수 없으므로 유아교육기관에 그 역할을 일임해야 하기 때문이다.

국가적인 차원에서도 여성과 남성의 경제 활동 및 사회 참여를 지원하고 안정적인 자녀양육을 위한 책임을 사회와 국가가 담당해야 한다는 관점에서 유아의 양육에 대한 재정적 지원을 대폭 늘리고 있다. 이와 같은 사회적인 변화는 유아교육기관에서 교육을 받는 유아의 수를 증가시키고 있으며 유아교육을 담당하는 기관의 유형 다양화와 운영시간 연장에도 영향을 미치고 있다.

(3) 교육 기회의 균등한 제공을 위한 유아교육기관의 필요성

1960년대 미국에서 시작된 헤드 스타트 프로그램은 모든 유아에게 교육적으로 균등한 기회를 제공하려는 최초의 시도였다. 미국뿐만 아니라 세계 각국에서는 부모의 낮은 학력, 주류 문화권과 다른 문화적 · 인종적 배경, 어려운 경제적 상황, 안정적이지 못한 가족의 구조, 유아가 가지고 있는 장애 등에 의해 유아가 받는 부정적인 영향을 최소한으로 줄이기 위해 다양한 노력을 기울여 왔다. 그런 노력 중의 하나가 인생의 출발점에 선 유아에게 양질의 교육을 제공하는 것이고, 우리나라의 유아교육기관도 그러한 역할을 수행하고 있다.

양질의 교육은 최적의 환경에서 성장하지 못하는 유아에게 초등학교 입학 전부터 나타나는 신체, 인지, 언어, 사회 및 정서 발달의 차이를 극복하게 하고 공평한 출발선에서 잠재력을 발휘하도록 도와준다. 우리나라도 이런 목적으로 다양한 이유에서 어려움을 겪고 있는 유아와 그 부모에게 다양한 지원을 하고 있다. 재정적으로는 세금이나 교육·보육료의 감면을 통해 지원하고, 현실적으로는 유아교육기관 우선 입학이나 다양한 사회복지제도와의 연결을 통해 지원하고 있다. 유아교육기관은 이러한 지원이 이루어지는 데 핵심적인 역할을 하며 유아에게 균등한 출발선을 보장한다는 측면에서 매우 중요하다.

(4) 유아의 권리 보호를 위한 유아교육기관의 필요성

유아는 신체 · 인지 · 언어 · 사회 · 정서 측면에서 발달하고 있기 때문에 성인의 보호와 지원을 받아야 한다. 유아가 보호받아야 할 권리는 기본적으로 의식주를 제공받을 권리부터 사랑받고 존중받을 권리, 교육받을 권리, 차별받지 않고 안전하게 양육되고 보호될 권리, 놀이할 권리까지 다양하다.

그러나 현대 사회에서 유아는 당연히 누려야 할 권리를 누리지 못하는 경우가 많다. 부모의 경제적 어려움, 가정불화, 아동 학대와 방임, 오염된 환경과 기후 변화, 빠르게 변화하는 과학 기술, 교통사고를 포함한 다양한 안전사고 위험 등에 노출되어 있다. 또한 유아기가 성장과 발달의 최적기라는 연구 결과가 발표되면서 부모들은 유아기 자녀에게 부적절하거나 과잉으로 조기 특기교육을 시키고 있다. 유아는 자유롭게 놀 시간도 없이 유아기에 적절하지 않은 교수학습방법을 사용하는 사교육기관에서 교육을 받기 때문에 스트레스에 시달리고 있다.

유아교육기관은 전문적인 교육을 받아 유아의 발달과 학습 기제를 이해하는 교사가 최적의 물리적 환경을 준비하고 유아에게 적절한 교수학습방법을 사용하여 긍정적인 경험을 제공하는 곳이다. 유아교육기관은 유아가 또래와 전문가인 교사와 상호작용하며 양질의 교육과 보호를 받는 곳이므로 이들의 다양한 권리가 존중될 수 있다.

3) 연계적 측면

유아교육기관은 유아가 최초로 집단생활을 하는 교육기관으로, 일상적인 가정생활에서 형식적인 집단생활로의 전이가 자연스럽게 이루어지도록 지원하는 기관이다. 가정에서는 유아의 개인적 생활 패턴이나 행동 패턴이 최대한 존중되지만 여러 명의 유아가 함께 교육받는 유아교육기관에서는 개인의 욕구를 다른 유아의 욕구와도 조화를 이루도록 해야 하므로 자연스럽게 집단생활에 필요한 규칙을 이해하게 된다.

가정생활에서 집단생활로의 전이가 순조롭게 이루어지지 않는다면 유아는 심한 스트레스를 받는다. 한 번도 보지 못한 새로운 친구, 선생님과 지내야 하고, 새로운 물리적 환경에 적응해야 하며, 정해진 하루 일과와 다양한 규칙에 적응해야 하므로 유아가 스트레스를 받을 수 있다. 따라서 유아교육기관에서는 가정과 유사한 물리적 환경을 제공할 뿐 아니라 모든 측면에서 개인적 욕구를 수용하며 전이가 이루어지도록 하고 있다.

이런 과정을 거치면서 유아는 좀 더 형식적 집단인 초등학교에서의 물리적·인적 환경에도 잘 적응할 수 있는 기초를 다질 수 있다.

2019년 교육부와 보건복지부에서는 유치원과 어린이집에 재원하는 3~5세 유아에게 공통으로 적용되는 2019 개정 누리과정으로, 보건복지부에서는 어린이집에 재원하는 0~2세 영아에게 적용되는 제4차 표준보육과정으로 교육과정을 개정하였다.

2 2019 개정 누리과정과 제4차 표준보육과정의 이해

1) 2019 개정 누리과정의 목표와 내용

2019 개정 누리과정은 건강한 사람, 자주적인 사람, 창의적인 사람, 감성이 풍부한 사람, 더불어 사는 사람으로 추구하는 인간상을 제시하고 있다. 이를 구현하기 위해 유아가 놀이를 통해 심신의 건강과 조화로운 발달을 이루고 바른 인성과 민주 시민의 기초를 형성하는 것을 목적으로 하며, 다음과 같은 목표를 설정하고 있다.

- 자신의 소중함을 알고 건강하고 안전한 생활 습관을 기른다.
- 자신의 일을 스스로 해결하는 기초능력을 기른다.
- 호기심과 탐구심을 가지고 상상력과 창의력을 기른다.
- 일상에서 아름다움을 느끼고 문화적 감수성을 기른다.
- 사람과 자연을 존중하고 배려하며 소통하는 태도를 기른다.

누리과정은 신체운동 · 건강, 의사소통, 사회관계, 예술경험, 자연탐구의 5개 영역으로 구성되어 있으며 각 영역별로 목표와 내용이 제시되어 있다.

(1) 신체운동·건강

■ 목표: 실내외에서 신체활동을 즐기고 건강하고 안전한 생활을 한다.

◇ 신체활동에 즐겁게 참여한다.

◇ 건강한 생활습관을 기른다.

◇ 안전한 생활습관을 기른다.

■ 내용

내용범주	내용
신체활동 즐기기	신체를 인식하고 움직인다. 신체 움직임을 조절한다. 기초적인 이동운동, 제자리 운동, 도구를 이용한 운동을 한다. 실내외 신체활동에 자발적으로 참여한다.
건강하게 생활하기	자신의 몸과 주변을 깨끗이 한다. 몸에 좋은 음식에 관심을 가지고 바른 태도로 즐겁게 먹는다. 하루 일과에서 적당한 휴식을 취한다. 질병을 예방하는 방법을 알고 실천한다.
안전하게 생활하기	일상에서 안전하게 놀이하고 생활한다. TV, 컴퓨터, 스마트폰 등을 바르게 사용한다. 교통안전 규칙을 지킨다. 안전사고, 화재, 재난, 학대, 유괴 등에 대처하는 방법을 경험한다.

(2) 의사소통

■ 목표: 일상생활에 필요한 의사소통 능력과 상상력을 기른다.

◇ 일상생활에서 듣고 말하기를 즐긴다.

◇ 읽기와 쓰기에 관심을 가진다.

◇ 책이나 이야기를 통해 상상하기를 즐긴다.

2 내용

내용범주	내용
듣기와 말하기	말이나 이야기를 관심 있게 듣는다. 자신의 경험, 느낌, 생각을 말한다. 상황에 적절한 단어를 사용하여 말한다. 상대방이 하는 이야기를 듣고 관련해서 말한다. 바른 태도로 듣고 말한다. 고운 말을 사용한다.
읽기와 쓰기에 관심 가지기	말과 글의 관계에 관심을 가진다. 주변의 상징, 글자 등의 읽기에 관심을 가진다. 자신의 생각을 글자와 비슷한 형태로 표현한다.
책과 이야기 즐기기	책에 관심을 가지고 상상하기를 즐긴다. 동화, 동시에서 말의 재미를 느낀다. 말놀이와 이야기짓기를 즐긴다.

(3) 사회관계

1 목표: 자신을 존중하고 더불어 생활하는 태도를 가진다.

◇ 자신을 이해하고 존중한다.

◇ 다른 사람과 사이좋게 지낸다.

◇ 우리가 사는 사회와 다양한 문화에 관심을 가진다.

2 내용

내용범주	내용
나를 알고 존중하기	나를 알고 소중히 여긴다. 나의 감정을 알고 상황에 맞게 표현한다. 내가 할 수 있는 것을 스스로 한다.
더불어 생활하기	가족의 의미를 알고 화목하게 지낸다. 친구와 서로 도우며 사이좋게 지낸다. 친구와의 갈등을 긍정적인 방법으로 해결한다. 서로 다른 감정, 생각, 행동을 존중한다. 친구와 어른께 예의 바르게 행동한다. 약속과 규칙의 필요성을 알고 지킨다.
사회에 관심 가지기	내가 살고 있는 곳에 대해 궁금한 것을 알아본다. 우리나라에 대해 자부심을 가진다. 다양한 문화에 관심을 가진다.

(4) 예술경험

1 목표: 아름다움과 예술에 관심을 가지고 창의적 표현을 즐긴다.

◇ 자연과 생활 및 예술에서 아름다움을 느낀다.

◇ 예술을 통해 창의적으로 표현하는 과정을 즐긴다.

◇ 다양한 예술 표현을 존중한다.

2 내용

내용범주	내용
아름다움 찾아보기	자연과 생활에서 아름다움을 느끼고 즐긴다. 예술적 요소에 관심을 갖고 찾아본다.
창의적으로 표현하기	노래를 즐겨 부른다. 신체, 사물, 악기로 간단한 소리와 리듬을 만들어 본다. 신체나 도구를 활용하여 움직임과 춤으로 자유롭게 표현한다. 다양한 미술 재료와 도구로 자신의 생각과 느낌을 표현한다. 극놀이로 경험이나 이야기를 표현한다.
예술 감상하기	다양한 예술을 감상하며 상상하기를 즐긴다. 서로 다른 예술 표현을 존중한다. 우리나라 전통 예술에 관심을 갖고 친숙해진다.

(5) 자연탐구

1 목표: 탐구하는 과정을 즐기고, 자연과 더불어 살아가는 태도를 가진다.

◇ 일상에서 호기심을 가지고 탐구하는 과정을 즐긴다.

◇ 생활 속의 문제를 수학적, 과학적으로 탐구한다.

◇ 생명과 자연을 존중한다.

2 내용

내용범주	내용
탐구과정 즐기기	주변 세계와 자연에 대해 지속적으로 호기심을 가진다. 궁금한 것을 탐구하는 과정에 즐겁게 참여한다. 탐구과정에서 서로 다른 생각에 관심을 가진다.
생활 속에서 탐구하기	물체의 특성과 변화를 여러 가지 방법으로 탐색한다. 물체를 세어 수량을 알아본다. 물체의 위치와 방향, 모양을 알고 구별한다. 일상에서 길이, 무게 등의 속성을 비교한다. 주변에서 반복되는 규칙을 찾는다. 일상에서 모은 자료를 기준에 따라 분류한다. 도구와 기계에 대해 관심을 가진다.
자연과 더불어 살기	주변의 동식물에 관심을 가진다. 생명과 자연환경을 소중히 여긴다. 날씨와 계절의 변화를 생활과 관련짓는다.

2) 제4차 표준보육과정의 목표와 내용

표준보육과정은 어린이집에 다니는 영유아의 보육 목적과 목표를 달성하기 위한 국가 수준의 보육과정이며, 어린이집에서 운영해야 할 보편적 보육 내용을 제시하고 있다. 보건복지부는 2020년 4월 제3차 표준보육과정 현장 적용 결과와 2019 개정 누리과정에 따라 제4차 표주보육과정으로 개정하여 2020년 9월부터 시행하고 있다. 2019 개정 누리과정은 유치원과 어린이집에 재원하는 3~5세 유아에게 공통으로 적용되므로 0~2세 보육과정에 해당하는 부분만 살펴보고자 한다.

제4차 표준보육과정에서 추구하는 인간상은 건강한 사람, 자주적인 사람, 창의적인 사람, 감성이 풍부한 사람, 더불어 사는 사람으로 제시하고 있다. 이를 구현하기 위해 영유아가 놀이를 통해 심신의 건강과 조화로운 발달을 이루고, 바른 인성과 민주 시민의 기초를 형성하는 것을 목적으로 하며, 다음과 같은 목표를 설정하고 있다.

- 자신의 소중함을 알고, 건강하고 안전한 환경에서 즐겁게 생활한다.
- 자신의 일을 스스로 하고자 한다.
- 호기심을 가지고 탐색하며 상상력을 기른다.

◇ 일상에서 아름다움에 관심을 가지고 감성을 기른다.

◇ 사람과 자연을 존중하고 소통하는 데 관심을 가진다.

제4차 표준보육과정은 기본생활, 신체운동, 의사소통, 사회관계, 예술경험, 자연탐구의 6개 영역으로 되어 있으며, 각 영역별로 목표와 내용이 제시되어 있다.

(1) 기본생활

기본생활 영역은 영아가 건강하고 안전한 생활습관을 경험하고 기초를 형성하는 것을 목표로 한다. 신체의 청결과 위생, 즐거운 식사, 휴식, 배변습관의 형성, 안전한 놀이와 생활, 위험한 상황에서의 대처 등 일상생활에서 건강하고 안전한 생활을 경험하고 생활습관의 기초를 형성하는 것에 중점을 둔다.

1 목표

0~1세	2세
건강한 일상생활을 경험한다. 안전한 일상생활을 경험한다.	건강한 생활습관의 기초를 형성한다. 안전한 생활습관의 기초를 형성한다.

2 내용

내용범주	내용	
	0~1세	2세
건강하게 생활하기	도움을 받아 몸을 깨끗이 한다. 음식을 즐겁게 먹는다. 하루 일과를 편안하게 경험한다. 배변 의사를 표현한다.	자신의 몸을 깨끗이 해 본다. 음식에 관심을 가지고 즐겁게 먹는다. 하루 일과를 즐겁게 경험한다. 건강한 배변 습관을 갖는다.
안전하게 생활하기	안전한 상황에서 놀이하고 생활한다. 안전한 상황에서 교통수단을 이용해 본다. 위험하다는 말에 주의한다.	일상에서 안전하게 놀이하고 생활한다. 교통수단을 안전하게 이용해 본다. 위험한 상황에 대처하는 방법을 경험한다.

(2) 신체운동

신체운동 영역은 영아가 감각적으로 주변 자극에 반응하고 사물과 환경을 인식하며 신체를 즐겁게 탐색하고 신체활동을 즐기는 것을 목표로 한다. 영아의 기본운동 능력을 발달시키기 위해 대소근육을 활용하여 기본운동을 시도하고, 주변 사물과 환경을 탐색하여 자신의 신체를 인식한다. 더 나아가 대소근육을 조절하고 기본운동을 하며 실내외에서 신체를 이용한 활동을 즐기는 것에 중점을 둔다.

1 목표

0~1세	2세
감각 탐색을 즐긴다. 신체활동을 즐겁게 경험한다.	감각을 활용하고, 신체를 인식한다. 신체활동을 즐긴다.

2 내용

내용범주	내용	
	0~1세	2세
감각과 신체 인식하기	감각적 자극에 반응한다. 감각으로 주변을 탐색한다. 신체를 탐색한다.	감각 능력을 활용한다. 신체를 인식하고 움직인다.
신체활동 즐기기	대소근육을 조절한다. 기본 운동을 시도한다. 실내외 신체활동을 즐긴다.	대소근육을 조절한다. 기본 운동을 즐긴다. 실내외 신체활동을 즐긴다.

(3) 의사소통

의사소통 영역은 영아가 의사소통 능력의 기초를 형성하고, 의사소통 능력과 상상력의 기초를 형성하는 것을 목표로 한다. 영아가 일상생활에서 듣고 말하기를 즐기고, 그림과 문자 상징을 읽고 쓰기에 관심을 갖는 것과 책과 이야기를 접하며 즐길 수 있는 경험을 하는 것에 중점을 둔다.

1 목표

0~1세	2세
일상생활에서 듣기와 말하기를 즐긴다. 읽기와 쓰기에 관련된 관심을 가진다. 책과 이야기에 관심을 가진다.	일상생활에서 듣기와 말하기를 즐긴다. 읽기와 쓰기에 관심을 가진다. 책과 이야기에 재미를 느낀다.

2 내용

내용범주	내용	
	0~1세	2세
듣기와 말하기	표정, 몸짓, 말과 주변의 소리에 관심을 갖고 듣는다. 상대방의 이야기를 들으면서 말소리를 낸다. 표정, 몸짓, 말소리로 의사를 표현한다.	표정, 몸짓, 말에 관심을 갖고 듣는다. 상대방의 이야기를 듣고 말한다. 표정, 몸짓, 단어로 의사를 표현한다. 자신의 요구와 느낌을 말한다.
읽기와 쓰기에 관심 가지기	주변의 그림과 상징에 관심을 가진다. 끼적이기에 관심을 가진다.	주변의 그림과 상징, 글자에 관심을 가진다. 끼적이며 표현하기를 즐긴다.
책과 이야기 즐기기	책에 관심을 가진다. 이야기에 관심을 가진다.	책에 관심을 가지고 상상한다. 말놀이와 이야기에 재미를 느낀다.

(4) 사회관계

사회관계 영역은 영아가 자신을 인식하고 알아가며, 주변의 친숙한 사람과 관계를 맺고 다른 사람과 더불어 생활하는 경험을 통해 사회관계 형성의 기초를 기르는 것을 목표로 한다. 자신이 다른 사람과 다르다는 것을 알고 자신을 긍정적으로 인식하며, 안정적인 애착 형성 후 다른 사람과 즐겁고 편안하게 지내기 위한 태도를 기르는 것에 중점을 둔다.

1 목표

0~1세	2세
나를 고유한 존재로 안다. 안정적인 애착을 형성하고, 또래, 교사와 함께 지낸다.	나를 알고 긍정적으로 여긴다. 다른 사람과 즐겁게 지내기 위한 태도를 기른다.

2 내용

내용범주	내용	
	0~1세	2세
나를 알고 존중하기	나를 인식한다. 나의 욕구와 감정을 나타낸다. 나와 친숙한 것을 안다.	나와 다른 사람을 구별한다. 나의 감정을 표현한다. 내가 좋아하는 것을 한다.
더불어 생활하기	안정적인 애착을 형성한다. 또래에게 관심을 가진다. 다른 사람의 감정과 행동에 관심을 가진다. 반에서 편안하게 지낸다.	가족에게 관심을 가진다. 또래와 함께 놀이한다. 다른 사람의 감정과 행동에 반응한다. 반에서의 규칙과 약속을 알고 지킨다.

(5) 예술경험

예술경험 영역은 영아가 자연과 일상생활에서 아름다움을 느끼고 표현하는 과정을 즐기는 것을 목표로 한다. 영아가 마주하는 자연과 생활 속 경험에서 아름다움을 느끼고 관심을 가지며 예술을 통해 자신의 경험, 느낌, 생각을 자유롭게 표현하는 것에 중점을 둔다.

1 목표

0~1세	2세
자연과 생활에서 아름다움에 관심을 가진다. 예술적 경험을 표현한다	자연과 생활에서 아름다움을 느끼고 관심을 가진다. 예술을 통해 자유롭게 표현한다.

2 내용

내용범주	내용	
	0~1세	2세
아름다움 찾아보기	자연과 생활에서 아름다움을 느낀다. 아름다움에 관심을 가진다.	자연과 생활에서 아름다움을 느끼고 즐긴다. 아름다움에 관심을 갖고 찾아본다.
창의적으로 표현하기	소리와 리듬, 노래로 표현한다. 감각을 통해 미술을 경험한다. 모방 행동을 즐긴다.	익숙한 노래와 리듬을 표현한다. 움직임과 춤으로 자유롭게 표현한다. 미술 재료와 도구로 표현해 본다. 일상생활 경험을 상상놀이로 표현한다.

(6) 자연탐구

자연탐구 영역은 영아가 주변 환경과 자연에 관심을 가지고 탐색하는 과정을 즐기는 것을 목표로 한다. 영아가 자신을 둘러싸고 있는 주변 세계와 자연에 대해 호기심을 가지고 일상생활 속에서 주도적으로 탐색하기를 즐기며 주변의 동식물, 나라, 날씨와 계절의 변화에 관심을 가지는 것에 중점을 둔다.

1 목표

0~1세	2세
일상에서 탐색을 즐긴다. 주변 환경을 탐색한다. 생명과 자연에 관심을 가진다.	일상생활에서 탐색하는 과정을 즐긴다. 주변 환경에서 관심을 가지고 탐색한다. 생명과 자연에 관심을 가진다.

2 내용

내용범주	내용	
	0~1세	2세
탐구과정 즐기기	주변 세계와 자연에 대해 호기심을 가진다. 사물과 자연 탐색하기를 즐긴다.	주변 세계와 자연에 대해 호기심을 가진다. 사물과 자연을 반복하여 탐색하기를 즐긴다.
생활 속에서 탐구하기	친숙한 물체를 감각으로 탐색한다. 물체의 수량에 관심을 가진다. 주변 공간과 모양을 탐색한다. 규칙성을 경험한다.	친숙한 물체의 특성과 변화를 감각으로 탐색한다. 물체의 수량에 관심을 가진다. 주변 공간과 모양을 탐색한다. 규칙성에 관심을 가진다. 주변 사물을 같고 다름에 따라 구분한다. 생활 도구에 관심을 가진다.
자연과 더불어 살기	주변의 동식물에 관심을 가진다. 날씨의 변화를 감각으로 느낀다.	주변의 동식물에 관심을 가진다. 날씨와 계절의 변화를 감각으로 느낀다.

3 2019 개정 누리과정에 따른 영역별 지도 방안

2019 개정 누리과정 및 제4차 표준보육과정의 목표와 내용은 다양한 방법을 통해 구현될 수 있다. 본 장에서는 유치원과 어린이집에 재원하는 3~5세에게 공통으로 적용되는 2019 개정 누리과정을 예로 들어 환경 구성, 일상생활, 놀이, 활동을 통해 교육 목표와 내용이 어떻게 실현되는지 살펴봄으로써 목표와 내용, 그리고 실제 활동 간의 연계적인 관계에 대한 이해를 촉진하고자 한다.

1) 신체운동·건강

<table>
<tr><th>내용
범주</th><th>내용</th><th>환경 구성의 예</th><th>일상생활을 통한
학습의 예</th><th>놀이를 통한
학습의 예</th><th>활동을 통한
학습의 예</th></tr>
<tr><td rowspan="2">신체활동 즐기기</td><td>신체를 인식하고 움직인다.</td><td rowspan="2">• 자신의 움직임을 볼 수 있는 거울(캠 연결한 TV/스크린)
• 대·소근육을 활발히 움직일 수 있는 자료 및 기구를 실내외에 설치
• 신체의 부분과 움직임에 대한 사진이나 그림 자료
• 다양한 지시에 따라 몸의 모양을 만들어 볼 수 있도록 지시하는 동영상 또는 화보</td><td rowspan="2">• 이동하거나 급·간식, 휴식 때 신체를 인식하고 조절하며 움직일 다양한 기회 제공하기(예 무일 때 신후에 맞춰 멈춰서기)
• 일상적인 대화에서 몸의 각 부분에 대한 올바른 용어 사용(예 "뒤꿈치를 들고 조용히 걸어보자, 손목을 흔들어 보자.")</td><td>• 수·조작 영역: '신체 부위와 역할' 짝짓기 교구 제시
• 운동 영역: 다양한 신체 운동 자료 및 기구 제공
• 스크루블리(Scroobly)를 활용하여 자신의 움직임 인식하기
• 활발한 몸놀이를 할 수 있는 기회 제공</td><td>• 게임: 그림을 보고 그대로 몸 움직이며 반환점 돌아오기
• 동작: 짝 율동 '둘이 살짝 손잡고'
• 미술: 전지에 친구의 신체 동작의 형태를 따라 그리기
• 블록으로 친구 몸 따라 쌓기</td></tr>
<tr><td>신체 움직임을 조절한다.</td><td>• 수·조작 영역: 젓가락으로 콩 옮기기
• 다양한 형태(직선, 지그재그선, 곡선 등)의 선 따라 이동하기, '무궁화 꽃이 피었습니다.'</td><td>• 교사의 움직임을 보고, 자신의 몸을 조절하여 체조 배워보기
• 동작: '그대로 멈춰라' 노래 따라 움직이기
• 게임: '날 따라 해봐요' 친구 동작 따라 하기
• 게임: '청개구리 놀이' 술래가 제시한 것과 반대로 신체 움직이기</td></tr>
</table>

내용 범주	내용	환경 구성의 예	일상생활을 통한 학습의 예	놀이를 통한 학습의 예	활동을 통한 학습의 예
신체활동 즐기기	기초적인 이동운동, 제자리 운동, 도구를 이용한 운동을 한다.	• 이동 동선에 따라 발바닥 그림 붙여주기 • 우리 몸으로 만들 수 있는 여러 가지의 모습에 대한 사진 자료 전시 • 달팽이 놀이, 사방치기 할 수 있는 바닥 그림 제공	• 다양한 방법의 움직임을 제안하기(예 "천천히 걷자, 빨리 달리자, 팔을 높이 들면서 걷자." 등) • 주의집중을 위하여 지시하기(예 '바르게 앉기', '손을 위로 들기', '몸을 좌우로 틀기' 등)	• 음률 영역: 음악과 제시된 그림에 따라 신체 움직이기 • 음률 영역: 간단한 비이동 동작하며 노래 부르기 • 역할놀이 영역: 움직임이 다른 동물 흉내내며 동극하기	• 신체 표현: 동물의 움직임에 따라 기기, 높이뛰기, 빨리 달리기, 천천히 움직이기 • 신체 표현: 나의 몸으로 글자 모양 만들기 • 게임: 장애물 경주, 블록 징검다리 건너기, 색깔 원마커 활용 두 발(한 발) 뛰기
	실내외 신체 활동에 자발적으로 참여한다.	• 다양한 신체 활동을 위한 공간과 기구, 음악 등 제공 • 공용공간(복도 등)을 자유롭게 활용할 수 있는 다목적 신체 활동 장소로 제공	• 활동 전후에 간단한 움직임으로 신체의 긴장감 풀어주기	• 음률 영역: 줄(끈), 스카프, 막대, 천장에 매단 풍선 등의 도구를 사용하여 자유롭게 움직임 활동 제공	• 다양한 형태의 신체 활동을 계획하고 격려
건강하게 생활하기	자신의 몸과 주변을 깨끗이 한다.	• 세면대 사용이 용이하도록 환경 구성 • 깨끗하게 씻는 것과 관련된 화보 붙여주기(손씻기/양치질 순서도) • 개인용 양치 용품 및 소독기, 물(거품) 비누, 개인별 수건/종이타월 배치 • 미세먼지 농도 알림판	• 놀이 후, 식사 전, 화장실 사용 후에 손 씻기, 식사 후 이 닦기, 목욕하기를 습관화하도록 지도 • 쓰레기를 각 분류 표시가 된 휴지통에 제대로 버리도록 지도	• 수·조작 영역: 손 씻기의 순서에 대한 서열화 활동 교구 • 수·조작 영역: 쓰레기 분리수거에 대한 조작 교구 • 역할놀이 영역: 씻기, 목욕, 빨래, 정리·정돈 등의 시나리오가 들어간 역할놀이	• 이야기 나누기: 스스로 몸을 깨끗이 할 수 있는 방법 • 현장학습: 아파트 분리수거 현장 견학 • 노래: 청소/손씻기에 관련된 새 노래 • 과학: 깨끗한 손–더러운 손으로 만진 식빵 비교 실험 • 현장학습: 뷰박스로 올바른 손씻기 체험하기

내용범주	내용	환경 구성의 예	일상생활을 통한 학습의 예	놀이를 통한 학습의 예	활동을 통한 학습의 예
건강하게 생활하기	몸에 좋은 음식에 관심을 가지고 바른 태도로 즐겁게 먹는다.	• 유아의 수준에 맞는 급·간식 환경 및 도구 제공 • 교실 내 식단표 안내(영양성분표 제시) • 양질의 급·간식 제공	• 급·간식 시간에 음식을 골고루 먹도록 지도 • 식사 예절 지도 • 급 · 간식 먹기가 즐거운 경험이 되도록 지도	• 과학 영역: 여러 가지 음식물 관찰하기, 식품군에 따라 분류 • 역할놀이 영역: 음식 만들기 놀잇감, 식기 및 수거 놀잇감 제공 • 텃밭에서 다양한 채소 가꾸기	• 이야기 나누기: 건강을 위한 올바른 식습관 • 이야기 나누기: 절기/제철 음식 알아보기 • 동화: 편식, 식습관, 다양한 나라의 식사 문화에 대한 동화(예 『난 토마토 절대 안 먹어』) 들려주기 • 요리: 건강한 식재료(유아가 기른 텃밭 작물) 활용한 요리
	하루 일과에서 적당한 휴식을 취한다.	• 적절하게 움직이고 쉴 수 있게 하루 일과 구성 • 유아가 적절히 쉬고 있는 사진 찍어 전시 • 실내외에서 쉴 수 있는 다양한 장소와 비품(예 쿠션, 그늘막 텐트, 돗자리) 제공	• 몸을 많이 움직인 후에는 스스로 쉬는 습관을 갖도록 지도	• 놀이하면서도 쉴 수 있는 편안한 장소에서 놀이하기(예 돗자리에 누워서 구름 모양 찾기)	• 이야기 나누기: 쉬는 것의 중요성, 휴식을 취하는 다양한 방법, 나만의 휴식법 • 동화: 쉬는 것과 관련된 동화 들려주기
	질병을 예방하는 방법을 알고 실천한다.	• 유아교육기관의 시설과 환경을 청결하게 유지 • 정기적으로 소독하여 병충해로부터 질병 예방 • 교구 소독기 배치 및 활용	• 날씨에 맞는 옷차림, 청결한 몸, 예방접종 등 질병에 걸리지 않기 위한 생활 습관 갖도록 지도	• 역할놀이 영역: 병원놀이 • 수·조작 영역: 건강한 이와 썩은 이 게임	• 이야기 나누기: 계절에 따라 유의해야 할 감염병 예방법 • 이야기 나누기: 질병에 걸리거나 회복된 유아가 있을 경우 경험에 대해 이야기 듣기

내용 범주	내용	환경 구성의 예	일상생활을 통한 학습의 예	놀이를 통한 학습의 예	활동을 통한 학습의 예
안전하게 생활하기	일상에서 안전하게 놀이하고 생활한다.	• 실내외 놀이 기구의 안전한 배치와 점검 • 안전 수칙, 제한 영역 등을 알리는 표지판 설치	• 놀이 도구나 시설의 안전 수칙을 지키면서 놀이 • 안전하게 신체를 움직이도록 지도	• 실내외 놀이 기구를 이용하여 안전하게 놀이하기	• 이야기 나누기: 놀이 도구나 시설물의 움직임의 원리 이해하고 안전하게 사용 • 이야기 나누기/미술: 안전한 놀이와 생활 방법에 대한 약속 캠페인/동영상 제작하기 • 토의/미술: 유아교육기관 내 놀이공간 위험 요소 찾아보고 안내표시 붙이기
	TV, 컴퓨터, 스마트폰 등을 바르게 사용한다.	• 유아교육기관에서 교사의 지도 하에만 컴퓨터 사용하기 • 스탑워치, 모래시계, 태엽식 타이머 등 사용 시간을 유아가 확인할 수 있는 도구 제공 • 유아와 함께 정한 디지털 기기 사용 약속 게시	• TV, 컴퓨터, 스마트폰를 적당한 시간만 사용하도록 지도	• 디지털 기기 활용하여 놀이하기	• 가정과의 연계: 가정에서 자녀의 TV, 컴퓨터, 스마트폰 사용 지도 방법 공유하기 • 이야기나누기: 올바른 TV, 컴퓨터, 스마트폰 사용 방법이나 규칙 알아보기
	교통안전 규칙을 지킨다.	• 실외에 자전거 도로, 표지판 등을 설치 • 유아교육기관 주변의 교통안전 점검	• 교통기관을 안전하게 이용 • 보행 시의 안전 규칙 지키기 • 실내외 놀이 시간, 버스로 등·하원할 때 교통안전 교육을 지속적으로 실시	• 쌓기놀이 영역: 교통기관, 교통 표지판 모형 놀잇감으로 놀이 • 교통기관 놀잇감으로 놀이하면서 교통안전 규칙에 관한 놀이 내용 반영	• 이야기 나누기: 교통기관의 종류, 안전 규칙 • 현장학습: 유아교육기관 주변 교통 표지판 찾아서 의미 알아보기
	안전사고, 화재, 재난, 학대, 유괴 등에 대처하는 방법을 경험한다.	• 위험한 상황이 일어날 수 있는 환경을 제거하거나 재배치 • 정기적 유아교육기관 환경 점검	• 비상 상황에 대해 교사가 미리 인지하고 알려주기	• 언어 영역: 관련된 책 비치 • 쌓기놀이/역할놀이 영역: 소방차, 병원차, 관련 직업 의상 등의 소품으로 놀이	• 이야기 나누기: 나를 위험으로부터 안전하게 지키는 방법 • 정기적 재난대피 훈련, 소방 훈련 등 안전교육 실시 • 유아교육기관 내 소화기, 비상구 위치 알아보기

2) 의사소통

내용 범주	내용	환경 구성의 예	일상생활을 통한 학습의 예	놀이를 통한 학습의 예	활동을 통한 학습의 예
듣기와 말하기	말이나 이야기를 관심 있게 듣는다.	• 유아가 서로의 이야기를 잘 들을 수 있는 안정되고 차분한 환경 및 학급 분위기 조성	• 유아의 말을 주의 깊게 듣고 반응하기 • 다른 사람의 이야기를 끝까지 주의 깊게 듣도록 격려 • 교사가 유아의 말에 관심 갖고 경청하는 자세 모범 보이기 • 유아가 이야기한 것을 바른 어순과 어휘를 사용하여 다시 한번 이야기하기(예 놀이공원→놀이공원에 다녀왔다는 이야기니?) • 유아의 연령에 따라 적절한 낱말 또는 문장을 사용하여 느낌, 생각, 경험을 말하도록 격려	• 언어 영역: 손 인형, 인형극 틀, 융판 동화 자료 등을 제시 • 역할놀이 영역: 시나리오 내 맡은 역할과 상황에 적절한 단어 사용 격려 • 놀이 상황에서 서로의 말을 주의 깊게 듣고, 자신의 생각, 느낌, 경험을 말할 기회 제공 • 유아 간 의사소통에 문제나 갈등이 발생할 때 상대의 말을 바르게 듣는 습관 강조	• 대·소집단 활동 시 바른 태도로 듣도록 격려하기 • 주말 지낸 이야기 나누기 • 이야기 꾸미기 • 학급 내 다양한 상황과 관련된 토론(토의)하기 • 또래 앞에 나와서 이야기할 때 상황에 적절한 단어 사용하도록 지도하기
	자신의 경험, 느낌, 생각을 말한다.				
	상황에 적절한 단어를 사용하여 말한다.				
	상대방이 하는 이야기를 듣고 관련해서 말한다.	• 바르게 듣고 말하는 것과 관련된 화보나 도서			
	바른 태도로 듣고 말한다.				
	고운 말을 사용한다.		• 교사가 고운 말 사용하는 모범 보이기 • 고운 말 사용하는 학급 문화 조성	• 놀이하다 고운 말을 사용하지 않는 사례를 관찰하면 교사가 적절히 지원	• 이야기 나누기: 고운 말이 무엇인지와 고운 말을 사용해야 하는 이유에 대해 이야기 하기
읽기와 쓰기에 관심 가지기	말과 글의 관계에 관심을 가진다.	• 다양한 수준과 장르의 읽을거리 제공 • 유아가 한 말을 글이나 상징으로 표현한 것을 전시	• 주변 글자에 관심을 가지도록 제안하기 • 교사와 유아가 함께 동화를 읽는 기회를 제공 • 새로운 어휘를 접할 기회가 생기면 글로 어떻게 쓰는지 보여주기	• 수·조작 영역: 글자-그림 연결 카드 제공 • 놀이에 필요한 글자 쓰기(예 메뉴판) • 유아가 말한 것을 받아 적어 주거나 스스로 쓰게 하기 • 언어 영역: 학급 유아의 이름과 얼굴 사진 카드 제공	• 내 이름과 똑같은 문자 찾아내기 • 유아가 자신의 그림에 대해 이야기한 내용을 글로 써 주기 • 놀이와 상황에 맞는 동화, 동시 듣고 회상하기 • 노래 가사판 활용하여 노래 배우기

내용 범주	내용	환경 구성의 예	일상생활을 통한 학습의 예	놀이를 통한 학습의 예	활동을 통한 학습의 예
읽기와 쓰기에 관심 가지기	주변의 상징, 글자 등의 읽기에 관심을 가진다.	• 풍부한 문해 환경 제공 • 화이트보드, 종이 등 유아가 쓰기를 할 수 있는 다양한 도구 제공 • 다양한 환경인쇄물(전단지, 포스터, 과자봉지 등)	• 자신의 이름이나 관심 있는 글자 써 보기 등을 제안 • 주변의 간판, 상징(예 교통 표지판)의 의미를 이해하도록 격려 • 출석판 또는 개인장에 붙은 또래 이름 읽어보기	• 수·조작 영역: 부직포 낱글자로 글자 만들어 보기 • 언어 영역: 그림 사전 만들어 보기 • 또래가 놀이에 필요하여 붙인 상징이나 글자의 의미를 이해해보기	• 게임: 이름 쓰고 돌아오기 • 동시: 집단 동시 짓고 쓰기 • 노래: 가사 바꿔 부르기
	자신의 생각을 글자와 비슷한 형태로 표현한다.	• 유아가 그린 그림이나 쓴 글을 전시 • 유아가 만든 상징(예 내가 만든 블록 치우기 금지 표식)을 붙여주기	• 일상에서 유아의 생각을 그림이나 글로 표현하도록 격려	• 놀이 상황에서 필요할 때 그림이나 글로 표현해 보기 • 미술/언어 영역: 부모님/친구/선생님께 감사 카드 써 보기	• 주말 지낸 이야기 발표, 여행, 느낌, 생각 등을 글이나 그림으로 그려보게 하기
책과 이야기 즐기기	책에 관심 가지고 상상하기를 즐긴다.	• 다양한 장르의 책 제공 • 다양한 재질과 크기의 책 제공	• 다양한 그림책을 교사나 또래와 함께 읽어볼 수 있도록 격려 • 유아가 가정에서 책을 읽도록 격려	• 언어 영역에 다양한 그림책 배치하고 읽도록 격려하기 • 책을 읽는 것뿐만 아니라 놀이 재료(예 터널 등 쌓기놀이에 사용)로 활용하도록 허용하기	• 동화를 듣거나 읽고 나서 다음 내용을 상상하기 • 동화의 소재를 활용해서 다른 이야기 짓기
	동화, 동시에서 말의 재미를 느낀다.	• 동화, 동시, 노래 자료	• 교사가 상황에 맞는 동화나 노래를 일상적으로 불러 주거나 녹음해서 틀어주기	• 언어 영역: 교사가 제작한 동화 녹음 자료 듣기 • 언어 영역: 교사나 또래가 들려주는 동화 듣기	• 동시, 동화: 상황이나 유아의 놀이에 맞는 동시나 동화 들려주기 • 동작: 동화, 동시, 노래 속 의성어, 의태어에 맞춰 율동하기 • 동화, 동시, 노래: 반복되는 어구 바꿔보기, 상황이나 장면에 맞는 의성어, 의태어 찾아보기

내용 범주	내용	환경 구성의 예	일상생활을 통한 학습의 예	놀이를 통한 학습의 예	활동을 통한 학습의 예
책과 이야기 즐기기	말놀이와 이야기 짓기를 즐긴다.	• 유아가 지은 이야기를 그림이나 글로 쓴 것을 전시 • 유아가 만든 디지털 동화(책) 볼 수 있도록 태블릿PC 제공 • 끝말잇기 벽 제공 • 글 없는 그림책 속 장면 벽면 게시	• 급·간식, 전이나 이동 시간을 활용하여 말놀이하기	• 언어 영역: 이야기를 지을 수 있는 그림, 인형, 모형 등을 활용하여 순서대로 놓아 보거나 이야기 짓기 • 언어 영역: 몇 가지의 주제 단어 제공 후 그 단어 활용한 이야기 짓기	• 게임: 다양한 말놀이(예 끝말잇기, 수수께끼, 스무고개 등)하기, 귓속말로 전달하기 게임하기 • 동화: 동화를 듣고 뒷이야기 릴레이로 창작하기 • 동화: 글 없는 그림책 활용하여 이야기 짓기

3) 사회관계

내용범주	내용	환경 구성의 예	일상생활을 통한 학습의 예	놀이를 통한 학습의 예	활동을 통한 학습의 예
나를 알고 존중하기	나를 알고, 소중히 여긴다.	• 유아의 어렸을 때/최근 사진 • 부모님이 유아를 사랑하고 아낀다는 내용의 사진(그림) • 유아가 즐겁게 놀이하는 사진 • 친구 칭찬이나 응원 게시판 제공	• 유아의 행동에 대한 구체적인 칭찬과 격려하기 • 유아들끼리 서로 존중하는 말하도록 지도하기 • 나를 힘 나게 하는 말 어린이 수첩에 부착하고 매일 읽어보기	• 스스로 놀잇감 정리 • 유아가 성공을 경험하도록 유아의 수준에 적절한 놀잇감 제공하기 • 유아가 놀이한 후의 결과물에 대해 성취감을 갖도록 지원하기	• 미술: 나의 모습 그려보기, 내 이름표 만들기 • 이야기 나누기: 나와 다른 사람의 같은 점과 다른 점 찾아보기 • 이야기 나누기: 자신의 특징에 대해 이야기 하거나 표현하기
	나의 감정을 알고 상황에 맞게 표현한다.	• 다양한 상황과 맥락에서의 정서와 관련된 화보 • 유아가 기관에서 생활하면서 보이는 다양한 정서 표현을 찍은 사진 • 등원 전후 자신의 감정 표현하는 상황판	• 유아가 다양한 정서를 사회적으로 수용되는 방법으로 솔직히 표현하는 것 격려 • 기쁨, 슬픔, 분노, 즐거움 등의 감정을 때와 장소에 맞게 표현하도록 지원 • 갈등 상황에서 말로 문제를 해결하도록 지원 • 감정 신호등을 통해 오늘 나의 감정 표현하기	• 미술 영역: 거울 보고, 다양한 표정 지어 본 후 그리기 • 언어 영역: 동화 속 주인공의 감정에 대해 생각해 보기, 감정과 관련된 도서 제공 • 수 · 조작 영역: 감정과 관련된 퍼즐 등의 교구 제공 • 놀이에서 유아가 보이는 다양한 정서에 대해 서로 반응하도록 지원	• 정서 인식이나 표현과 관련된 노래, 동시, 동화 등을 들려주기(예 화내지 말고 예쁘게 말해요) • 이야기 나누기: 다양한 표정 사진(그림) 보고 감정 유추하기 • 이야기 나누기: 놀이 평가 등을 통해 자신의 감정 표현해 보기, 다양한 감정에 따른 표현법 알아보기
	내가 할 수 있는 것을 스스로 한다.	• 자기가 놀이한 놀잇감 스스로 정리하는 화보, 사진 • 유아가 다양한 상황에서 스스로 할 수 있는 일에 대한 화보 • 유아의 자조 기술을 돕는 도구(정리 자리 표시나 바구니, 손 씻기/양치질 순서도 등)	• 자기 일은 스스로 하도록 격려하기(예 스스로 옷 입기, 밥 먹기, 놀이한 것 치우기)	• 놀이에서 도움이 필요할 때 교사에게 매번 요청하기보다는 스스로 해결해 보도록 격려 • 수·조작 영역: 자조 기술 관련 놀잇감(예 지퍼 올리기, 똑딱이 단추 잠그기, 젓가락, 숟가락 등) 제시	• 이야기 나누기: 내가 할 수 있는 일이나 스스로 해 낸 뒤의 성취감에 대한 이야기 나누기 • 학급 도우미 역할(예 전등 끄기, 우유 배달, 꼬마 선생님, 가정통신문 나눠 주기 등) 말아보기

내용 범주	내용	환경 구성의 예	일상생활을 통한 학습의 예	놀이를 통한 학습의 예	활동을 통한 학습의 예
더불어 생활하기	가족의 의미를 알고 화목하게 지낸다.	• 가족사진, 화목한 가족의 모습 화보 • 가족 목각 인형 제공 • 가족 구성원 그림	• 동생과 잘 놀기, 부모님 말씀 잘 듣기 제안 • 집에서 내가 할 수 있는 일 찾아보기	• 언어 영역: 가족 관련 동화 제공 • 역할놀이 영역: 가족 역할놀이를 위한 옷, 소품 제공	• [나와 가족] 소재의 노래 부르기 • [나와 가족] 이야기 나누기: 다양한 가족 구조 알아보기 • [나와 가족] 동화/동극: '커다란 순무' • 이야기 나누기: 주말에 가족과 함께 했던 일 발표하기
	친구와 서로 도우며 사이좋게 지낸다.	• 친구와 사이좋게 지내는 그림 • 친구와 함께 놀이하는 사진	• 또래가 어려움을 겪을 때 유아가 도와줄 기회 제공 • 문제가 생겼을 때 의견 나누기	• 수 · 조작 영역: 2명 이상 함께 하는 보드게임(할리갈리, 얼음깨기, 젠가 등)	• 이야기 나누기: 서로 도움을 줄 때 지켜야 할 예의나 약속을 정하기(예 도움이 필요한지 물어보고 돕기)
	친구와의 갈등을 긍정적인 방법으로 해결한다.	–	• 또래 간 갈등이 생겼을 때 긍정적으로 해결하는 다양한 전략(예 상대의 입장 이해하려 노력해 보도록 격려) 모범 보이기	• 놀이 중 또래 간 갈등이 생겼을 때 스스로 해결할 기회 주기	• 토의: 놀이 시 갈등 상황에서 어떻게 해야 하는지 이야기 나누기
	서로 다른 감정, 생각, 행동을 존중한다.	–	• 일상의 모든 순간에서 서로의 감정, 생각, 행동을 존중하는 모범 보이기 • 서로를 존중하는 학급 분위기 만들기 • 친구의 감정 신호등에 표시된 친구 감정에 관심 가지기	• 놀이하면서 경험하는 서로 다른 감정, 생각, 행동을 이해할 수 있는 기회 주기(예 상대의 입장에 대한 설명 듣고 자기 생각 말해보기) • 서로 다른 감정, 생각, 행동을 자신의 것과 조정해 볼 수 있는 기회 주기	• 자신과 타인의 다름을 주제로 한 다양한 노래, 동시, 동화, 동극 활동하기 • 이야기 나누기: 한 가지 주제루 각자의 감정, 생각을 표현할 수 있는 시간 가지기(예 좋아하는 색깔, '빨간색'하면 떠오르는 것)
	친구와 어른께 예의 바르게 행동한다.	• 인사하거나 물건을 잘 전달하는 것 등을 나타내는 사진이나 화보	• 유아끼리 서로 존중하는 것의 의미 알려주기 • 성인에게 예의 바르게 행동하는 것이 무엇인지 알려주거나 모범 보여주기	• 놀이 도중 친구에게 예의 바르게 말하고 행동할 때 격려	• 예절과 관련된 노래, 동화, 동시, 동극 활동하기

내용범주	내용	환경 구성의 예	일상생활을 통한 학습의 예	놀이를 통한 학습의 예	활동을 통한 학습의 예
더불어 생활하기	약속과 규칙의 필요성을 알고 지킨다.	• 유아가 합의해서 정한 약속이나 규칙 게시 • 식당에서 뛰어다니는 그림/조용히 앉아서 밥을 먹는 그림 비교	• 일상생활의 여러 맥락에서 학급의 공식적 또는 암묵적 약속이나 규칙을 지키도록 격려	• 놀이에 필요한 약속이나 규칙을 유아가 만들고 지키도록 기회 주기	• 이야기 나누기: 유아가 약속과 규칙을 지켰을 때의 긍정적 결과에 대해 이야기 나누기 • 토의: 약속이 필요한 이유 알아보고 우리 반 약속 정하기
사회에 관심 갖기	내가 살고 있는 곳에 대해 궁금한 것을 알아본다.	• 유아교육기관이 있는 동네 주변 사진	• 등·하원 시 무엇을 볼 수 있는지 관찰하기 제안	• 언어 영역: 우리 동네 사진/인터넷 지도 등을 이용한 사진책 제공, 내가 소개하는 우리 동네 책/포스터 만들기 • 쌓기놀이 영역: 우리 동네를 구성할 수 있는 공간 블록, 다양한 소품 제공	• 현장학습: 우리 동네 기관 중 관심 있는 기관 탐방하기 • 조사: 유아가 가장 많이 이용하는 기관 알아보고 그래프 만들기 • 미술: 유치원 오는 길 지도 만들기 • 조사: 우리 지역 특산물, 특별한 장소 등 알아보고 경험하기
	우리나라에 대해 자부심을 가진다.	• 태극기, 무궁화, 애국가 제시 • 한복, 예전의 생활 모습 사진이나 인형, 소품	• 한복 입어보기 • 우리나라 고유의 물건을 일상에서 사용하기	• 수·조작 영역: 옛날 물건과 오늘날의 물건 연결하기, 우리나라 상징 퍼즐 맞추기 • 실내외: 전래놀이 • 역할놀이 영역: 전통 의상, 물건, 음식 소품으로 놀이 • 미술 영역: 화선지,붓, 먹으로 그림 그리기	• 이야기 나누기: 명절의 이름과 특징 알아보기, 우리나라 상징의 의미 알아보기 • 조사: 각종 세계대회(올림픽)에서 국위 선양한 관련 기사나 영상 찾아보기
	다양한 문화에 관심을 가진다.	• 세계 다양한 문화를 보여주는 물건 • 세계 여러 나라 독특한 풍습 사진 • 세계지도나 지구본 제공	• 관심 있는 나라의 문화, 특징 등 조사하기 제안	• 언어 영역: 각 나라의 인사말 제공 • 수·조작 영역: 브루마블 보드게임	• 동작: 각 나라의 전통춤 추기 • 요리: 다른 나라 요리해 보기 • 이야기 나누기: 구글어스로 세계 여러 나라의 문화 유산(랜드마크) 찾아보기

4) 예술경험

내용범주	내용	환경 구성의 예	일상생활을 통한 학습의 예	놀이를 통한 학습의 예	활동을 통한 학습의 예
아름다움 찾아보기	자연과 생활에서 아름다움을 느끼고 즐긴다.	• 아름다움이 느껴지는 자연과 생활의 장면이나 화보 • 가구나 교구장, 놀이 재료를 심미적으로 다양한 형태로 구성	• 주변 사물(자동차)과 자연(예 비, 바람, 강이나 바다, 동물, 곤충)의 소리나 풍경에 주의 기울이게 격려	• 실외: 유치원 주변 산책하며 유아가 카메라로 촬영 기록하도록 제안 • 자연물로 놀이: 자연물로 얼굴 만들기, 소꿉놀이 재료로 사용하기 등 • 수 · 조작 영역: 유아들이 찍은 자연 사진 색깔별로 모아 보기	• 현장학습이나 산책 후 느낀 것에 대해 이야기 나누거나 글, 그림, 신체를 이용해서 표현하기
	예술적 요소에 관심을 갖고 찾아본다.	• 예술적 소양을 길러줄 수 있는 화보, 미술책 등 제공 • 유아 작품 등을 심미적으로 게시	• 일상 속 사물, 동식물(소리, 색, 무늬, 움직임 등)에서 예술적 요소 발견할 수 있도록 격려 • 정리 · 정돈 방식에서 심미적 요소 드러나게 해 보도록 격려(예 유사한 색끼리 모아 정리)	• 유아가 구성한 쌓기 구성물, 미술 작품 등에 표현된 미적인 감수성 격려	• 현장학습: 박물관, 미술관, 동물원이나 공원 등 견학 • 조사: 교실에서 다양한 색, 형태나 패턴 등 심미적 요소 찾아보기
창의적으로 표현하기	노래를 즐겨 부른다.	• 다양한 맥락에서 노래 부르는 화보 • 다양한 환경(예 마당놀이, 오페라 극장, 합창 대회 등)에서 노래 부르는 화보	• 좋아하는 노래 부르기 • 일상생활(예 급· 간식 시간, 정리시간 등)에서 다양한 장르의 음악이나 유아 신청곡 받아서 들려주기	• 놀이할 때 다양한 장르의 음악 들려주기 • 유아의 놀이 주제에 적절한 노래 들려주기	• 각 놀이 주제에 맞는 노래 배우기

내용범주	내용	환경 구성의 예	일상생활을 통한 학습의 예	놀이를 통한 학습의 예	활동을 통한 학습의 예
창의적으로 표현하기	신체, 사물, 악기로 간단한 소리와 리듬 만들어 본다.	• 다양한 재질의 사물 제공 • 다양한 악기 그림, 연주하는 사진 • 소리 탐색을 위한 다양한 악기나 사물	• 목소리나 신체를 이용하여 소리 만들어 보기 • 손뼉, 입소리, 발소리, 빗소리, 그릇 부딪히는 소리 등의 리듬에 주의 기울이고 표현하도록 격려	• 음률 영역: 리듬 악기로 배운 노래 부르면서 연주하기 • 음률 영역: 다양한 일상용품의 소리 탐색하기 • 미술 영역: 자연물, 재활용품 등으로 악기 만들기 • 크롬 뮤직랩 활용한 소리 탐색 및 리듬 만들어 보기	• 동작: 내 몸으로 다양한 소리와 리듬 만들기 • 음악: 유아와 함께 리듬 악기 만들어 연주하기
	신체나 도구를 활용하여 움직임과 춤으로 자유롭게 표현한다.	• 다양한 신체 움직임을 볼 수 있는 사진, 영상 자료 • 신체 움직임에 사용할 수 있는 다양한 도구 제공 • 교실 외 공용 공간에 유아가 자유롭게 움직여 보도록 발자국 스티커 등 부착	• 주변의 여러 가지 모양과 움직임을 따라 해 보도록 제안하기	• 음률 영역: 리본 막대, 스카프 등의 소품을 가지고 표현	• 동작: 주변 사물, 동물이나 자신의 경험, 느낌을 창의적으로 신체 표현하기 • 동작: 행동 묘사가 나온 노랫말에 따라 신체 표현하기
	다양한 미술 재료와 도구로 자신의 생각과 느낌을 표현한다.	• 여러 종류의 필기도구와 도화지, 이젤 등 • 우유팩, 화장품 상자, 단추 등 다양한 재활용품 • 실외에 물감 놀이 공간 배치	• 자신의 생각을 자유롭게 그릴 수 있도록 격려 • 주변에 볼 수 있는 것 만들어 보도록 격려하기	• 미술 영역: 다양한 종류의 필기도구, 다양한 재질의 종이 등을 사용하여 그림 그리기 • 미술 영역: 만들기 재료, 플레이 도우, 찰흙 등으로 만들기	• 미술: 협동하여 작품 만들기 • 현장학습, 산책 등을 다녀온 후 경험 등을 그리기
	극놀이로 경험이나 이야기를 표현한다.	• 극놀이를 위한 사진, 자료, 소품 • 다양한 장르의 음악을 배경 음악으로 틀어주기	• 극놀이(예 연극, 뮤지컬 등)를 경험할 수 있는 기회 가지기	• 언어/역할놀이 영역: 인형극 틀과 손 인형, 손가락 인형으로 인형극 해보기	• 동극: 동화 내용에 따라 역할을 맡아 표현하기

내용범주	내용	환경 구성의 예	일상생활을 통한 학습의 예	놀이를 통한 학습의 예	활동을 통한 학습의 예
예술감상하기	다양한 예술을 감상하며 상상하기를 즐긴다.	• 다양한 장르의 음악을 실내 놀이 중 배경 음악으로 제공 • 공연 포스터 전시 • 다양한 춤 사진, 세계 여러 나라의 민속춤 음악 제공 • 서로 다른 장르의 미술 작품 전시(예 인상주의, 고전주의 등)	• 다양한 조형 작품 찾아보기(예 집 주변 큰 건물의 조형물) • 영상매체를 통해 다양한 춤 감상하기 • 인형극 등의 공연 보러 가기	• 음률 영역: 다양한 장르의 음악이나 공연 영상 보고 듣고 즐기기 • 미술 영역: 명화의 복사본을 제공하여 창의적으로 꾸며보게 하기 • 미술 영역: 작품을 만든 뒤 서로 의견 나누기	• 미술: 놀이 주제(예 나, 가족 등)에 따라 빈센트 반 고흐의 자화상 감상하기, • 감상: 세계 여러 나라의 춤 감상 • 구글 아트 앤 컬처를 통해 세계의 박물관과 미술관 관람 및 관련 활동에 참여해 보기
	서로 다른 예술 표현을 존중한다.	• 유아의 다양한 작품 전시 • 유아의 다양한 율동, 미술 작품, 노래 등을 영상이나 사진으로 기록하여 게시	–	• 놀이하다 자발적으로 하는 미술, 노래, 율동 등을 격려하고 서로 관찰하게 하기	• 노래, 율동, 미술, 동극 활동에서 같은 표현보다는 다른 표현에 가치를 두고 격려하기
	우리나라 전통 예술에 관심을 갖고 친숙해진다.	• 우리나라 전통 예술(예 탈춤, 사물놀이, 민화, 풍속도) 관련 사진, 악기, 영상 게시	• 주변에서 볼 수 있는 전통 예술(예 부채 그림, 장식품, 전통 가구, 건축물 등) 알아보기	• 음률 영역: 우리나라 전통 악기 연주나 음악 들어보기	• 음악: 전통 악기 탐색 후 연주해 보기 • 동작: 탈춤, 사물놀이 등을 감상하고 신체 표현해 보기

5) 자연탐구

내용범주	내용	환경 구성의 예	일상생활을 통한 학습의 예	놀이를 통한 학습의 예	활동을 통한 학습의 예
탐구과정 즐기기	주변 세계와 자연에 대해 지속적으로 호기심을 가진다.	• 궁금한 것을 자세히 관찰할 수 있도록 돋보기, 현미경 등의 관찰 도구 비치 • 다양한 과학과 수학 관련 화보, 책, 도구 비치하기 • 디지털 현미경과 TV(스크린) 연결	• 자연의 변화, 기르는 동물의 변화 등에 관심을 갖고 관찰하기 • 주변에서 경험하는 다양한 사건에 대해 호기심 가지고 알아보는 태도 격려하기	• 놀이 중 직면한 문제를 자발적으로 해결하도록 격려 • 궁금하거나 알고 싶은 것을 인터넷으로 검색해 보기 • 놀이 영역에 비치된 새로운 교구 · 교재를 주의 깊게 관찰, 탐구하여 놀이 방법 예측하거나 새롭게 방법 고안하기 • 실외: 텃밭 작물 관찰하기	• 이야기 나누기/과학: 계절이 바뀌면서 달라지는 식물과 환경의 변화에 대해 알아보기 • 과학: 우리 동네의 동물 서식지 찾아보기
	궁금한 것을 탐구하는 과정에 즐겁게 참여한다.				
	탐구과정에서 서로 다른 생각에 관심을 가진다.				
생활 속에서 탐구하기	물체의 특성과 변화를 여러 가지 방법으로 탐색한다.	• 궁금한 것을 자세히 관찰할 수 있도록 돋보기, 현미경 등의 관찰 도구 비치 • 속성과 변화를 탐색할 수 있는 다양한 물체와 물질을 제공	• 주변에서 접하는 다양한 물체의 특성(예 식재료, 돌, 나무 등)을 탐색할 기회를 주고 격려하기 • 물체의 변화에 관심을 갖도록 상호작용하기(예 "얼음이 녹으니 어떻게 되었니?")	• 놀이 중 접하는 다양한 물체를 자신만의 방법으로 이해하도록 격려 • 과학: 미로 속에 구슬 굴리기 • 미술: 색얼음으로 그림 그리기 • 언어: 양초로 비밀 편지 쓰기	• 과학: 물리적, 화학적 변화를 탐색할 기회 주기(예 실험, 요리 등) • 과학: 봄이 되어 얼음과 눈이 어떻게 되었을지 알아보기 • 요리: 열에 의한 식재료 변화 탐구
	물체를 세어 수량 알아본다.	• 숫자가 있는 물건(예 달력, 시계, 온도계 등)을 제공	• 일상에서 수를 사용하는 언어를 자주 사용(예 "오늘 결석한 사람은 몇 명이지?", "3일 후에 만나자.")	• 수 · 조작 영역: 수를 세고 기록할 수 있는 실물 자료와 쓰기 도구, 숫자 카드 등 제공	• 동극: '커다란 순무' 동극을 하면서 등장인물을 기수와 서수로 세어보기
	물체의 위치와 방향, 모양을 알고 구별한다.	• 놀잇감의 자리 표시, 벽면 자료 등에 다양한 도형 모양 사용	• 스스로 공간을 인식하고 구성할 수 있도록 상호작용(예 "서로 닿지 않도록 넓게 서 보자.", "책상이 긴 네모 모양이 되도록 옮겨 보자.")	• 수 · 조작 영역: 도형의 모양, 크기대로 비교하고 분류하는 교구 • 쌓기놀이 영역: 여러 가지 모양과 크기의 입체 적목으로 구성해 보기	• 게임: 땅따먹기 게임을 통해 공간 넓이를 이해하고 비교 • 칠교놀이

내용 범주	내용	환경 구성의 예	일상생활을 통한 학습의 예	놀이를 통한 학습의 예	활동을 통한 학습의 예
생활 속에서 탐구하기	일상에서 길이, 무게 등의 속성을 비교한다.	• 막대자, 줄자, 양팔저울, 체중계 등 측정을 위한 도구 비치	• 측정에 관심을 갖도록 상호작용하기 (예 "화장실까지는 몇 발짝이 될까?", "막대로 재서 비교해 볼까?")	• 수 · 조작 영역: 길이 재기, 비교하기에 관한 교구 제공 • 과학 영역: 양팔저울을 사용하여 실물 자료들의 무게를 재고 비교하기	• 이야기 나누기: 친구들의 키를 재어 그래프 만들기
생활 속에서 탐구하기	주변에서 반복되는 규칙을 찾는다.	• 패턴을 활용한 그림 작품을 벽면에 게시	• 주변에서 규칙성이 있는 것 찾아보기 (예 계단, 옷의 무늬, 체크 벽지 등)	• 수 · 조작 영역: 패턴 이어가기, 나만의 패턴으로 목걸이나 팔찌 만들기 • 음률 영역: 박자의 패턴에 따라 악기 연주해 보기	• 미술: 규칙성이 있는 조각보 만들기 • 음악: 노래에서 반복되는 리듬 패턴 찾아보기
생활 속에서 탐구하기	일상에서 모은 자료를 기준에 따라 분류한다.	• 놀이 자료 제공 시 다양한 기준에 따라 배치(예 꽃, 돌 등 자연물은 나무 그릇에, 같은 색 물건끼리 모아두기)	• 통계에 관련된 일상적인 경험을 상호작용하기(예 "어떤 놀이를 하고 싶은지 각자 원하는 사람의 수를 세어 표시해 보자.") • 특별한 기준을 정해 정리 · 정돈하기	• 수 · 조작 영역: 같은 속성끼리 분류하여 그래프 형식으로 비교하는 교구 제공	• 이야기 나누기: 가족의 수를 그래프로 나타내고 비교하기 • 게임: 양 팀의 점수를 비교하여 기록하기
생활 속에서 탐구하기	도구와 기계에 대해 관심을 가진다.	• 다양한 도구와 기계 사진이나 실물, 정보책 비치 • 다양한 도구와 기계(예 가위, 자, 저울, 바늘 등) 제공	• 일상에서 사용하는 다양한 도구와 기계(예 요리 기계, OHP, 엘리베이터)에 관심을 갖도록 격려하기 • 일상에서 사용되는 도구의 쓰임을 인식할 수 있도록 질문 (예 "모래를 한 번에 더 많이 담으려면 무엇을 사용할까?")	• 놀이에 필요한 것을 다양한 재료로 만들 때 안전하게 도구 사용하도록 지원 • 수 · 조작 영역: 젓가락, 집게, 숟가락 등의 도구로 구슬 옮기기 • 과학 영역: 도르래, 지레로 물건 옮기기	• 조사: 유아가 기관이나 가정에서 어떤 도구나 기계를 언제 사용하는지 알아보기 • 요리: 요리 도구를 이용하여 요리 활동하기 • 이야기 나누기: 옛날의 도구와 오늘날의 기계 비교

내용 범주	내용	환경 구성의 예	일상생활을 통한 학습의 예	놀이를 통한 학습의 예	활동을 통한 학습의 예
자연과 더불어 살기	주변의 동식물에 관심을 가진다.	• 동식물 기르는 공간을 실내 또는 실외에 배치	• 동식물을 보호하고 돌보는 태도를 갖도록 지도하기	• 과학 영역: 식물을 관찰·기록하기, 개미, 달팽이, 열대어 등을 실내에서 기르기 • 쌓기놀이 영역: 동식물 모형과 적목으로 구성 놀이 • 실외: 산책에서 본 식물, 곤충 등 이름과 변화 등 관찰	• 이야기 나누기: 계절에 따른 식물의 생장 • 이야기 나누기: 여러 가지 동물의 이름과 특징, 생태 • 창의적 동작: 바닷속 이야기
	생명과 자연환경을 소중히 여긴다.	• 지구와 해, 달에 대한 사진이나 그림 및 모형 자료 전시 • 생명 또는 자연보호에 관한 도서 및 포스터 게시	• 생명이나 자연환경을 보호하는 사례를 접하게 하기 (예 유기견 구조, 날씨의 급격한 변화, 기름 유출 사고 등)	• 역할놀이 영역:생명 또는 자연보호와 관련된 소품 제공하기 • 언어/역할놀이 영역: 멸종위기 동물, 기후 변화 등 환경 관련 도서 제공, 다른 영역으로 놀이 확장(바다거북 이야기, 숲속 보호대, 동물 구조대 등)	• 이야기 나누기: 자연환경을 보호할 다양한 방법을 알아보고 유아 수준에서 실천하기(예 재료 아끼기, 분리 배출하기 등) • 이야기 나누기/현장학습: 자연보호 캠페인 개최, 사라져 가는 동식물 알아보기(꿀벌 등) • 가정과의 연계: 월별 환경기념일 실천
	날씨와 계절의 변화를 생활과 관련짓는다.	• 실내외에 온도계 비치 • 날씨를 기록하는 벽면 자료 게시, 태블릿 PC 활용하여 검색하도록 비치 • 미세먼지 알림판 부착	• 날씨와 계절의 변화를 인식하도록 상호작용하기	• 실외 놀이에 미치는 날씨의 영향 느끼게 질문하기	• 날씨와 계절에 따라 유아의 기관 또는 가정에서의 생활이 어떻게 달라지는지 이야기 나누기

Chapter

2

유아교육기관의 환경

» 0~5세의 일반적인 유아를 의미할 때는 '유아'라는 용어를 사용함

» 특별히 연령을 구분할 필요가 있을 때는 'O~O세 영아 또는 유아'라는 용어를 사용함

» 2024년에 시행되고 있는 교육과정은 2019 개정 누리과정(3~5세)과 제4차 표준보육과정(0~1세 보육과정, 2세 보육과정)임

» 특정 시기에 시행된 교육과정에 포함된 내용을 기술할 때는 그 시기에 사용된 교육과정 명칭을 사용하고 일반적 의미에서 서술할 때는 '교육과정', 3~5세 유아를 위한 교육과정은 '누리과정', 0~2세 영아를 위한 보육과정은 '표준보육과정'이라는 용어를 사용함

» 유보통합 및 정부조직법(법률 제20145호, <개정 2023. 12. 26.> <시행 2024. 06. 27.>)에 따라 교육부로 보육 업무가 통합·이관되어 본 서에서는 교육과 보육을 구분하지 않고 '교육'이라는 용어로 통일함

유아교육기관의 물리적 환경은 유아의 성장과 발달을 지원할 수 있도록 조성되어야 한다. 일반적으로 환경이라고 하면 물리적인 환경을 의미하는 경우가 많으나 물리적 환경이 아무리 좋아도 이를 적절히 활용하는 지혜로운 인적 자원이 없다면 아무 소용이 없다. 따라서 유아의 흥미와 개인차를 수용하고 전인적으로 성장할 수 있게 지원하는 물리적 환경이 준비되어 있으며 이를 잘 활용하는 인적 자원이 있을 때 최적의 환경이라고 할 수 있다.

1 유아교육기관의 환경 구성 원리

유아를 위한 환경을 구성할 때에 고려할 원칙은 다음과 같다.

- 유아에게 다양한 경험을 제공하고, 유아가 개인적 능력에 따라 자발적으로 무엇을 할지 선택하여 적극적으로 참여할 수 있도록 구성한다. 유아교육기관의 흥미 영역은 이러한 목적을 위해 구성된 것이며, 다양한 흥미 영역을 제공함으로써 유아가 자신의 흥미와 욕구에 맞는 놀이를 하도록 격려한다.
- 발달의 개인차를 수용하는 환경을 구성한다. 유아기는 다양한 분야의 능력이 급속히 발전하는 시기이며 발달 속도의 개인차가 매우 큰 시기이다. 예를 들면 같은 연령의 유아라도 30조각의 퍼즐을 맞출 수 있는 유아와 5조각의 퍼즐을 맞출 수 있는 유아가 있다. 따라서 환경을 구성할 때는 발달의 개인차가 수용되도록 다양한 수준의 교구와 교재를 제공한다.
- 유아의 전인적 발달을 지원하는 환경을 구성한다. 유아기는 인지 능력이나 특정 영역의 기술보다는 전인적 발달이 이루어지도록 해야 한다. 예를 들면 다양한 흥미 영역을 구성함으로써 전인적 발달을 도모할 수도 있지만 각각의 흥미 영역에서도 전인적 발달이 이루어지도록 다양한 교구와 교재를 갖춰야 한다.
- 유아가 놀이를 통해 다양한 사물을 직접 조작하고 경험하고 체험할 수 있는 환경을 구성한다. 유아는 놀이를 통해 경험하면서 학습하기 때문에 유아교육기관의 환경은

다양한 감각적 경험을 제공할 수 있게 구성하고, 유아가 놀면서 직접 조작하고 경험하도록 격려한다.

- 충분하고 다양한 공간을 마련하여 유아가 자유롭게 주위 환경을 탐색할 수 있게 한다. 공간이 너무 좁으면 놀이 도중에 유아들끼리 공간을 두고 다툴 수 있고, 공간이 너무 넓으면 유아가 뛰어다닐 수 있으므로 적당한 공간을 마련한다. 또한 정적인 활동과 동적인 활동을 모두 할 수 있는 다양한 영역과, 유아가 휴식을 취할 수 있는 영역도 함께 구성한다.
- 유아의 건강과 안전, 집단생활과 독립성, 창의성 증진을 위한 환경을 구성한다. 교사는 유아의 건강을 위해 청결을 유지하고 유아가 다치지 않도록 시설 · 설비를 설치하고 점검해야 한다. 또한 유아의 발달 수준에 적합한 환경을 구성하여 성인의 도움 없이 사용하고 정리할 수 있게 하며, 유아 스스로 환경을 탐색하고 창의적으로 활용하는 것을 격려한다.
- 유아교육기관의 목적이나 프로그램의 목적을 달성할 수 있는 교육 환경을 구성한다. 각 기관의 교육 목적을 달성하기 위해서는 환경 구성도 달리해야 하는데 예를 들어 몬테소리 프로그램을 하는 기관에서는 몬테소리 교구와 유아의 개별 활동을 지원하는 환경을 조성하며, 놀이 중심 프로그램을 운영하고자 하는 기관에서는 유아의 다양한 놀이에 적합한 환경을 구성한다.
- 환경과 교구 및 교재는 개방성과 폐쇄성이 적절한 조화를 이루도록 구성한다. 즉, 유아가 스스로 사용 방법을 알아낼 수 있는 교구·교재뿐만 아니라 다양한 방식으로 사용할 수 있는 개방적인 교구·교재를 모두 구비하여 유아의 흥미와 수준에 맞게 활용하게 한다.
- 이동이 가능한 설비를 많이 사용하여 융통성 있는 환경을 구성한다. 예를 들어 바퀴가 달린 교구장을 활용하면 필요한 경우에 영역 구성을 쉽게 바꿀 수 있다.
- 유아가 교사나 또래 사이에서 신뢰감과 안정감을 느낄 수 있도록 환경을 구성한다. 각 영역별로 다양한 교구·교재 및 시설을 배치함으로써 유아가 또래와 쉽게 어울려서 놀이할 수 있게 하고, 어떤 흥미 영역에서 놀든 일어서거나 고개를 들었을 때 또래 및 교사를 볼 수 있도록 낮은 교구장이나 칸막이를 설치함으로써 고립감을 느끼지 않고, 안정된 환경에서 놀이할 수 있도록 돕는다.

◇ 유아교육기관은 단독 건물에 설치하는 것이 이상적이며 유아가 계단을 너무 많이 오르내리거나 실내외 환경을 충분히 활용하지 못하는 경우가 없게 한다. 유아와 교사의 동선을 고려하여 실내 공간을 배치하며, 채광, 통풍, 소음, 습기, 냄새, 전망, 바닥과 벽, 위치 등의 여러 가지 요인을 고려하여 교육의 효과를 높이도록 한다.

2 유아교육기관의 시설·설비

1) 출입구

출입구(현관)는 유아교육기관을 방문하는 사람들을 맞이하는 곳으로, 유아교육기관에 대한 첫인상을 주는 곳이다. 따라서 출입구의 분위기는 따뜻하고 타인의 도움 없이 혼자서 들어오고 원하는 곳을 찾을 수 있게 환경을 구성한다. 놀이 및 주제나 계절에 따른 그림, 사진, 장식물 등으로 환경을 구성할 수 있으며, 기관의 배치도를 구비하고, 유아나 부모에게 정보를 알리는 게시판 또는 전자 게시판(예 교사진, 오늘의 식단)도 함께 준비한다. 유아가 신발을 신고 벗을 수 있는 충분한 공간과 함께 날씨에 따라 필요한 물건(예 우산)을 비치할 수 있는 공간도 준비한다. 출입구는 계절마다 특색 있는 식물이나 장식품으로 꾸며 놓으면 부드러운 인상을 줄 수 있다. 일 년 내내 똑같은 환경으로 구성해놓거나 '환영합니다'라는 문구를 항상 걸어놓는 것은 바람직하지 않다. 또한 출입구나 창문의 전면에 스티커를 붙이거나 출입구를 가릴 정도로 과도하게 장식을 하면 변화 없는 지루한 환경이 조성될 뿐 아니라, 유아가 사계절의 변화를 볼 수 없게 하고, 스스로 현관을 장식할 기회를 박탈하는 등 다양한 측면에서 바람직하지 않다.

늦가을 늙은 호박을 배치한 현관

유아가 그린 기관의 상징을 배치한 입학식 즈음의 현관

신을 신고 벗기에 넓고, 환하고 따뜻한 분위기를 조성하는 출입구

당일의 식단을 공지한 현관

2) 교사실 및 교사 휴게실

교사실의 크기는 각 기관의 규모와 교사의 수에 따라 정한다. 교사실은 교사들이 교육 활동을 연구 · 계획하고 교사 간 의견을 교환하며, 유아에 관한 서류 및 참고 서적 등을 보관하는 장소이므로 서류장, 책장, 교사용 책상, 옷장, 의자, 그 외의 자료를 보관할 수 있는 장과 함께 컴퓨터, 복사기, 코팅기 등의 기자재도 함께 구비한다. 교사실이 너무 작아 여러 가지 설비 및 비품을 둘 수 없을 때는 별도의 공간을 마련하고 교사용과 유아용으로 구별하여 정리한다. 어떤 기관에서는 교사실을 별도로 마련하지 않고 교실에 교사용 책상을 두고 그곳에서 업무를 보게 하기도 한다. 이런 경우 초등학교 교실 같은 분위기가 조성되고, 유아가 놀이할 공간이 좁아질 뿐 아니라 놀이에 위험 요소가 될 수 있으므로 교실 내에 교사용 책상을 배치하지 않는다.

교사는 유아를 교육하는 과정에서 정신적, 육체적으로 높은 수준의 에너지를 소비한다. 최근 교육 시간이 점차 길어짐에 따라 교사의 근무 시간도 길어져 시간제 출퇴근 제도를 실시하거나 연장근무를 해야 하는 경우가 많아지고 있다. 이런 상황에서 교사가 주기적으로 적절한 휴식을 취할 수 있게 지원하면 업무의 질을 향상시킬 수 있기 때문에 휴식 공간을 반드시 마련해야 한다. 교사 휴게실에는 쉴 수 있는 의자나 간이침대, 함께 간식을 먹으며 회의할 수 있는 책상과 의자, 간단한 차와 간식을 준비하고 먹을 수 있는 싱크대, 냉장고, 식기, 선반 등의 설비가 갖춰지면 최적이지만, 기관의 실정에 따라 최적의 휴게실을 마련하려는 노력이 필요하다.

교사실

교사 휴게실

3) 관찰실

관찰실은 유아와 교사의 활동을 방해하지 않고 관찰자가 관찰할 수 있도록 해야 한다. 관찰실은 교실 전면을 골고루 볼 수 있는 위치에 설치하고, 교실에서의 소리가 잘 들리도록 조용한 곳에 배치하거나 그렇지 못한 경우에는 마이크 등의 기계 설비를 마련하는 것이 좋다. 또한 유아와 교사가 신경 쓰일 수 있으므로, 항상 조용한 분위기에서 관찰하도록 안내하며 원활한 관찰을 위해 일방경(one-way mirror)을 설치하는 것이 좋다.

일방경이 있는 참관실

학급에서 보이는 참관실 전경

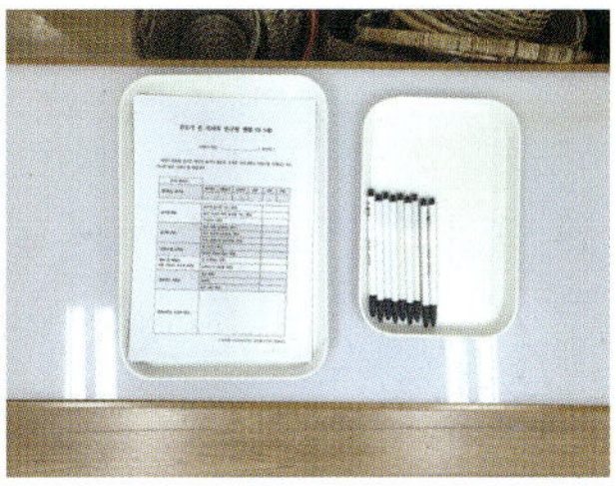
부모 참관 시 사용할 수 있는 체크리스트

4) 화장실

화장실은 유아가 자주 드나들면서 자신의 건강과 청결을 유지하고 위생 습관과 질서를 배우는 곳이다. 한 반의 인원이 많지 않으면 두 개의 활동실 사이에 화장실을 설치하여 같이 쓸 수 있다. 화장실을 구성할 때에는 유아의 신체 크기를 고려하여 변기나 세면대, 종이 수건(또는 개인 수건걸이), 거울의 높이 등을 배치하여야 한다. 휴지 걸이와 물비누(소독 기능이 있는) 등도 유아의 키와 손바닥의 넓이, 위생을 고려하여 준비한다.

변기의 수는 적어도 여아 10명당 1~2개, 남아 15명당 1~2개를 준비한다(참고 2015 유치원 시설안전관리 매뉴얼에는 유아 8~10명당 변기 1개; 2022년 6월에 개정된 아동복지법 시행규칙 별표 2에는 아동 5명당 변기 1개로 기재됨). 화장실의 문은 유아의 키보다는 높지만 교사가 내부를 볼 수 있을 정도로 낮게 하고, 유아가 혼자 잘 열고 닫을 수 있도록 하되 잠금장치를 없게 하여 유아가 화장실에 갇혀 불안해하는 일이 없도록 한다. 유아교육기관의 화장실은 남아와 여아가 함께 사용하므로 남아용 소변기에도 칸막이나 커튼을 설치한다.

특히 방과후 과정 프로그램을 운영하거나 영아를 교육하는 경우에는 기관에서 유아를 쉽게 씻길 수 있는 간이 욕조나 샤워 시설을 준비하고, 바닥에 물기가 흘러 안전사고가 발생하지 않도록 깔개나 바닥 건조기 등을 이용한다.

가림대만 있는 영아용 화장실

문이 있는 유아용 화장실

커튼으로 가린 화장실

활동실과 연결되어 있고, 미끄럼 방지 깔개와 물비누, 자동 급수 수도가 있는 화장실

영아용 간이 샤워 시설이 구비된 화장실

동화의 다양한 등장인물이 배변하는 그림이 있는 영아용 화장실

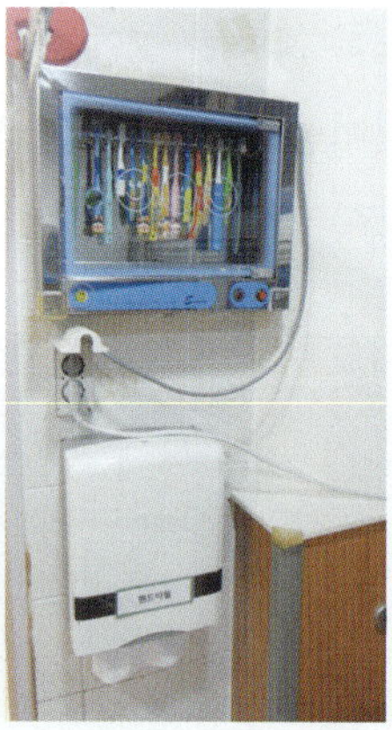
칫솔 소독기와 핸드 타월이 비치된 화장실

5) 소집단 활동실

일과 운영 중에 한 학급의 유아를 소집단으로 나누어 이야기 나누기나 동화 듣기 등의 활동을 하거나 휴식을 해야 할 경우를 위해 소집단으로 모일 수 있는 다양한 공간을 준비하는 것이 바람직하다. 소집단 활동은 소집단 활동을 위해 고안된 공간뿐만 아니라 베란다, 복도의 계단 등 다양한 공간을 이용해서 할 수도 있다. 바닥은 소음을 흡수할 수 있는 소재를 까는 것이 좋으며, 유아가 편안한 자세로 자유롭게 앉을 수 있는 의자를 준비한다. 만약 소집단 활동실에서 휴식을 취하고자 할 때는 개인용 깔개를 준비하여 둔다.

소집단 활동실에서 활동하고 있는 영아

베란다 공간에서 소집단 활동을 하는 유아

언어 영역에서 소집단 활동을 하는 유아

6) 보건실

보건실은 유아가 다쳤거나 아플 때 사용할 수 있는 장소로 조용하지만 다른 성인(예 기관장, 간호사(또는 간호조무사), 보건(담당) 교사, 행정직원)의 보호를 받으면서 안전하게 쉴 수 있는 장소로 만들어야 하므로 원장실이나 교사실과 연결된 공간을 활용하는 것이 바람직하다.

보건실에는 침대, 구급약품, 치료 기록지 등을 구비한다. 치료 기록지는 유아가 다쳤을 때 치료한 상황을 기록하여 두는 서류인데, 체온, 상처의 크기를 비롯하여 피가 났을 경우 피의 양, 상처에 발라준 약 이름, 부모와 상의 후 약을 먹였을 경우 약의 이름과 양, 치료 시간 또는 투약 시간도 함께 기록하여 둔다.

보건실에서는 가벼운 상처만 치료하고 그 외의 처치는 학기 초에 받아 둔 응급처치 동의서에 기록된 부모의 희망 방식대로 처리해야 한다. 예를 들면 응급처치 동의서에 따라 부모에게 연락하거나 부모가 지정한 병원으로 데리고 가거나 유아교육기관에서 제휴한 병원으로 가서 치료받을 수 있다. 교사는 유아가 다친 원인과 치료 과정에 대해 자세히 기록하여 부모에게 전달한다.

7) 자료실

유아교육기관에서의 교육은 놀이를 통한 구체적인 경험을 통하여 교육의 목적을 달성할 수 있으므로, 다른 각급 학교에 비해 많은 교구 · 교재 및 자료가 필요하다. 자료실에 물품을 보관할 때에는 소모품(예 도화지, 크레파스, 물감, 점토, 풀, 테이프 등)과 교육 활동 및 환경 구성에 필요한 교구 · 교재 및 화보, 사진 등을 따로 보관하는 것이 좋다. 또한 교육 활동에 필요한 교구 · 교재는 연령별로 같은 종류끼리 구분하여 정리해 둔다. 예를 들어 3 · 4 · 5세가 사용할 정리장을 따로 구분하고 동화, 동시, 퍼즐, 판 게임 자료 등을 분류하여 정리한다. 자료가 많은 경우에는 좀 더 세분화하여 분류하는데, 예를 들어 동화는 그림 동화, OHP 동화, 손인형 동화, 테이블 동화 등으로 재분류하여 보관할 수 있다.

자료의 정리는 주제를 기준으로 하기보다는 기능 또는 종류별로 분류되어 있어야 교사가 필요한 상황에서 쉽게 자료를 찾을 수 있다. 예를 들면 역할놀이를 위한 다양한 종류의 신발을 과거처럼 생활주제별(예 나와 가족이 신는 신, 우리나라 신, 여름에 신는 신)로 정리하기보다는 모든 신발을 한 곳에 정리하고 신발 크기(예 어린이 신과 성인 신), 유형(예 운동화, 구두, 특별한 날 신는 신발, 아기 신, 특별한 직업을 가진 사람들이 신는 신), 계절(예 여름과 겨울에 신는 신발)을 기준으로 정리하면 필요할 때 신속히 찾아 유아의 놀이를 지원하는 데 사용할 수 있다.

자료실은 항상 정리가 잘 되어 있어 자료를 손쉽게 찾을 수 있어야 하므로, 자료를 사용하고 난 후에는 반드시 제자리에 놓도록 하며 한 학기에 한 번 정도는 사용한 자료가 모두 있는지 확인하고 재정리할 필요가 있다. 이를 위하여 반드시 자료실의 자료 목록을 만들어 구입, 폐기, 분실, 수리 등의 사용 기록을 적을 수 있게 한다.

다양한 블록

난이도별로 정리된 퍼즐과 조작놀이 교구 및 게임

종류별로 정리된 다양한 악기

계절별 신발을 보관할 때 정리함에 붙이는 표시

동화의 수준과 내용별 정리된 동화 자료

머리 장식 보관함에서 꺼낸 용품

8) 조리실

유아의 영양을 위한 간식과 점심을 준비하는 곳이다. 조리실은 위생 관리가 철저해야 하므로 관련 기관에서 정한 시설 및 위생 기준에 맞추어야 한다. 시설과 설비가 청결한지 항상 점검하며, 위생적인 조리를 위하여 음식을 다루는 사람은 위생복을 반드시 입는다. 조리실에서는 다양한 조리 기구와 불을 사용하므로 유아가 들어오지 못하도록 차단 장치를 마련한다. 만약 유아가 필요한 것이 있어 조리실에 왔을 때는 문 앞에서 필요한 것을 이야기하고 받아 가도록 한다.

음식 재료와 음식을 보관하는 냉장고가 반드시 있어야 하며, 관련 기관의 규정에 제시된 보관 일수와 남은 식재료 보관 지침을 따른다. 또한 음식물로 인한 질병 발생을 대비하여 보존식을 6일(144시간) 이상 유지 · 보존한다.

9) 활동실

활동실(교실)은 유아가 유아교육기관에 등원하여 하루를 지내는 장소로서 다음의 조건에 부합하여야 한다.

(1) 크기

유아가 활동할 수 있을 만큼의 충분한 공간을 제공해야 하는데 너무 좁을 경우에는 놀이 도중에 갈등 상황이 발생할 수 있고, 너무 넓을 경우에는 실내에서 뛰어다닐 수 있으므로 적당한 공간을 마련한다. 영유아보육법시행규칙[별표1]에서 정하는 어린이집 면적은 유아 1인당 4.29㎡ 이상이어야 하고, 보육실(거실, 유희실, 포복실 포함)을 합한 면적은 2.64㎡ 이상이어야 한다.

(2) 형태

각 영역의 환경 구성 시, 공간을 효율적으로 활용하기 위해서는 정사각형보다는 직사각형 형태의 활동실이 바람직하다.

(3) 채광 및 조명

기본적으로 실내에 자연채광이 충분하게 비치는 것이 가장 바람직하므로 빛이 드는 창문을 스티커나 가구, 커튼으로 가리지 않는다. 활동실의 공간 및 흥미 영역에 따라 적절한 조도가 제공되어야 하므로 채광과 조명을 조절할 수 있어야 한다. 언어 영역이나 과학 영역은 창가의 밝은 곳에 배치하되 자연채광이 부족한 경우에는 덮개가 있는 부분 조명을 설치하여 밝기를 조절해 준다. 반면 휴식 영역이나 전체 유아가 낮잠과 휴식을 취할 때는 블라인드나 커튼으로 채광을 차단하여 다소 어둡게 하는 것이 좋다. 직사광선을 받으면 안 되는 컴퓨터 영역은 창문 근처를 피하는 것이 좋다.

강한 채광은 교구나 설비, 의복의 색을 변질시키며 책상 및 장의 표면을 반사하여 유아의 시력에 나쁜 영향을 미칠 수 있다. 따라서 교사는 때에 따라 적절히 채광을 조절하여 유아의 건강을 지켜주어야 한다. 또한 조명의 경우에는 유아의 시력을 보호하기 위해 형광등과 백열등을 적절하게 섞어서 쓴다.

• 참고 • **학교보건법 시행규칙[별표 2]**

학교보건법 시행규칙[별표 2] 환기·채광·조명·온습도의 조절기준과 환기설비의 구조 및 설치기준 〈개정 2019. 9. 17.〉

▶ 채광(자연조명)

가. 직사광선을 포함하지 아니하는 천공광에 의한 옥외 수평조도와 실내조도와의 비가 평균 5% 이상으로 하되, 최소 2% 미만이 되지 아니하도록 할 것

나. 최대조도와 최소조도의 비율이 10대 1을 넘지 아니하도록 할 것

다. 교실 바깥의 반사물로부터 눈부심이 발생되지 아니하도록 할 것

▶ 조도(인공조명)

가. 교실의 조명도는 책상면을 기준으로 300럭스 이상이 되도록 할 것

나. 최대조도와 최소조도의 비율이 3대 1을 넘지 아니하도록 할 것

다. 인공조명에 의한 눈부심이 발생되지 아니하도록 할 것

(4) 소음 방지

집중력이 약하고 집중 시간이 짧은 유아기에 소음은 집중을 방해하고 심리적으로 불안감을 조성하므로 소음이 생기는 요인을 가능하면 제거한다. 예를 들어 창문은 이중창으로 하고 커튼이나 블라인드를 달아 놓으며, 바닥에는 깔개를 까는 것이 좋다. 또한 책상과 의자의 다리 밑면에 고무를 끼우고, 영역 간 소음으로 인해 방해를 받지 않도록 교구장이나 칸막이를 한다. 물리적 환경 구성뿐 아니라 실내에서 조용히 할 수 있도록 유아를 지도하여야 한다. 예를 들면 친구를 부를 때에는 다가가서 부른다거나, 놀잇감을 높이 쌓았다가 부수지 않는다거나, 실내에서는 조용히 걸어 다녀야 함을 이야기하여 실내에서 갖춰야 할 바람직한 태도를 지도한다.

(5) 환기

유아교육기관에서 환기가 적절히 이루어지지 않을 경우에는 땀 냄새, 음식 냄새, 유아가 사용하는 자료 등에서 나는 냄새 또는 탁한 공기로 인하여 불쾌한 환경이 조성된다. 보통 2~3시간마다 한 번씩, 한 번에 10~20분간 창문을 열어 환기를 시킴으로써 쾌적한 환경을 조성한다. 공기청정기를 사용하는 경우에는 주기적으로 필터를 교환하여 바이러스를 방지하고 실내 공기를 정화시켜 주어야 한다.

• 참고 • **학교보건법 시행규칙[별표 2]**

학교보건법 시행규칙[별표 2] 환기·채광·조명·온습도의 조절기준과 환기설비의 구조 및 설치기준 〈개정 2019. 9. 17.〉

▶ 환기의 조절기준

1) 환기용 창 등을 수시로 개방하거나 기계식 환기설비를 수시로 가동하여 1인당 환기량이 시간당 21.6m^3 이상이 되도록 할 것

(6) 색

활동실 환경과 교구 및 교재에 사용되는 색은 유아와 교사의 기분과 정서 상태에 직접적인 영향을 준다. 계절과 기후에 따라 따뜻한 색과 차가운 색을 조화롭게 사용하되 원색의 지나친 자극은 피로를 유발할 수 있으므로 전체적으로 조화로운 배색을 한다. 실외 영역의 고정 시설의 색도 주위 자연환경과 조화를 이루게 한다.

지나치게 다양한 원색을 사용하여 안정감 없게 느껴지는 활동실

자연채광, 나무로 된 가구, 자연물, 천, 제한된 색의 장식물로 인해 안정감이 느껴지는 활동실

(7) 습도 및 온도

유아는 날씨의 변화에 매우 민감하므로 습도와 온도를 조절하여 신선한 공기를 제공하여야 한다. 습도가 높은 경우에는 불쾌지수가 함께 높아지므로 제습기 등을 사용하여 습기를 제거하고, 너무 건조한 경우에는 가습기를 틀어 습도를 다소 높여주는 것이 좋다. 적절한 온도는 겨울철 난방의 경우 18~20℃이고 여름철 냉방의 경우 26~28℃이며, 습도는 60~70%이다.

● 참고 ● **학교보건법 시행규칙[별표 2]**

학교보건법 시행규칙[별표 2] 환기·채광·조명·온습도의 조절기준과 환기설비의 구조 및 설치기준 〈개정 2019. 9. 17.〉

▶ 실내온도
- 실내온도는 섭씨 18도 이상 28도 이하 (상시)
- 난방온도는 섭씨 18도 이상 20도 이하 (겨울)
- 냉방온도는 섭씨 26도 이상 28도 이하 (여름)

(8) 건축 재료

건축 재료나 마감 재료는 기본적으로 친환경적인 것을 사용하여 환경 호르몬으로부터 유아를 보호하도록 한다. 각 부분에 사용되는 건축 재료와 유의 사항은 다음과 같다.

1 벽

벽은 환경의 기초적인 배경이므로 다양한 감촉과 느낌을 주는 재료로 구성한다. 다양한 재료의 사용은 유아들에게 감각적인 자극을 주기 때문에 다양한 학습 경험의 기회가 된다.

2 바닥

활동 영역에 따라서 바닥의 재료를 다르게 구성한다. 예를 들어 실내의 물 · 모래놀이 영역, 미술 영역, 간식 영역은 더러워져도 쉽게 처리할 수 있도록 구성하며, 쌓기놀이 영역은 소음 방지와 필요한 경우 영역을 구분하기 위해 두껍고 단단한 깔개를 사용한다. 유아교육기관 전체의 바닥은 충격이나 소리가 잘 흡수되는 친환경 바닥재를 이용한다.

(9) 건물의 방향과 전망

유아교육기관은 햇빛이 잘 들고 밝은 남향 건물이면서 탁 트여 자연을 접할 수 있는 전망을 가지는 것이 좋다. 그러나 단독 건물이라도 여건상 남향으로 지어지지 않았거나, 여러 용도로 사용되는 건물의 일부 층을 사용하는 경우도 있기 때문에 적절한 방향과 전망을 갖기 어려운 경우가 많다. 따라서 채광이나 조명을 이용하여 밝음을 유지하고 나무나 화초를 가꿔 좋은 전망을 가질 수 있도록 한다.

(10) 실내 가구 및 장

유아교육기관의 모든 설비와 교구는 유아의 발달적 특성을 고려하여 준비한다. 유아의 키와 몸무게, 신체 비율을 고려하는 동시에 안전에 민감하지 않은 특성을 고려하여 견고하고 가벼우며 모서리는 둥근 것으로 준비한다.

1 교구장

유아의 활동 영역을 구분하는 데 사용하며 바퀴를 달아서 이동할 수 있게 준비한다. 그러나 모든 교구장에 바퀴를 다는 것은 아니며, 사용할 영역에 따라 고정적인 것도 필요하다. 예를 들면 수·조작 영역에는 바퀴가 있는 교구장을 배치하여 영역 이동을 쉽게 하는 반면, 영역 구성 시 큰 변화가 없고 무거운 놀잇감이 많이 있는 쌓기놀이 영역에는 고정된 교구장을 배치하는 것이 바람직하다.

2 개인장

개인 소지품을 보관하는 곳으로서 활동실 밖에 설치하며 유아가 자주 사용하기 때문에 활동실에서도 잘 보이는 위치에 둔다. 2세 이하의 영아를 위한 개인장은 활동실 내에 둔다. 모양은 문이 없이 용도에 따라 분류하여 보관할 수 있도록 서랍, 옷과 가방을 두는 곳, 실내화를 두는 곳으로 구분되어 있는 것이 좋다. 한 반의 인원이 많은 경우에는 두 명이 한 개의 개인장을 함께 사용할 수도 있다. 개인장에는 겉옷, 신발, 작업복, 실수에 대비한 여벌 의복, 유아가 만든 작품을 보관할 수 있다. 개인장에는 유아가 쉽게 자기의 장을 찾을 수 있도록 이름, 사진, 그림, 각 유아만의 자기 표시 그림을 붙여줄 수 있는데, 연령에 따라 변화를 준다. 예를 들어 3세 미만의 영아를 위해서는 자기 표시 그림과 사진을 크게 붙여주고, 5세가 되면 반 표시와 함께 이름, 사진을 붙여준다.

학기초 적응기에 1세 개인장 표시로 사용한 가족사진(1세)

적응이 끝난 후 개인 사진과 선호하는 놀잇감 이름으로 구성된 개인장 표시(2세)

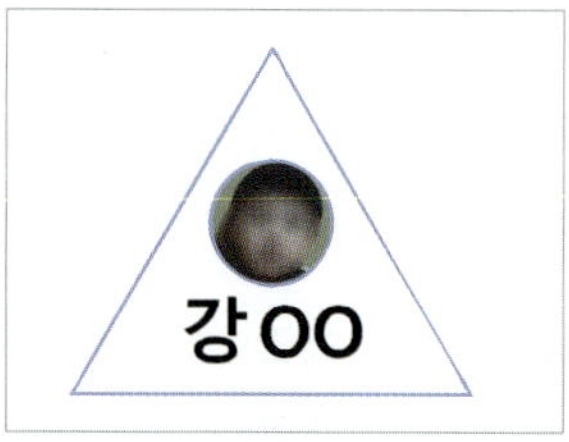

글씨에 관심을 갖는 유아를 고려해 사진과 크게 쓴 이름으로 구성된 개인장 표시(3세)

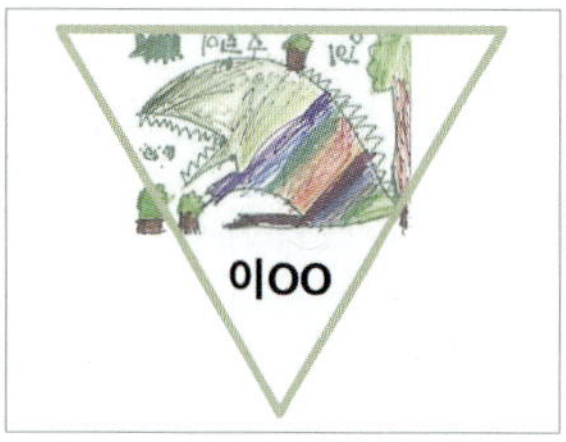

직접 그린 자기 표시와 비교적 작은 글씨로 쓴 이름으로 구성된 개인장 표시(4세)

작은 종이에 직접 쓴 이름으로 구성된 개인장 표시(5세)

3 책상

책상은 영역별로 특성에 맞게 여러 군데에 배치할 수 있다. 모양(원, 네모, 팔각형, 사다리형, 도넛형)과 크기, 높이는 배치하고자 하는 흥미 영역의 특성에 따라 결정한다. 예를 들어 여러 명의 유아가 마주 앉아 그룹 게임을 하기 위한 책상이라면 정사각형의 낮고 작은 책상이 적당하다. 또한 미술 영역에 배치하기 위한 책상은 4~8명이 함께 사용할 수 있도록 반원 2개와 직사각형 1개로 구성된 높고 큰 책상이 적당하다. 언어 영역의 경우에는 유아가 편안한 분위기에서 책을 읽을 수 있도록 낮은 원형 책상을 준비한다.

책 읽기와 조작놀이를 할 수 있게 배치한 낮은 책상

미술 영역에서 다수의 어린이가 사용할 수 있게 조합한 책상

통로처럼 배치해서 터널로도 사용되는 책상

4 의자

의자는 유아가 혼자 들고 옮길 수 있을 만큼 가벼운 것이 좋다. 등받이가 있고 앉는 부분에 넓은 받침이 있어 등을 대고 앉았을 때 뒤로 넘어가지 않아야 한다. 의자의 크기는 유아의 체중과 앉은 키를 고려하여 대·중·소의 여러 종류를 준비해야 한다. 또한 각 활동 영역마다 안락의자, 흔들의자, 유아용 소파 등을 구비하여 유아가 자유롭게 활용하도록 한다. 유아의 자리를 지정해 주기 위해 의자에 개인 가방을 걸어두게 하는 것은 안전사고(예 유아가 일어설 때 의자가 넘어감) 발생 우려가 있으며, 유아의 자리 선택 자유를 제한하므로 해서는 안 된다.

3 유아교육기관의 교구·교재

1) 교구·교재의 중요성

교육 활동에서 학습자의 학습 효과를 증진하기 위해 각종 매개체를 활용하게 되는데, 이를 일반적으로 교육 자료(educational materials or resources)라고 한다. 이와 비슷한 용어로 교구 · 교재, 교수 매체, 교수학습 자료 등이 함께 사용되고 있다.

유아교육에서는 교구 · 교재가 매우 중요한데, 이는 유아가 사물을 직접 만져보고 흔들어 보고, 들어보고, 맛을 보고, 냄새를 맡아보는 등 직접적인 경험을 통하여 학습하기 때문이다. 또한 집단보다는 개별이나 소집단으로 학습하는 경우가 많으므로 교사, 유아 간 상호작용에 매개 역할을 할 수 있는 교구 · 교재의 사용이 필수적이다. 교사는 교구 · 교재를 제시할 때 유아의 연령, 발달 단계 및 특성, 진행되는 놀이 주제 등을 고려하여야 한다.

2) 교구·교재의 준비

과거에는 상업용 교구가 적고 비쌌기 때문에 교사가 교구 · 교재를 제작하는 경우가 많았지만 현재는 좋은 상업용 교구가 많이 있다. 따라서 교육 목표를 달성하고자 하는 교구 · 교재가 없을 때를 제외하고는 구입하는 것이 바람직하다. 교구 · 교재 제작에는 교사의 시간과 노력이 많이 소요되는 반면 내구성이 좋지 않은 경우가 많고, 교사가 수업을 준비하고 연구하는 시간도 적어질 수 있기 때문이다. 교구를 제작하거나 구입할 때는 다음의 사항을 세밀히 검토하여야 한다.

- 교육 목표를 달성하는 데 필요한 교구 · 교재의 목록을 작성한다.
- 재고품을 점검하여 필요한 교구 · 교재의 우선순위를 정한다.
- 정형화된 또는 한 가지 방법으로 밖에 사용할 수 없는 교구 · 교재보다는 다양한 목적으로 사용할 수 있는 것을 구한다. 특히 2019 개정 누리과정이 시행된 이후에는 자연물, 비정형적인 자료 및 재료, 유아가 직접 구하고 만들어서 쓰는 놀이 자료에 대해 높은 가치를 부여하므로 교사는 다양한 교구 · 교재 및 자료를 탐색하여 제공한다.

다양한 색, 모양, 크기의 단추나 구슬을 바구니에 담아 제시한 자료

유아가 직접 수집한 자연물을 매력적으로 배치한 돌, 풀, 나뭇잎, 솔방울, 말린 꽃 등의 자료

다양한 목적으로 사용될 수 있는 화분용 백색 돌 자료

◇ 교구 · 교재의 보관 장소를 고려한다.

◇ 예산 범위 내에서 구입 절차를 밟는다.

◇ 반드시 교사가 사용해 보고 시연을 한 뒤에 구입하도록 한다.

◇ 안전을 고려한다. 예를 들어 끝이 날카롭고 뾰족한 것, 돌출부가 있는 것, 쉽게 부서질 수 있는 것, 세탁이 어려운 것, 환경 호르몬이 배출될 가능성이 있는 것 등은 적합하지 않다.

◇ 내구성이 있고 비교적 오래 사용할 수 있는 교구를 선택한다.

◇ 유아의 발달 수준에 적합하면서도 심미적으로 매력적인 것을 선택한다.

◇ 단순하면서도 다양한 방법으로 가지고 놀 수 있는 개방성이 높은 것으로 선택한다.

악기를 포장한 상자를 재활용하여 쌓기놀이

상자에 그림을 그리고 액자처럼 그대로 전시

상자로 자동차 주차장 만들어 놀이 및 정리

상자로 기차 만들어 역할놀이

서랍 부관함을 활용하여 제공한 다양한 색과 크기의 천

다양한 색과 크기의 천을 활용하여 역할놀이 의상, 쌓기 구성물 지붕, 강물, 해먹으로 사용

3) 교구·교재의 제공

◇ 유아의 놀이를 촉진시켜 줄 수 있는 교구 · 교재를 제공한다.

◇ 유아의 흥미를 유지 또는 확장시켜 줄 수 있는 교구 · 교재를 제공한다.

◇ 활동실의 크기와 제시될 공간의 규모, 연령 분포, 유아의 수, 남 · 녀의 비율을 고려한다.

◇ 유아의 발달 단계를 고려하여 제공한다. 예를 들면 구체적이고 단순한 것부터 제공하고 유아의 발달이 진행됨에 따라 점차 추상적이고 복잡한 것을 제공한다.

◇ 한꺼번에 많은 교구 · 교재를 제시하는 것은 유아의 주의나 흥미를 떨어뜨릴 수 있으므로 적절한 수량을 정하여 제공해야 한다. 특히 연령이 어릴수록 한 번에 많은 종류의 교구 · 교재를 제시하기보다는 같은 종류의 교구 · 교재의 수량을 많이 준비하는 것이 적절하다.

◇ 가볍고 이동이 가능한 교구 · 교재는 교구장 위쪽에, 무겁고 이동이 불가능한 교구 · 교재는 고정된 선반이나 교구장의 낮은 곳에 둔다.

◇ 크기가 작은 교구 · 교재(예 구슬, 퍼즐, 색종이 등)는 크기에 맞는 바구니나 정리함 등에 분류하여 제공하고, 교구 · 교재를 사용한 뒤 유아가 스스로 정리하도록 할 수 있게 하기 위해 교사는 다양한 전략을 사용한다.

부피가 큰 블록을 정리하기 위해 와플 블록으로 보관함 제작

공간 블록으로 유아가 수 · 조작 교구 정리 공간 구성

정리가 용이하도록 커다란 헝겊 바구니 비치

◇ 새로운 교구 · 교재를 소개할 때는 사용법을 교사가 알려주기보다는 유아가 사용하면서 스스로 알아 낼 수 있는 기회를 제공한다.

◇ 교구 · 교재를 정해진 방법대로 사용하도록 설명해 주기보다는 놀이 상황에 맞게 융통적으로 사용할 수 있는 자유를 허용한다.

◇ 교구 · 교재를 사용하다 문제가 발생할 경우 유아와 해결 방법을 찾아볼 수 있다.

4) 교구·교재의 사용 및 보관

유아가 유아교육기관에서 사용하는 여러 가지 교구 · 교재의 사용법과 보존 방법을 습득하고 이를 실천하는 태도를 가질 수 있도록 교사는 다음의 사항을 고려한다.

- 교구 · 교재의 사용 및 정리에 대해 유아와 함께 규칙을 정한다. 예를 들면 교구 · 교재의 정리는 모두 함께 하되, 연령이 높은 학급에서는 당번을 정하여 마지막 정리에 대한 책임을 맡길 수 있다. 또한 교구 · 교재를 고의로 손상시키는 행동에 대한 처리 규칙을 정하여 유아가 교구 · 교재를 소중하게 사용하도록 유도할 수 있다.
- 정기적으로 교구 · 교재를 점검하고 수리와 세탁을 한다. 닦거나 빨아도 되는 것은 되도록 자주 세탁하고, 손상된 것은 빨리 수리를 하여 유아의 활동에 방해가 되지 않도록 한다. 필요하다면 유아가 손상된 것을 수리할 수 있는 기회(예 책 수리 놀이)를 제공한다. 특히, 영아는 교구 · 교재를 입으로 물고 빠는 등의 행동을 많이 하므로 놀잇감 소독기 등을 활용하여 소독하고 청결을 유지한다.

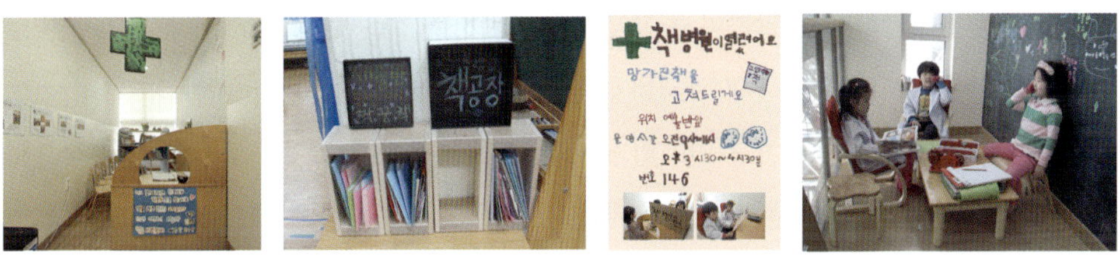

| 놀이로 발전된 책 수리 기회

- 사용한 교구 · 교재를 자료실에 보관할 때에는 직사광선, 열, 습기를 피하고, 종류별로 분류하여 보관한다.
- 모든 교구 · 교재는 일정한 기준에 따라 분류하여 보관한다. 교사용 교수 자료는 이야기 나누기, 율동, 새 노래, 동극, 게임 등과 같이 교육 활동의 종류와 연령에 따라 분류하는 것이 교사가 사용하기에 편리하다. 유아용 자료는 놀이에 사용되어지는 흥미 영역별로 구분하여 정리할 수 있다.

4 실내 놀이 영역의 구성

1) 실내 놀이 영역의 중요성 및 가치

유아교육기관에서는 유아의 능동적이고 개별화된 학습, 전인적 발달을 위한 통합적 교육, 대인관계 및 자율성과 책임감 등의 발달을 위하여 구체적인 자료와 놀이 환경을 마련해 준다. 놀이 영역은 각 교육과정에 따라 다른 명칭으로 불렸는데 2-3차 유치원 교육과정 시기에는 '자유놀이 영역' 그 이후는 '자유선택활동 영역'으로 불리고 있다. 2019 개정 누리과정에서는 2012/2015 3~5세 누리과정의 용어인 '자유선택활동 영역'을 그대로 사용하거나 여러 용어가 혼재한 상황이나 본 서에는 일반적인 의미로 놀이 영역(또는 자유선택활동 영역)으로 기술한다.

놀이 영역이란 교구장이나 분리대 등으로 놀이의 특성에 따라 유아가 놀이하는 장소를 구분한 활동실의 각 영역을 말하며 놀이 영역을 배치하는 것은 다음과 같은 가치를 지닌다.

- 유아가 자발적으로 놀이에 참여하도록 유도하는 핵심적인 역할을 한다. 놀이 영역에서는 개별적인 활동이 자연스럽게 이루어지는 동시에 소집단 활동도 연속적으로 이루어지므로 유아의 소속감을 충족시킨다.
- 자신이 선택한 놀잇감을 가지고 놀이함으로써 성취감을 얻게 되며 스스로 문제를 해결해 나가는 것에 자신감을 가진다.
- 놀이 영역에서는 자발적으로 활동을 하게 되므로 유아의 개별적 특성(예 느리거나, 급하거나, 소극적이거나, 활동적이거나, 집중 시간이 짧거나 하는 등)에 관계없이 각 유아의 특성에 맞게 활동이 진행된다.
- 유아의 전인적 발달을 위한 다양하고 폭넓은 경험을 제공한다.

교사는 유아의 연령에 적합한 놀이 영역을 구성하여야 하는데 연령별 특성이 반영된 실내 환경 구성의 예는 다음과 같다. 그림에 나타나 있듯이 연령이 어릴수록 놀이 영역의 수가 적고, 영역 간의 경계가 불분명하며, 교재가 단순하고 대근육 활동을 할 수 있는 설비가 배치되어 있다. 반면 연령이 높아질수록 놀이 영역의 수가 많고, 영역별 특성이 분명히 드러나고, 교재의 양과 수도 많아진다.

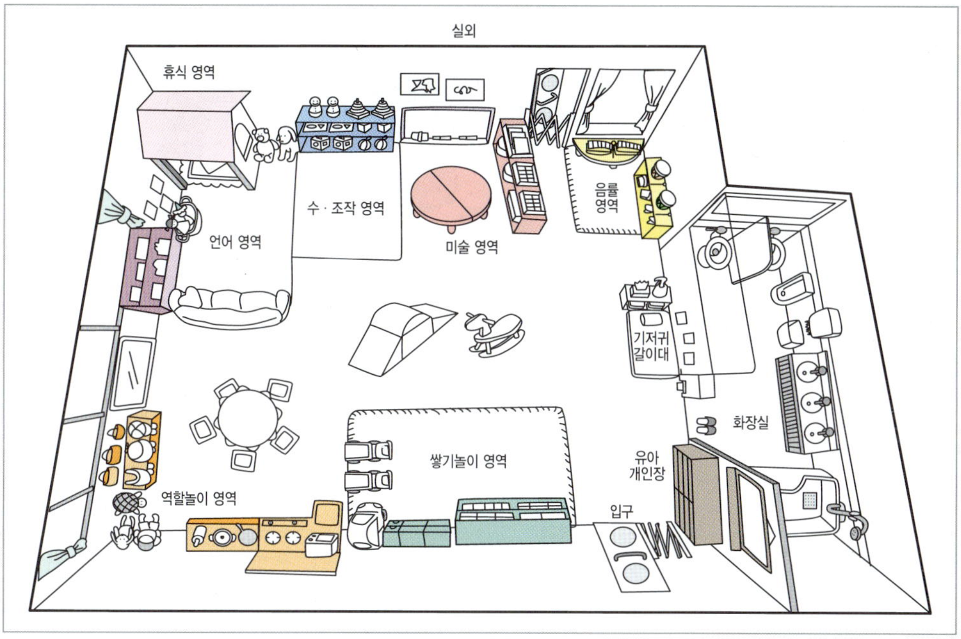

| 1세 실내 환경 구성의 예 |

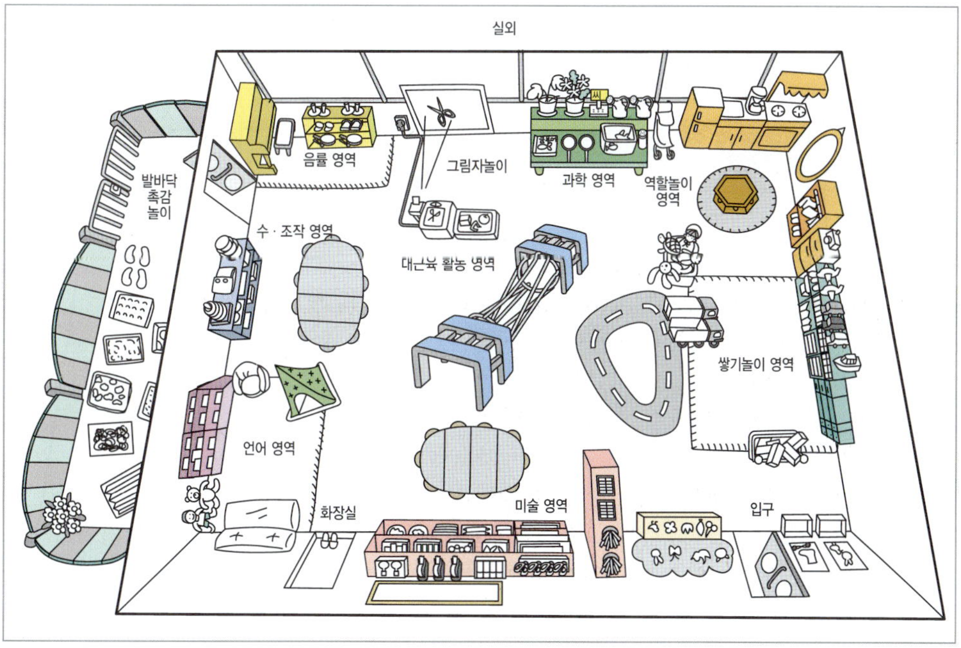

| 2~3세 실내 환경 구성의 예 |

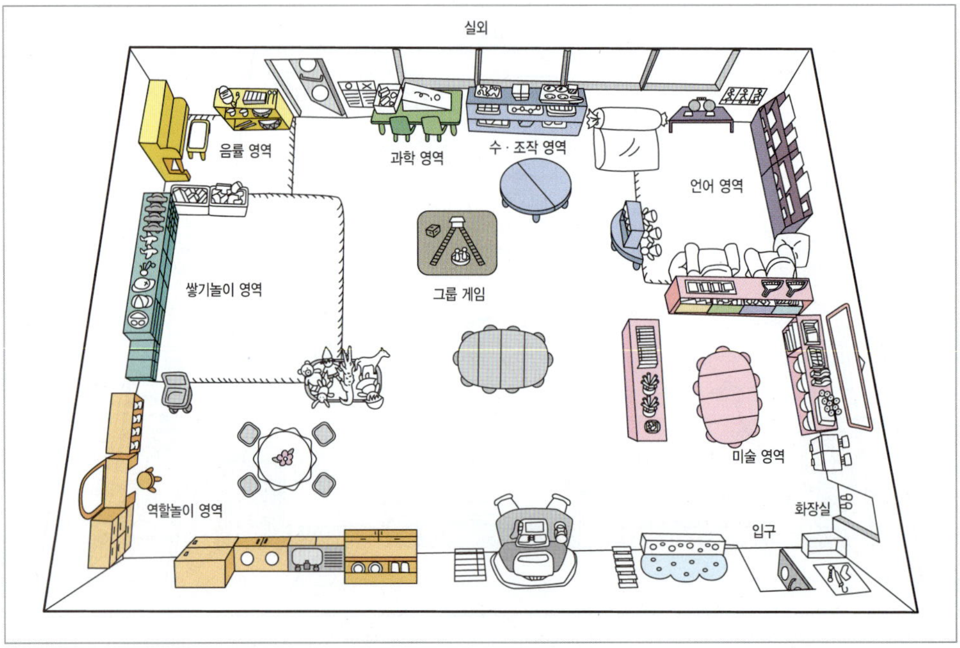

| 4세 실내 환경 구성의 예 |

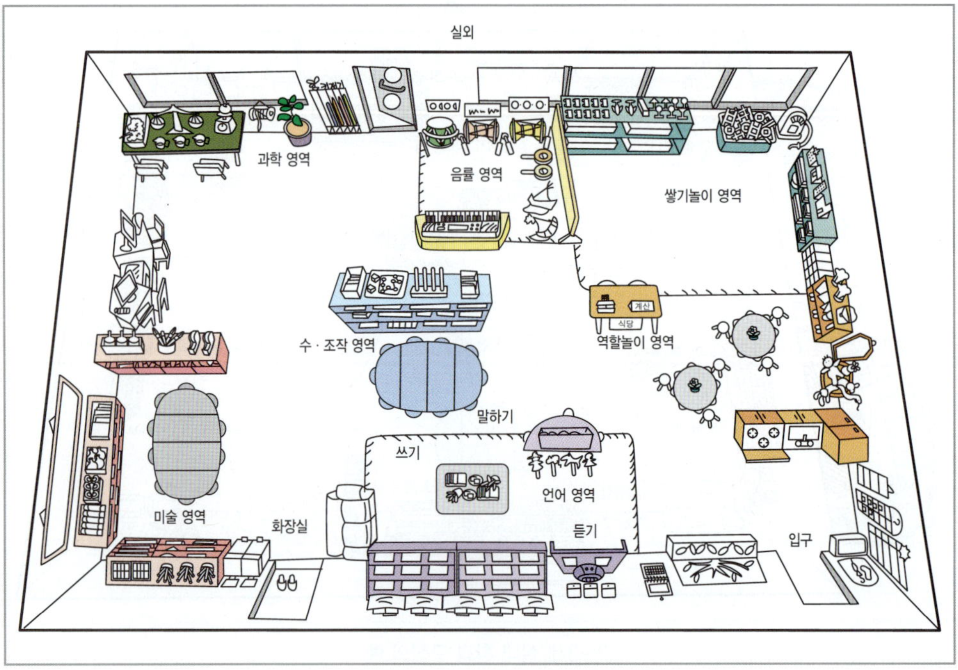

| 5세 실내 환경 구성의 예 |

2) 실내 놀이 영역의 종류 및 구성 방법

놀이 영역은 각 기관의 활동실 크기 및 프로그램의 특성에 따라 융통성 있게 배치할 수 있다. 2019 개정 누리과정에서는 놀이 영역에 대한 별도의 언급이 없기 때문에 2012/2015 3~5세 누리과정의 놀이 영역을 그대로 사용하고 있는데, 구체적으로는 쌓기 영역, 역할 영역, 수 · 조작 영역, 언어 영역, 미술 영역, 음률 영역, 과학 영역이다. 놀이 영역을 배치할 때에는 영역의 특성에 따라 조용하고 건조한 곳, 활동적이고 건조한 곳, 조용하고 물이 있는 곳, 활동적이고 물이 있는 곳 등의 네 가지 영역으로 구분하여 유사한 특성을 가진 영역끼리 모아 구성하도록 하며 이외에도 채광 및 통풍을 고려하여 배치하는 것이 바람직하다. 이러한 구분을 바탕으로 유아가 하는 놀이를 나누어 보면 다음과 같다.

	조용한 곳	활동적인 곳
건조한 곳	책보기, 듣기, 쓰기, 이야기 나누기, 동화 듣기, 보드게임, 소집단 활동	쌓기놀이, 역할놀이, 음률 활동, 대근육 활동, 목공 놀이 등
물이 있는 곳	요리, 점토놀이, 급 · 간식 먹기, 물을 사용하지 않는 미술 활동	물 · 모래놀이, 물을 사용하는 미술 활동이나 과학 실험

| 놀이 환경에 따른 놀이 분류의 예 |

표 2-1 각 놀이 영역별 구성

놀이 영역	놀이 영역별 구성
쌓기	• 활동적이고 건조한 곳에 위치하며 블록을 최대한 활용하여 구성할 수 있도록 충분한 공간 제공 • 블록의 소음을 줄이기 위해 깔개 제공 • 교구장은 문이 없고 뒷부분이 막힌 블록 보관장을 선택하며 아래에는 큰 블록을 두고, 작은 블록이나 블록 소품은 위쪽으로 배치 • 다양한 블록과 함께 사용할 수 있는 보조 자료(예 동물 모형, 사람 인형, 자동차류, 교통 신호 표지판 등)를 함께 제시 • 필요에 따라 역할 영역 옆에 배치하여 쌓은 구성물로 역할놀이가 이뤄지는 것을 촉진 • 블록과 소품 정리 방법을 유아의 연령에 맞게 제안(예 연령이 어릴수록 유사한 것을 바구니에 함께 정리하고, 연령이 증가할수록 분류해서 정리함)하나 1 : 1 대응 방식으로 정리하는 것은 지양
역할	• 움직임이 많고 활동이 다양하므로 동적인 놀이 영역과 인접하게 배치 • 쌓기 영역의 놀이와 통합 또는 확장될 수 있으므로 쌓기 영역과 가까이 배치 • 언어, 미술 영역 등 주제에 따라 다른 영역과 통합, 확장될 수 있도록 배치 • 충분한 공간을 제공하여 유아가 불편하지 않도록 함 • 다양한 주제의 역할놀이가 가능하도록 자료를 주기적으로 변화시켜 주고, 가구의 재배치, 소품 추가 등으로 다양한 역할놀이 유도 • 가정과 관련된 역할놀이(예 엄마 아빠 놀이, 아기 돌보기 등)를 암시하는 가구(예 싱크대, 옷장, 화장대, 냉장고 등)를 1년 내내 배치하면 다른 주제의 역할놀이가 진행될 가능성이 낮아짐. 연령이 증가할수록 다양한 주제의 역할놀이를 할 수 있도록 환경 구성(예 가정과 관련된 가구 제외, 유아가 하는 역할놀이 주제와 맞는 가구나 소품, 의상 등을 제공)
수 · 조작	• 개별적 탐색 활동을 많이 하게 되는 영역이므로 조용한 곳에 배치 • 바닥에 카펫을 깔아 낮은 책상에 앉아서 활동할 수 있도록 배려하거나, 책상과 의자를 적절하게 배치 • 소근육 발달, 수 개념, 모양과 크기, 각 직업에서 사용하는 도구, 지역사회 기관의 모습 등 교과 관련 개념의 발달을 도와주는 교구 제공 • 손쉽게 교구를 이용할 수 있도록 낮은 교구장에 종류별로 진열하며, 칸막이 있는 교구장을 제공하여 유아가 스스로 정리할 수 있게 함 • 과거와 같이 생활주제와 관련된 수 · 조작 자료를 제공하기보다는 유아의 놀이와 관련된 자료를 제공함 • 제공한 자료가 대부분의 유아의 수준에 맞는지 점검하면서도 동시에 다양한 수준의 유아가 사용할 수 있도록 쉬운~어려운 자료(예 퍼즐 개수 적은 것, 많은 것)를 고루 제공함
언어	• 채광이 좋고 시끄러운 영역(예 음률 영역)과 떨어진 조용한 곳에 배치 • 채광이 좋지 않은 경우 인공 조명 설치 • 편안한 의자, 유아용 소파, 푹신한 깔개 등을 제공하여 아늑한 분위기 조성 • 그림책은 책 전면이 보이도록 하고 서로 겹치지 않도록 배치 • 손인형, 융판용 동화 자료와 융판, 이야기 만들기 자료, 녹음 동화나 영상 동화를 볼 수 있는 태블릿 PC와 녹음기, 종이와 연필, 화이트보드와 마카펜, 한글 자 · 모음 자석 교구, 그림 사전 등 제공

놀이 영역	놀이 영역별 구성
미술	• 다양한 미술 활동이 이루어지는 영역이므로 물이 있는 곳(예 화장실 근처)에 배치 • 6~8명 정도의 유아가 앉을 수 있는 책상과 의자 설치 • 작품을 전시할 수 있도록 벽면을 활용할 수 있는 곳에 배치 • 완성된 작품을 말릴 수 있는 건조대와 작품 전시를 위한 공간 마련 • 바닥 표면은 물을 흘렸을 때 쉽게 닦을 수 있는 재료로 설비 • 마른 수건, 종이 수건, 스펀지, 비닐 가운을 구비하여 쉽게 정리할 수 있도록 함
음률	• 활동적이고 소음이 많이 발생하므로 쌓기 영역이나 역할 영역 가까이에 배치 • 음악에 맞추어 악기를 연주하거나 신체를 자유롭게 움직일 수 있도록 넓은 공간 확보 • 바닥은 카펫을 깔아 소음을 줄임
과학	• 햇빛이 잘 들고 조용하며 안정된 공간에 배치 • 하나의 영역으로 분리하여 구성하기보다는 과학 활동의 특성에 맞게 다양한 장소에 구성 (예 식물은 창가에 배치, 곤충의 특성에 따라 물 또는 빛이 가까운 곳에 배치) • 동식물을 비롯하여 유아가 조작하고 관찰할 수 있는 탐색적인 환경 조성 • 유아의 수집품을 전시할 관찰대나 선반 준비 • 자석, 현미경, 확대경, 라디오나 기계류, 저울, 낙엽, 씨앗, 개미집, 조개껍데기, 거울 등 다양한 사물 진열

위와 같은 내용을 고려하여 놀이 영역을 구성할 때는 다음의 사항을 유의하여 구성한다.

◇ 유아의 발달 수준 및 개인차를 고려하여 유아가 자발적이고 능동적으로 활동할 수 있도록 한다. 같은 연령이라도 개인에 따라 발달적 차이가 클 수 있으므로 교사는 세심히 관찰하여 유아의 수준 및 개인차를 고려하여 영역을 구성한다.

◇ 충분하고 다양한 공간을 마련하여 자유롭게 사물을 탐색할 수 있도록 한다.

◇ 교사가 한눈에 활동실을 모두 살필 수 있도록 숨겨진 공간이 없어야 하며 이와 동시에 한 영역에서 활동하는 유아가 다른 영역에서 활동하는 유아로부터 방해받지 않도록 해야 한다. 이를 위해 낮고 이동이 가능한 교구장, 탁자, 낮은 가리개, 책꽂이 등을 활용한다.

◇ 각 놀이에 대한 유아의 이해를 높이고 의사소통을 촉진(예 우리 ○○영역에서 놀자)하기 위해 각 놀이 영역을 그림 또는 글자로 표시해서 게시하는 것이 일반적이었다. 그러나 모든 영역의 놀이가 통합적으로 이루어진다는 측면과 유아의 놀이를 제한할 수 있다는 측면, 그리고 ○○ 영역에서 하는 놀이보다는 어떤 놀이(예 같이 우주선 만들자, 우리 동물병원 할래?)를 하는지를 중심으로 의사소통하는 것이 더 중요하므로 영역 표시를 반드시 사용할 필요가 없다. 교사는 영역 표시의 장단점을 고려하여 사용 여부를 결정할 필요가 있다.

| 놀이 영역 표시의 예 |

5 실외 놀이 영역의 구성

1) 실외 놀이 영역의 종류 및 구성 방법

실외 놀이(바깥 놀이) 영역은 유아가 마음껏 뛰어놀 수 있는 신체와 관련된 영역뿐 아니라 놀이 상황에 따라 휴식하거나 역할, 언어, 자연탐구 및 관찰, 미술, 물 · 모래놀이 등 다양한 놀이를 할 수 있도록 구성하는 것이 바람직하다.

표 2-2 실외 놀이 영역별 구성

놀이 영역	놀이 영역별 구성
신체 활동	• 실외 놀이 영역의 가장 많은 부분을 차지하는 곳으로, 미끄러지기, 구르기, 달리기, 뛰기와 같은 신체 활동이 이루어짐 • 일반적으로 조합놀이대 그네, 시소 등을 설치함 – 그네는 행동반경이 매우 크므로 다른 신체 활동 영역에서 분리시켜 놓고 주변에 울타리나 낮은 높이의 나무로 가려서 유아가 그네 앞이나 뒤로 가까이 가지 못하게 함 – 시소는 충격을 흡수할 수 있도록 유아가 앉는 부분의 땅에 타이어 등을 반 정도 나오도록 묻어두는 것이 좋음 • 상상놀이를 촉진하기 위해 장난감 자동차, 운전대, 커다란 상자, 놀이집 등을 제공함
자연탐구 및 관찰	• 텃밭과 꽃밭, 나무, 잔디밭 등을 준비하여 유아가 자연환경과 곤충을 자유롭게 탐색하고 아끼며 보호하는 마음을 가지도록 함 • 돋보기, 채집통, 물뿌리개, 모종삽 등 제공
미술	• 실내에서는 할 수 없는 미술 활동, 예를 들어 발바닥 찍기, 핑거 페인팅과 같은 활동을 준비할 수 있으며 이젤, 전지, 물감, 바닥용 분필, 그 외 미술 활동용 도구 등을 제공할 수 있음
물 · 모래	• 영역은 분리되어 있지만 서로 통합되어 활동이 이루어지는 경우가 많으므로 모래 놀이터 근처에 수도를 설치하는 것이 바람직함 • 그늘이 있는 공간에 모래놀이 영역 배치 또는 그늘막 설치 • 그릇, 모래용 삽, 생활용품, 자연물 등을 제공하고 정리를 위한 보관함이나 작은 창고 마련
언어 및 휴식	• 유아가 혼자 있고 싶거나 쉬고 싶거나 조용한 놀이를 하고 싶을 때 사용할 수 있는 영역 • 유아가 즐기는 도서를 비치하거나 유아에게 읽고 싶은 도서를 가지고 나오게 할 수 있음 • 활발한 영역과는 거리를 두어 설치하되 유아가 고립감을 느끼지 않도록 다른 유아를 볼 수 있는 위치에 설치하는 것이 바람직함
이동 구역	• 실내에서 실외로 나가는 영역으로 유아가 오고 가는데 방해가 될 만한 물건이 있어서는 안 됨 • 실외 놀이 도중에도 화장실을 가는 등 유아가 자유롭게 이용할 수 있도록 함 • 교사는 실내와 실외를 이동하는 유아도 늘 살펴볼 수 있도록 주의를 기울여야 함

야외 산책 시 준비한 종이와 그리기 도구로 미술 활동을 하는 유아

유아가 수집한 자연물로 놀이하도록 조성한 실외 공간

테라스에 조성한 영아용 모래놀이 영역

2) 실외 놀이 영역을 위한 시설·설비

(1) 일반적인 고려 사항

- 각 시설물이 실외 영역의 전체적인 전경에 맞도록 설치한다.
- 각 영역이 서로 어울리면서 전체적인 경관을 아름답게 할 수 있도록 색을 선택한다.
- 시설물은 유아의 신체 크기에 알맞아야 한다.
- 안전을 고려하여 설치한다. 시설물을 설치한 곳에는 유아가 떨어졌을 때 충격을 흡수할 수 있는 재료를 깔아서 표면 처리를 하고, 시설물 간 거리를 일정 간격으로 유지하여 유아가 충돌하지 않도록 한다. 또한 시설물을 설치한 이후에도 나사나 못 등이 튀어나와 있는지 세심하게 살펴보며 관리하도록 한다.
- 유아가 자신의 수준에 적합한 신체 활동에 익숙해지게 되면 좀 더 높은 수준에 도전할 수 있도록 다양한 수준의 시설물을 제공한다. 예를 들어 다양한 높이와 크기의 미끄럼틀을 설치하여 모든 연령의 유아가 자신의 수준에 맞게 이용할 수 있도록 하며, 시소와 그네 같은 경우도 어린 유아가 쉽게 탈 수 있도록 영아용 그네 및 시소를 설치하는 것이 바람직하다.

(2) 물리적인 배치

- 모든 유아가 활발히 놀이할 수 있는 충분한 공간을 제공하고 유아가 서로 부딪히지 않을 정도로 각 시설물 사이의 공간을 충분하게 유지한다.
- 그늘과 햇볕의 공간이 잘 안배될 수 있도록 공간을 마련하며, 동적인 공간뿐 아니라 휴식하거나 조용한 놀이를 할 수 있는 공간도 준비한다.
- 물이나 화장실을 쉽게 이용할 수 있도록 한다. 물 · 모래놀이에 필요한 물을 가지러 실내에 들어가지 않도록 실외에 수도를 설치하고, 놀이 중에 화장실을 편하게 다녀올 수 있도록 실외용 화장실을 설치하거나, 활동실과 실외 영역이 바로 연결될 수 있는 문을 마련하는 것이 좋다.

이 외의 실외 놀이 영역에 대한 자세한 소개는 제4장의 실외에서 진행되는 놀이를 참고하도록 한다.

Chapter 3

누리과정 및 표준보육과정의 계획 및 운영

» 0~5세의 일반적인 유아를 의미할 때는 '유아'라는 용어를 사용함
» 특별히 연령을 구분할 필요가 있을 때는 'O~O세 영아 또는 유아'라는 용어를 사용함
» 2024년에 시행되고 있는 교육과정은 2019 개정 누리과정(3~5세)과 제4차 표준보육과정(0~1세 보육과정, 2세 보육과정)임
» 특정 시기에 시행된 교육과정에 포함된 내용을 기술할 때는 그 시기에 사용된 교육과정 명칭을 사용하고 일반적 의미에서 서술할 때는 '교육과정', 3~5세 유아를 위한 교육과정은 '누리과정', 0~2세 영아를 위한 보육과정은 '표준보육과정'이라는 용어를 사용함
» 유보통합 및 정부조직법(법률 제20145호, <개정 2023. 12. 26.> <시행 2024. 06. 27.>)에 따라 교육부로 보육 업무가 통합·이관되어 본 서에서는 교육과 보육을 구분하지 않고 '교육'이라는 용어로 통일함

1 교육과정 운영 계획

1) 교육과정 운영 계획의 필요성

1년 동안 어떤 교육 목표를 세워서 언제, 어떤 방법으로 교육할지 정하는 것은 교육과정 실행을 위한 기초작업이다. 교육과정의 계획이 필요한 이유를 구체적으로 살펴보면 다음과 같다.

- 교육 활동의 연계를 위하여 필요하다. 연간 교육 계획안으로부터 월간 · 주간 교육 계획안이 통합적으로 계획되며 구체적인 일일 교육 계획안으로 작성되었을 때 연계적인 교육 목표가 달성된다.
- 교육 활동의 계획은 이전 활동에 대한 평가를 바탕으로 이루어진다. 그러므로 교육 활동의 계획을 통해 유아에게 부족한 학습을 보완하거나 사전 지식을 확장시켜줄 수 있는 교육과정을 계획하게 된다.
- 유아의 특별한 요구를 들어주기 위하여 필요하다. 교육 활동을 미리 계획함으로써 교사는 유아에게 필요한 교육 환경을 미리 풍부하게 준비할 수 있고 유아는 자신의 요구가 반영된 교육 환경 속에서 최적의 학습을 이룰 수 있다.
- 동적인 활동과 정적인 활동, 개별 활동과 집단 활동 등 활동 간의 균형적인 안배를 위하여 필요하다. 교육 목표를 달성할 가장 적절한 활동의 유형이 있으므로 활동을 고르게 선정하고, 유아가 다양한 활동을 경험할 수 있도록 활동 간의 순서를 효과적으로 배열한다.
- 다양한 시설과 자료의 사용을 촉진하기 위하여 필요하다. 시설·설비, 교육 기자재, 유아용 교구·교재, 교사용 교수 매체 등의 자료는 유아의 학습에 대한 동기를 유발하고 흥미를 촉진시키는 중요한 요인이다. 그러나 시설과 자료의 사용에 대한 계획이 없으면 어떤 것은 전혀 사용되지 않기도 하고, 어떤 것은 너무 빈번하게 사용되기도 하여 효율적으로 이용하지 못한다.

만일 교사가 교육과정의 운영에 대한 계획을 수립하지 않는다면 매일의 교육 활동은 전체적인 교육 목표에 통합되지 못하고 분리된 일회성의 경험에 그치고 만다. 계획 없이 유아를 마음대로 활동하게 하는 것과 사전 계획을 가지고 유아의 자발적이고 자유로운 활동을 허용하는 것은 엄격히 다르다. 그러므로 교사는 교육과정 운영의 계획을 연간 계획에서부터 활동 계획에 이르기까지 연계적으로 수립하여 유아의 흥미와 요구를 수용할 수 있는 환경과 활동 경험을 제공해야 한다.

2) 연간 교육 계획의 수립과 운영

연간 교육 계획은 1년 동안 각 기관에서 실시할 교육을 계획하는 것을 의미한다. 연간 교육 계획에는 각 기관의 교육 철학 및 목표, 시간 및 기간(예 월별 또는 특정 날짜, 개학 및 방학일, 입학 및 수료 또는 졸업일), 미리 정할 수 있는 주제(예 개학 및 종업과 졸업), 가족이 참여하는 일정(예 부모교육, 부모 참여일, 조부모 참여일, 운동회, 운영위원회 등), 지역사회와 관련된 일정(예 지역사회 견학, 지역사회 인사 초청 교육), 행사(예 소풍, 견학, 알뜰 시장), 교사와 관련된 일정(예 교육실습, 교사 연수), 국가와 관련된 일정(예 특정한 해에 실시되는 스포츠 경기, 전시회 등), 명절과 관련된 일정(예 설날, 추석, 민속의 날)이 표시된다.

연간 교육 계획 작성 시 고려해야 할 점을 살펴보면 다음과 같다.

- 신학기가 시작되기 전, 2월에 전체 교사회의를 거쳐 전년도 연간 교육 계획에 대한 평가를 반영하면서 수립한다.
- 국가 수준의 교육과정, 대상 유아의 연령, 기관의 교육 철학과 목표, 지역사회의 요구 등을 고려하여 결정한다.
- 교사 및 부모에게 미리 공지되므로 예상하지 못한 특별한 상황이 아니면 연간 계획에 명시한 그대로 진행될 수 있도록 지난해의 평가를 바탕으로 신중하게 결정한다.
- 부모 또는 지역사회와의 연계적인 운영 계획을 명시한다. 부모의 수업 참관 및 참여, 견학, 행사 계획을 연간 교육 계획안에 기록한다. 예를 들어 부모 참여 수업, 동물원 견학, 민속 박물관 견학, 운동회 등의 행사를 계획한다면 연령, 시기, 진행 방법이 적절한지를 검토하여 계획한다.
- 연간 교육 계획안을 부모에게 미리 배부하는 것은 부모가 유아교육기관의 교육에 대해 이해하고 협력하도록 하기 위함이다. 부모가 유아교육기관의 연간 계획을 사전에 이해함으로써 가정에서도 유아의 학습을 지원할 수 있고 행사에 적극적으로 참여하게 된다.

◇ 신학년도 초에 연간 교육 계획안을 부모에게 공지하였더라도 진행되는 교육의 주제, 가정과의 연계 사항, 행사, 견학일, 공휴일 등을 매월 가정에 다시 배부하는 것이 효과적이다.

과거 생활주제 중심으로 연간 교육 계획안이 수립될 때는 생활주제가 핵심 요소였으나 2019 개정 누리과정 이후는 몇 개의 주제를 제외하고는 미리 주제를 정하지 않으므로 위에 언급한 요소를 중심으로 간략히 작성할 수 있다. 연간 교육 계획안은 확정된 계획이 아니라 각 기관의 상황에 맞게 수정될 수 있는 계획이므로 변경될 때는 월간 또는 주간 교육 계획 또는 통신문을 통해 가정에 알려야 한다. 과거의 연간 교육 계획안과 2019 개정 누리과정 이후의 연간 교육 계획안을 비교하면 다음과 같다.

• 예 3-1 • **2019 개정 누리과정 이전의 5세 학급의 연간 교육 계획안의 예**

월	생활주제	소주제	일	행사내용	비고
2			18	신입부모 오리엔테이션	연령별
			25	신입원아 기관 방문	학급별
3	유치원과 친구	• 유치원의 환경	6	개원일(입학식)	전체
		• 유치원에서의 하루			
		• 유치원에서 만난 친구	15	학급별 부모 개인 면담	학급별
		• 함께 만드는 유치원			
4	봄	• 계절의 변화	6	아버지 참여일	주말 오후
		• 봄의 꽃과 나무	19	봄동산 견학	부모 자원봉사자
		• 봄의 곤충과 동물	30	원내 연구 수업	교사연수
		• 봄동산 꾸미기			
	나와 가족	• 나의 몸과 마음	4	봄소풍	원아만
5		• 소중한 나와 가족	19	조부모의 날	부모 자원봉사자
		• 가족의 생활과 문화	28	가족의 날 행사	○○초교 운동장
	우리 동네	• 우리 동네 모습과 생활	5	소방서/경찰서 견학	부모 자원봉사자
		• 우리 동네 사람들	18	시장놀이(부모알뜰시장)	부모 참여
		• 우리 동네 전통과 문화	23	인형극 관람	추후공지
6	동식물과 자연	• 궁금한 동식물	6	식물원 견학	부모 자원봉사자
		• 동물과 우리의 생활			
		• 식물과 우리의 생활	19	아기 동물원 견학	부모 자원봉사자
		• 자연과 더불어 사는 우리			

월	생활주제	소주제	일	행사내용	비고
7	여름	• 계절의 변화 • 여름 위생 • 여름의 동식물의 변화 • 여름 방학	10 25	일일 원내 캠프 여름 방학 시작	
8	건강과 안전	• 즐거운 운동과 휴식 • 깨끗한 나와 환경 • 맛있는 음식과 영양 • 안전한 놀이와 생활	16 28	2학기 개원일 보건소 견학	 부모 자원봉사자
9	교통기관	• 교통기관의 종류 • 고마운 교통기관 • 교통기관의 변천과정과 구조 • 교통 통신과 교통 생활	15	교통공원 견학	부모 자원봉사자
10	우리나라	• 국기에 담긴 의미 • 건국의 유래, 국경일 • 한글, 풍습, 위인들	4 13 24	박물관 견학 어머니 참여일 민속의 날	
11	가을	• 계절의 변화 • 가을의 동식물의 변화 • 곡식과 열매	10 24	가을 동산 견학 원내 연구 수업	부모 자원봉사자 교사연수
	세계 여러 나라	• 세계 여러 나라 사람들의 생활 • 세계 여러 나라의 문화유산	3	세계민속박물관 견학	부모 자원봉사자
12		• 세계 여러 나라와의 교류 • 세계의 자연과 사회현상	24	세계 민속의 날	원내
	환경과 생활	• 물과 우리 생활 • 돌 · 흙과 우리 생활 • 바람 · 공기와 우리 생활 • 빛과 우리 생활	9 17 24	과학관 견학 김장하는 날 부모 개인 면담	부모 자원봉사자 부모 자원봉사자 학급별
1	겨울	• 계절의 변화 • 겨울의 동식물의 변화 • 겨울놀이와 방학	23	겨울 방학 시작	
2	졸업과 초등학교	• 1년을 마치며 • 초등학교에 가려면	3 12	초등학교 견학 졸업식	

• 예 3-2 • **2019 개정 누리과정 이후의 5세 학급의 연간 교육 계획안의 예**

월	일	행사내용	비고	가능한 주제
2	18	신입부모 오리엔테이션	연령별	
	25	신입원아 기관 방문	학급별	
3	6	개원일(입학식)	전체	새로운 친구, 교사, 환경에서 잘 지내는 것과 관련된 내용
	15	학급별 부모 개인 면담	학급별	
4	6	아버지 참여일	주말 오후	계절(봄)의 변화와 가족과 관련된 내용
	19	봄동산 견학	부모 자원봉사자 모집 예정	
	1~4주	○○ 대학 교육실습	각 학급별 2명 이내	
5	4	봄소풍	원아만	
	19	조부모의 날	부모 자원봉사자 모집 예정	
	28	가족의 날 행사	○○초교 운동장	
6	5	소방서/경찰서 견학	부모 자원봉사자 모집 예정	
	18	시장놀이(부모알뜰시장)	부모 참여	
	23	인형극 관람	추후공지	
7	10	일일 원내 캠프		계절(여름)의 변화, 여름 여행 계획과 관련된 내용
	25	여름 방학 시작	유치원에 해당	
8	16	2학기 개원일	유치원에 해당	
	28	교통공원 견학	부모 자원봉사자 모집 예정	
9	13	어머니 참여일		여름 동안 한 경험이나 추석(명절)과 관련된 내용
	24	민속의 날		
10	10	가을 동산 견학	부모 자원봉사자 모집 예정	계절(가을)의 변화와 관련된 내용
	24	원내 연구 수업	교사연수	
11	2~3주	부모 개인 면담	개인별	
12	9	과학관 견학	부모 자원봉사자 모집 예정	계절(겨울)의 변화와 관련된 내용 동계 올림픽과 관련된 내용
	17	김장하는 날		
	1~10	동계 올림픽 기간		
	23	겨울 방학 시작	유치원에 해당	
2	3	초등학교 견학		유치원/어린이집 마무리와 초등학교 진학과 관련된 내용
	12	졸업식		

● 참고 ● **생활주제**

생활주제란 유아의 발달, 일상에서의 경험, 흥미 등을 고려하여 유아가 관심을 가지고 가장 잘 학습할 수 있다고 판단되는 내용을 선정한 것으로 유치원(어린이집) 적응, 나와 가족, 지역사회, 계절(봄, 여름, 가을, 겨울), 교통기관, 기계와 도구, 우리나라, 세계 여러 나라, 초등학교 갈 준비, 동식물, 우주/환경, 건강/안전, 특별한 날 등 다양한 주제가 있을 수 있다.

생활주제는 교사용 지도서가 배포되기 시작한 3차 유치원 교육과정(1981)부터 2019년 누리과정이 개정되기 이전까지 유지되었고 각 교육과정마다 다르지만 최소 8개에서 최대 14개의 생활주제가 운영되어 왔다. 생활주제 선정의 기준으로는 다음의 내용을 강조한다.

- 유아의 연령, 개인차, 발달 단계, 사전 경험, 현재의 지식과 기술, 그리고 잠재적 가능성을 고려한다.
- 유아의 흥미와 경험에 적합한지를 고려하여 유아가 직접 경험할 수 있고 일상생활 경험과 관련시킬 수 있는지를 기준으로 삼는다.
- 계절을 고려한다. 유아는 실생활에서 자연스럽게 학습하는데 계절과 관련된 생활주제에는 동물과 식물, 음식, 날씨, 사람들의 생활 등과 같이 유아의 흥미를 이끌어 낼 수 있는 내용이 포함되어 있다.
- 다양한 대·소집단 활동으로 전개 가능하여 유아의 각기 다른 능력과 관심을 수용할 수 있고 경험을 풍부하게 할 수 있는지를 고려한다.
- 유아에게 만족감과 즐거움을 줄 수 있어야 하므로 유아가 좋아하는 요소가 포함되어 있는지를 고려한다. 예를 들어 우리 동네, 동식물과 자연과 같은 생활주제는 유아에게 다양한 직업에 대한 경험과 좋아하는 동식물의 생활을 탐색함으로써 기쁨을 줄 수 있다.
- 각 유아교육기관의 운영 철학과 지역적인 특색을 반영하여 선정한다. 생활주제는 모든 유아교육기관에서 획일적으로 진행되는 것이 아니라 유아가 살고 있는 환경의 조건에 따라 융통성 있게 선정한다.

생활주제는 유아가 가까이 접하고 있는 것에서 출발하여 점차 떨어진 환경으로 범위를 확대하면서 배열한다. 또한 구체적인 주제에서 추상적인 주제로, 쉬운 개념의 주제에서 어려운 개념의 주제로 전개한다. 즉, '나와 가족'과 같이 유아 자신에 관한 생활주제에서 출발하여 부모와 형제를 포함하는 가족, 이웃, 우리나라, 세계 여러 나라로 연계하면서 유아 자신에서 시작하여 유아에게 영향을 주는 현재의 모든 것으로 확장해 나간다. 일반적인 생활주제의 배열을 살펴보면 다음과 같다.

- 유아교육기관에 입학한 후 처음 전개하는 생활주제는 새롭게 만난 환경의 변화를 이해하는 것으로부터 시작하는 것이 좋다. 유아교육기관의 실내외 환경과 선생님, 친구들을 소개하고 집단생활의 규칙을 익히도록 돕기 위하여 '유치원과 친구', '우리 어린이집과 친구'와 같은 생활주제를 전개할 수 있다. 이때 연령이나 재원 기간에 따라 생활주제의 전개 기간을 적절히 조절한다.

- 새로운 환경을 탐색하는 주제가 진행된 후에는 유아에게 가장 익숙한 개념인 유아 자신에 대한 생활주제를 전개하는 것이 적절하다. '나와 가족'에 대한 생활주제를 통하여 유아는 신체의 부분과 기능을 이해하고 기분과 감정을 조절할 수 있으며 자신의 능력에 대한 자신감을 갖는다. 그리고 점차 친구, 가족과 같이 유아에게 가장 익숙한 다른 사람으로 주제를 연계한다.
- 계절과 관련된 주제는 시기 적절하도록 융통성 있게 배열한다. 봄, 여름, 가을, 겨울에 관한 생활주제들은 다른 주제들의 중간에 시기에 맞게 배열되며 날씨, 동식물, 사람들의 생활과 같은 내용을 다룰 수 있다.
- '나와 가족'과 같은 생활주제가 유아가 매일 겪는 일상적인 경험을 포함한다면 다른 주제들은 유아들을 좀 더 먼 경험으로 발전시킨다. 즉, 지역사회의 기관, 여러 가지 직업, 동물, 교통기관과 같은 생활주제는 유아가 매일 경험하는 것은 아니지만 부분적으로 알고 있거나 가끔 접하기 때문에 흥미를 확장하기에 적절한 생활주제이다.
- 유아의 연령에 따라 우리나라, 세계 여러 나라와 같은 생활주제를 포함시킬 수 있는데, 이를 통해 자신이 속한 보다 큰 집단을 이해하고 사회 문화적인 지식을 습득하게 한다.
- 연간 생활주제를 미리 계획하였다 하더라도 유아의 즉각적인 관심이나 특별한 사건이 발생하면 이를 생활주제에 융통성 있게 반영한다.

생활주제와 주제의 내용, 다루어지는 기간과 순서는 유아교육기관의 프로그램과 대상 유아의 연령에 따라 다르게 적용한다. 어린 연령의 학급인 경우에는 입학 초기 적응을 위한 주제를 좀 더 길게 다루어 유아가 편안하게 기관에 적응할 수 있도록 돕는다. 또한 나의 몸, 동물 등에 대한 주제를 어린 연령에서 다루었다면 높은 연령에서는 같은 주제를 좀 더 높은 수준에서 다루거나 우리나라와 다른 나라, 지구와 환경과 같이 어려운 개념의 새 주제를 다룬다. 연령이 높아짐에 따라 추상적이고 유아의 일상과 먼 개념의 주제를 다루어 유아의 학습과 경험이 연계성 있게 발달하도록 계획한다.

3) 월간 또는 주간 교육 계획안의 수립과 운영

월간 교육 계획안은 그 달의 교육계획을, 주간 교육 계획안은 그 주의 교육계획을 수립하는 것이나 월간 교육 계획안을 좀 더 상세히 작성하는 것이 주간 교육 계획안이므로 중복되는 내용이 많다. 따라서 전통적으로 월간 교육 계획안은 그 달의 행사를 중심으로 간단히 작성(〈예 3-3〉)하고 주간 교육 계획안은 매일의 교육 계획을 비교적 상세히 수립(〈예 3-4〉)하였는데, 예를 보면 생활주제와 그 주의 주제에 맞는 자유선택활동과 대 · 소집단 활동을 미리 상세히 계획함을 알 수 있다.

• 예 3-3 • **행사 중심의 월간 교육 계획안**

생활주제: 봄/나와 가족						
구분	월	화	수	목	금	토
1주	1	2	3	4	5	6 아버지 참여일
2주	8	9	10	11	12	13
3주	15	16 OOO 생일 축하	17	18	19 봄동산 나들이	20
4주	22	23	24	25	26 OOO 생일 축하	27 원내 연구수업
5주	29	30	31			

• 예 3-4 • **2019 개정 누리과정 이전의 주간 교육 계획안:** 생활주제 중심

생활주제		봄		시기	4월 2주	
주제		봄의 꽃				
목표		• 계절의 변화에 따른 식물의 생장과 변화에 대해 안다. • 식물의 생장에 필요한 요소를 안다. • 자연환경을 탐색하고 돌보는 태도를 갖는다.				
구분		8(월)	9(화)	10(수)	11(목)	12(금)
자유선택활동	쌓기놀이 영역	• 나무, 꽃 등의 모형 자연물로 봄동산 구성하기 • 꽃 블록으로 장식품 만들기				
	역할놀이 영역	• 봄옷, 모자, 구두, 나들이용 소품 • 화원놀이(유아가 만든 조화, 계산기, 분무기, 포장지, 간판)				
	언어 영역	• 이야기 꾸미기 '나는 꽃입니다' • 동시 '꽃씨'				
	수 · 조작 영역	• 수만큼 꽃 꽂기	• 나무의 성장 겹 퍼즐 • 나팔꽃이 피기까지 그룹 게임			

구분		8(월)	9(화)	10(수)	11(목)	12(금)
자유선택활동	과학 영역	• 씨앗 관찰하기(씨앗, 분류통, 돋보기, 관찰 기록장) • 수경 재배(무, 당근, 양파) • 관찰하고 기록하기				
	미술 영역	• 봄꽃 고무판화 찍고 꾸미기 • 색솜 만들기 • 봄꽃 콜라주				
	음률 영역	• 사계 중 '봄' 감상하기 • '씨앗' 노래 들으며 리듬 악기 연주하기				
	컴퓨터 영역	• CD-ROM '새미의 과학놀이'				
	물 · 모래놀이 영역	• 조화를 이용하여 봄동산 꾸미기(모종삽, 물뿌리개, 나무 블록)				
	목공놀이 영역	• 울타리 만들기				
대 · 소집단 활동	이야기 나누기	• 씨앗의 모양과 이름	• 공원에서 발견한 것	• 씨앗의 역할		• 식물이 잘 자라려면
	동시, 동화, 동극	• 동시 '꽃씨'		• 동극 '봄꽃을 보았나요'		• PPT 동화 '강아지똥'
	음악 활동		• 음악 감상 사계 중 '봄'		• 새 노래 '씨앗'	
	신체 활동		• 씨앗이 되어 보자			
	게임			• 짝짓기 게임		• 숫자 카드대로 씨 뿌리기
	실외 활동	• 새싹 관찰하기			• 모래로 봄동산 꾸미기	
	현장학습		• 화원 견학			
	간식과 점심	사과, 우유	두부, 멸치, 보리차	모닝빵, 우유	쑥절편, 식혜	딸기, 우유
		점심 식단	점심 식단	점심 식단	점심 식단	점심 식단
평가		• 역할놀이, 그룹 게임, 과학 영역에서의 관찰과 같이 스스로 놀이를 계획하고 주도하는 활동에 대한 관심이 높았다. 다음 주간 계획에 이를 반영하여 화원 놀이를 미술 영역과 연계하여 확장할 수 있도록 해야겠다.				

그러나 2019 개정 누리과정 이후 다음 주의 계획을 미리 상세히 계획하기보다는 가능성에 대한 계획의 수준으로 간략히 작성하는 것을 권장한다. 일부에서는 주간 교육 계획안을 미리 작성할 필요가 없고 그 주가 끝난 후 정리하는 것도 가능하다고 하나 유아의 놀이뿐만 아니라 교사가 계획한 주제에 맞는 활동, 일상생활 지도의 계획, 전 주의 유아의 놀이를 관찰한 후 예상할 수 있는 놀이 진행 방향과 그에 따른 지원 계획을 세우는 것이 필수적이므로 주간 교육 계획안을 반드시 간략히라도 작성해야 한다. 물론 이렇게 수립된 주간 교육 계획안은 다음 주의 놀이 진행사항이나 교사의 교육적 의도에 따라 한 주가 진행되면서 수정될 수 있다. 다음의 〈예 3-5〉는 교사가 가능성 계획의 수준에서 간략히 작성한 계획안이고 〈예 3-6〉은 그 주를 진행하면서 수정된 사항을 간략히 기록한 것이다.

• 예 3-5 • 주간 교육 계획안의 예(3세)

3세 8월 4주 주간 교육 계획안 (○○반)

아이스크림 가게

- 사회관계>더불어 생활하기: 교사/또래와 협력하여 원하는 가게를 구성한다.
- 의사소통>듣기와 말하기: 가게 놀이 상황에 적절한 단어와 문장을 사용하여 말한다.
- 예술경험>창의적으로 표현하기: 다양한 재료 등을 활용하여 놀이에 필요한 소품을 구성한다.

동물

- 자연탐구>탐구과정 즐기기: 주변 세계와 자연에 대해 지속적으로 호기심을 가진다.
- 자연탐구>탐구과정 즐기기: 궁금한 것을 탐구하는 과정에 즐겁게 참여한다.
- 의사소통>책과 이야기 즐기기: 선호하는 책 종류가 있으며, 책을 가까이한다.

주제 선정 이유		• [아이스크림 가게] 솜공, 백업, 자석블록 등의 개방적인 자료를 활용해 아이스크림 만들기 놀이가 소수 유아에 의해 간간이 이어져 왔으나, 8월 3주에 가게 놀이 소품(계산대, 카드, 돈 등)을 교실에 추가한 이후로 놀이가 더욱 활발해진 모습 보임. 다양한 종류의 가게 중에서 ○○반 유아는 아이스크림 가게 만들기를 특히 즐기며 반복하는 모습 보임. 다양한 대 · 소집단 활동과 환경 구성 등을 통해 관련 놀이를 지원하고자 함 • [동물] 교실에 있는 다양한 그림책 중 '동물의 실물 크기' 그림책을 무척 선호함. 평소에 도서실에서도 동물 관련 책 읽기를 즐김. 실내 놀이 중에 레고 블록이나 그림 등으로 좋아하는 동물을 반복해서 표상하기도 함. 지속적으로 놀이 관찰하고 적절한 지원이 필요하겠음				
8월 4주		월	화	수	목	금
놀이	가게 놀이	• 블록이나 교구장 등을 활용하여 아이스크림 가게 만들기 • 계산대와 스쿱, 컵 등의 역할놀잇감 활용하여 가게 꾸미기				
	동물	• 좋아하는 동물 표상하기(블록, 그림 등)				
활동		동시) 아이스크림	노래) 가게 놀이	요리) 아이스크림	동화) 꿀꿀이네 아이스크림 가게	동극) 꿀꿀이네 아이스크림 가게
일상생활 습관		• [중간 정리 하기] 블록이나 놀잇감을 바닥에 펼쳐놓고 다른 놀이를 하기 위해 이동하는 유아 있음. 공간이 산만해질 수 있으며, 다른 유아가 필요한 놀잇감을 적절하게 사용하지 못하는 등의 어려움이 발생할 수 있으므로 지도하고자 함. 다른 놀이로 전환할 때 중간 정리를 한 뒤 이동할 수 있도록 지원할 예정이고, 교사와 함께 중간 정리를 하는 단계가 익숙해진 뒤에는 유아 스스로 판단하여 중간 정리를 할 수 있도록 지도 필요하겠음				
행사 일정		• 8월 29일: 소방대피훈련 (교실 문 앞 복도에서 불이 났다는 가정하에 1층 창문을 통한 대피를 시도해 볼 예정임 사전에 교사 간 역할을 정확하게 분담해야 하며, 필요할 경우 인력 지원 요청해야 함)				

• 예 3-6 • **수정된 주간 교육 계획안(3세)**

3세 8월 4주 주간 교육 계획안 (○○반)

아이스크림 가게

- 사회관계>더불어 생활하기: 교사/또래와 협력하여 원하는 가게를 구성한다.
- 의사소통>듣기와 말하기: 가게 놀이 상황에 적절한 단어와 문장을 사용하여 말한다.
- 예술경험>창의적으로 표현하기: 다양한 재료 등을 활용하여 놀이에 필요한 소품을 구성한다.
- 자연탐구>생활 속에서 탐구하기: 간단한 수세기를 통해 가게 놀이 물품 등의 수량을 헤아려본다.
- 의사소통>책과 이야기 즐기기: 동화, 동시에서 말의 재미를 느낀다.

동물

- 자연탐구>탐구과정 즐기기: 주변 세계와 자연에 대해 지속적으로 호기심을 가진다.
- 자연탐구>탐구과정 즐기기: 궁금한 것을 탐구하는 과정에 즐겁게 참여한다.
- 의사소통>책과 이야기 즐기기: 선호하는 책 종류가 있으며, 책을 가까이한다.
- 사회관계>더불어 생활하기: 친구와 관심 주제(동물)를 공유하며, 놀이를 시도한다.

<table>
<tr><td>주제
선정 이유</td><td colspan="6">• [아이스크림 가게] 송공, 백업, 자석블록 등의 개방적인 자료를 활용해 아이스크림 만들기 놀이가 소수 유아에 의해 간간이 이어져 왔으나, 8월 3주에 가게 놀이 소품(계산대, 카드, 돈 등)을 교실에 추가한 이후로 놀이가 더욱 활발해진 모습 보임. 여러 가게 중에서 아이스크림 가게 만들기를 특히 즐기며, 습자지 등을 구겨서 색색의 아이스크림을 표현하기도 함. 다양한 대·소집단 활동과 소품 등을 통해 관련 놀이를 지원하고자 함
• [동물] 교실에 있는 다양한 그림책 중 '동물의 실물 크기' 그림책을 무척 선호함. 평소에 도서관에서도 동물 관련 책 읽기를 즐김. 실내 놀이 중에 레고 블록이나 그림 등으로 좋아하는 동물을 반복해서 표상하기도 함. 원하는 유아와 함께 도서실/자료실에 가서 동물 관련 그림책과 동물 소품(동물 모형, 동물 머리띠, 동물무늬 모양 천 등)을 추가로 찾아옴. 동물 관련 놀이가 확장되고 있음</td></tr>
<tr><td colspan="2">8월 4주</td><td>월</td><td>화</td><td>수</td><td>목</td><td>금</td></tr>
<tr><td rowspan="2">놀이</td><td>가게
놀이</td><td colspan="5">• 블록이나 교구장 등을 활용하여 아이스크림 가게 만들기
• 계산대와 스쿱, 컵 등의 역할놀잇감 활용하여 가게 꾸리기
• 습자지 등을 활용하여 아이스크림 표상하기</td></tr>
<tr><td>동물</td><td colspan="5">• 좋아하는 동물 표상하기(블록, 그림 등)
• 동물 소품(동물 머리띠, 동물모양 천 등) 활용하여 또래와 함께 놀이하기</td></tr>
<tr><td colspan="2">활동</td><td>동시) 아이스크림,
이야기 나누기)
가게 놀이에 필요한 것은?</td><td>노래)
가게 놀이</td><td>요리)
아이스크림</td><td>동화) 꿀꿀이네 아이스크림 가게,
미술) 동극에 필요한 소품 만들기</td><td>동극) 꿀꿀이네 아이스크림 가게</td></tr>
<tr><td colspan="2">일상생활
습관</td><td colspan="5">• [중간 정리 하기] 블록이나 놀잇감을 바닥에 펼쳐놓고 다른 놀이를 하기 위해 이동하는 유아 있음. 공간이 산만해질 수 있으며, 다른 유아가 필요한 놀잇감을 적절하게 사용하지 못하는 등의 어려움이 발생할 수 있으므로 지도하고자 함. 다른 놀이로 전환할 때 중간 정리를 한 뒤 이동할 수 있도록 지원할 예정이고, 교사와 함께 중간 정리를 하는 단계가 익숙해진 뒤에는 유아 스스로 판단하여 중간 정리를 할 수 있도록 지도 필요하겠음
⇨ 공유 공간으로 이동하기 전 짧게 모여 앉을 때나 낮잠을 자기 위해 누웠을 때 등의 시간을 활용하여 중간 정리를 하면 좋은 점 등을 반복적으로 안내함. 스스로 중간 정리를 시도하는 유아가 늘어나고 있으므로 지속적인 격려가 필요함</td></tr>
<tr><td colspan="2">행사 일정</td><td colspan="5">• 8월 29일: 소방대피훈련
(교실 문 앞 복도에서 불이 났다는 가정하에 1층 창문을 통한 대피를 시도해 볼 예정임.
사전에 교사 간 역할을 정확하게 분담해야 하며, 필요할 경우 인력 지원 요청해야 함)</td></tr>
</table>

한 주를 보낸 뒤 작성하는 주간 교육 계획안(보고서)은 가능하면 상세히 기록하는 것이 바람직한데 그 이유는 상세한 기록이 있어야 다음 주에 대한 주간 교육 계획안을 가능성 수립의 수준에서 작성할 수 있기 때문이다. 특히 어떤 놀이, 활동, 일상생활을 했는지를 단순히 기록하는 것에서 벗어나 왜 또는 어떤 맥락에서 그 놀이, 활동, 일상생활을 하게 되었는지, 어떻게 전개되었고, 교육적 의도를 가진 교사가 어떤 이유로 어떻게 지원하였는지를 기록하고 평가하는 것에 초점을 두어 주간 교육 계획안을 작성(〈예 3-7〉)하도록 권장하고 있다. 명칭은 주간 교육 계획안이지만 실제 내용은 주간 교육내용 보고서 또는 주간 교육내용 요약에 더 가깝다.

• 예 3-7 • **놀이 실행 후 작성한 주간 교육 계획안**

3세 9월 1주 주간 교육 계획안 (○○반)

동물, 동물원

- 자연탐구>자연과 더불어 살기: 동물의 종류/습성에 관심을 가진다.
- 자연탐구>탐구과정 즐기기: 궁금한 것을 탐구하는 과정에 즐겁게 참여한다.
- 예술경험>창의적으로 표현하기: 다양한 미술재료와 도구, 블록 등을 활용하여 내가 좋아하는 동물을 표상한다.
- 신체운동 · 건강>신체활동 즐기기: 동물처럼 움직이며 신체 움직임을 조절한다.

탈것

- 자연탐구>생활 속에서 탐구하기: 주변의 탈것에 관심을 가진다.
- 자연탐구>탐구과정 즐기기: 탈것을 주제로 한 그림책을 통해 관심 주제를 탐구하는 경험을 가진다.

행사

- 사회관계>더불어 생활하기: 가정과 연계된 기관 행사(부모 참여일)에 기대감을 가진다.

<table>
<tr><td colspan="2">주제
선정 이유</td><td colspan="5">• [동물, 동물원] 유아들과 도서관/자료실에 가서 동물 주제 그림책과 동물 소품(동물 모형, 동물 머리띠, 동물무늬 모양 천 등)을 추가로 찾아오자 관련 놀이가 확장됨. 주말 사이 부모님과 동물원에 다녀온 유아가 있었음. 종이벽돌블록으로 동물원 만들기를 시도함. 동물 소품을 무작정 많이 선점해 바닥에 늘어놓으려는 유아가 있는 반면, 동물원을 경험한 유아는 좀 더 구획을 나누어 동물 분류하기를 시도함. 유아의 사전 경험에 차이가 있을 것이므로, 동물원 관련 동화 및 이야기 나누기 시간을 통해 유아의 놀이를 지원하고자 함
• [탈것] 자동차, 주차장과 같은 교통수단에 대한 관심을 지속적으로 보이는 유아 있음. 산책을 나갈 때에도 지나가는 자동차나 주차되어 있는 차에 주로 관심 보이고 오랜 시간 관찰하는 경우가 많음. 주로 혼자 자동차를 늘어놓으며 놀이하는 모습 보이고 있으므로, 또래와 함께 놀이 주제를 공유할 수 있는 방안은 없을지에 대한 교사의 고민 필요하겠음
• [행사–부모 참여일] 부모 참여 수업 행사가 다가옴. 유아는 교실에서 부모님과 함께 놀이할 수 있다는 생각에 기뻐하고 설레는 모습 보임. 교실에서 부모님과 함께 해 보고 싶은 놀이(퍼즐, 그림그리기, 쌓기 등)를 생각해 보며 행사에 대한 기대감을 높여나가고자 함</td></tr>
<tr><td colspan="2">9월 1주</td><td>월</td><td>화</td><td>수</td><td>목</td><td>금</td></tr>
<tr><td rowspan="2">놀이</td><td>가게
놀이</td><td colspan="5">• 좋아하는 동물 표상하기(블록, 그림 등)
• 종이벽돌블록 등을 활용하여 동물원 표상하기
• 동물 소품(머리띠, 천류 등) 활용하여 놀이하기
• 부모님과 함께 교실에서 놀이하기</td></tr>
<tr><td>탈 것</td><td colspan="5">• 자동차 소품과 블록 등을 활용하여 놀이하기</td></tr>
<tr><td colspan="2">활동</td><td>동화)
동물원</td><td>원 게임)
동물 자리 바꾸기</td><td>~~동화)내가 좋아하는 동물은?~~
이야기 나누기)
포악한 동물, 순한 동물</td><td>이야기 나누기)
부모 참여 수업</td><td>노래)
숲속 친구들</td></tr>
<tr><td colspan="2">일상생활
습관</td><td colspan="5">• [소매 걷고 손 씻기] 기온이 조금씩 떨어짐에 따라, 긴소매 옷을 입고 등원하는 유아 늘어남. 여름 내내 짧은 소매 옷에 익숙해진 터라, 습관적으로 소매를 걷지 않고 손을 씻는 유아 많음. 소매 끝이 젖는 경우가 많아 지속적으로 지도해야 함. 전이 시간에 구두로 지도하는 것 외에도 날씨와 의생활을 연결 지어 생각해 볼 수 있는 그림책(『옷』) 등을 추가로 교실에 제공하며, 유아가 행동을 내면화할 수 있도록 지원해야겠음</td></tr>
<tr><td colspan="2">행사 일정</td><td colspan="5">• 9월 3일–11월 29일: 2학기 교육봉사
• 9월 6일: 부모 참여일</td></tr>
</table>

주간 교육 계획을 작성하는 기본적인 원칙을 살펴보면 다음과 같다.

- 주간 교육 계획은 기관의 상황에 따라 다를 수 있으나 일반적으로 전 주의 금요일에 교사 회의(학급별 또는 연령별)를 통하여 지난주에 진행된 유아의 놀이, 교사가 진행한 활동, 일상생활에 대한 교사의 관찰을 바탕으로 다음 주에 대한 계획을 세우는 것이 바람직하다.
- 주제는 한 개 이상 포함될 수 있는데 교사가 교육적 의도로 결정한 주제(예 학기 초에는 잘 적응하도록 하는 것과 관련된 주제, 학기 중 다문화 가정에서 유아가 새로 들어오면 그 유아의 문화에 관한 주제 등), 절기나 그 해의 특별한 상황과 관련된 주제(예 소풍이나 견학, 추석, 어버이날, 경칩, 성탄절, 부처님 오신 날, 월드컵, 하계 올림픽 등), 학급의 상황이나 유아로부터 생성된 주제(예 게임이나 놀이에서 지나친 경쟁이 나타나면 협동과 관련된 주제, 남아와 여아가 서로 배척할 때 성역할에 대한 주제, 주도적으로 규칙 만들기와 관련된 주제, 유아의 시장 놀이에서 발전한 알뜰시장 계획하기와 관련된 주제) 등 1개 이상의 주제를 동시에 진행할 수 있다.
- 필요하다면 적절한 환경 구성을 계획하여 기재한다. 실내외 환경 구성, 교구·교재의 종류와 제시 방법, 교사용 교수 자료의 내용 등을 주간 교육 계획에 포함하여 작성한다. 환경은 전체적으로 다 바꾸는 것이 아니라 유아의 놀이, 활동, 일상생활을 지원하기 위해 필요할 때마다 부분적으로 바꾼다.
- 주간 교육 계획안은 모든 교사가 충분히 검토하고 효과적으로 활용할 수 있도록 학급에서 교사가 잘 볼 수 있는 곳에 붙여두는 것이 좋다. 한 주가 끝나고 나면 주간 교육 계획에 대한 평가의 시간을 마련하여 교사들 간의 토론을 통한 평가 결과를 기록한다. 평가의 기록은 다음 주간 교육 계획안 수립 시 참고할 수 있는 중요한 근거가 된다.

4) 일일 교육 계획안의 작성과 운영

일일 교육 계획안은 주간 계획과 전날의 교육과정 운영을 근간으로 가능하면 구체적으로 작성한다. 일일 교육 계획안에는 하루 동안 진행되는 활동을 시간의 순서에 따라 기록하는데 주제(들), 교육 목표, 놀이의 예상 진행 방향 및 교사 지원의 핵심, 활동명 및 진행 방법, 일상생활 지도의 주안점, 평가란을 마련하여 자세히 명시한다. 계획안대로 하루 일과가 진행되지 않을 수도 있는데, 전날의 놀이를 관찰한 것을 바탕으로 계획한 유아의 놀이 방향이 달라지기도 하기 때문이다. 교사는 그 날의 상황에 맞춰 융통성 있게 하루 일과를 진행하고 하루가 끝난 후에는 계획과 달라진 것을 추가로 기록하거나 평가란에 정리할 수 있다.

• 예 3-8 • 일일 교육 계획안의 예(3세)

<table>
<tr><td>학급명</td><td>○○반</td><td>유아 연령</td><td>3세</td><td>지도교사</td><td>○○○</td><td>일시</td><td>9월 5일</td></tr>
<tr><td>놀이 주제</td><td colspan="7">동물, 동물원</td></tr>
<tr><td>목표</td><td colspan="7">• 자연탐구> 탐구과정 즐기기: 궁금한 주제(동물)에 대해 알아보며, 탐구하는 태도를 기른다.
• 사회관계> 더불어 생활하기: 교사/또래와 놀이 주제를 공유하며 함께 놀이를 시도한다.</td></tr>
<tr><td rowspan="2">일일 시간표</td><td colspan="2"></td><td colspan="2">유아</td><td colspan="3">교사</td></tr>
<tr><td colspan="2">08:30~09:10
09:10~10:10
10:10~10:25
10:25~10:45
10:45~11:50
11:50~12:00
12:00~12:35
12:35~13:00
13:00~13:50
13:50~14:00</td><td colspan="2">등원 및 오전 간식
실내 놀이
정리 · 정돈
원 게임 〈동물 자리 바꾸기〉
실외 놀이
전이
점심 식사
이 닦기 및 조용한 놀이
실내 놀이
귀가 및 통합교육 이동</td><td colspan="3">등원 맞이 및 오전 간식 준비 · 정리
실내 놀이 지원
정리 · 정돈 지도
게임 활동 진행
옷 입기 지도 및 산책 가방 챙기기
손 씻기 지도하기
식사 지도하기
이 닦기 지도, 조용한 놀이 및 휴식 지원
실내 놀이 지원
귀가 지도 및 통합교육 인계</td></tr>
<tr><td>활동명
시간</td><td colspan="2">활동 목표</td><td colspan="4">활동 내용</td><td>준비물</td></tr>
<tr><td>8:30~9:10
등원 및
오전 간식</td><td colspan="2">• 하루 일과를 즐겁게 시작한다.</td><td colspan="4">• 유아를 맞이하면서 기분과 건강 상태를 점검한다.
• 등원 이후 해야 할 일(선생님과 반갑게 인사 나누기, 신발 정리하기, 교사의 도움 받아 외투 정리하기, 손 씻기, 간식 먹기 등)을 천천히 수행할 수 있도록 지도한다.</td><td>부모용
개인보고서
투약의뢰서
간식</td></tr>
<tr><td>9:10~10:10
실내 자유놀이</td><td colspan="2">• 친구와 놀이 주제 공유를 시도한다.
• 그림책을 가까이하는 습관을 기른다.

• 생물의 다양성에 대한 이해를 높인다.</td><td colspan="4">〈쌓기놀이 영역〉
• 종이벽돌블록으로 동물원 만들기
• 천, 동물 소품 등을 활용하여 동물원 꾸미기
〈역할놀이 영역〉
• 동물/사람 소품 등을 활용하여 동물원 놀이하기
〈언어 영역〉
• 동물을 주제로 한 다양한 그림책 읽으며 교사/또래와 이야기 나누기
〈수 · 과학 영역〉
• 동물 퍼즐 맞추기
• 동물 모형 관찰하기
〈미술 영역〉
• 내가 좋아하는 동물 표상하기
〈음률 영역〉
• 동물 주제 음악 감상하기(동물의 사육제)
• 동물의 움직임 신체로 표현하기</td><td>종이벽돌블록
동물 소품
천류
동물 머리띠
동물 주제 도서
동물 퍼즐
동물 모형
돋보기
그림, 사진, 종이, 색연필, 사인펜
음원
태블릿PC</td></tr>
</table>

시간 \ 활동명	활동 목표	활동 내용	준비물
10:10~10:25 정리 · 정돈	• 정리 · 정돈 시간의 역할과 책임을 안다.	• 정리 시간을 10분 전/5분 전에 미리 알려주어 마음의 준비를 하고, 놀이를 마무리할 수 있도록 한다. • 정리 · 정돈 과정에 유아가 즐거운 마음으로 참여할 수 있도록 격려한다.	
10:25~10:45 게임	• 게임 방법을 알고, 규칙을 지키며 게임에 참여한다.	원 게임 〈동물 자리 바꾸기〉 • 의자를 둥글게 세팅한다. • 이전에 배운 노래(숲속 친구들)를 부르며 모여 앉을 수 있도록 지원한다. • 게임 방법을 설명하고, 규칙을 준수해야 하는 이유를 짧게 안내한다. • 게임을 하고 평가한다.	신호 악기 동물 머리띠 의자
10:45~11:50 실외 놀이	• 안전하고 즐겁게 놀이한다.	• 대근육 놀이 기구 이용 시 규칙을 지키며 안전하게 놀이하도록 지도한다. • 모래놀이 영역에서 동물 모형으로 놀이한다.	모래놀이 도구 동물 모형
11:50~12:00 전이	• 실외 놀이 후 청결 습관을 기른다.	• 모래놀이 도구와 신발의 모래를 털어내고 제자리에 정리하게 한다. • 비누로 깨끗이 손을 씻도록 지도한다.	
12:00~12:35 점심식사	• 골고루 먹는다. • 친구들과 즐겁게 먹는다.	• 모든 반찬을 골고루 맛보도록 하고, 제자리에서 정해진 시간 내에 식사하는 태도를 함양하도록 지도한다. • 식사 후에는 옷과 앉은 자리를 확인하도록 안내한다.	식기 행주
12:35~13:00 이 닦기 및 조용한 놀이	• 자신이 먹은 자리를 정리한다.	• 이 닦기를 한 후 휴식이나 조용한 놀이를 하도록 안내한다. • 실내를 환기한다.	
13:00~13:50 실내 자유놀이	• 친구와 놀이 주제 공유를 시도한다.	• 오전에 했던 놀이를 이어서 하기나, 유아가 하고 싶은 놀이에 자유롭게 참여할 수 있도록 지원한다. • 내일도 이어서 놀이할 수 있도록 필요한 부분만 정리할 수 있도록 안내한다.	
13:50~14:00 귀가 지도 및 통합교육 이동	• 학급에서의 일과를 즐거운 마음으로 마무리한다.	• 겉옷을 입고 개인 물건을 가방 속에 넣도록 한다. • 서로 인사 나누고 귀가 순서에 따라 귀가한다.	
평가	– **[원 게임–동물 자리 바꾸기]** 동그랗게 모여 앉아 '동물 자리 바꾸기' 게임을 해 보았음. 사전에 ○○반 유아가 그린 동물(기린, 코끼리, 병아리, 토끼)을 스캔하여 게임 자료로 활용하였음. 교사가 호명한 동물이 일어나 자리를 바꾸는 방식으로 게임이 이어지자 유아는 교사의 말에 집중하며 게임에 참여함. 방법을 정확히 숙지하고 기존 규칙에 익숙해지는 모습을 보여, 동물의 종류를 늘려나가며 게임의 난이도를 점차 높여 나갔음. 대부분의 유아가 규칙을 준수하여 게임에 참여하는 모습을 보임 – **[동물원 놀이 관련]** 금일 유아들은 실내 놀이 시간에 '동물원' 놀이를 활발하게 이어 나감			

평가

① 종이벽돌블록으로 울타리를 만든 후 다양한 색깔의 천을 활용하여 서식지의 특징을 표현함(흰색 천–펭귄이 사는 남극/초록색 천–풀밭/주황색 천–사막/갈색 천–진흙 등). 자신이 알고 있는 지식에 따라 동물 소품을 분류하는 모습 보임. 교실에 있는 도서를 실시간 확인하며 놀이하기도 함. 동물이 사는 서식지에 대한 높은 이해도 보임

② 포악한 동물과 순한 동물 분류하기를 가장 선호하는 모습을 보임. 포악한 동물(사자, 치타, 호랑이)이 밖으로 나오지 못하도록 철제 바구니를 우리로 만들거나 테두리를 더 견고하게 구성하는 모습을 보임. 여아들은 대체로 귀엽다고 생각하는 동물(토끼, 다람쥐 등)에 대한 선호도가 높은 편

③ 사육사 역할을 맡은 유아는 어린 동물을 돌보고 먹이를 주는 시늉을 하며 놀이를 이어 나감. 동물에 따라 달라지는 먹잇감에 대해 간단히 이야기를 나누고, 북극곰이 먹는 물고기를 그림으로 그려보거나 기린이 먹는 풀은 습자지를 구겨서 마련하는 모습 보임. 놀이에 필요한 것이 생길 때마다 주변 환경을 적절하게 활용하는 모습을 보임

④ 대다수의 유아가 동물원 놀이에 매진할 때 홀로 세차장을 만든 유아가 있었음(윤수). 유아가 만든 세차장에 교사가 손님으로 방문하여 세차를 한 뒤 동물원에 간다는 설정을 이야기하자 세차장을 만든 유아도 자연스럽게 동물원 놀이에 참여하게 됨. 차를 타고 동물원에 방문하는 사람들을 위해 주차장→매표소→케이블카를 순으로 함께 구성해나감. 사람과 자동차 모형 등을 활발하게 놀이에 활용하는 모습을 보임. 교실에 없던 동물 모형(바다 동물/새 등)을 원하는 유아가 있었음. 자료실에서 다양한 동물 소품을 추가로 찾아와 놀이가 더 확장될 수 있도록 지원함

⑤ 주말에 가족과 함께 과천 대공원에 다녀온 유아가 코끼리 열차를 탄 경험을 회상하였고, 유아와 교사가 함께 코끼리 열차를 구성해 봄. 나무침대 위에 낮은 의자를 놓아 좌석을 만들고, 징검다리 판으로 코끼리 귀를 표상하고, 주름관(호일 배기관)으로 코끼리 코를 구성하며 즐겁게 놀이함. 열차에서 안내방송 놀이를 즐기며 종일 안내 멘트를 반복하는 유아도 있었음(시찬). 유아의 목소리를 녹음하여 블루투스 스피커로 틀어주기도 함. 학기 초와 비교해 보았을 때, 관심 주제를 긴 호흡으로 탐구해 나가는 모습에서 유아들의 성장이 느껴짐. 자신이 좋아하는 주제를 책과 활동 등을 통해 알아나가며, 교사/또래와의 놀이에 즐거운 마음으로 참여하는 모습이 돋보임

유아들이 처음 구성한 동물원

동물 특성 고려하여 분류하기

동물원 주차장

주차장/케이블카의 모습

코끼리 열차

– **[개별 유아 기록]** 다리를 다친 후 3주 만에 등원한 유아가 있음(수호). 오랜만의 등원이었음에도 불구하고 교사와 반갑게 인사를 나눈 뒤 좋은 컨디션으로 교실에 옴. 유아가 등원하지 않는 사이에 교실에서 동물 관련 놀이가 활발하게 시작됨. 오전 일과 중 또래가 활발하게 동물원 놀이를 하자 곁에서 주로 관찰하는 모습을 보임. 그림책을 좋아하는 유아(수호)의 특성을 반영하여, 동물 그림책 등을 활용해 놀이 주제를 또래와 공유해나갈 수 있도록 세심하게 지원해야 하겠음. 3주 동안 수호는 집에서도 유모차를 타고 다니고 거의 걷지 않았다고 함. 다리에 무리가 가지 않는 선에서 천천히 이동을 시도해볼 수 있도록 지원해야 하겠음. 유아가 힘들어할 시에는 부교사와 엘리베이터 등으로 먼저 이동할 수 있게 하는 등의 융통성 발휘하여 일과를 운영해야 하겠음

• 예 3-9 • 일일 교육 계획안의 예(5세)

5세 일일 교육 계획안 예시 (○○반)

학급명	○○반	유아 연령	5세	지도교사	○○○	일시	10월 30일
놀이 주제	팽이						
목표	• 자연탐구>생활 속에서 탐구하기: 다양한 조건을 실험하며 팽이가 잘 돌아가기 위한 방법을 모색하고 탐구한다. • 사회관계>더불어 생활하기: 함께 놀이하며 생긴 약속과 규칙의 필요성을 알고 지킨다.						

일일 시간표	시간	유아	교사
	08:30~09:30	등원 및 오전 간식	등원 맞이 및 오전 간식 준비 · 정리
	09:30~10:50	실내 놀이	실내 놀이 지원
	10:50~11:00	정리 · 정돈	정리 · 정돈 지도
	11:00~11:30	동화 〈팽이, 팽이 돌아라!〉	동화 들려주기
	11:30~11:40	전이	옷 입기 지도 및 산책 가방 챙기기
	11:40~12:30	실외 놀이 〈가을 열매로 놀이하기〉	유아와 산책하기
	12:30~12:40	전이	옷 정리하기 및 손 씻기 지도
	12:40~13:40	점심 식사 및 이 닦기	점심 식사 지도
	13:40~14:50	휴식 및 조용한 놀이	이 닦기 점검, 휴식 환경 지원
	14:50~15:00	전이	이동하기
	15:00~16:00	율동 〈팽이〉 / 강당 놀이	율동 활동 진행 및 놀이 지원
	16:00~17:30	실내 놀이 및 개별 귀가	실내 놀이 지원 및 귀가 지도

활동명 시간	활동 목표	활동 내용	준비물
8:30~9:30 등원	• 하루 일과를 즐겁게 시작한다.	• 유아를 맞이하면서 기분과 건강 상태를 점검한다. • 등원 이후 해야 할 일(인사 나누기, 신발 정리하기, 외투 걷기, 손 씻기, 간식 먹기, 조용한 놀이 등)을 유아가 이해하고 수행할 수 있도록 언어적 지원한다. • 간식을 먹은 순서대로 신체 계측에 참여하도록 한다.	부모용 개인보고서 투약의뢰서 간식 신장계, 체중계 기록지, 연필
9:30~10:50 실내 자유놀이	• 친구와 협동하여 놀이한다. • 읽기와 쓰기에 관심을 가지며 기초 능력을 기른다.	〈쌓기놀이 영역〉 • 버그토이, 레고 블록 등 원하는 놀잇감으로 팽이를 만들고 또래와 놀이할 수 있도록 한다. 〈역할놀이 영역〉 • 역할을 바꾸어 가며 팽이 경기장을 운영하도록 한다. 〈언어 영역〉 • '팽이', '가을' 관련 그림책을 유아가 자유롭게 볼 수 있도록 흥미로운 도서를 제공한다. • '○○반 팽이도감'에 팽이 작품을 기록하고 싶은 유아는 교사/또래와 함께 적어볼 수 있도록 지원한다.	버그토이 끼우기 블록 작은 레고 블록 간판 화이트보드 등 그림책 종이 사인펜, 색연필

활동명 시간	활동 목표	활동 내용	준비물
9:30~10:50 실내 자유놀이	• 색감을 기르고 창의적으로 표현한다. • 박자에 대한 감각을 발달시키고 음악을 애호하는 마음을 기른다.	〈과학 영역〉 • 과학 도서를 보며 도구와 원리에 대해 알아볼 수 있도록 한다. • 팽이를 잘 돌아가게 하기 위한 실험을 반복할 수 있는 충분한 시간과 공간을 제공한다. 〈미술 영역〉 • 미술 영역에 있는 재료를 활용해 스핀아트(spin-art)를 시도해볼 수 있도록 자료를 제공한다. • 색종이로 팽이 접기를 시도할 수 있도록 자료를 제공한다. 〈음률 영역〉 • 교사/또래와 함께 색깔 악보를 보며, '팽이' 연주를 시도할 수 있도록 한다.	과학 도서 기록지 초시계 쓰기 도구 종이 스핀아트 도구 종이접기 책 색종이 피아노 색깔악보 '팽이' 녹음파일
10:50~11:00 정리 · 정돈	• 정리 · 정돈 시간의 역할과 책임을 안다.	• 정리 시간을 5분 전에 미리 알려주어 놀이를 마무리할 수 있도록 한다. • 놀잇감을 정리 후 바닥의 청결 상태를 점검한다.	
11:30~11:40 PPT 동화	• 가을 특유의 계절 분위기를 느낀다.	실외 놀이 〈가을 열매로 놀이하기〉 • 산책을 하며 가을 날씨와 열매 등을 느껴볼 수 있도록 지원한다. • 자유롭게 신체를 움직이고 계절감을 느끼며 놀이하되, 잠시 휴식을 취하고 싶은 유아를 위해 돗자리를 마련해준다. • 실외에서 동시 짓기나 그림책을 읽고 싶은 유아는 정적인 놀이를 할 수 있도록 종이, 펜 등을 챙겨간다.	돗자리 가을 주제 도서 종이, 쓰기 도구
12:30~12:40 전이	• 실외 활동 후 청결 습관을 기른다.	• 신발과 외투 등에서 흙과 모래를 털어내고 제자리에 소지품을 정리하게 한다. • 비누로 깨끗이 손을 씻도록 지도한다.	
12:40~13:40 점심식사 및 이 닦기	• 골고루 먹는다. • 친구들과 즐겁게 먹는다. • 자신이 먹은 자리를 정리한다.	• 급식 당번은 책상 위를 행주로 닦고 음식을 준비한다. • 각자 식판에 음식을 받아간다. • 국은 교사가 직접 책상에서 덜어준다. • 모든 반찬을 골고루 먹어보도록 하고 제자리에 앉아 조용히 식사하는 태도를 지도한다. • 식사가 끝나면 스스로 옷과 자리를 정돈한다. • 이 닦기를 한 후 휴식이나 조용한 놀이를 하게 한다.	식기 행주 음원 블루투스 스피커
13:40~14:50 휴식 및 조용한 놀이	• 조용히 휴식을 취한다.	• 조용하게 휴식을 취하며, 신체의 긴장을 이완할 수 있도록 지원한다.	그리기 도구 보드게임
14:50~13:00 전이	• 청결 상태를 점검한다. • 안전하게 이동한다.	• 거울을 보며 옷과 머리 등을 바르게 단장할 수 있도록 지원한다. • 전날 배운 노래 '팽이'를 부르며, 안전하게 이동할 수 있도록 지도한다.	거울, 빗

시간 \ 활동명	활동 목표	활동 내용	준비물
15:00~16:00 율동 및 대근육 활동	• 노랫말에 맞춰 동작을 수행한다.	율동 '팽이' • 또래와 간격을 유지하고 율동할 수 있도록 안내한다. • 노랫말에 맞춰 정확하게 동작을 수행할 수 있도록 지도한다. • 활동을 마친 이후에도 원하는 유아는 한삼춤을 이어서 춰볼 수 있도록 배경음악을 틀어준다. • 사용 후 바르게 한삼을 정리해 볼 수 있도록 안내한다.	한삼 음원
16:00~17:30 실내 놀이 및 개별 귀가	• 하루를 즐겁게 마무리한다.	• 겉옷을 입고 개인 물건을 가방 속에 넣도록 한다. • 서로 인사 나누고 귀가 순서에 따라 귀가한다.	
평가	– **[율동 '팽이']** 전일 배운 '팽이' 노래에 맞춰 율동을 배워봄. 율동을 시작하기 전 '팽이' 노래를 함께 부르며 도입한 뒤 교사가 시범을 보임. 이후 유아도 한삼을 끼고 직접 율동을 따라 해 봄. 대부분 유아는 쉽게 동작을 익혔으나 '비틀비틀 거리더니' 부분에서 어깨에 팔을 거는 동작을 헷갈려 하는 유아가 있었음. 그 구간은 부분 동작으로 천천히 해 보며 동작 익힐 수 있도록 함. 율동이 끝난 후 유아는 진짜 팽이가 된 것 같아 재미있었고, 팽이가 쓰러지는 구간이 즐거웠다고 이야기함. 활동을 마친 후에도 유아끼리 반복해서 한삼춤을 추며 즐거움 공유함. 지난 시간 '왕 도토리'에 이어 '팽이' 노래에도 큰 관심을 보이며 즐겁게 한삼춤에 임하는 모습을 보임. 국악 관련 활동을 통해 유아는 민족 고유의 음악 정서를 체험하고, 우리 문화에 대한 정체성을 확립할 수 있음. 유아의 흥미가 높은 편이므로, 노래부르기, 악기 다루기, 동작으로 표현하기 등 다양한 국악 관련 활동을 지속적으로 지원해 주어도 좋을 것임. 이번 주 놀이 실행 보고서를 작성할 때, 국악방송 홈페이지에 수록된 노래 자료(악보, 음원, 반주)에 접근할 수 있는 방법을 가정에도 안내해야겠음 – **[팽이 놀이 관련]** 팽이 놀이에 대한 관심이 여러 날 이어지며, 재미있는 놀이 방식이 생성됨. 내용은 다음과 같음 ① 교실에 생긴 폐품 상자를 가지고 상자의 여러 면 위에서 팽이가 잘 돌아가는지 실험을 해 보는 유아 있었음(이친). 코딩이 되어 있는 상지의 바깥 면 위에서 팽이가 잘 돌아가는지/다소 거친 질감의 안쪽 도화지 면에서 잘 돌아가는지 여러 번 반복한 후에 코팅된 면에서 팽이를 반복해서 돌리는 모습을 보임. 여러 번 반복한 이후 교사에게 와 상자에 구멍을 뚫어 줄 것을 부탁함. 이후 구멍 속으로 팽이가 빠지면 탈락한다는 새로운 룰이 생김. 지켜보던 유아가 어두운 구멍을 '토끼굴'이라 상상하였고, '토끼굴 경기장'이 만들어짐. 평소 홀로 놀이하기를 즐기며 반복적으로 달팽이와 당근을 그리는 유아(민진)에게 당근 그림을 배경으로 그려달라 부탁함. 당근 위에서 오랜 시간 팽이를 돌리면 이기고, 구멍에 팽이를 빠뜨리면 진다는 새로운 방식의 팽이 게임이 생겼음. 새로 생긴 '토끼굴 경기장'에 많은 유아가 관심을 보임 ② 커다란 화이트보드에 여러 칸을 만든 뒤 '엉덩이 춤추기', '노래 부르기', '꽝!', '좋아한다고 말하기' 등을 적어놓음. 이 화이트보드 위에서 팽이를 돌린 뒤 팽이가 멈춘 지점에 해당하는 미션을 수행하는 놀이를 이어 나감		

평가

③ 초반에는 바닥에서 쭈그리고 앉아 팽이를 돌리는 모습이 자주 관찰되어, 책상 위나 다른 공간에서 놀이해볼 것을 제안함. 유아들은 제기용 쟁반에 팽이를 자주 돌려보는 모습을 보임. 또래가 몰려들기 시작하면 쟁반 앞에서 자리 쟁탈전이 소소하게 벌어지기도 함. 놀이에 대한 흥미가 지속적으로 이어지고 있기 때문에 조금 더 드넓은 공간에서 허리를 펴고 놀이할 수 있는 방안을 모색하게 됨. 유아들의 의견을 반영하여 교실 한쪽에 '팽이 놀이터'를 만들기로 함. 유아와 함께 자료실에서 팽이 놀이터를 구성하기에 알맞은 판을 찾아보았음. 그동안의 놀이 경험으로 유아들은 어느 정도 미끌미끌한(마찰이 적은) 표면을 지닌 판을 찾기 시작함. 원형 책상의 하단 면에서 팽이가 잘 돌아간다는 의견이 많아 책상을 가지고 교실로 돌아옴. 최근 전시 기능만을 담당했던 인조잔디 매트를 치우고, 그 공간에 팽이 놀이터를 새로이 꾸미게 됨. 팽이를 전시하는 공간/팽이 경기를 하는 공간 등을 나누어 단장하고 즐겁게 놀이를 이어 나감

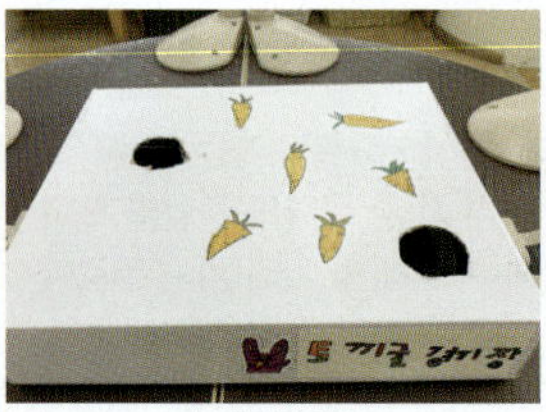

토끼굴 경기장

화이트보드에 팽이 놀이 공간 만들기

팽이 경기장

– **[신체 계측]** 2학기 신체 계측을 진행함. 키와 몸무게를 측정한 후 유아가 직접 기록지에 적어볼 수 있도록 함. 대부분 몸무게는 스스로 적을 수 있었으나, 키를 기입할 때는 교사의 도움이 필요했음. 본인의 체격뿐만 아니라 또래의 측정 결과에도 관심을 보이며 즐겁게 신체 계측에 참여함

2 일과 운영

1) 일과 운영의 원리

유아교육기관에서 지내는 하루 일과는 유아가 안정감을 느끼고 가정과 같이 편안하게 느낄 수 있도록 진행되어야 한다. 교육 목표에 따른 활동의 내용과 진행 방법, 순서와 배열이 유아 개인 및 집단의 발달적 요구에 적절하고 생리적 욕구가 해소될 수 있을 때 가장 효과적인 학습이 이루어진다. 그러므로 일과 운영은 유아의 흥미와 요구에 따라 진행되고, 다양한 활동의 경험 속에서 풍부한 상호작용을 통해 학습이 이루어지도록 계획한다. 일과 운영의 계획 시에 고려해야 할 원리는 다음과 같다.

- 하루의 일과는 유아들을 따뜻하게 맞이하는 것으로부터 시작한다.
- 일과 운영에는 충분한 놀이와 휴식, 간식과 점심, 배변과 같은 유아의 신체적 욕구를 반영한다.
- 정적인 활동과 동적인 활동 간의 균형을 이룬다.
- 개인 및 집단의 욕구를 조화롭게 반영한다. 그러므로 개별 활동과 집단 활동, 개별적 상호작용과 집단적 상호작용을 고르게 경험하도록 한다.
- 일과 운영은 유아의 자발적인 흥미와 특별한 상황을 반영하여 융통성 있게 운영한다.
- 유아가 일과 운영의 순서를 이해할 수 있어서 다음 활동이 무엇인가를 예측하고 준비할 수 있어야 한다.
- 유아가 하루 일과를 마무리하면서 성취감과 함께 평가해 볼 수 있는 시간이 필요할 때는 가질 수 있다.

이상과 같은 원리에 기초하여 유아의 연령과 특성, 유아와 교사의 수, 일과 시간, 인적·물적 환경 등을 고려하여 일과를 계획한다. 하루 일과는 크게 놀이, (대·소집단) 활동, 일상생활로 나뉘는데, 놀이는 제4장에서 자세하게 다루므로 다음에서는 (대·소집단) 활동과 일상생활의 계획과 운영에 대하여 살펴보고자 한다.

2) (대·소집단) 활동의 계획과 운영

집단 활동이란 다양한 크기의 집단으로 함께 모여서 활동을 하는 것을 말하며 크게는 대집단 활동과 소집단 활동으로 나눌 수 있다. 대집단 활동이란 학급 전체의 유아가 함께 동일한 활동에 참여하는 것을 말하며, 소집단 활동이란 전체 유아를 두세 집단으로 나누어 적은 수의 유아가 동일한 활동에 참여하는 형태를 말한다. 학급 전체 유아가 모두 참여할 때를 대집단으로, 다양한 수의 유아로 구성된 작은 집단 단위(예 3인, 5인, 7인, 학급의 반)로 참여할 때를 소집단으로 본다. 집단 활동을 계획할 때는 다음과 같은 사항을 유념한다.

- 교사의 능력, 유아의 연령, 활동의 내용 등에 따라 활동 시간이 다르지만 일반적으로 30분 이하가 적당하다. 3세 이하의 경우에는 15분 이하의 시간이 적절하다.
- 활동의 내용에 따라 어떤 형태의 집단을 구성하여 지도하는 것이 가장 바람직한지를 결정한다. 예를 들어 전체 유아가 알아야 하고 짧은 시간 내에 마칠 수 있는 것은 대집단으로 진행하는 것이 효율적이다. 그러나 개별 유아의 흥미나 관심에 따라 참여 여부를 결정해도 되거나 2~3개의 소집단으로 나눠서 할 수 있는 활동은 소집단으로 진행할 수 있다.
- 학기 초에는 대집단 활동보다는 개별 활동이나 소집단 활동을 많이 하는 것이 유아가 편안히 집단 활동에 적응하는 데 도움이 된다. 특히 유아의 연령이 어릴수록 개별 활동이나 소집단 활동이 적절하다.
- 집단 활동이라 하더라도 유아의 개별성을 항상 염두에 두고 활동을 진행한다. 개별적인 상호작용을 하고, 개별적인 요구와 흥미에 민감하게 반응하여 교사 주도의 획일적인 활동이 되지 않도록 한다.
- 유아의 학습이 가장 잘 일어날 수 있도록 각 활동에 적합한 장소를 선택하고 자리 배치를 한다. 실내외 공간 중 어떤 곳이 효과적인지, 바닥에 모여 앉을 것인지 책상에 모여 앉을 것인지 등 활동에 필요한 공간과 형태를 결정한다.
- 활동의 종류에 따라 적절한 장소를 선택한다. 예를 들어 동작 활동과 같이 움직임이 많은 활동을 위해서는 넓은 장소가 적당하고, 스크린으로 동화를 보기 위해서는 빛을 차단할 수 있는 장소이어야 한다.

◇ 교사가 유아 전체를 볼 수 있도록 유아의 위치를 정하는데, 유아의 집중력을 높일 수 있는 곳을 선정하여 적절한 자리 배치를 한다. 예를 들면 교사가 벽이나 창문, 문을 등지고 앉으면 유아의 시선이 흩어지기 쉬우므로 교사의 뒤쪽이 산만하지 않은 장소에 앉는다.

◇ 활동이 끝날 때까지 유아끼리 서로 방해가 되지 않도록 활동 시작부터 자리 배열을 고려한다. 장난이 심한 유아는 집중력이 좋은 유아의 사이에 섞여 앉도록 하고 교사의 특별한 도움이 필요한 유아는 교사 가까이에 앉도록 한다.

◇ 유아가 모이기 시작하면 모든 유아가 모일 때까지 속삭임, 유머, 손유희, 노래 부르기, 관찰력 게임, 말 이어가기, 수수께끼, 수놀이, 간단한 따라하기 게임 등을 하며 주의집중을 한다. 주의집중은 되도록 짧게 마무리하고 활동을 시작하도록 한다.

◇ 활동의 종류에 따라 다양한 전략을 사용하여 활동을 진행한다. 동시 감상과 같은 활동에서 교사가 언어적 묘미를 살리며 정적으로 활동을 진행하였다면, 동작 활동에서는 좀 더 동적으로 활력 있게 활동을 진행한다.

◇ 집단 활동이 끝난 후에는 다음 활동으로 자연스럽게 전이될 수 있도록 다음 활동과 이동 방법을 알려준다. 다음 활동에 대한 지시는 유아가 이해할 수 있도록 짧고 간단명료하게 하며 혼잡을 피하기 위하여 더 작은 집단으로 나누어 다음 활동 장소로 보낸다. 이때에도 교사 의도대로 일방적으로 지시하기보다는 유아의 생각을 받아들이면서 제시하는 것이 바람직하다.

◇ 특히, 소집단 활동의 경우 다음의 사항에 유의한다.

> 소집단으로 운영하려고 할 때는 여러 가지 여건을 고려하여 집단의 크기와 시간을 안배하여 계획한다. 학급에 보조 교사나 부모 자원봉사자와 같은 인적 자원이 있고, 유아가 분리되어 다른 활동을 할 수 있는 공간의 여유가 있다면 소집단 활동을 계획하기 쉽다.

> 소집단 활동을 반드시 별도의 장소에서 해야 하는 것은 아니므로 소집단 활동에 참여하지 않은 유아는 놀이를 하고 학급의 여유있는 공간(예 언어 영역)에서 소집단 활동을 할 수도 있다.

> 교사는 소집단 활동을 진행하면서도 소집단 활동에 참여하고 있지 않은 유아가 하는 행동도 유의해서 관찰하여 문제(예 안전, 유아 간 갈등)가 발생하지 않게 한다.

◇ 0~2세 영아들은 주의집중 시간이 짧고, 발달 수준이나 흥미에 대한 개인차가 매우 심하여 대집단 교육이 불가능한 시기이다. 따라서 어떤 경우에도 대집단 활동은 계획하지 말아야 하고, 소집단 활동도 0~1세 영아를 대상으로는 계획하지 않는다. 2세 영아의 경우는 2학기 중반 이후부터 영아의 발달과 개인적 성향을 관찰한 후에 최소한의 소집단 활동을 계획할 수 있다.

3) 일상생활의 계획과 운영

일상생활은 기관에서 하루를 독립적으로 지내기 위해 필요한 것으로 먹기(간식과 급식), 씻기(이닦기와 손씻기 및 간단히 자기 몸 씻기), 입고 벗기(옷과 신발), 정리·정돈하기(놀잇감과 자신의 소지품), 화장실 사용하기(배변 훈련 및 용변 처리하기), 쉬기(휴식 및 낮잠) 등이 포함된다. 매일 반복되는 일상이기 때문에 교사가 특별한 계획을 세우지 않거나 세우더라도 일상의 특정한 영역(예 급식 시 숟가락과 포크 바르게 사용하기)에 대한 지도 계획만 가끔 세우는 경우가 많다.

독립적인 인간으로 일상을 영위하는 것은 가장 기본적인 능력이므로 교사는 영유아의 일상생활 지도를 염두에 두고 계획하고 실천하는 것이 필요하다. 매일 일상생활의 전 영역에 대한 계획을 세울 필요는 없지만 지도하는 학급 영유아의 일상생활 발달을 지속적으로 관찰하고 지원해야 한다. 다음의 예는 특정한 시기에 일상생활의 다양한 영역에 대한 유아의 수준과 지원 방향을 계획한 것이다.

• 예 3-10 • 일상생활 지도 계획의 예

	3세 ○○반 평균 수준(학기 초)	교사의 지도 계획
손 씻기	• 스스로 손 씻고, 물기 닦기 가능함 • 흐르는 물에 대충 손을 씻는 유아(아라), 물비누를 낭비하는 유아(수인)가 있어 교사가 지켜보아야 함	• 꼼꼼하게 씻어야 할 때(물감 등의 조형재료가 묻었을 때/밥 먹기 전/실외활동 후)와 아닐 때를 구분할 수 있도록 지도해야 함
배변 훈련 및 용변 처리	• 고무줄 바지의 경우 스스로 옷을 벗고 입는 것 가능함 • 소변 후 뒤처리는 모든 유아가 스스로 할 수 있음 • 대변 후 뒤처리는 전적으로 교사가 담당함	• 현재 대변을 볼 때 기저귀를 하고 있는 유아(온기, 지수)가 있어 점차적으로 뗄 수 있도록 지원해야 함 • 화장실을 청결히 사용하는 습관(용변을 보고 난 후 물 꼭 내리기, 휴지통에 휴지를 제대로 넣기 등)을 기를 수 있도록 지도해야 함
급/간식	• 식당에서 급식 시간의 전 과정을 인식함 • 스스로 수저/포크 가지고 자리에 앉기, 스스로 밥 먹기, 스스로 의자와 식판 정리하기 등을 수행하고 있음 • 현재 모든 반찬 맛보기를 시도하고 있음(편식이 있는 유아: 승수, 원효 등)	• 모든 반찬을 모두 맛보았을 경우, 스스로 도구 사용하여 추가 배식할 수 있도록 지도할 것임 • 교사가 권유해야만 먹는 유아(온기, 수호, 원효)가 있어 스스로 식사할 수 있도록 지원해야 함
이 닦기	• 이 닦기의 과정(교사가 호명하는 순서대로 화장실로 들어와 소변보기→손 씻기→자신의 양치도구 찾기→적당량의 치약 짜기→스스로 양치하기→교사의 마무리 점검 후 입안 헹구기→칫솔 깨끗이 닦기→세수하기→물기 닦기→로션 바르기→낮잠 잘 준비하기)에 대한 이해가 생김 • 교사가 차례가 되었음을 알려도 화장실로 잘 오지 않는 유아(재원, 하명)가 있음. 반복적으로 언어적 지원을 해주어야 함	• 이 닦는 순서(예 윗니, 아랫니, 어금니, 혓바닥)에 따라서 꼼꼼하게 닦을 수 있도록 지도해야 함 • 사회적 예절(물기를 다른 친구에게 튀기지 않기, 적당량의 로션 바르기)을 지키며 이를 닦을 수 있도록 지도해야 함
낮잠 및 휴식	• 교사가 깔아준 매트 위에 자신의 침구를 가져올 수 있음 • 교사가 도움을 주어야만 잠들 수 있는 유아(아라, 승수, 원우, 하명)가 있음	• 매트를 바른 방법으로 정리하고, 스스로 옮길 수 있도록 지도해야 함 • 이불 정리 방법을 차근차근 지도해야 함
옷 입고 벗기	• 처음에 교사에게 의존하여 실내화를 신고 벗는 유아가 있었으나 스스로 할 수 있게 됨(아라) • 모든 유아가 자신의 외투와 신발 찾기를 할 수 있음 • 유아가 옷걸이에 옷을 걸어주면, 교사가 흘러내리지 않도록 지퍼의 아랫부분을 채워 주고 있음 • 스스로 지퍼를 채울 수 있는 유아(은하, 시온, 하명)가 있음	• 유아가 스스로 옷 정리하기를 시도해 볼 수 있도록 해야 함. 이를 위해서는 여유로운 전이 시간과 유아의 소근육 발달이 뒷받침 되어야 하겠음

* 유아명은 가명임
* 위 사례는 이화어린이연구원 송정아 교사가 작성한 3세 학급의 일상생활지도 계획을 재조직한 것임

Chapter

4

교수학습방법 및 지도의 실제

1 교수학습방법의 기본 원리

2 등원 및 일과 계획

3 놀이(자유놀이, 자유선택활동)

4 대·소집단 활동

5 일상생활 지도

» 0~5세의 일반적인 유아를 의미할 때는 '유아'라는 용어를 사용함
» 특별히 연령을 구분할 필요가 있을 때는 'O~O세 영아 또는 유아'라는 용어를 사용함
» 2024년에 시행되고 있는 교육과정은 2019 개정 누리과정(3~5세)과 제4차 표준보육과정(0~1세 보육과정, 2세 보육과정)임
» 특정 시기에 시행된 교육과정에 포함된 내용을 기술할 때는 그 시기에 사용된 교육과정 명칭을 사용하고 일반적 의미에서 서술할 때는 '교육과정', 3~5세 유아를 위한 교육과정은 '누리과정', 0~2세 영아를 위한 보육과정은 '표준보육과정'이라는 용어를 사용함
» 유보통합 및 정부조직법(법률 제20145호, <개정 2023. 12. 26.> <시행 2024. 06. 27.>)에 따라 교육부로 보육 업무가 통합·이관되어 본 서에서는 교육과 보육을 구분하지 않고 '교육'이라는 용어로 통일함

1 교수학습방법의 기본 원리

교육과정에는 '가르친다', '교수한다', '배운다', '학습한다' 등의 용어가 흔히 사용된다. 교사가 일방적으로 가르치고 유아는 수동적으로 배우는 권위적이거나 일방향적인 교육이 연상되어 2019 개정 누리과정(교육부·보건복지부, 2020d)에서는 경험(예 "59개 내용은 3~5세 유아가 경험해야 할 내용", p. 37)이란 용어를 사용하기도 한다. 그러나 교사(예 가르친다, 교수한다) 또는 유아(예 배운다, 학습한다, 경험한다) 입장에서 표현한 것일 뿐 교수와 학습은 가치중립적인 용어이다.

교수학습방법, 교수학습 전략, 교수학습 원리 등 다양한 용어(이후 맥락에 따라 다양한 용어로 사용함)로 사용되기도 하나 모두 효과적으로 배우도록 가르치는 데 도움이 되는 전략을 의미한다. 구체적으로 어떤 전략(예 시범 보이기, 질문하기 등)을 교수학습 전략이라고 보는지는 문헌마다 매우 다양하다. 교수학습방법 또는 전략과 관련된 문헌을 살펴보면 교사가 어떻게 가르치고 유아는 어떻게 학습하는가에 대한 방법 또는 전략만 서술하기보다는 교수학습의 효율성을 높이기 위해 고려해야 하는 사항도 함께 서술하는 경우가 많다.

예를 들면 우리나라의 1차 유치원 교육과정부터 교수·학습에 관한 사항이 '지도상의 유의점', '지도', '방법'이란 목차로 일부 제시되어 있고, '교수·학습 방법'이라는 목차를 가진 경우(예 6차 유치원 교육과정 이후~2019 개정 누리과정)에도 효율적인 교수·학습의 조건(예 유아의 흥미, 관심, 발달을 고려한 교육 내용 선정, 시간 공간 및 자료의 준비)이 포함되거나 전혀 관련 없는 내용(예 교사 보조자로 부모를 활용한 가정과의 협력, 기본생활습관 내용)이 제시되기도 하였다.

박은혜, 김희진, 성원경, 이성희, 박선혜(2021)에 제시된 유치원 교육과정의 교수 · 학습 지침 25개(p. 100-102) 중 교수학습과 전혀 관련 없는 내용을 제외하고 교수학습 원리나 효율적인 교수학습 조건에 해당하는 20개를 살펴보면 다음과 같다.

- 발달 수준, 관심에 따른 개별지도
- 관심, 흥미, 발달 수준에 따른 교육내용 수준 결정
- 개별 유아 특성(예 관심, 흥미, 발달, 환경) 관찰에 따른 적절한 지원

◇ 다양한 활동을 통한 교육내용 지도
◇ 통합적, 반복적 지도를 통한 영역별 목표와 내용 지도
◇ 놀이 중심(흥미/관심)의 통합적 교육활동
◇ 주제를 중심으로 여러 활동 통합
◇ 민주적이고 수용적인 분위기와 안정된 심리적 환경
◇ 충분하고 융통성 있는 시간, 공간, 자료
◇ 흥미 영역과 교재, 교구의 융통성 있는 구성
◇ 구체적이고 직접 경험이 가능한 실물 자료 중심의 다양한 교재·교구 사용과 학습지 사용 금지
◇ 생활 속 경험을 소재로 지식, 기능, 태도, 가치 지도
◇ 유아가 직접 참여(예 발표, 토의, 견학)하는 다양한 방법으로 지도
◇ 활동 특성(예 정적/동적, 실내/외, 개별/집단, 유아/교사 주도) 간의 균형
◇ 다양한 유형의 능동적 상호작용(예 유아-유아, 유아-교사)
◇ 교사의 긍정적 언어(예 지지, 사랑, 수용, 정성)와 태도(예 의견/질문 수용)
◇ 교사의 확산적 질문을 통한 유아의 사고(예 호기심, 창의적 사고) 촉진
◇ 활동 특성에 따른 교사의 다양한 질문 및 방법(예 대화, 극놀이, 모델 제시)
◇ 나선형 지도(쉬운 → 어려움/ 구체 → 추상)
◇ 활동유형에 따른 다양한 학습 집단 및 집단 크기 활용

호주(AGDE, 2022)의 국가수준 교육과정의 Practice(Belonging, Being and Becoming: The Early Years Learning Framework for Australia(V2.0)[1]에서 제시한 8개의 교수학습 전략에도 효율적인 교수와 학습을 위한 전제 조건과 전략뿐만 아니라 학습 내용도 혼재되어 있는데 간단히 살펴보면 다음과 같다.

◇ 총체적 접근법을 사용할 것
◇ 유아에게 반응적으로 상호작용할 것
◇ 놀이를 통해 가르치는 것을 계획하고 실행할 것
◇ 의도를 가지고 교수할 것
◇ 유아의 학습에 긍정적인 영향을 주는 물리적 환경과 사회적 환경을 조성해 줄 것

1) https://www.acecqa.gov.au/sites/default/files/2023-01/EYLF-2022-V2.0.pdf

- ◇ 유아와 가족이 속한 문화적, 사회적 맥락을 존중해 줄 것
- ◇ 경험의 연속성을 유지하여 유아가 전이를 성공적으로 할 수 있게 할 것
- ◇ 어린이의 학습을 모니터하고 평가해서 유아를 지원하는 것에 반영하고 유아가 배워야 하는 학습 결과를 성취하도록 할 것

NAEYC(2022)도 교사는 광범위한 기술과 교수 전략을 가지고 있어야 함을 강조하면서 다음의 8개의 전략을 제시하였다.

- ◇ 유아가 주도권을 갖게 돕기 위해 스스로 선택하고 계획하도록 기회를 줄 것
- ◇ 유아가 사고하고 학습을 확장하게 하기 위해 교사는 문제를 제기하고, 질문하고, 의견과 제안을 줄 것
- ◇ 유아의 흥미와 사고의 폭을 넓히기 위해 교사는 새로운 경험, 자극이 되는 아이디어, 문제, 경험, 가정을 제시할 것
- ◇ 학습자로서 능력과 자신감, 지속할 동기, 위험을 감수할 용기를 강화시키기 위해 교사는 유아가 가진 지식을 활용하고, 문화/언어적으로 반응적인 방식을 사용하고, 각 유아가 도전받고 성공할 수 있게 할 것
- ◇ 유아가 가진 기술과 지식에 맞게 활동의 복합성과 도전 수준을 정하기 위해 교사는 수준을 낮추거나 높일 것
- ◇ 유아의 개념적 이해를 높이기 위해 교사는 대화, 기록 등의 방법을 써서 유아가 자신의 경험을 재방문하고 되돌아볼 수 있게 할 것
- ◇ 일반적인 칭찬을 피하고 구체적인 피드백을 줄 것
- ◇ 유아가 안하거나 못하는 것보다는 할 수 있는 것에 초점을 둘 것

2019 개정 누리과정(교육부, 2019)의 교수 · 학습의 내용은 교사가 유아를 어떻게 지원하는가에 대해 설명함으로써 교육과정의 영역별 목표를 효과적으로 달성하도록 다음과 같이 제시하였으나 교수 · 학습과 직접적인 관련이 없는 것도 제시되어 있다. 2019 개정 누리과정의 고시문에서 제시한 교수 · 학습은 다음과 같다.

- ◇ 유아가 흥미와 관심에 따라 놀이에 자유롭게 참여하고 즐기도록 한다.
- ◇ 유아가 놀이를 통해 배우도록 한다.
- ◇ 유아가 다양한 놀이와 활동을 경험할 수 있도록 실내외 환경을 구성한다.

- 유아와 유아, 유아와 교사, 유아와 환경 간에 능동적인 상호작용이 이루어지도록 한다.
- 5개 영역의 내용이 통합적으로 유아의 경험과 연계되도록 한다.
- 개별 유아의 요구에 따라 휴식과 일상생활이 원활히 이루어지도록 한다.
- 유아의 연령, 발달, 장애, 배경 등을 고려하여 개별 특성에 적합한 방식으로 배우도록 한다.

유아교육에서 전통적으로 강조된 교수학습 원리를 간단히 살펴보면 다음과 같다.

1) 놀이 중심의 원리

교육의 효과는 유아의 활동이 자발적일 때 가장 높고, 유아의 자발적인 활동은 놀이를 통해 진행될 때 가장 잘 일어난다. 유아는 발달 특성상 자신의 흥미와 욕구에 의해 결정하고, 직접적이고 구체적인 탐색을 하였을 때 학습이 가장 잘 이루어지는데 이에 가장 적절한 방법이 놀이이다. 유아는 놀이를 하면서 학습에 대한 호기심을 충족시키고 사물을 탐색하며 삶에 필요한 지식, 기술, 태도를 습득한다. 또한 놀이를 통하여 자신의 경험을 재현하기도 하고, 새로운 경험으로 심화 및 확장하고 문제를 해결하면서 창의성과 융통성을 발달시키게 된다.

실제로 많은 활동이 놀이 중심으로 계획되어 실시되고 있다. 진정한 놀이 중심 활동은 유아가 스스로 선택하고 결정하며, 놀이 활동의 계획 및 전개 과정에 능동적으로 참여할 수 있도록 하는 것이다. 교사는 활동의 주도자가 아닌 안내자와 촉진자의 역할을 담당하며, 유아가 자발적인 참여를 통하여 스스로 신체, 인지, 언어, 정서, 사회성 발달을 획득하도록 격려하고 지지해 주어야 한다. 그러나 이것이 교사가 방임해도 좋다는 것을 의미하지는 않는다. 교사는 명확한 교육적 목표와 교육 내용이 유아의 놀이에 반영되도록 지원하고 환경을 구성하여 유아가 스스로 놀이에 몰입할 수 있도록 지도하여야 한다.

유아교육기관에서의 놀이는 특히 놀이 시간에 실내 및 실외에서 자연스럽게 이루어진다. 유아는 다양한 자료와 사물을 이용하여 자신이 원하는 놀이를 하는 과정에서 교사 또는 또래와 자연스럽게 상호작용을 하면서 의사소통 능력과 긍정적인 사회적 기술을 발달시켜 나간다. 예를 들어 쌓기놀이 영역에서 다양한 블록을 끼우거나 쌓으면서 수,

모양, 입체, 무게, 길이 등의 개념을 습득하게 되고, 함께 구성물을 완성하면서 의견을 나누고 협동하는 기술을 배우게 된다. 그리고 역할놀이와 연계하여 놀이를 확장하거나 문제 상황을 해결하면서 창의적 사고력을 발달시킨다.

2) 개별화의 원리

한 학급에 속한 유아라 할지라도 월령의 차이뿐 아니라 타고난 기질과 성격, 흥미와 욕구, 발달의 수준, 사전 경험 등이 다양하므로 각 유아가 교육 목표에 도달할 수 있도록 개별적인 능력을 고려한 교수학습 전략을 사용하여야 한다. 유아의 개별적 특성을 잘 이해하기 위하여 교사는 부모와의 의사소통뿐 아니라 유아를 관찰하고 평가함으로써 개별 유아에 대한 정보를 수집한다. 자연스러운 상황에서 유아의 놀이 활동을 관찰하기도 하고 의도적으로 제시한 활동이 유아에게 잘 이해되고 학습되었는지를 활동 중간이나 마지막에 평가하기도 한다.

유아에게 제시하는 활동은 학급 전체의 발달 수준을 고려하며 개별 유아의 발달 수준이 존중될 수 있도록 수준과 내용을 다양하게 조절한다. 활동의 수준을 한 가지로만 제공하면 유아는 자신의 능력의 한계로 인하여 좌절감을 느끼게 되며, 흥미를 고려하지 않고 단일한 활동을 강요하면 자발적인 성취감을 느낄 수 없다.

그러므로 같은 활동이라도 두세 단계의 수준으로 제공하여야 한다. 예를 들어 실내놀이에서 언어 영역의 읽기 활동을 제공할 때 읽기 능력이 미숙한 유아를 위하여 단어카드나 간단한 문장으로 구성된 책을 제공하고, 읽기 능력이 발달한 유아를 위하여 좀 더 긴 문장의 책이나 수수께끼 카드 등을 함께 내어준다. 개별화된 학습이 성공적으로 이루어지려면 다양한 교구·교재와 활동을 준비하여 유아가 자신의 능력과 흥미에 따라 스스로 선택할 수 있도록 한다. 이때 교사는 유아의 흥미를 지속시켜 주고 다음 단계의 발달이 이루어지도록 개별적인 상호작용을 해준다.

3) 탐구 학습의 원리

유아의 학습은 주변의 여러 가지 사물이나 현상을 실제로 경험함으로써 효과적으로 이루어진다. 유아는 실제 경험을 통하여 호기심을 갖게 되고, 이를 만족시키기 위하여 자신의 감각을 사용하여 자발적으로 탐색하기 때문이다. 이러한 과정에서 물리적 지식, 사회적 지식, 논리적 사고력, 융통성과 창의성 등이 발달한다. 예를 들어 유아는 높은 곳에서 낮은 곳으로 흐르는 물의 운동 법칙을 추상적인 설명으로는 이해할 수 없다. 그러나 물 · 모래놀이에 몰입하여 반복적으로 물을 흘려보내고 스스로 수로를 만들며 높이에 따라 물의 흐름을 조절해 보면서 물이 흐르는 성질을 학습하게 된다. 또한 문제를 해결하기 위하여 여러 가지 도구나 방법을 활용하고 다른 사람과 의사소통을 하는 과정에서 창의적으로 사고하는 방법을 배우게 된다. 그리고 무엇보다 중요한 것은 스스로 탐구하여 자발적 학습이 이루어졌을 때 유아는 자신감을 갖게 되고 다음 단계의 학습에 대한 동기가 유발된다.

교사는 유아의 탐구 학습이 효과적으로 일어나도록 하기 위해 다양한 환경과 경험을 풍부하게 제공해야 한다. 교사는 유아교육기관의 실내외 환경뿐 아니라 사회적 현상, 자연 현상 등을 경험할 수 있는 기회를 주고 유아가 자신의 관심을 구체적인 탐구 활동으로 연결할 수 있도록 돕는다.

4) 생활 중심의 원리

유아는 교사의 지시나 설명보다는 일상생활의 직접적인 경험을 통해서 지식과 기술, 태도 등을 더 잘 학습한다. 즉, 유아를 둘러싼 실제 생활 환경 속에서 발생하는 관심과 흥미를 적절한 학습 환경으로 구성할 때에 좀 더 효과적인 학습이 일어난다. 그러므로 유아의 주변에서 일어나는 일, 특별한 상황, 일상생활과 관련된 체험을 기반으로 활동을 전개하는 것이 바람직하다. 예를 들어 여름 과일을 직접 먹고 산책하면서 풀과 벌레들을 관찰하거나 여름을 시원하게 날 수 있는 여러 가지 설비를 직접 찾아보면서 자신의 생활 경험을 학습의 유용한 자원으로 활용할 수 있다. 또한 반복되는 하루 일과를 효과적인 학습의 과정으로 활용할 수 있는데, 예를 들어 순서대로 화장실 사용하기, 주변을 청결하게 하기, 예의 바르게 말하기와 같은 기본 생활 습관도 일상생활의 경험을 통해 학습할 때 효과적이다.

5) 통합의 원리

교육과정의 운영에서 통합은 영역별 내용 간의 연계적인 통합과 놀이/활동 간의 통합, 즉 신체운동·건강, 의사소통, 사회관계, 예술경험, 자연탐구 영역의 내용이 분리되지 않고 하나의 놀이나 활동 안에서 자연스럽게 통합되도록 하는 것이다. 예를 들어 요리를 하면서 건강한 식생활 습관을 익히고, 또래와 협동적인 상호작용이 일어나며, 다양한 어휘를 습득하고, 요리 재료의 물리적 속성을 탐구하면서 영역별 교육 내용이 균형적으로 발달한다.

2 등원 및 일과 계획

1) 유아 맞이하기

원장이나 원감은 유아가 유아교육기관에 도착하기 전에 실내외에 있는 모든 시설과 환경을 재점검하고 유아가 오기 시작하면 마당이나 현관에서 맞이한다. 등원하는 유아를 맞이할 때는 각 유아에게 관심을 보이고 이름을 불러주면서 반갑게 인사를 나눈다. 또한 유아와 눈을 맞추며 세심하게 살펴서 건강 상태와 심리 상태 등도 점검한다. 유아가 몸이 아픈 상태에서 등원하는 경우도 있으므로 교사는 열이 있는지, 상처가 있는지, 눈·코·입·귀 등에 이상이 있는지 주의깊게 살펴본다. 심신이 불편한 유아는 행동이나 모습에 불편함이 나타나므로 개별 유아를 잘 관찰하면 쉽게 알아낼 수 있고 적절한 도움을 제공할 수 있다. 문제가 있다고 판단되는 유아에게는 상황에 맞게 문제를 해결해 주고 담임교사에게 알려 학급에서도 적절히 조치하도록 한다. 기관에서 지내기 어려울 만큼 아프거나 전염병이 의심되는 유아는 부모와 연락하여 즉시 귀

유아 맞이하기

가하도록 조치한다. 특히 3세 이하의 유아인 경우에는 자신의 의사를 잘 표현할 수 없으므로 더욱 면밀하게 살피고 열을 재어 보거나 피부 상태를 관찰하여야 한다. 울음, 칭얼거림, 좋지 않은 안색 등은 건강이 좋지 않음을 나타내는 신호가 될 수 있으므로 교사는 이와 같은 정보를 이해할 수 있는 사전 지식을 갖고 있어야 한다.

교사가 부모로부터 자녀를 인도받을 경우에는 특별한 사항이나 유의할 사항들을 직접 듣고 확인하도록 한다. 부모와 긴 대화를 나누기 어렵거나 담임교사가 직접 부모를 만날 수 없을 경우에는 자녀의 건강 상태나 교사에게 알리고 싶은 내용을 기록할 수 있는 부모 기록지(또는 유치원 앱)를 비치하는 것이 좋다. 부모 기록지에는 건강 상태뿐 아니라 식사나 수면, 배변 상황, 기분, 가정의 특별한 사건 등 교사에게 알려야 할 내용을 간단히 기록할 수 있도록 한다. 특히, 자녀에게 투약을 하게 할 경우에는 부모가 현관 입구의 선반에 비치된 투약 상자에 이름을 기록한 약을 넣고 투약의뢰서에 투약 방법과 양 등을 정확히 기록하게 한다.

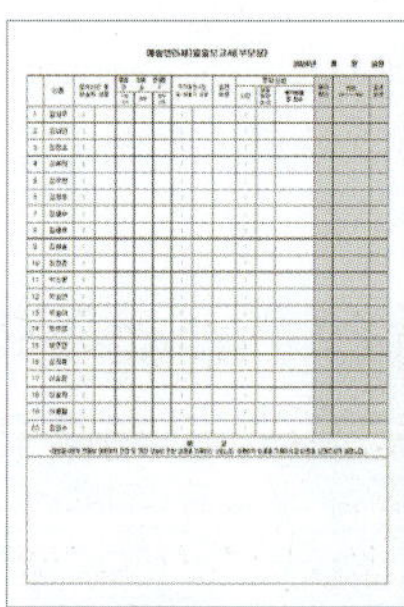

부모용 기록지

약 투약함과 비치된 부모용 기록지

참고하기 위해 학급에 비치한 부모용 기록지(오른쪽)와 교사가 특이 사항을 기록하는 상세 기록지

부모가 전화로 자녀의 상태를 알리고자 할 때는 담임교사가 유아를 맞이하는 상태에서는 자리를 비울 수가 없으므로 교사 외의 다른 사람이 전화의 내용을 정확하게 기록하여 담임교사에게 전해준다. 교사는 유아를 맞이한 후 유아가 자신의 신발을 정리하고, 실내화로 갈아 신고, 겉옷과 가방 등을 정리하고, 활동실로 들어가도록 안내한다. 또한 기관에서 만나는 모든 교사에게 인사하는 예의 바른 태도, 다른 친구들에게 반가움을 표현하는 방법들을 지도한다. 이러한 일상적인 행동들은 기본 생활 습관을 익힐 수 있는 중요한 과정이므로 특히 학년 또는 학기 초에는 개별적으로 일일이 지도하여야 자연스럽게 몸에 배게 된다.

2) 개별적인 일과 계획하기

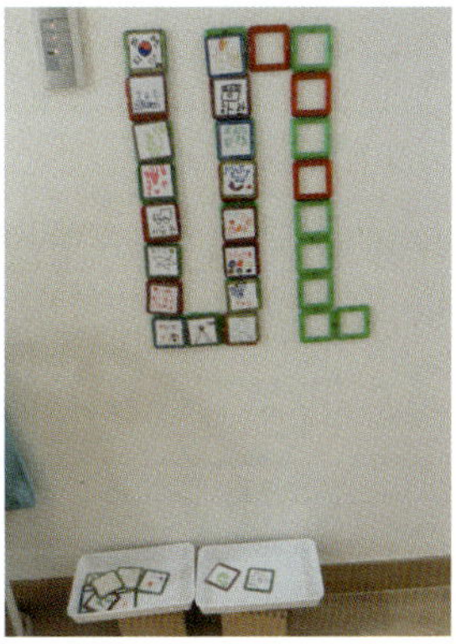
유아가 직접 만든 출석판

현관 입구와 활동실이 멀리 떨어져 있을 경우에는 유아가 활동실로 들어오면서 담임교사를 만나게 되므로 즐거운 마음으로 하루 일과를 시작할 수 있는 분위기를 조성해 준다. 2세 이하의 영아인 경우에는 부모가 활동실까지 데리고 가서 담임교사에게 직접 인계하도록 한다.

담임교사는 유아를 맞이하면서 함께 출결 표시를 하고, 유아가 직접 표시하는 출석판일 경우에는 다양한 방법과 형태의 출석판으로 변화를 주어 출석 표시하는 과정도 의미 있는 학습이 되도록 한다. 출석판은 교사의 교육적 의도에 따라 다양하게 운영할 수 있다. 학기 초에는 소속감을 높이고 학급 구성원의 이름을 익히는 데 도움이 되어 사용할 수 있으나 학기가 진행되면서 앞의 두 가지 목적이 달성되면 출석판 사용을 중지할 수 있다. 제작 방식도 유아가 성장함에 따라 교사가 출석판을 만들어 주던 것에서 유아가 스스로 만드는 방식으로 변경할 수 있다.

일과 계획표는 유아가 다음 활동이 무엇인지 알고 미리 준비하면서 안정감을 갖고 지낼 수 있게 도와주는 역할을 한다. 그러므로 유아가 이해할 수 있는 수준의 그림, 기호, 글자 등을 사용하여 제시하여야 유아에게 유용한 자료가 될 수 있다. 0~2세 이하의 영아는 시간과 순서에 대한 개념이 아직 발달하지 않았으므로 일과 계획표를 만들어 게시할 필요는 없다. 3세 이하 어린 연령의 유아에게는 사실적인 사진이나 그림으로 제시하지만 연령이 높아지면 상징적인 그림, 글자가 첨가된 그림으로 발전시켜가며 제시한다.

유아가 일과 계획표를 직접 그리거나 써서 만들도록 허용하는 방법이나, 전날의 활동과 연계될 필요가 있을 때는 다음 날의 일과 계획을 유아와 미리 해두는 방법을 사용하면 유아의 관심을 높일 수 있다. 일과 계획표를 반드시 사용할 필요는 없으나 사용할 때는 하루의 일과를 모두 같은 비중으로 표현하기보다는 각 일과에 소요되는 시간이 반영되게 작성할 수 있고, 유아가 알아야 하는 일과와.교사가 알아야 하는 일과를 분리해서 유아는 놀이를 많이 하는 일과를 보낼 수 있다고 느낄 수 있게 작성할 수 있다.

일과가 같은 비중으로 표현되고, 활동(노래 또는 미술) 선택의 기회가 존재함을 표현한 일과표

활동 지속 시간을 두께로 표현한 일과표

유아는 정리·정돈을 하지 않고 놀이를 지속(하얀색 부분)하고 원하는 시간에 다른 활동에 참여(노란색 부분)함을 표현한 일과표

과거에는 등원 후 신속한 정리·정돈이 가능한 조용한 놀이(예 책 읽기, 조작놀이)를 하다가 대부분의 유아가 등원하면 대집단으로 모여 앉아 하루의 일과가 어떻게 진행되는지 알아보기, 일과 중 추가적인 설명이나 결정(예 2개의 활동 중 활동 순서를 선택할 수 있다면 어떻게 표시하면 되는지)하기, 유의사항 전달(예 야외 산책 시 지켜야 할 사항)하기를 했었다. 이에 더해 하루 일과 계획하기와 무관한 요일 및 날짜와 날씨를 매일 반복하여 알아보기, 출석 부르기, 새로 준비된 교구 · 교재 소개하기, 교사가 준비한 활동(예 미술 영역에서 족두리 만드는 순서) 설명하기 등도 계획하기에 포함되었다.

그러나 2019 개정 누리과정 이후에는 반드시 필요한 경우(예 견학을 가기 위해 몇 시까지 간식을 다 먹어야 함)가 아니면 집단으로 하루 일과를 소개하는 시간을 없애서 유아가 등원 후 바로 놀이할 수 있도록 하고 있다. 유아 개인 수준에서 각 유아가 어떤 종류의 계획(또래와 어떻게 놀이할지 또는 놀이하면서 생긴 문제를 어떻게 해결할지, 자신이 완성한 미술 활동의 결과물을 어디에 전시할지 등에 대한 계획)이 필요하다면 교사의 지원을 받아 개별적 또는 소집단으로 진행할 수 있다.

3 놀이(자유놀이, 자유선택활동)

유아교육에서의 교수학습방법 핵심인 놀이는 시기별로 자유놀이(1차 유치원 교육과정 ~ 3차 유치원 교육과정), 자유선택활동(4차 유치원 교육과정 ~ 3~5세 누리과정), 놀이(2019 개정 누리과정)로 그 명칭이 다양하게 사용되었다. 각 명칭은 자유롭게 놀이한다는 의미, 유아가 자유롭게 선택해서 놀이한다는 의미, 놀이의 본질적 의미 등 강조하는 바에 따라 또는 맥락에 따라 여러 용어가 혼재한 상황이나, 모두 유아의 주도적이고 자율적인 놀이를 강조하고 있는 용어라 할 수 있다. 본 서에는 2019 개정 누리과정에서 설명한 놀이로 기술한다.

1) 놀이의 교육적 의의

유아의 하루 일과는 놀이로 시작해서 놀이로 끝을 맺는다고 해도 과언이 아니다. 놀이에 대한 유아의 본능적 욕구를 학습 및 발달과 연결시키는 시간이 놀이(2019 개정 누리과정 이전에는 자유선택활동)인데, 유아교육기관의 하루 일과 중에서 핵심이 되는 가장 중요한 시간이며 유아가 가장 선호하는 시간이기도 하다.

놀이하는 시간은 오랫동안 유아교육기관의 중요한 교육 활동이었다. 그러나 간혹 교육적 운영 방안에 대한 정확한 이해의 부족으로 자유방임의 시간이나 교사의 수업 준비 시간으로 오해되는 경우도 있다. 다양한 흥미 영역으로 준비된 교육 환경 속에서 유아가 스스로 선택한 활동을 함으로써 자발적으로 학습하고, 유아–유아, 유아–교사, 유아–교구 간의 상호작용을 통해 의미 있는 교육적 경험을 가질 수 있으므로 유아의 전인적 발달에 매우 중요한 시간이다. 놀이 시간의 교육적 의의를 살펴보면 다음과 같다.

- 유아의 능동적 학습이 이루어지는 시간이다. 유아는 개별적인 흥미와 요구에 따라 자발적이고 능동적으로 놀이에 참여하므로, 유아의 학습이 촉진된다.
- 개별 학습이 이루어지는 시간이다. 유아교육기관의 활동은 크게 놀이 중 개별 활동과 집단 활동으로 구분할 수 있다. 집단 활동에서 교사는 대집단이나 소집단의 유아들과 함께 이끌어 가는 입장에 있기 때문에 유아 개개인에게 맞춘 적절한 교육적 배려를 할 수 없는 경우가 많다. 그러나 놀이 시간에는 개별적으로 자신이 원하는 놀이에 참

여하기 때문에 교사는 유아와 긴밀한 상호작용을 하면서 개인차에 따른 지도를 할 수 있다.

- 통합적인 교육이 이루어지는 시간이다. 쌓기놀이, 역할놀이, 언어, 미술, 음률, 수 · 조작, 과학 등 다양한 흥미 영역이 구성되어 있어 유아가 배우게 될 하나의 개념을 각 영역의 놀이 경험을 통하여 반복 · 통합하여 습득할 수 있다. 또한 인지적인 경험뿐만 아니라 신체 · 언어 · 사회성 · 정서 발달 등 모든 영역의 발달이 통합적으로 이루어질 수 있다.
- 인간관계를 학습하는 시간이다. 이 시간에는 유아–유아, 유아–교사의 상호작용이 긴밀하게 일어나는데, 허용적이고 자유로운 분위기에서 놀이하면서 친구나 성인과의 바람직한 인간관계를 체험하고 배울 수 있다. 다른 유아와 놀잇감을 나누고 서로의 의견을 들으며 갈등을 해결하는 과정을 통해 자신의 감정과 욕구를 조절할 수 있는 능력도 기르게 된다.
- 유아에게 기쁨을 주는 시간이다. 대부분의 유아는 하루 일과 중 이 시간을 가장 즐거운 시간으로 인식한다. 유아 개개인의 자유와 흥미가 존중되는 가운데 풍부하고 다양한 놀이를 할 수 있기 때문이다. 그러나 이러한 기쁨과 즐거움은 학급 전체 유아가 느끼는 기쁨이어야 한다. 어떤 유아의 기쁨이 다른 유아를 화나게 하거나 슬프게 해서는 안 된다. 그러므로 서로를 존중하고 질서가 유지되는 범위 내에서 친구와 더불어 기쁨을 누릴 수 있는 시간이 되도록 도와주어야 한다.

2) 놀이 시 교사의 역할

놀이 시간은 유아교육기관의 하루 일과 중 교사가 가장 바쁜 시간이며 교사의 예리한 관찰력과 민첩성, 순발력 있는 행동이 요구되는 시간이다. 놀이 시간은 유아의 발달과 학습에 매우 중요한 시간이므로 교사는 다음의 사항을 고려하여 운영한다.

- 각 흥미 영역을 적절하게 배치한다. 흥미 영역은 각 영역마다 교육적 가치가 다르고 중요하기 때문에 모두 설치하는 것이 바람직하지만, 놀이 공간의 크기, 유아의 연령 또는 수, 학기 초 · 중 · 후반 등에 따라 융통적으로 설치할 수 있다. 예를 들어 학기 초에는 언어, 역할놀이, 쌓기놀이 영역을 포함하는 다섯 가지 영역 정도를 배치하고

유아가 기관 생활에 적응하면 점차 영역 수를 늘려갈 수 있다. 또한 놀이의 공간이 매우 좁음에도 불구하고 모든 영역을 다 배치한다면 오히려 유아가 놀이를 할 수 있는 공간이 줄어들게 되므로 유아의 연령과 발달에 적합한 영역을 고려하여 영역을 바꾸어 가며 제공하는 것이 바람직하다.

- 가능하면 유사한 특성을 가진 영역끼리 인접하게 배치한다. 배치할 흥미 영역을 정하였으면 정적인 영역은 정적인 영역끼리, 동적인 영역은 동적인 영역끼리 배치한다. 이렇게 나누는 것은 동적인 영역에서의 유아의 활동으로 인하여 다른 영역의 유아가 방해받지 않으며, 비슷한 영역끼리 인접해 있을 때에 놀이가 통합 · 확장되어 의미 있는 경험을 줄 수 있기 때문이다. 또한 흥미 영역을 배치할 때에는 필요한 자료와 설비를 고려하여 배치하도록 하는데, 예를 들어 미술 영역은 물을 사용하기 쉽도록 화장실 가까이 배치하는 것이 바람직하다.
- 교사는 활동실 전체에서 일어나는 일을 한눈에 파악하고 있어야 한다. 특히 한 명의 교사가 한 학급을 지도하는데 미술 영역이나 역할놀이 영역 같은 특정 영역에 오래 머무른다면 그 영역에서 활동하는 일부의 유아들만 도와줄 수 있다. 그러므로 교사는 특정 영역에서 유아의 놀이를 지원하더라도 다른 영역에서 어떤 일이 일어나고 있는지를 세심히 관찰하여 필요한 도움을 주어야 한다.
- 유아가 중심이 되어 활동이 진행될 수 있도록 준비한다. 이를 위해 유아의 흥미와 발달, 요구, 유아의 관심 주제 등에 따라 환경을 구성한다. 예를 들어 연령이 어린 영아에게는 다양한 놀잇감보다는 똑같은 놀잇감을 여러 개 제공하는 것이 더 적합하며, 처음에는 유아들에게 익숙한 교구를 제공하다가 점차 새로운 교구를 추가하여 제공하는 것이 바람직하다. 또한 유아의 다양한 수준, 흥미, 능력 등을 고려하여 동일한 연령이라 할지라도 다양한 수준의 교구를 준비함으로써 유아가 자신의 수준에 맞는 활동뿐만 아니라 혹은 한 단계 높은 수준의 활동도 경험해 볼 수 있도록 한다.
- 유아가 놀이에 관심을 가지고 자발적으로 참여할 수 있도록 각 흥미 영역의 이름, 자료의 종류, 놀이 방법 등을 다양한 방식으로 소개할 수 있다. 공식적인 소개 없이도 학기가 지나면서 유아가 자연스럽게 익히게 되므로 반드시 소개해야 하는 것은 아니다. 각 영역에 대한 소개를 한다면 계획 시간에 대집단으로 하기보다는 그

영역에서 놀이하고 있는 유아들에게 비공식적으로, 간접적으로 소개해 줄 수 있다. 연령별로 다르게 운영할 수도 있는데, 예를 들어 0~2세 영아는 소개 없이 자연스럽게 놀게 하고, 3세 유아의 경우에는 각 놀잇감이 속하는 영역 정도만 소개하고, 5세의 경우에는 "왜 이 영역에는 이런 이름이 붙었을까? 어떤 놀잇감이 모여 있을까? 만약 다른 이름을 짓는다면 어떻게 지었으면 좋겠니?" 등으로 차별화하여 소개할 수 있다.

◇ 교사는 가능하면 유아가 다양한 놀이에 참여하도록 도와야 한다. 교사는 유아의 놀이 패턴을 파악하고 다양한 놀이를 할 수 있도록 지원해야 한다. 또한 놀이가 제대로 진행되지 않거나 교사의 개입을 통하여 놀이가 좀 더 확장될 수 있다고 판단되는 경우에도 놀이에 참여하여 놀이의 확장을 돕는다. 그러나 다양한 영역의 놀이에 참여하도록 무조건 격려하는 것은 바람직하지 않다. 놀이를 할 수 있는 시간이 제한적이어서 다양한 놀이를 하는 것이 오히려 집중해서 놀이하는 것을 방해하거나, 한 영역에서 놀면서도 놀이가 계속 발전하는 것을 관찰할 수 있다면 다양한 놀이에 골고루 참여하도록 강요할 필요는 없다.

◇ 교사는 유아의 놀이 상황에서 어려움이 생겼을 때 적절히 개입하여 어려움을 해결하도록 돕는다. 단, 유아가 주도적으로 문제를 해결할 수 있도록 "○○는 이것들을 가지고 무엇을 할 수 있겠니?", "○○는 이것이 앞으로 어떻게 될 것 같니?", "또 다른 방법은 없을까?" 등과 같은 질문을 다양하게 하는 것이 바람직하며 교사가 강요하거나 유아가 해결할 수 있음에도 불구하고 직접적인 도움을 주는 것은 피한다. 교사의 개입이 필요한 상황의 예는 다음과 같다.

> 유아의 신체적 위험을 예견했을 때
> 다툼이 계속되어 유아가 다치거나 물건이 파손될 가능성이 있을 때
> 놀잇감 · 자료 · 기구 등의 나누어 쓰기가 잘 안 될 때
> 유아가 시작한 활동을 끝마치지 않고 여러 영역을 돌아다닐 때
> 활동을 선택하지 못하거나 적극적으로 참여하지 못하고 방관자적 행동을 보일 때
> 유아가 일을 분담해서 하지 않거나 남의 일에 공연히 참견하여 문제가 생겼을 때

◇ 교사는 유아의 놀이 방법, 놀이 내용, 문제행동, 문제해결 방법 등을 관찰·기록하며, 유아의 문제가 무엇인지 파악해서, 교사의 도움을 필요로 하는지, 스스로의 생각으

로 해결할 수 있는지 등을 판단할 수 있어야 한다. 놀이에서의 교사의 관찰 기록은 자연스러운 상황에서 유아의 발달 및 학습의 진행 상태를 알 수 있는 매우 중요한 자료가 되므로 매일의 일과에서 모든 유아들을 고루 관찰해야 한다.

◇ 유아들 간에 일어나는 문제나 갈등에 대해 스스로 규칙을 세우고 해결하도록 도와준다. 예를 들어 폭력적인 유아, 물건을 마구 던지는 유아, 때를 가리지 않고 소리 지르는 유아, 교구를 험하게 다루는 유아에게는 자신의 행동이 다른 유아들에게 어떤 영향을 미치는지 알려주고 이를 스스로 고칠 수 있는 기회와 방법을 모색한다.

◇ 각 흥미 영역별로 일어날 수 있는 문제 상황에 대한 규칙을 유아와 함께 정하여 자발적으로 규칙을 지키도록 한다. 단, 유아가 각 영역에서 별 문제없이 잘 놀이하고 있다면 미리 규칙을 만들 필요가 없고, 놀이 중에 문제가 생기면 하나씩 추가한다. 다음은 놀이 규칙의 예이다.

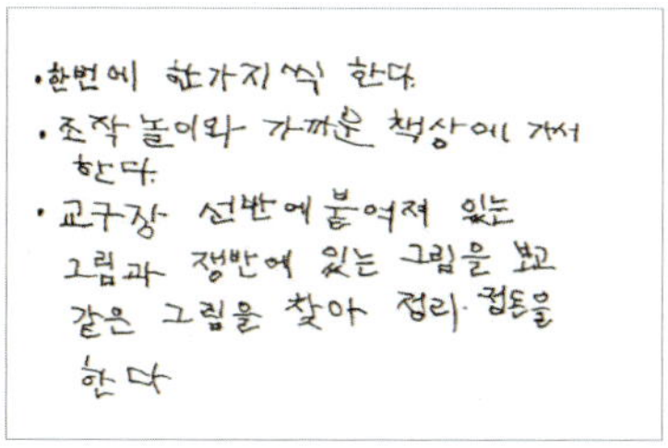

놀이 시 개수 및 장소, 정리에 대한 규칙의 예

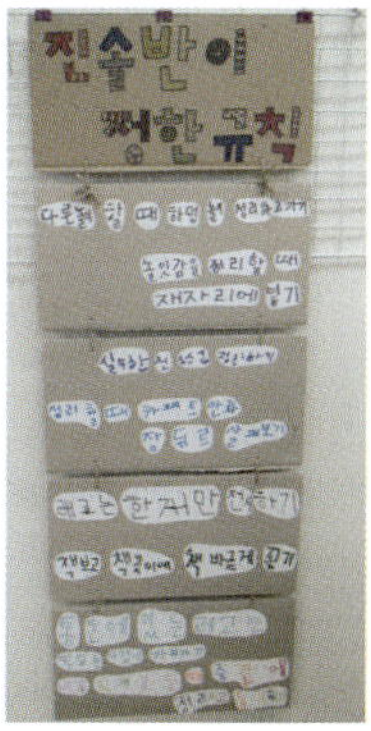
학기 초에 정한 정리에 대한 규칙의 예

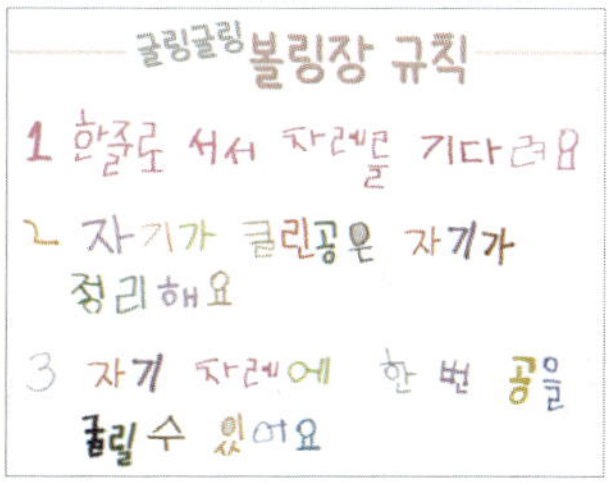

유아가 만든 볼링장 사용에 대한 규칙의 예

> 쓰고 난 물건을 반드시 제자리에 치워야 하는 이유에 대해 생각해 보고, 다음에 사용할 친구가 쉽게 놀잇감을 사용할 수 있도록 스스로 정리하게 한다.

> 다른 유아의 활동을 방해하지 않도록 지도한다. 유아와 함께 어떤 상황에서 친구에게 방해가 될 수 있는지를 이야기 나누고 그러한 일을 하지 않도록 약속을 정한다. 예를 들면 친구가 가지고 노는 놀잇감을 말없이 빼앗거나 부수는 것, 교실에서 뛰어다니는 것 등에 대한 약속을 정한다.

> 한 종류의 놀잇감을 여러 유아가 가지고 놀고 싶어 할 때에는 어떻게 하면 좋을지에 대해 의논한다. 일단 약속을 정했어도 유아가 문제점을 제기하거나 바꾸고

싫어 한다면 다시 의논하여 바람직한 새 방법을 결정한다.

> 위와 같은 규칙은 교사가 제시하는 것이 아니라 유아가 서로의 의견을 듣고 가장 바람직한 방법을 선택하도록 함으로써 책임감을 가지고 자발적으로 자신이 정한 규칙을 지키는 태도를 길러준다.

◇ 교사는 놀이 시간 전체의 그림을 항상 머릿속에 간직하고 적절하게 대처한다. 이러한 교사의 세심한 배려로 진행된 놀이를 통해 유아는 스스로 활동을 선택하며, 자료와 교구를 탐색하고, 상상놀이에 몰두할 수 있으며, 놀잇감을 나누고 갈등을 해결하는 과정에서 사회적 규칙을 익히고, 함께 놀이를 하는 동안 협동심을 기르는 기회 등을 가지게 된다.

◇ 비고스키의 관점(Bodrova & Deborah, 2010: 272-313)에서 제시한 놀이 시의 교사의 역할을 정리하면 다음과 같다.

> 유아가 놀이하기에 충분한 시간(최소 40~60분)을 확보한다.
> 유아의 경험을 확장하고 놀이를 풍부화하는 주제에 대한 아이디어를 제공한다.
> 적절한 소품과 놀잇감을 제공한다.
> 유아가 자신의 놀이를 계획하도록 도와준다.
> 놀이의 진행과정을 모니터한다.
> 도움이 필요한 유아를 개별적으로 지도한다.
> 주제가 함께 연결될 수 있는 방법을 제안하거나 시범 보인다.
> 분쟁을 해결할 수 있는 적절한 시범을 보인다.
> 놀이에서 유아가 서로 멘토가 되도록 격려한다.

이 외의 영역별 교사의 역할은 각 흥미 영역에서 소개하기로 한다.

3) 실내에서 진행되는 놀이

실내 놀이는 일반적으로 활동실로 들어서면서부터 시작된다. 1일 4~5시간 운영되는 2019 개정 누리과정에서는 충분한 놀이 시간(2시간 이상)을 확보하도록 하고 있다. 더 긴 시간을 기관에서 보내는 종일제 프로그램이나 어린이집에서는 오전과 오후 2번 자유놀이를 하게 되므로 더 오랜 시간 놀이를 할 수 있다. 특히 연령이 어릴수록 실내 놀이의 비중은 더욱 크고 중요한데, 이 시기의 유아는 대집단으로 모여 활동할 때보다 자신이 원하는 놀이를 개별 혹은 소집단으로 할 때에 흥미와 관심이 유지되고 보다 높은 성취감과 자신감을 얻을 수 있기 때문이다.

일부 기관에서 오전 놀이 시간에도 특기교육을 실시하거나 특기교육을 하기 위해 놀이 시간을 줄이고 있는 것을 볼 수 있는데, 유아의 학습과 발달은 유아 스스로 원하는 것을 찾아 활동하는 경험을 통하여 효과적으로 이루어질 수 있음을 명심해야 한다.

실내 놀이는 앞서 제2장 유아교육기관의 환경에서 명시하였듯이 흥미 영역을 제공함으로써 유아가 능동적으로 학습할 수 있도록 환경을 마련해야 한다. 유아에게 적합한 흥미 영역의 종류와 각 영역의 교육적 의의, 운영의 실제, 교사의 역할, 주의점 등을 자세하게 살펴보면 다음과 같다.

(1) 쌓기놀이 영역

쌓기놀이 영역은 적목놀이 영역이라고도 불리며 주로 적목을 이용한 구성놀이가 이루어진다. 적목놀이는 'block play'에서 비롯된 용어로 주로 사각형의 나무 조각을 가지고 노는 놀이를 의미한다. 비록 현대에는 다양한 재질과 모양의 적목뿐만 아니라 끼워서 구성하는 적목도 많이 생산되고 있지만 적목놀이의 시작은 쌓아서 구성하는 적목으로 시작되었기 때문에 쌓기놀이 영역이라고 불린다.

1 교육적 의의

쌓기놀이 영역에서 유아는 다양한 크기와 재질의 블록을 끼우고 쌓으면서 대 · 소근육 발달, 눈과 손의 협응과 오감각의 발달이 촉진된다. 구조물을 계획하고 구성하면서 수학적 개념을 학습하고 과학적 탐구과정을 경험하며 관련 어휘를 확장하게 될 뿐만 아니라, 창의력과 상상력을 키우며 논리적으로 사고하는 능력을 기르게 된다. 여러 명의 유아가 함께 협동놀이와 완성한 구조물을 바탕으로 한 상상놀이를 하면서 상호작용을 통해 의사소통 능력이 길러지고, 또래와 함께 놀이하면서 지켜야 할 규칙, 협동, 양보와 배려 등 긍정적인 사회적 기술과 태도를 발달시킨다. 유아는 원하는 구조물을 완성하는 데서 오는 성취감과 만족감, 실패를 극복하면서 느끼는 자신감 등을 느낄 수 있고, 자신이 만든 것을 부수면서 공격 욕구나 불안감과 같은 부정적 정서를 해소할 기회를 갖게 된다.

2 환경 구성

① 영역 배치

쌓기놀이 영역의 바람직한 배치를 위하여 다음의 사항을 고려해야 한다.

- 쌓기놀이 영역에서는 다양한 블록과 소품을 이용하여 구성하는 활동이 일어나기 때문에 충분히 넓은 공간을 제공해 주어야 한다. 일반적으로 유아 1~2명당 2.2㎡, 3~5명당 6.6㎡ 정도가 제공되는 것이 바람직하다.
- 쌓기놀이 영역은 역할놀이 영역과 인접한 곳에 배치할 수 있는데 쌓기놀이와 역할놀이는 다음의 세 가지 공통점이 있기 때문이다. 첫째, 쌓기놀이 영역과 역할놀이 영역에서는 다른 영역에서의 놀이보다 소음이 많이 발생한다. 둘째, 쌓기놀이와 역할놀이 영역에 각각 놀잇감이 제공되지만 교차 사용, 즉 쌓기놀이 영역에서 역할놀이의 놀잇감을 사용할 때 유아가 구성하고자 하는 것이 더 효과적으로 구현될 수 있다. 셋째, 쌓기놀이 영역과 역할놀이 영역에서는 구성한 것을 바탕으로 다양한 수준의 역할, 상상, 상징놀이가 이루어진다. 학기 초는 유아가 각 영역에서 이루어지는 놀이에 익숙해지는 시기이므로 따로 배치하거나, 인접해서 배치하더라도 선반이나 교구장으로 경계를 구분하여 주거나 카펫이나 테이프로 경계를 표시하여 준다.
- 다양한 재질의 블록을 사용하는 데서 오는 소음을 줄이기 위해 깔개(예 부분 깔개)를 사용할 수 있다.
- 쌓기놀이 영역과 다른 영역과의 구분이 필요하다면 교구장, 깔개, 색테이프를 이용하여 경계를 표시할 수 있다. 쌓기놀이 영역에서는 주로 구성놀이가 이루어지고, 블록과 소품을 사용하여 구성하는 과정에서 구성물의 크기도 커지는 경향이 있다. 쌓기놀이 영역과 다른 영역과의 경계가 뚜렷하지 않을 경우, 다른 영역의 놀이를 방해하거나 지나가는 유아가 구성물을 넘어뜨리는 경우가 있으므로 경계를 표시할 수 있다.
- 원하는 유아가 활용할 수 있도록 개별적인 쌓기놀이 영역을 준비할 수 있다. 유아의 특성에 따라 여러 명이 함께 구성하기보다는 혼자서 자신의 구조물을 만드는 것을 선호하기도 하므로 하드보드지, 얇은 합판, 작은 깔개 등을 준비해 줄 수 있다.

◇ 블록을 쌓지 말아야 할 곳은 테이프로 표시해 주어 활동 중에 블록을 꺼내다가 다른 유아가 만들고 있는 구조물을 무너뜨리거나 방해하지 않도록 한다.

◇ 영역 경계 표시, 개별적인 쌓기 영역, 블록 쌓기 금지 영역의 제한은 유아가 쌓기놀이 영역에서의 놀이가 익숙해지고 서로를 배려하며 놀이할 수 있는 능력이 증가함에 따라 제거한다.

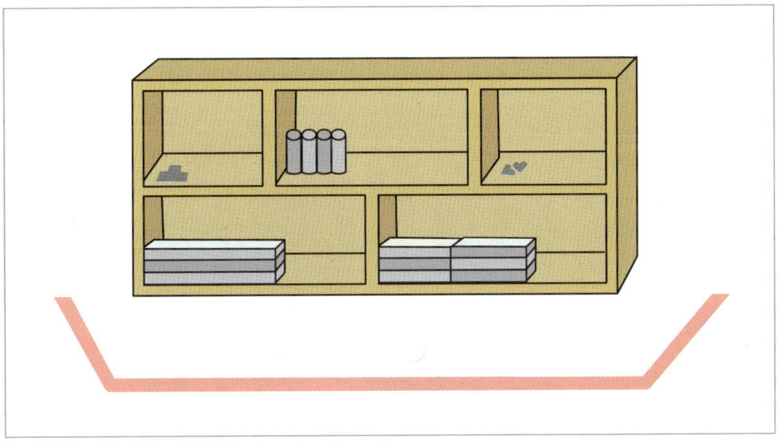

| 블록 쌓기 금지 구역 표시의 예 |

◇ 충분한 양의 블록을 비치한다. 유아의 연령이 증가할수록 구성하고자 하는 것에 대한 구체적인 아이디어를 가지고 시작하고 구성물의 크기도 커지는 경향이 있다. 블록이 부족하여 자신이 가진 아이디어를 구체화시키지 못할 경우에는 좌절하거나 갈등을 느끼므로 충분한 양의 적목을 제공한다.

◇ 교구장에 블록을 배치할 때에는 블록의 전체 모습이 보이도록 배치하여 원하는 것을 쉽게 꺼내 쓸 수 있도록 하고, 연령이 어리거나 학기 초에는 블록의 형태 그림이나 사진 등을 교구장 바닥에 붙여 주어 정리에 도움이 되도록 한다. 끼우기 블록류는 바구니에 담아 종류별로 정리할 수 있도록 하며, 소품을 정리할 공간도 밑그림이나 사진을 붙여 표시해 줌으로써 사용과 정리·정돈을 용이하게 해준다.

◇ 쌓기놀이 영역의 벽면에 여러 가지 건축물, 자연환경, 인공적인 구조물 등의 사진이나 그림 자료를 붙여주어 구성 활동을 자극한다.

유니트 블록, 바구니에 담긴 다양한 블록과 쌓기에 관련된 책

깔개가 있고 다양한 종류의 블록과 소품이 있는 쌓기놀이 영역

건축과 관련된 다양한 도서를 비치한 쌓기놀이 영역

낮은 책상에서 몇 가지 블록을 조합하여 구성할 수 있게 한 배치와 유아가 완성한 구조물을 전시한 공간

블록 장에서 떼서 깐 깔개(자연스러운 블록 쌓기 금지 영역 생성)와 매력적으로 배치한 블록과 소품_2세 학급

쉽게 정리할 수 있는 매력적인 정리 바구니와 쌓기 놀잇감_1세 학급

화분 주변을 종이벽돌블록 정리 장소로, 와플블록을 우레탄 블록 정리함으로 사용_2세 학급

재활용품(종이컵, 상자, 연필꽂이 바구니)을 활용한 쌓기놀이

② 자료

쌓기놀이 영역에 제공할 수 있는 자료는 다양한 재질과 크기의 쌓기 블록과 끼우기 블록과 각종 소품 및 구성 활동에 아이디어를 줄 수 있는 보조 자료 등이 있다.

- 다양한 재질과 모양의 쌓기 블록을 비치하여 원하는 것을 만들고자 할 때 블록의 특성이 구성에 어떤 영향을 미치는지 유아가 경험하게 한다. 각 연령에 적합한 쌓기용 블록을 살펴보면 다음과 같다.

표 4-1 각 연령에 적합한 다양한 재질의 블록

1~2세	3~4세	4~5세
• 가벼운 스펀지 블록 • 우레탄 블록 • 종이/자석 벽돌 블록 • 헝겊 블록	• 기본 형태의 단위 블록(유니트 블록) • 가벼운 공간 블록 • 목재 집짓기 블록, 빅 블록 • 길 블록	• 다양한 형태의 블록(유니트 블록) • 무거운 공간 블록 • 빨대 블록

- 다양한 방식으로 구성할 수 있는 블록을 비치한다. 초기의 블록은 쌓거나 늘어놓아 구성할 수 있었으나 최근에는 끼워서 구성할 수 있는 블록이 매우 다양하게 생산되고 있다. 끼우기 블록을 제공할 때는 레고 블록과 같은 작은 블록뿐만 아니라 다양한 크기의 큰 블록도 제공하는 것이 바람직하다. 수업 중 활동으로 인터넷을 검색하여 다양한 방식으로 구성할 수 있는 블록(예 끼우는 블록, 쌓는 블록, 자석으로 붙이는 블록 등)을 찾아본다.

표 4-2 **각 연령에 적합한 다양한 구성 방식의 블록**

1~2세	3~4세	5세
• 크기가 크고 가벼운 사각 블록 • 나무못을 끼워 만드는 블록	• 단순한 끼우기 블록 • 작은 사각 블록 • 크기가 큰 레고나 옥스퍼드 블록	• 3차원 블록 • 크기가 작은 레고나 옥스퍼드 블록 • 나사 조임이나 이음새가 정확한 끼우기 블록 • 섬세한 끼우기 블록, 꽃 블록

◇ 유아의 상상놀이가 촉진되고 유아가 구성하고자 하는 아이디어가 효과적으로 구현되도록 다양한 소품을 제공해 준다. 소품은 사람 · 동물 모형, 교통기관과 표지판 등 다양하며 1년 내내 같은 것을 제공하기보다는 유아의 흥미, 계절, 놀이 주제와 관련 있는 소품으로 바꿔서 제공할 수 있다. 수업 중 활동으로 인터넷을 검색하여 다양한 놀이 주제(예 기차역 구성, 우주선 구성, 버스 구성 등)에 적절한 소품을 찾아본다.

표 4-3 **각 연령에 적합한 소품의 예**

1~2세	3~4세	5세
• 헝겊 인형 • 손잡이가 있는 끌차 • 가볍고 모서리가 안전한 모형 자동차	• 가족 모형, 중간 크기의 교통기관(육상, 해상, 공중) • 건물이나 자연물 모형(나무, 돌, 풀, 바다, 산, 바위) • 중간 크기의 동물 모형(포유류, 양서류, 파충류, 조류, 어류) • 사진이나 그림 자료	• 다양한 인종, 직업, 성을 나타내는 사람 모형 • 작은 크기의 동물 모형 • 다양한 크기의 교통기관 • 인공물(예 건물, 각종 표지판, 도로, 울타리 등)

3 교사의 역할

① 환경 구성 및 유지

◇ 교사는 유아의 쌓기놀이가 활성화될 수 있도록 환경을 구성하고, 유지하고 개선하는 역할을 한다.

◇ 앞서 제안된 방식대로 쌓기놀이를 위한 환경이 구성되고 난 후에도 지속적으로 쌓기놀이 영역이 유지되거나 필요에 따라 개선되도록 한다. 이를 위해 교사는 다음과 같은 사항을 관찰하고 적절히 대처하여야 한다.

> 쌓기놀이 영역의 전반적인 배치나 영역의 크기가 적절한가?
> 특정 놀잇감이 부족하여 갈등이 일어나지는 않는가?
> 거의 사용되지 않는 놀잇감은 없는가? 사용되지 않는 놀잇감을 치울 것인가, 아니면 다른 블록이나 소품을 추가하여 사용 가능성을 높일 수 있는가?
> 부서지거나 고장난 블록이나 소품은 없는가?
> 유아가 발현하는 흥미와 놀이 주제가 통합되도록 추가할 블록이나 소품은 없는가?
> 주로 남아만 놀이하는가? 여아가 놀려고 시도할 경우에 남아들이 저지하는가?
> 여아의 놀이를 촉진시키기 위해 어떤 블록이나 소품 또는 규칙을 추가할 수 있는가?

② 쌓기놀이 영역의 규칙 수립

◇ 쌓기놀이 영역은 많은 유아가 선호하는 놀이 영역이기 때문에 다양한 갈등이 발생한다. 어떤 갈등은 일회성인 반면 어떤 갈등은 반복적으로 발생하기도 한다. 반복적으로 발생하는 갈등은 쌓기놀이 영역의 환경을 재구성하거나 교사가 적절히 대응함으로써 방지할 수 있다. 그러나 환경을 재구성해도 해결되지 않는 갈등은 쌓기놀이 영역의 사용에 대한 규칙을 유아와 함께 만듦으로써 해결될 수 있다.

◇ 유아 간 갈등은 가능하면 교사의 개입 없이 스스로 해결하도록 지도하는 것이 가장 바람직하다. 그러기 위해서는 쌓기놀이 영역에서 자주 문제 상황이 발생하지 않도록 유아와 토의를 통해 규칙을 설정하는 것이 바람직하다. 규칙을 세울 때는 가능한 최소의 규칙을 설정해야 하는데, 규칙이 많아질수록 실천하기도 어렵고 유아의 자율성도 저하되며 놀이가 위축될 가능성이 높아지기 때문이다. 그러므로 연령이나 학급의 상황에 맞게 가장 중요한 몇 가지만 선택하고, 정해진 규칙을 잘 지킨다면 그 상황에 필요한 다른 규칙을 만들 수 있다. 다음은 쌓기놀이 영역에서 세울 수 있는 규칙의 예이다.

> 한 번에 가지고 놀 수 있는 블록의 양(예 양보하고 기다리기, 혼자만 다 갖지 않기)
> 여아의 쌓기놀이 영역 참여
> 완성된 구성물의 보관 또는 해체(예 다른 유아가 블록을 더 원하지 않으면 보관 가능, 하루만 보관 가능 등)
> 놀이 후 정리 방법
> 안전과 관련된 규칙(예 던지지 않기)

③ 지도 방법

쌓기놀이 영역은 교사가 개입하기 어려워하는 영역 중 하나이다. 대부분 여자인 교사는 어렸을 때에 블록을 가지고 놀아본 경험이 적고 교사의 블록 구성 아이디어와 구성 능력이 때로는 유아들보다 낮기 때문에 어떻게 개입해야 할지 어려워하는 경우가 많다.

◇ 교사가 유아의 놀이에 적절하게 개입하기 위해서는 첫째, 유아의 놀이를 심도 있게 관찰해야 한다. 관찰을 통해 유아의 현재 상태를 파악하고 과거와 비교하여 정체 또는 발전하고 있는지를 살펴본다. 유아를 관찰할 때 다음의 사항에 중점을 두어 살펴볼 수 있다.

> 유아가 혼자만 놀고 있지는 않은가?
> 다른 유아와 함께 노는 경우에 의견을 제시하는 편인가? 다른 유아의 의견을 따르는 편인가?
> 같은 구조물을 반복하여 만드는가? 또는 같은 구조물을 만들어도 발전이 있는가?
> 놀잇감을 가지고 구성할 때 목적 없이 그냥 사용하는가? 목적을 가지고 사용하거나 만드는가?
> 상상놀이나 역할놀이로 발전할 수 있는 구조물을 만들고 있는가?

◇ 둘째, 관찰한 내용을 근거로 유아의 놀이를 적절히 유지하거나 확장해준다. 미리 만들어놓은 미완성의 구조물, 유아가 만든 소품, 상자나 천막과 같은 특별한 소품을 추가로 제공할 수도 있으며, 적절한 질문을 통해 놀이의 유지 및 확장을 도울 수 있다. 다음과 같은 질문을 통해 유아의 놀이가 발전되도록 격려할 수 있는데, 2~3세 유아에게는 좀 더 쉽고 구체적인 질문과 단순한 문장을 활용하여 언어적 자극을 줄 수 있다.

> 저 친구와 기찻길을 연결하여 긴 기찻길을 만들면 어떨까?
> 그 크기의 블록은 없네! 대신 쓸 수 있는 다른 블록을 찾아보면 어떨까?
> 여기에 주차장을 만들면 더 사용하기 편한 건물이 되지 않을까?
> 어떤 모양의 블록을 어디에 끼우면 로봇 팔처럼 보일까?
> 멋진 집이구나. 집 옆에 무엇을 더 만들면 좋을까?

④ 안전 관리 및 정리·정돈

◇ 쌓기놀이 영역에 제공되는 적목은 던지거나 삼키면 위험할 정도로 크기가 큰 것과 아주 작은 것이 있고 모양도 각진 것이 많기 때문에 안전 관리에 주의를 기울여야 한다. 이를 위해 안전하고 쉽게 정리 · 정돈을 할 수 있는 환경을 조성하고 안전과 관련된 규칙을 유아와 함께 만든다(② 쌓기놀이 영역의 규칙 수립 참조, p. 127). 교사는 유아의 안전을 위해 다음의 사항을 고려한다.

> 크기가 너무 작아 삼킬 위험은 없는가?(특히 영아의 경우)

> 너무 무겁거나 단단하여 쌓았다가 무너뜨릴 경우 유아가 다칠 위험은 없는가?

> 블록을 던지지는 않는가?

◇ 쌓기놀이 영역은 다른 영역보다 정리하는 데 시간이 많이 소요된다. 따라서 정리 시간 5분 전쯤에 곧 정리를 시작할 것임을 알려 유아가 구조물을 더 이상 확장하지 않고 정리할 마음의 준비를 하도록 한다. 정리할 것이 많은 날은 다른 영역보다 조금 일찍 정리를 시작하도록 할 수 있는데, 이렇게 하면 다른 영역의 정리와 같은 시간에 끝나기 때문에 학급 운영이 원활해진다. 2~3세의 영아는 좀 더 긴 시간 동안 여유를 가지고 정리하도록 하고, 정리를 돕기 위하여 적당한 양의 놀잇감과 정리하기 쉬운 바구니, 정확한 그림이나 사진 등의 정리 표시를 붙여준다. 다음은 정리를 위하여 교사가 할 수 있는 제안의 예이다.

> 시계의 긴 바늘이 ○에 가면 정리를 시작할 거야. 그러니까 이제부터 다른 놀잇감은 더 꺼내지 않도록 하자.

> 오늘은 쌓기놀이 영역에 블록이 아주 많이 나와 있어서 정리 시간이 좀 오래 걸릴 것 같아. 그러니까 쌓기놀이 영역 먼저 정리를 시작하도록 하자.

◇ 정리 · 정돈은 유아에게 구성하기를 멈추고 현재까지 만든 것을 부수라는 요구이기도 하다. 유아가 구성을 시작한 지 얼마 되지 않아 정리 · 정돈 시간이 되었거나, 구조물을 그대로 두었다가 다음 날의 놀이 시간에 계속하여 구성하길 원하는 경우 그에 관한 규칙(예 하루만 보관, 다른 유아의 놀이에 방해가 안 될 때만 보관 등)을 정한 후 보관한다.

◇ 유아가 만든 구조물을 해체할 때는 한 번에 부수지 않고 위에 있는 블록부터 하나씩 치우도록 하며, 치우는 방법도 릴레이식으로 옮기거나 운반용 수레에 담아서 옮기기 등 다양한 방법을 활용한다.

(2) 역할놀이 영역

역할놀이 영역은 유아가 이미 경험하여 알고 있는 상황을 재현하거나 실재하지 않는 사물을 상상하여 표현하는 것과 같은 다양한 극놀이가 일어나는 영역이다. 극놀이의 종류를 구체적으로 살펴보면 가족 구성원, 시장, 음식점, 병원 등 유아가 이미 경험하여 알고 있는 실제 상황을 재현하는 역할놀이, 우주인 놀이나 동물놀이 등 상상하는 것을 창의적 행동으로 표현하는 상상놀이, 손바닥으로 화장하는 흉내를 내는 것과 같이 경험을 상징적으로 표현하는 상징놀이로 나누어 볼 수 있다.

1 교육적 의의

역할놀이 영역에서 유아는 여러 가지 상황의 극놀이에 참여함으로써 관련 소품 사용을 통해 소근육 발달 및 눈과 손의 협응력을 기르고 역할에 따라 신체 움직임이 큰 놀이를 하면서 대근육 조절력이 향상된다. 극놀이는 현실적 요소와 상상적 요소, 상징적 요소를 다양하게 포함하므로 추상적인 사고력, 논리적인 사고력, 문제해결력이 향상되고, 상상력을 놀이로 구성하는 과정에서 창의력이 발달한다. 극놀이를 통해 다양한 역할을 맡아 놀이하며 지역사회 내 관계나 직업에 대한 관심을 갖게 되고 교사, 또래와 상호작용을 활발히 하면서 의논, 협동, 차례 지키기, 편견 없는 성 역할 태도 형성 등 바람직한 사회적 태도를 기르며 다른 사람의 의견을 경청하거나 상황에 맞는 의사표현 능력이 발달한다. 놀이를 하는 동안 유아는 부정적인 감정을 발산시킴으로써 긴장을 해소하고 놀이에 깊이 몰입하는 과정에서 정서적 만족감과 긍정적 자아를 형성하게 된다.

2 환경 구성

① 영역 배치

- 유아의 움직임이 활발하고 단순하게 시작한 놀이가 복잡한 형태로 전개되어 갈 수 있으므로 동적인 놀이 영역에 배치하고 공간을 넓힐 수 있는 여유를 갖는 것이 좋다.
- 쌓기놀이 영역과 인접하여 배치하면 두 영역 간의 상호작용이 왕성해져서 역할놀이가 더욱 활성화될 수 있다. 예를 들어 블록으로 역할놀이의 소품을 만들거나, 쌓기놀이 영역이 극놀이의 부분적인 공간으로 활용될 수 있다. 이와 같은 과정에 남아가 역할

놀이에 관심을 갖게 되고 여아가 쌓기놀이에 참여할 기회를 얻게 되므로 양성 간의 편견을 없앨 수 있다.

- 역할놀이 영역은 기본적으로 집안의 실내와 같은 공간으로 구성하게 되는데 유아가 편안함과 안정감을 느낄 수 있는 분위기를 만들어 주는 것이 좋다. 영아를 위해서는 낮은 소파나 흔들의자, 헝겊 인형과 소품 등으로 단순하고도 안정감 있게 구성하여 주고 2~3세 유아는 놀잇감을 입에 넣을 수도 있으므로 인체에 무해하고 안전한 유아용 소꿉놀이 제품으로 구성한다. 4~5세 유아는 다양한 도구와 소품을 사용하여 놀이를 확장하므로 구두, 가방, 화장품, 그릇 등 실생활에서 사용하는 실물 자료를 제공해 주는 것이 좋다.
- 유아의 극놀이를 좀 더 확장하기 위해서는 가정집 분위기로 고정해 주는 것보다는 기본적인 가구나 이동 가능한 칸막이, 장 등을 제공해 주어 즉흥적인 관심이나 흥미에 따라 스스로 극놀이를 창안하고 공간을 구성해 보도록 격려하는 것이 좋다.
- 충분한 공간이 있다면 역할놀이 영역을 두 곳으로 나누어 설치해 주어 이웃집, 친척집, 혹은 마주보는 부엌과 침실 등으로 활용하게 하면 좀 더 발전된 놀이가 될 수 있다. 또한 한 영역은 가정과 같은 분위기로, 다른 한 영역은 동물원, 우주와 같이 상상놀이가 일어날 수 있는 공간으로 구성하여도 좋다.
- 역할놀이 영역은 전개되는 주제나 유아의 흥미에 따라 적절한 공간으로 구성에 변화를 줄 수 있다. 예를 들어 다양한 교통기관에 관심을 보인다면 기차역, 공항, 버스 정류장 등을 구성하고 역할놀이를 할 수도 있다. 동물에 흥미를 가졌다면 동물원이나 동물병원, 반려동물을 키우는 가정 등을 구성하고 역할놀이를 할 가능성이 있다.
- 역할놀이는 실외에서도 활발하게 이루어질 수 있으므로 실외 놀이터에도 역할놀이 영역을 구성해 주는 것이 바람직하다. 물·모래놀이 영역 가까이에 배치하면 물과 모래를 사용하여 설거지 놀이, 빨래 놀이, 음식 만들기 놀이 등이 전개될 수 있다. 또한 조합놀이대 아래나 근처에 배치하면 놀이 기구를 이용하여 소방서 놀이, 가게 놀이, 우주기지 놀이 등이 활발하게 일어날 수 있다.

가정을 주제로 놀이할 수 있게 환경이 구성된 역할놀이 영역_영아 학급

개방형 자료가 함께 제공된 역할놀이 영역_영아 학급

공간 블록으로 구성한 마녀의 집

교구장의 물건을 즉석에서 뺀 후 교구장을 활용하여 택시 놀이

동물원 놀이를 위해 교사가 추가해 준 소품과 쌓기 영역과 연계해서 구성한 동물원

동물병원에서 반려동물이 입원하거나 휴식하는 공간

유아가 수집한 다양한 사물을 활용한 역할놀이

유아가 공연 연습 공간으로 구성한 역할 놀이 영역

놀이(과자가게 놀이)가 활동(요리)으로 연계된 사례

② 자료

- 역할놀이에 사용되는 자료는 그 용도를 암시하는 것(예 화장품, 피자나 햄버거 같은 모형 식재료, 가방, 장신구, 경찰이나 의사 같이 직업을 상징하는 의복과 도구)만을 반드시 제공해야 하는 것은 아니다. 용도가 정해진 자료가 많을 경우 유아는 자료가 암시하는 놀이(예 피자가 있으면 피자를 만들기보다는 먹는 행동만 함. 피자를 된장찌개의 자료로 사용할 수 없음)만 하게 된다. 연령이 어리거나 학기 초에는 용도를 암시하는 자료를 일부 제공할 수 있으나 표상 능력이 발달하는 유아기나 역할놀이에 익숙해진 학기 중반 이후에는 영아에게도 점차 개방적인 용도로 사용될 수 있는 다양한 자료를 제공하거나 유아에게 스스로 찾아서 활용하도록 격려한다.
- 역할놀이 영역을 위한 설비 및 자료는 유아의 연령과 공간의 크기, 놀이 주제, 관심을 보이는 역할놀이 주제 등을 고려하여 종류와 수를 적절히 조절하여 제공한다. 주제와 유아의 흥미에 따라 가정놀이를 암시하는 가구를 제외하고 어떤 주제에도 사용될 수 있는 가구(예 교구장)을 제공하는 것이 바람직하다.
- 유아의 연령에 따라 역할놀이의 자료가 다르게 제공되어야 한다. 예를 들어 2세 미만 영아의 가족놀이를 위한 자료는 자신이 직접 앉거나 누울 수 있는 침대나 소파, 물거나 빨아도 안전한 소재의 자료들, 던지거나 부딪혀도 안전한 자료가 적합하다. 점차 연령이 높아질수록 인형이나 소품들을 더 많이 사용하면서 놀이하므로 보다 다양한 가족놀이 자료를 제공해 주는 것이 바람직하다.
- 역할놀이의 자료는 주제에 관련된 것뿐 아니라 유아의 즉흥적인 흥미나 최근에 사회적으로 관심 있는 사안을 반영하여 준비해 주는 것이 좋다. 예를 들어 월드컵이 있을 때는 축구공이나 축구복을 준비해 줄 수 있고, 추석이 가까워 온다면 한복이나 모형 송편 등을 준비해 줄 수 있다.
- 극놀이가 더욱 활발하게 일어나게 하기 위하여 상상놀이를 촉진하는 자료도 풍부하게 준비해 둔다. 자료는 유아가 자발적인 흥미로 특정 주제의 역할놀이를 할 때 놀이의 진행을 관찰한 후 점차적으로 추가해 준다.

역할놀이 영역을 위해 교사가 자료장에 구비하면 좋은 자료는 다음과 같다.

표 4-4 연령별 역할놀이 영역에 제공할 수 있는 자료

구분	1~2세	3~4세	5세
실내 가구 및 용품	• 영아용 소파, 안락의자 • 영아가 누울 수 있는 침대 • 전신 거울, 가벼운 인형 • 유아용 탁자와 의자, 소파 • 침대, 옷장, 전화기	• 옷장, 거울, 의자와 탁자 • 다리미와 다리미대 • 고장난 시계, 라디오, 텔레비전, 컴퓨터 등	
주방 가구 및 용품	• 빨거나 물어도 되는 과일, 음식 모형 • 플라스틱 접시, 컵, 그릇, 숟가락, 젓가락 • 유아용 식탁과 의자 • 정리가 간편한 선반, 모형 냉장고, 싱크대	• 다양한 크기의 주전자, 프라이팬, 솥, 냄비 • 요리 도구(도마, 플라스틱 칼, 뒤집개, 주걱, 국자, 집게 등 • 다양한 재질의 모형 음식 • 앞치마, 행주, 청소 도구 • 요리책, 계량스푼, 계량컵 • 바베큐 그릴 등 캠핑용품	
가족 구성원을 나타내는 자료	• 특별한 자료 없이 스스로 가족 역할을 함 • 아기 인형과 소품, 인형 유모차 • 여성, 남성용 의상	• 모자, 신발, 가방류 • 화장품 병과 케이스, 장신구 • 넥타이, 머플러, 우산, 지갑	
의상	• 각 직종을 나타내는 독특한 의상과 소품(드레스, 잠옷, 신사복, 의사·간호사 가운, 요리사 복장, 소방관의 방화복, 공사장의 작업복과 안전모, 경찰복과 모자 등)		
직업 놀이를 위한 자료	• 병원 놀이 용품(가운, 청진기, 주사기, 반사경, 약병 등) • 가게 놀이 용품(계산기, 쇼핑카트, 바구니, 진열장과 물건) • 소방서 놀이 용품(복장, 호스, 119구조대 약품 상자 등) • 미장원 놀이 용품(거울, 빗, 가운, 드라이어기, 헤어롤 등)	• 우체국 놀이 용품(배달 가방, 우체통, 편지, 도장, 소포 등) • 방송국 놀이 용품(마이크, 카메라, 조명, 대본, 무대, 의상 등)	
상상놀이를 촉진하기 위한 자료	• 여러 가지 동물 모자	• 곤충의 날개옷, 동물의 발 모양 신발, 가면 • 드레스, 로봇 의상	• 거인/소인을 상징할 수 있는 물건 • 우주인 의상, 산소통 • 호스, 헝겊, 상자, 비닐 등

3 교사의 역할

① 환경 구성 및 유지

◇ 역할놀이 영역의 설비와 자료는 유아의 발달 수준을 고려하여 크기, 무게, 높이, 길이 등을 정해야 하며 유아가 사용하기에 안전한 것이어야 한다.

◇ 역할놀이 영역의 가구나 용품들은 유아가 매일 사용하므로 주기적으로 세탁하거나 소독하여 제공하며 파손된 부분이 없는지 자주 확인하고 보수하여 제공한다.

> 역할놀이 영역에는 다양한 용품들이 있으므로 놀이가 끝난 후 유아가 쉽게 정리·정돈할 수 있도록 용품들을 배치한다.

> 영아는 큰 바구니나 일정한 공간에만 놓을 수 있도록 허용하고, 점차 연령이 높아질수록 정해진 위치에 정리할 수 있게 여러 가지 방법으로 자리 표시를 붙여 둔다.

> 2~3세 영아에게는 옷장의 물건, 냉장고에 들어갈 물건, 그릇장에 들어갈 물건으로 크게 분류하여 정리하도록 돕고, 4~5세 유아는 각각의 물건들을 자리 표시에 따라 정리하도록 한다.

> 5세 후반이 되면 서로 의논하여 자료의 종류에 따라 스스로 분류하고 원하는 방법대로 정리할 수 있도록 허용해 주는 것이 좋다. 교사가 제시한 자리 표시에 따라서만 정리하는 것이 아니라 유아가 자신의 아이디어에 따라 정리해 보게 한다.

◇ 유아가 요구하는 다양한 자료를 준비할 때는 상품화된 것보다는 자연물(꽃 말린 것, 돌, 나뭇가지 등), 개방적인 용도로 사용되는 사물(예 단추, 리본, 바둑알, 안 쓰는 블록, 짝잃는 퍼즐 조각 등), 가정에서 사용하던 폐품을 이용하거나 유아와 함께 제작하여 활용하는 것도 바람직하다.

◇ 역할놀이 영역이 여아 중심의 활동으로 진행되는 것을 제한하고 남아도 활발하게 참여할 수 있도록 적절한 자료와 활동을 준비한다. 쌓기놀이와 연계하거나 기계 수리 공구, 남아가 흥미로워할 만한 소품 등을 풍부하게 제공하는 것은 남아를 참여시키기 위한 효과적인 방법이다.

② 지도 방법

◇ 교사는 역할놀이 영역에서 일어나는 놀이를 잘 관찰함으로써 효과적으로 지원할 수 있는데, 유의하여 관찰해야 할 사항은 다음과 같다.

> 현재 진행되고 있는 놀이의 주제는 무엇인가?
> 다른 것보다 더 많이 활용되는 놀잇감은 무엇인가?
> 놀이 집단은 어떻게 구성되는가?
> 구성원 간의 상호작용은 활발하게 일어나고 있는가?
> 놀이의 확장을 위해서 필요한 자료들은 어떤 것인가?
> 놀이의 사회적 · 인지적 수준은 어떠한가?
> 놀이에 참여하지 못하는 유아는 없는가?

◇ 교사는 유아의 연령과 발달 수준, 놀이의 전개 상황, 개인의 특성에 따라 적절히 놀이에 개입한다.

> 2세 미만 영아의 경우 영아를 자극하고 반응을 끌어내기 위하여 놀이 방법을 제안하거나 영아의 흥미를 북돋워 줄 수 있는 소품을 사용하여 모범을 보여주는 것이 좋다. 예를 들어 아기 인형으로 아기 돌보기 놀이를 함께 할 때 교사는 "아기 이름이 뭔가요?", "아기가 밥 먹었나요?", "우리 함께 아기 밥을 만들까요?" 하고 물어봄으로써 놀이를 활성화시키고 높은 수준으로 유도할 수 있다.
> 2~3세 영아는 역할놀이를 활발히 하지만 병행놀이의 형태이므로 분쟁 없이 놀이가 진행될 수 있도록 관계를 조절해 주는 역할을 하는 것이 좋다. 또래 간에 서로 양보하고 함께 놀이가 이루어질 수 있도록 사이좋게 놀이하는 방법을 자주 일깨워 주고 놀잇감을 충분하게 제공함으로써 원만한 놀이가 이루어지도록 한다.
> 4~5세가 되면 복잡하고 협동적인 형태의 역할놀이로 발달하게 되므로 교사는 유아의 놀이를 더 주의 깊게 관찰하여 놀이가 확장되고 다른 영역과도 연계될 수 있도록 돕는다. 예를 들어 언어 영역에서 이루어지는 인형극 공연놀이와 역할놀이를 자연스럽게 연계시키거나, 역할놀이 소품을 미술 영역에서 만들 것을 제안한다.

◇ 교사는 놀이의 전개 상황에 따라 적절히 놀이에 개입한다. 놀이가 활발하게 일어날 때는 관찰자로서의 역할만 하면서 놀이가 지속될 수 있도록 소극적으로 지원한다.

교사는 필요할 때만 놀이 행동의 모범을 보이거나 유아가 잘 사용하지 않는 자료의 사용 방법을 알려주기도 하고, 도움을 요청할 때 도울 수 있다.

- 놀이가 활발하게 일어나지 않는다면 교사는 보다 적극적으로 개입할 수 있다. 놀이에서 특정 역할을 맡아 어떻게 의사소통하는지 모범을 보여주거나 직접 상상놀이의 참여자가 된다. 예를 들어 병원놀이에서 환자가 되어 "이 주사 맞으면 나아요?", "여기 이가 아파요. 뽑아야 하나요? 치료해야 하나요? 약도 먹어야 하나요?" 하고 놀이 방법을 보여준다. 또는 동물놀이를 할 때 코끼리가 되어 코끼리에 어울리는 여러 동작을 직접 하면서 "아기 코끼리들아, 이리 와! 코로 물을 뿜어줄게."라고 말해 주며 놀이할 수 있다.
- 놀이가 확장되게 하기 위하여 교사는 적절하게 제안할 수 있다. 예를 들어 5세의 가족놀이가 진행되고 있을 때, "언니와 오빠는 학교에 간대. 그런데 학교는 어디에 있어?"라고 말하면 가족놀이에서 학교놀이로 확장되는 데 도움을 준다.
- 주도적인 역할만 독점하려고 하는 유아에게는 다른 사람의 입장을 이해하고 다른 역할에도 매력이 있음을 이해할 수 있는 기회를 제공해 준다. 예를 들어 병원놀이에서 서로 의사 역할만 독점하려고 한다면 먼저 교사는 간호사나 환자 역할의 장점이 무엇인지 알려준다. "간호사는 주사도 놓을 수 있단다.", "환자가 되면 의사나 간호사가 잘 돌보아 주고 약도 먹을 수 있어." 하고 말해준다. 그래도 역할 간의 문제가 생기면 유아끼리 해결할 수 있는 기회(예 일정 시간 후에 역할을 바꾸기)를 준다.
- 놀이가 어지르기, 흩어놓기 등의 산만한 형태로 진행된다면 놀이를 잠시 중단시키고 "집이 이렇게 지저분하니까 손님이 오고 싶지 않대. 어떻게 하면 좋을까?"라고 말한 후 자료를 바르게 사용하는 방법에 대해 이야기 나눌 수 있다.
- 유아의 개인적 특성을 고려하여 역할놀이에 잘 적응할 수 있도록 도와야 한다. 역할놀이는 사회적 상호작용이 매우 중요하므로 사회성이 부족한 유아에게는 개인적인 도움을 제공해야 한다. 쉽게 놀이에 참여하지 못하는 내성적인 유아를 위하여 교사는 함께 초대받는 손님의 역할, 물건을 사러 가게에 함께 온 역할 등을 해줌으로써 또래와의 놀이에 참여할 수 있는 계기를 마련해준다. 그러나 교사가 떠난 후에도 놀이에 참여하고 있는지 계속 관찰하여 적절한 도움을 준다.
- 역할놀이 영역에서 교사가 사용하는 언어와 태도는 유아들에게 매우 중요한 모델

링이 된다. 예를 들어 교사가 "초대해 주셔서 감사합니다.", "연필 두 자루와 책 한 권이 얼마예요?"와 같이 말함으로써 유아는 자연스럽게 예의 바른 태도, 상황에 맞게 어휘를 선택하고 사용하는 방법 등을 학습하게 된다.

◇ 역할놀이에서 양성 간의 편견을 없앨 수 있는 교사의 언어적 표현이 중요하다. 의사, 소방관, 경찰관 역할을 남·여아가 고루 경험하도록 배려하고 남아도 간호사나 미용사와 같은 역할, 아기 돌보기나 요리하기와 같은 집안일을 담당하도록 하는 언어적 상호작용을 한다. 예를 들어 "엄마가 회사에 나가는 동안 아빠가 아기를 돌보아 주면 아기가 아빠를 좋아하게 된단다.", "선생님은 남자 미용사에게 머리를 자르고 싶어.", "여자 소방관을 정말 잘 해내는구나." 하고 말해 준다.

(3) 언어 영역

언어 영역이란 듣기, 말하기, 읽기, 쓰기 능력을 발달시킬 수 있는 여러 가지 언어 활동 자료가 준비되어 있는 영역이다. 듣기는 언어 발달의 가장 기초가 되는 활동으로 다른 사람과의 대화나 동화, 이야기 등을 주의 깊게 듣고 이해할 수 있는 능력과 태도를 길러주기 위한 활동이다. 말하기는 자신의 생각과 느낌, 경험 등을 상황과 대상에 적절하게 말로 표현할 수 있는 능력과 태도를 길러주기 위한 활동을 포함한다. 읽기와 쓰기는 문자 언어에 관심을 가지고 말과 글의 관계를 인식하며 읽기, 쓰기에 필요한 기초 능력을 촉진시켜 주기 위한 활동을 포함한다. 듣기, 말하기, 읽기, 쓰기 능력은 다양한 언어적 경험을 통하여 유아의 전반적인 발달 과정과 상호 관련을 맺으며 통합적으로 발달한다.

1 교육적 의의

유아의 발달 수준과 언어 능력에 맞게 구성된 언어 영역과 다양한 언어 활동은 듣기, 말하기, 읽기, 쓰기 능력을 발달시키게 된다. 유아는 다른 사람이 들려주는 동화, 동요나 동시, 자연과 주변의 소리 듣기와 같은 활동을 통하여 소리를 변별하고 이야기를 집중하여 듣고 이해하는 능력을 기른다. 일상생활과 놀이의 다양한 맥락에서 하는 말하기나 이야기 꾸미기 등과 같은 활동을 통하여 자신의 생각과 느낌을 상황과 논리에 맞게 말하는 능력을 기른다. 또한 상호작용하는 사람에게 적절한 어휘와 문장을 사용하여 정확한 발음과 알맞은 크기의 소리로 이야기하는 태도를 형성한다. 단어 카드, 쉬운 책,

문학 작품 같은 읽기를 촉진하는 자료를 접하면서 말과 글의 관계를 이해하고 다양한 어휘를 습득하며 읽기 능력이 향상된다. 일상생활과 놀이하는 과정에서 다양한 쓰기 경험을 통해 쓰기에 대한 관심을 발달시키고 자신의 생각과 느낌을 창의적으로 쓸 수 있는 기본적인 태도를 기른다.

2 환경 구성

① 영역 배치

◇ 언어 영역에서는 주로 정적인 활동이 이루어지므로 왕래가 많은 출입구나 화장실로 통하는 주변, 음률 영역이나 쌓기놀이 영역 등 움직임이 많은 동적 활동 영역과 멀리 떨어진 곳에 배치하는 것이 좋다.

◇ 2세 미만의 영아일 경우에는 말하기와 듣기 중심의 영역으로 배치하고 활동실의 전 영역, 하루 일과 전체에서 언어 활동이 이루어지도록 한다.

◇ 듣기 영역은 듣기 자료를 집중하여 들을 수 있도록 책꽂이나 낮은 칸막이로 공간을 분리하고 쿠션이나 인형 등을 활용하여 아늑하고 조용한 분위기를 조성하여 준다.

◇ 말하기 영역은 공간의 크기, 유아의 연령에 따라 다르게 구성·배치할 수 있다.

> 영아의 경우는 제한된 공간에서 이루어지기보다는 활동실의 전 영역에서 언제나 이루어지게 하는 것이 중요하다.

> 4~5세 유아는 다른 영역과 통합하여 운영할 수 있도록 좀 더 개방적인 공간에 배치한다. 예를 들어 인형극 공연을 준비하기 위하여 미술 영역에서 포스터를 제작하거나, 쓰기 영역에서 입장권을 만들기도 하고, 블록을 사용하여 관람석을 만들고 역할놀이 영역의 친구들을 초대하기도 하면서 창의적인 말하기 활동이 이루어질 수 있다.

◇ 읽기 영역에서는 글씨 자료나 책 읽기에 충분한 조명을 유지해야 하므로 자연조명을 할 수 있는 채광이 좋은 창 가까이에 배치하는 것이 바람직하나 그렇지 못할 경우는 인공조명을 설치하여 밝게 유지해 준다. 또한 편안하게 책을 읽을 수 있도록 낮은 책상, 소파, 쿠션 등을 마련해 준다.

◇ 책 읽기 영역은 활동실 이외에 필요에 따라 복도의 코너, 도서관이나 실외의 휴식 공간에 따로 마련할 수 있다.

◇ 쓰기 활동을 위한 영역도 연령에 따라 다양하게 구성해 준다.

> 영아의 쓰기 활동은 긁적거리기, 낙서하기와 같은 형태로 이루어지므로 미술 영역과 연계하여 다양한 모양의 종이, 벽면에 붙인 전지 크기의 낙서판 등에 자유롭게 써 볼 수 있도록 구성해 준다.

> 4세가 되면 개별 유아의 발달 정도에 따라 쓰기에 대한 관심과 요구가 달라지므로 쓰기 영역을 분리하여 배치할 수 있다.

> 쓰기가 가능해지는 5세가 되면 그림사전 만들기와 같이 창의적으로 쓰기를 위한 공간을 분리하여 구성할 수 있다.

◇ 언어 영역의 선반이나 벽면에는 언어 활동에 자극이 될 수 있는 그림이나 사진, 이야기, 시 등을 붙여주며 필요에 따라 항상 첨가하거나 바꾸어 준다.

◇ 언어 영역에 태블릿 PC 등을 두어 동화 듣기나 만들기, 글자 모양 변별하기 등이 포함된 유아용 소프트웨어로 활동하게 하거나 스스로 이야기를 구성하고 출력하여 책을 만드는 활동을 연계하여 진행할 수 있다.

다양한 재질과 주제의 책, 가족에 대해 말할 수 있게 준비된 가족 사진, 말하기에 사용할 수 있는 인형, 안락하고 편안한 분위기의 언어 영역_1세 학급

인형, 다양한 재질과 주제의 책, 큰 동물 쿠션으로 구성된 언어 영역_2세 학급

인형극을 할 수 있는 가림막으로 나누고 책을 비치한 공간과 말하기에 사용될 인형을 비치한 언어 영역_2세 학급

콩으로 쓴 촉감 글씨, 유아가 지은 동시, 다양한 주제의 책이 비치된 다양한 책꽂이, 좌식 책상과 방석, 흔들 의자로 구성한 언어 영역_유아 학급

유아가 친구들에게 하고 싶은 말을 녹음한 CD를 비치한 듣기 영역

창밖에서 들리는 새소리에 관심을 가진 유아가 새소리를 녹음해서 친구에게 들려주기 위해 준비한 듣기 영역

초등학교 입학 시기에 도서실처럼 구성한 언어 영역

다양한 질감의 책을 비치한 바구니

따라 쓸 수 있는 단어와 필기도구

② 자료

듣기, 말하기, 읽기, 쓰기를 위한 구체적인 자료를 연령별로 살펴보면 다음과 같다.

표 4-5 연령별 듣기, 말하기, 읽기, 쓰기를 위한 자료의 예

<table>
<tr><th>구분</th><th>1~2세</th><th>3~4세</th><th>5세</th></tr>
<tr><td rowspan="3">듣기</td><td colspan="3">• 동물이나 자연의 소리, 주변의 소리가 녹음된 자료
• 간단한 리듬이나 노래를 들을 수 있는 음률 자료
• 소리 나는 장난감
• 교사가 읽어주거나 보여주기 위한 운율이 있는 영아용 그림책</td></tr>
<tr><td></td><td colspan="2">• 소리와 관련된 그림이나 사진 자료
• 교사의 목소리로 녹음된 동화 자료
• AI 기반 책 읽기 도구(클로바램프)</td></tr>
<tr><td></td><td></td><td>• 녹음기, 블루투스 스피커 사용법을 알리는 순서표
• 유아가 함께 녹음한 동화, 동시</td></tr>
<tr><td rowspan="3">말하기</td><td colspan="3">• 인형(헝겊 인형, 자석 인형, 융판 인형 등)</td></tr>
<tr><td></td><td colspan="2">• 역할을 나타내는 여러 가지 인형 소품
• 융판과 융판 자료
• 단순한 그림 순서 카드(2~3장)
• 전화기, 마이크</td></tr>
<tr><td></td><td></td><td>• 인형극을 구성할 수 있는 무대나 틀 (예 대집단으로 진행했던 동화 자료, 유아가 스스로 제작한 자료)
• 복잡한 그림 순서 카드(5~6장)
• 녹음기, 디지털 카메라 등 사용법 순서도
• 대본(예 뉴스 대본 등)</td></tr>
</table>

<table>
<tr><th>구분</th><th>1~2세</th><th>3~4세</th><th>5세</th></tr>
<tr><td rowspan="3">읽기</td><td colspan="3">• 위생적으로 안전하고 인체에 무해하며 다양한 재질의 영아용 책
• 오감을 촉진시켜줄 수 있는 감각책</td></tr>
<tr><td colspan="3">• 그림책, 글자 없는 책, 운율이 있는 책, 쉬운 책
• 다루기에 가볍고 다칠 위험이 없는 여러 가지의 책</td></tr>
<tr><td colspan="3">• 다양한 주제의 유아용 문학 작품
• 동요, 동시집
• 유아용 잡지, 여러 가지 카탈로그
• 글자 퍼즐, 글자 카드, 자석판과 글자
• 사전, 신문, 전단지, 홍보물 등 일상생활 속 환경인쇄물
• 유아가 만든 책, 친구 이름책</td></tr>
<tr><td rowspan="2">쓰기</td><td colspan="3">• 자유롭게 긁적거릴 수 있는 자료(예 큰 종이, 크레용, 뭉툭하게 깎은 연필, 색연필)
• 마음껏 긁적거릴 수 있도록 벽에 붙인 전지</td></tr>
<tr><td colspan="3">• 각종 필기도구(예 연필, 색연필, 사인펜, 매직펜)와 모양 종이나 편지지/우표
• 칠판과 분필, 화이트보드와 마커
• 컴퓨터/태블릿 PC와 프린터
• 개인용 책 만들기 자료(5세)</td></tr>
</table>

3 교사의 역할

① 환경 구성 및 유지

◇ 언어 영역의 자료는 활동의 수준이 쉬운 것에서 어려운 것까지 다양하여 각 유아가 자신의 언어 능력에 따라 적절한 자료를 사용할 수 있게 한다.

◇ 자료는 쉽게 꺼내고 다시 정리할 수 있도록 편리하게 제시되어야 하며 유아의 흥미, 진행되고 있는 주제 등에 따라 변화를 준다.

◇ 듣기 활동을 돕기 위하여 준비한 녹음기, 태블릿 PC, 블루투스 스피커 등의 자료는 연령에 따라 세분화하여 제공한다. 동물의 소리 자료를 예로 들어보면,

> 2세 미만의 영아를 위해서는 쉽게 구별될 수 있는 다양한 동물의 소리,

> 2~3세 영아를 위해서는 새 중에서도 여러 가지의 새소리,

> 4~5세 유아를 위해서는 한 가지 동물이 내는 여러 가지의 소리 듣기와 같이 구별되기 쉬운 소리에서 어려운 소리로 제공한다. 특히 4~5세 유아는 스스로 녹음기를 조작할 수 있으므로 기능이 단순한 녹음기와 사용 설명서를 함께 제시한다.

◇ 영아를 위한 말하기 자료로 다양한 헝겊 인형이나 역할을 상징하는 소품, 영아용 그림책 등을 제공하며 위생적으로 안전하고 청결한지를 자주 점검하여 세탁하거나 보수한다. 유아의 경우에는 폐품이나 모형 야채나 과일 등으로 만든 테이블 인형 자료, 잡지를 오려서 만든 막대 인형 자료, 양말이나 장갑 등의 일상생활 소품으로 만든 손 인형과 같은 다양한 말하기 자료를 내어준다. 또한 유아가 직접 만들어서 사용할 수 있도록 미술 영역과 연계한다.

◇ 책은 앞면이 보이도록 책꽂이에 꽂는 것이 일반적이나 영아 학급에서도 바구니에 책등이 보이게 담아주어도 원하는 책을 선택하거나 정리하는 데 아무 문제가 생기지 않는다. 책꽂이에 펼쳐서 적은 양의 책만 비치해 주기보다는 다양한 수준과 내용의 책을 풍부하게 제공하는 것이 더 바람직하다.

◇ 책을 읽고 난 후 제자리에 잘 정리할 수 있게 책꽂이에 자리 표시를 해주는 관행이 있지만 필수적인 것은 아니다. 자리 표시는 연령에 따라 다르게 하는데 예를 들어 책의 전면을 복사하여 만든 표시, 도형이나 상징을 사용한 표시, 책의 제목을 사용한 표시와 같이 점차 그림에서 문자로 발전시켜 나갈 수 있다. 정리 · 정돈하는 습관이 익숙해지면 자리 표시에 따라 정리하지 않고 유아 스스로 정리할 수 있도록 허용하는 것이 더 바람직하다.

◇ 유아의 흥미나 교사의 의도에 따라 책을 교체하는데, 학급의 모든 책을 한꺼번에 바꾸기보다는 부분적으로 교체한다. 유아에 따라 같은 책을 반복하여 읽기도 하고 읽기 능력이 부족하여 책을 읽는 속도가 느린 경우가 있기 때문이다.

◇ 영아의 경우에는 책을 놀잇감으로 사용하기도 하기 때문에 다칠 위험이 없는 소재의 영아용 책(예 헝겊책, 비닐책, 모서리가 둥글게 처리된 책, 책장이 두꺼운 책 등)을 선정하고 자주 세탁하거나 자외선 소독기에 소독하여 위생적으로 관리한다.

◇ 책을 선정할 때는 연령에 따라 책의 크기와 무게, 전체 면 수, 글자 수, 내용의 이해 가능 여부를 고려하여 선정한다. 또한 다양한 장르, 다양한 주제, 다양한 문화적 배경, 다양한 읽기 능력 등을 포함하는 책들로 구성한다.

◇ 책은 언어 영역에 주로 비치하지만 다양한 흥미 영역에 적절한 책을 비치해 주면 놀이가 더욱 풍부해질 수 있다. 쌓기놀이 영역에 건축물에 관한 책, 음률 영역에 악보나 음악 또는 음악가에 관한 책, 역할놀이 영역에 영유아가 선호하는 책(가정에

책이 있으므로)을 비치해 줄 수 있다. 특히 영아 학급에서 책은 책의 용도뿐만 아니라 놀이에 필요한 다른 용도로 사용될 수 있다.

역할놀이 영역에 비치된 책과 그 책을 이용하여 놀이하는 3세 유아

음률 영역에 비치한 음악 관련 책

- 쓰기를 위한 도구는 연령에 따라 적절히 제시되어야 한다.
  > 2세 미만의 영아를 위해서는 손으로 잡을 수 있고 안전한 색연필이나 크레용 등 쓰기 도구를 내어줄 수 있다.
  > 2~3세 유아의 경우는 긁적거리고 싶은 욕구는 많으나 소근육 발달이 미숙하므로 잡기 쉽고 단단한 크레용이나 뭉툭하게 깎은 4B 연필 등이 적당하며, 교사가 함께 있을 경우에는 볼펜이나 마커도 흥미 있는 쓰기 도구가 된다.
  > 4~5세가 되면 다양한 필기도구를 조절할 수 있으므로 사인펜, 가는 색연필, 글씨 쓰기 적당하게 깎인 2B 연필과 지우개 등을 제공해 준다.

② 지도 방법

- 교사의 언어적 상호작용은 언어 영역에서만 일어나는 것이 아니므로 하루 일과 중의 모든 상황과 공간에서 언어 발달을 위한 모델이 되고 촉진자의 역할을 하는 것이 중요하다.
- 교사는 자연스럽고 편안한 분위기를 마련해 주어 모든 활동이 자발적으로 일어날 수 있도록 하고 유아의 작은 시도라도 격려하고 칭찬하며, 특히 언어적 상호작용이 활발히 이루어지도록 한다.
- 듣기
  > 유아가 다른 사람의 이야기를 경청하는 바른 태도를 기르기 위해서는 교사가 먼저 유아의 이야기를 주의 깊게 듣고 이해해 주려는 태도를 보여주어야 한다.

> 영아의 비언어적 표현이나 2, 3세 영아의 자기중심적 언어에도 민감하게 반응하고 관심을 기울여 주는 것은 듣기를 촉진하는 중요한 요인이 된다.

◇ 말하기

> 말하기를 격려하기 위해 교사는 정확한 어휘를 사용한다. 지나친 유아어 사용을 자제하고 상황에 맞는 어휘를 올바르게 사용(예 "아야 해"보다는 "아프다")하며, 특히 연령이 높을수록 다양한 표현을 경험하도록 교사 자신이 풍부한 어휘를 사용한다. 예를 들어 말하기 영역에서 극을 꾸민 유아들에게 "재미있다.", "예쁘다." 등 교사들이 습관적으로 사용하는 표현보다는 "그 장면이 무시무시하구나.", "정말 정글처럼 꾸몄네.", "마음이 행복해지는 이야기구나." 등 다양한 표현을 사용한다.

> 4~5세 유아를 위해서는 자기 의사를 자유롭게 표현하고 또래 간의 상호작용이 활발히 일어날 수 있도록 인형극이나 동극 구성하기와 같은 소집단 활동을 이끌어준다.

◇ 읽기

> 교사가 책을 읽어줄 때 유아가 보이는 언어적, 비언어적 반응을 관찰하고 적절히 수용함으로써 유아의 듣기 능력을 향상시켜 줄 수 있다.

> 글자에 관심이 생기기 시작하면 주변의 친숙한 사물부터 읽을 수 있도록 교실의 각 사물마다 이름을 써 붙여주는 것도 좋은 방법이다(예 시계, 태극기, 책상, 의자, 피아노, 거울, 간식 당번, 오늘의 날씨 등). 그러나 그 자리에 계속 붙여주면 안 붙여 준 것과 마찬가지이므로 유아가 관심을 안 보이거나 많은 유아가 익혔다고 생각되면 교체해 준다.

> 읽기의 초기 단계에는 정자체로 쓰인 글씨를 붙여주지만 컴퓨터에서 출력한 글씨, 교사가 쓴 글씨, 유아가 직접 쓴 글씨 등, 다양한 글씨체로 변화를 주어 가며 붙이면 유아의 관심이 높아진다.

> 교사는 언어 영역에 비치된 책을 개별적으로나 소집단 활동을 통하여 정기적으로 읽어준다. 동화에 쓰인 글자 중심으로 읽기보다는 이야기의 전체적인 내용을 이해하고 문학적인 분위기를 느끼며 창의적인 사고를 확장할 수 있도록 풍부한 표현과 함께 읽어준다.

> 유아마다 선호하는 종류의 책이 다르기 때문에 읽고 싶은 책을 직접 선택하도록 하는 것이 효과적이다. 책을 읽어줄 때는 그림의 방향이 유아에게 바르게 보이는

방향으로 제시하며 읽어준다. 어린 유아일수록 목소리로 효과음을 내주거나 등장 인물에 맞는 소리로 읽어주면 집중력을 높일 수 있으며 책을 읽어주는 동안 유아의 반응을 살피면서 적절히 반응해 준다.

> 내용을 인형극, 융판 동화, 비디오 동화, PPT 동화 등 다른 매체로 제작하여 제공하면 책 읽기에 대한 흥미를 확장시킬 수 있다.

◇ 쓰기

> 2세 이후가 되면 글자처럼 긁적거리고 싶어 하므로 마음껏 시도할 수 있도록 큰 종이를 제공한다. 교사는 유아가 쓴 것이 무엇인지 물어보고 관심을 나타냄으로써 쓰기 활동에 대한 흥미를 북돋울 수 있다.

> 유아가 스스로 글자에 관심을 갖고 쓰기 시작하면 자신의 이름, 스스로 발견한 사물, 관심 있는 물건의 이름, 자신의 생각을 써 볼 수 있는 기회를 마련한다. 교사가 선정한 단어나 문장을 반복적으로 쓰는 것이 아니라 유아가 써 보고 싶은 글자를 교사가 알려주고 유아가 써 보게 한다. 쓰기 능력은 개인차가 매우 크기 때문에 획일적으로 강요하지 않고 개별 유아의 능력과 관심에 따라 다르게 접근해야 한다.

> 5세 유아의 경우는 이야기를 지어서 쓸 수 있는 유아도 있으므로 다양한 쓰기 경험을 할 수 있는 활동을 제공한다. 각종 자료의 기록, 영역 표시판과 규칙 적기, 동시나 동극의 대본 적기, 편지 쓰기, 개별적인 책 만들기, 포스터 만들기 등의 활동이 유아의 다양한 쓰기 경험을 위하여 제공될 수 있다.

(4) 미술 영역

조형의 사전적 의미는 물질적 재료를 사용하여 사물을 형태나 형상으로 표현하는 것으로서 평면적 회화뿐 아니라 입체적 공예를 모두 포함하는 용어이다. 미술 영역에는 영유아가 다양한 재료를 사용하여 자신의 생각과 느낌을 창의적으로 표현할 수 있도록 적절한 환경과 충분한 물적 자원을 효과적으로 제공해야 한다. 영유아의 미적 탐색과 표현 활동이 풍부하게 이루어지도록 미술 영역은 실내뿐 아니라, 필요에 따라 실외에도 배치될 수 있다.

1 교육적 의의

미술 영역에서 유아는 다양한 재료를 통한 감각적 탐색과 함께 조형예술의 요소를 인식하고 표현하면서, 대·소근육 발달 및 협응력과 감각의 발달이 촉진된다. 사물의 속성을 인식하여 형상화하면서 인지적 표상 경험을 갖게 되므로 논리적이고 창의적인 사고 발달이 이루어진다. 재료 선정 및 표현을 구상하는 과정에서 새로운 발견과 실험의 기회를 통해 시행착오를 경험하고 문제해결력과 과학적 탐구 능력이 발달하게 된다. 또래들과 공동으로 미술 활동을 하면서 재료를 나누거나 표현 방법에 대한 의논, 양보와 협동하는 태도, 다른 사람과 어울려 일할 수 있는 능력을 기르게 되며, 자신의 경험과 생각을 적절한 언어로 표현하는 기회를 갖게 된다. 표현을 위해 자연물을 탐색하거나 작품을 감상할 때 심미감과 감성이 발달하게 되며, 자기 작품에 대해 갖는 자부심과 성취에 대한 만족감은 긍정적 자아로 발달한다. 다양한 기법을 사용한 미술 활동을 하면서 불안이나 긴장감을 해소하여 정서적 만족감을 갖게 된다.

2 환경 구성

① 영역 배치

미술 영역을 배치할 때는 다음의 사항을 고려해야 한다.

- 미술 활동은 그리기, 오리기, 붙이기, 구성하기 등의 정적인 활동이 이루어지므로 쌓기놀이나 역할놀이 영역과 같은 활동적인 영역이나 통행이 빈번한 장소에서 떨어져 배치하는 것이 좋다.
- 미술 영역을 언어 영역이나 컴퓨터 시설과 인접하여 배치하면 효과적이다. 컴퓨터에서 미술 활동에 필요한 자료를 출력하거나 새로운 미술 활동에 대한 아이디어를 얻기도 하고 표현에 필요한 그림이나 사진을 인터넷에서 검색할 수 있기 때문이다. 또한 자신의 작품에 대한 창의적인 이야기를 구성하거나 자신이 만든 이야기책을 꾸미는 활동을 할 때는 언어 영역과 통합할 수 있다.
- 미술 활동은 물을 사용하는 경우가 많으므로 물을 손쉽게 사용하도록 미술 영역의 한쪽에 수도와 싱크대가 있으면 편리하고 없다면 화장실 가까이에 영역을 배치한다. 물감과 같은 조형 재료에 물을 섞기 위해서도 필요하지만 활동을 마치고 나서 유아의 더럽혀진 손이나 도구 등을 씻어야 하기 때문이다. 실외의 미술 영역도 수도와 배수구에 인접하여 배치한다.

◇ 미술 영역의 조명은 미술 활동을 하는 데 지장이 없도록 충분히 밝아야 하며, 인공 조명을 하는 경우는 그림자가 생기지 않도록 주의한다.

◇ 미술 영역의 바닥은 물이나 물감이 떨어져도 청소가 용이하도록 비닐 깔개를 깔아 놓고 바닥에 흘렸을 때 쉽게 닦을 수 있는 스펀지나 물걸레, 마른 수건 등을 준비한다.

◇ 유아의 작품을 효과적으로 전시할 수 있도록 벽면 사용이 가능한 공간에 배치한다. 유아의 눈높이에 맞추어 게시판을 걸거나 벽면을 자유롭게 사용하여 평면작품을 게시하고 진열장이나 교구장 위에 입체작품을 전시한다.

다양한 꾸미기 자료와 그 자료를 사용한 작품이 함께 제시된 자료 정리장

다양한 그리기, 꾸미기, 만들기 자료를 비치한 자료 정리장

코팅지를 이용하여 투명하게 막은 자료 정리장에 보관한 폐품 만들기 자료와 상자에 그린 그림을 게시한 미술 영역

매력적인 용기에 담은 그리기 자료, 리본과 끈 자료, 타공판을 이용한 전시 공간이 있는 밝은 미술 영역

책장, 공간블록, 교구장을 활용해 구성한 미술 영역

다양한 미술 자료를 보관하는 공용 자료 정리장

용도를 다한 꽂기판을 이용해 만든 그리기 도구 정리대

쌀을 이용해 만든 그리기 도구 정리대

화분 정리대를 뒤집어 만든 미술 도구 정리대

② 기본 설비

◇ 책상: 미술 영역의 책상은 유아의 연령, 인원수, 활동실의 크기에 따라 형태와 크기를 적절히 조절하는 것이 바람직하다.

> 영아의 경우는 인원수가 적고 미술 활동이 단순하므로 4~6명이 앉을 수 있는 낮은 책상이 적당하다.

> 4~5세 유아의 경우는 다양한 미술 활동이 이루어지므로 8~10명이 앉을 수 있는 책상을 준비하고, 활동을 할 때 비닐을 덮어 사용하면 책상의 손상을 막을 수 있다.

◇ 자료 정리장: 자료 정리장은 벽에 부착된 붙박이식과 이동식의 형태가 있다. 붙박이식 자료장은 견고하고 안정감이 있으나 벽면과 공간 활용을 제한하는 단점이 있는 반면, 이동식 자료장은 밑면에 바퀴가 있으므로 활동실 공간을 다양하게 배치하는 데 효과적이다.

> 자료장의 높이는 유아가 손쉽게 자료를 꺼내고 넣을 수 있는 높이가 적당하나, 다양한 크기의 자료를 보관할 수 있도록 선반의 높이를 조절할 수 있으면 더욱 좋다. 유아가 직접 보고 자유롭게 꺼낼 수 있어야 하므로 덮개나 문이 없는 자료 정리장이 좋다.

> 자료 정리장은 수시로 사용하는 물품을 넣는 장, 간혹 사용하는 물품을 넣는 장, 여러 가지 종이와 쓰고 남은 종이를 정리하여 넣는 장, 재활용품 정리장으로 구분하여 사용할 수 있다.

> 폐품 정리장의 경우는 크기와 종류에 따라 구분하여 정리하고 물건들이 빠져나

오지 않도록 1/2 정도 막혀 있어야 한다. 투명 아크릴과 같이 투명한 소재를 사용하여 밖에서 보이도록 하면 더욱 좋다.

> 미술 영역의 자료 정리장이나 자료 배치는 유아의 미술 활동에 창의적인 영감과 동기가 유발되도록 구성하는 것이 바람직하다.

◇ 작품 건조대: 작품을 완성한 후 물감이나 접착제 등을 건조시킬 수 있는 작품 건조대가 필요하다. 젖은 작품은 접이식 건조대에 뉘어 놓거나 벽에 줄을 매고 빨래집게로 작품을 걸어 말릴 수 있도록 한다. 입체작품은 선반이나 재료장 윗면을 활용하여 건조시킨다.

◇ 화판: 화판은 영유아의 연령과 신체 조건에 맞추어 적절한 재질과 크기로 준비한다. 화판의 판 위에 비닐을 씌우고 그 위에 신문지로 고정한 후 종이(4절보다 크고 2절보다 작은 갱지)를 2~3장 집게로 집어놓는다.

> 양면을 사용하는 화판의 경우 학기 초에는 한쪽 면에 크레파스나 색연필 등 사용하기 쉬운 그리기 재료를 내주고 점차 익숙해지면 물감과 붓을 내준다.

> 물감은 플라스틱 통이나 깡통에 붓이 잠길 만큼 담아 움직이지 않게 바닥에 고정하고 무슨 색의 물감이 들어 있는지 알 수 있도록 표면에 표시한다. 물감을 사용하지 않을 때는 뚜껑을 닫아 두고 붓은 꺼내서 잘 빨아 두어야 붓의 끝이 휘지 않고 오래 사용할 수 있다. 붓은 여러 가지 굵기로 준비해 주고 손잡이 부분에 색 표시를 해준다.

> 그 외에 화판 그리기를 위하여 비닐 작업복, 새 종이를 말아서 넣어 두는 통, 건조대, 바닥의 비닐 깔개, 마른 수건 등이 필요하다.

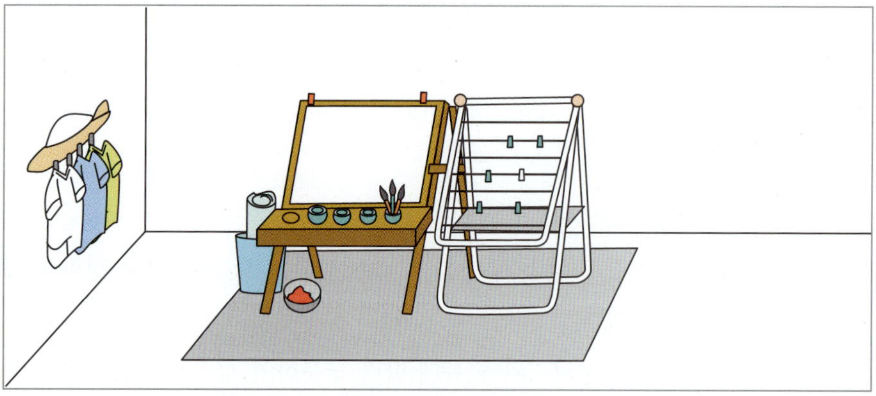

| 화판 및 작품 건조대 |

◇ 청소 도구: 미술 활동이 끝난 후 유아 스스로 뒷정리를 할 수 있도록 빗자루, 쓰레받기, 걸레, 종이 수건, 스펀지, 간이 청소기, 분리수거용 쓰레기통 등의 청소 도구를 비치하여 정리 · 정돈과 재활용 습관을 길러준다.

③ 자료 및 도구

◇ 종이: 다양한 질감과 재질의 종이가 있으며 같은 재료라도 다른 느낌을 표현할 수 있으므로 여러 가지 종이류를 제공한다. 도화지, 색종이, 색상지, 갱지, 검은 도화지, 컴퓨터 용지, 하드보드지, 포장지, 한지, 신문지, 모래종이, 벽지, 습자지, 기름종이 등을 다양한 모양과 크기로 내어준다.

◇ 그리기 도구: 크레파스, 크레용, 색연필, 연필, 볼펜, 색분필, 수성 사인펜, 유성 매직펜, 파스텔, 물감과 붓 등을 제공한다. 영아의 경우는 입에 넣을 수도 있고 손에 많이 묻는 경향이 있으므로 각각의 도구들은 무독성 물질이어야 한다. 부러지기 쉬운 연필이나 분필, 힘 조절이 어려운 사인펜이나 매직펜은 영아에게 적합하지 않으므로 연령에 맞는 도구를 제공한다.

◇ 붙이기 자료: 여러 가지의 풀(예 물풀, 막대풀, 녹말풀, 밀가루풀, 아교풀 등)을 사용하면서 유아는 짜고, 문지르고, 펴서 바르는 과정을 경험할 수 있는데 면봉이나 나무 막대 등과 함께 내어주면 손에 묻히지 않을 수 있다. 그 외에 붙이기 위한 자료는 셀로판 테이프, 색테이프, 공업용 본드가 있으나 테이프 커터기에 다치거나 본드의 냄새가 유해할 수 있으므로 영아에게는 적합하지 않다.

◇ 점토: 점토는 가장 손쉽게 자신이 원하는 모양을 만들어 낼 수 있는 자료로 입체 구성의 기본 능력과 소근육을 발달시켜 주는 자료이다. 점토의 종류는 직접 만들어 사용하는 밀가루 점토, 시판되는 놀이용 플라스틱 점토, 진흙 점토와 종이 점토 등이 있으며 함께 제공하는 자료에 따라 모든 연령이 사용할 수 있다. 점토놀이를 위하여 점토판, 밀대, 플라스틱 점토칼, 여러 가지 찍기틀, 함께 꾸미기 위한 자연물이나 인공물 자료들을 함께 제공하면 점토놀이를 촉진할 수 있다.

◇ 자연물 자료: 자연에서 구할 수 있는 돌, 모래, 조개껍데기, 씨앗이나 곡식, 나뭇잎, 열매, 나뭇가지, 솔방울, 톱밥, 깃털, 야채 조각 등의 자료들을 종류에 따라 구분하여 놓고 유아들도 언제나 자연물 자료를 수집하여 사용할 수 있도록 격려한다.

◇ 인공물 자료: 나무젓가락, 빨대, 고무 밴드, 실, 노끈, 철사, 리본 테이프, 모루, 이쑤시개, 스티로폼, 솜, 스펀지, 여러 가지 모양으로 자른 수수깡, 스팽글, 단추, 구슬, 양초 등의 자료를 종류별로 구분하여 제공한다.

◇ 폐품 자료: 크고 작은 상자, 병뚜껑, 깡통, 기계 부품, 장식품 부속, 휴지 속심, 플라스틱 병, 종이컵, 일회용 용기, 달걀판, 천 조각, 아이스크림 막대, 플라스틱 숟가락, 잡지류, 벽지 조각, 신문지, 포장지 등을 준비하여 창의적인 구성 활동이 이루어지도록 돕는다.

◇ 미술 활동을 돕는 도구: 가위, 스테이플러, 펀치, 송곳, 핑킹 가위, 칼 등도 미술 활동에 필요한 재료이다. 사용할 때 다칠 위험이 있는 도구들이므로 영아의 경우에는 손에 닿지 않도록 안전하게 보관하여야 하고 특히 송곳이나 칼은 반드시 교사가 함께 사용하도록 한다.

◇ 시청각 매체: TV, VTR, 아날로그 카메라와 디지털 카메라, OHP, 실물 화상기, 컴퓨터나 태블릿 PC, 빔 프로젝터 등의 시청각 매체를 사용하여 영상화된 자연이나 사물을 탐색하고 기기를 이용하여 미술적 표현을 하며, 작품을 감상하는 활동을 할 수 있다.

3 교사의 역할

① 환경 구성 및 유지

◇ 자료나 비품을 배치할 때는 각 자료의 특성이 돋보이고 유아가 수월하게 사용할 수 있도록 한다. 자료의 종류에 따라 통이나 상자, 바구니, 접시나 쟁반 등에 담아 제시함으로써 흥미를 유발하고 미술 활동의 의욕을 높일 수 있다.

◇ 미술 활동을 촉진할 자료를 충분히 준비하여 자료의 부족 때문에 표현하고자 하는 유아의 욕구가 감소하지 않도록 유의한다. 매일 자료의 양이 충분한지를 확인하여 준비하고 미술 활동에 필요한 폐품은 가정통신문 등을 이용하여 부모들의 도움을 받아 수집한다.

◇ 미술 영역의 벽면이나 교구장 옆면에 미술 작품의 프린트물, 자연을 감상할 수 있는 사진 등을 계절과 전개되고 있는 주제에 맞게 전시하여 줌으로써 유아에게 시각적 자극을 주고 미적 감각을 길러줄 수 있다.

◇ 교사는 유아 스스로 미술 영역을 정리하고 자료를 아껴 쓰는 습관을 기를 수 있도록 도와야 한다. 자신의 활동이 끝나면 자료들을 모두 제자리에 정리하고 책상 위와 바닥의 쓰레기를 치운 후에 다른 놀이로 이동하도록 지도한다. 또한 조각종이 모으기, 다 쓴 사인펜의 뚜껑 폐품장에 모으기, 풀이나 테이프의 양 조절하기 등과 같이 각종 미술 자료들을 유아 스스로 절약하도록 격려한다.

② 지도 방법

◇ 놀이 시간에는 전체 유아를 바라볼 수 있는 자리에 앉아 미술 활동에 도움이 필요한 유아에게 도움을 주고 전체 유아의 놀이도 관찰한다.

◇ 유아가 하는 미술 활동은 스스로 동기 유발되어 하는 활동(예 그리기, 만들기, 점토), 교사가 의도를 가지고 준비해 준 활동(예 면봉 그림, 점토), 놀이에 필요한 자료나 재료 만들기(예 식당 놀이에 필요한 메뉴판 만들기)로 대별될 수 있다.

> 유아가 스스로 동기 유발되어 하는 활동이 교사가 의도를 가지고 준비해 준 활동과 동일(예 점토 놀이, 그리기)할 수 있는데 교사가 의도를 가지고 준비할 경우는 놀이 주제나 활동에 적합한 것이 될 수 있도록 준비해 준다(예 점토 놀이에 사용하는 도구를 추가해 주기).

> 개정 누리과정이 실시된 후 놀이에 필요한 자료나 재료를 만드는 미술 활동만 많이 하고 미술적 의의가 있는 활동은 거의 하지 않는 경향이 있으나, 교사는 교육적 의도를 가지고 유아가 다양한 유형의 미술 활동을 할 기회를 제공해야 한다.

◇ 교사가 유아에게 필요한 도움을 제공하는 것보다 활동 방법에 이미 익숙해진 유아가 친구를 도와주게 할 수 있다.

◇ 새로운 미술 활동을 제시할 때는 유아가 각자의 흥미와 관심에 따라 선택할 수 있도록 방법과 난이도를 달리하여 2~3가지를 제시한다. 새로운 미술 활동을 위한 자료는 3~4일 동안 계속 내주어 누구나 경험해 볼 수 있게 한다.

◇ 유아가 시작한 활동을 끝까지 마무리할 수 있도록 격려해 주고 마치지 못한 작품을 보관하는 장소를 지정하여 여러 날에 걸쳐 마칠 수 있도록 허용한다. 작품에 대해 만족하지 못하고 중간에 포기하는 유아는 교사가 함께 의견을 나누고 격려하여 끝까지 완성하게 한다.

◇ 다른 친구들의 작품을 감상하면서 서로 의견을 주고받는 감상의 기회를 제공한다. 서로 표현의 다양성과 창의성을 인정해 주고 차이점을 받아들이도록 지도한다. 이를 위하여 교사가 먼저 유아의 작품을 구체적으로 칭찬해 주는 모습을 다른 유아들에게 보여주는 것이 중요하다. "무엇을 그렸니, 무엇을 만들었니?"라는 추상적인 질문보다는 "이 집의 창문은 왜 이렇게 작게 그렸니?", "어떻게 둥그렇게 붙였니?"와 같은 구체적인 질문을 사용한다.

◇ 날씨가 좋은 날은 미술 영역을 실외로 연장하여 벽이나 바닥에 물 그림, 물감 뿌리기, 자연물의 즙으로 색칠하기, 낙엽으로 구성하기, 모래 그림, 손가락 그림 등의 다양한 활동을 계절과 주변 환경에 맞게 제공한다.

실외에서 실시한 액션 페인팅 미술 활동

정리하기 쉬운 실외에서 커피가루를 활용한 땅 속 개미집 꾸미기

돌 위에 자연물(열매, 도토리 깍지, 나뭇가지)로 패턴 구성하기

(5) 음률 영역

일반적으로 음률 영역은 음악을 감상하고 노래를 부르며, 여러 가지 악기를 다루어 보거나 음악에 맞추어 동작으로 표현하기를 경험할 수 있는 영역을 말한다. 유아가 본성적으로 타고난 음악적인 능력을 계발하고 자신의 느낌을 자유롭게 표현해 볼 수 있도록 풍부한 환경을 제공해 주는 것이 중요하다.

1 교육적 의의

음률 영역에서 유아는 악기나 소리가 나는 놀잇감을 다루면서 눈과 손의 협응력과 대·소근육 조절 능력을 발달시키고 다양한 감각적 경험을 쌓게 되며, 신체를 탐색하고 원하는 대로 움직여 보려는 실험적인 태도를 기른다. 음악을 표현 및 감상하고 리듬과 움직임을 창조하는 활동을 통해 음에 대한 변별력, 인식력, 범주화 능력을 기르고 창의적인 사고를 가지게 되며 사고력과 문제해결력이 발달한다. 다양한 어휘가 포함된 노래를 부르거나 노랫말을 바꾸어 부르는 활동을 통해 언어 발달이 촉진되고 감상과 표현하며 느끼는 감정이나 생각을 언어로 표현할 기회를 갖게 된다. 또래와 함께 음률 활동을 하면서 긍정적인 상호작용과 협동이나 공유하기와 같은 사회적 행동을 경험할 수 있다. 음악은 감정을 자연스럽게 표현하고 타인의 감정을 민감하게 인식하는 능력을 기르는 데 좋은 매개체가 된다. 다양한 리듬 악기와 소리가 나는 물건들을 두드리고, 긁고, 치는 경험은 유아의 부정적 감정 해소에 도움을 줄 수 있으며 이 과정에서 자신감과 성취감을 얻게 된다.

2 환경 구성

① 영역 배치

- 소음이 많이 나는 영역이므로 쌓기놀이 영역이나 역할놀이 영역 가까이에 배치하는 것이 좋다. 유아가 음률 영역에서 활동을 할 때 두 영역은 창의적인 활동과 표현에 많은 자극을 줄 수 있다.
- 다른 영역에 소음으로 인한 피해를 주지 않도록 바닥에 카펫을 깔고 악기를 놓을 교구장으로 다른 영역과 구분하도록 한다.
- 자유로운 탐색과 다양한 활동 전개를 위한 충분한 공간을 확보한다. 음률 영역은 개인, 대·소집단과 같이 다양한 크기의 집단으로 활동이 이루어지고, 음악에 맞춰 몸을 자유롭게 표현하는 활동도 하므로 충분한 공간을 제공해 주어야 한다.
- 음률 영역의 교구장, 낮은 탁자나 선반, 가리개, 천정, 벽면 등을 음악적인 분위기가 나도록 꾸민다. 예를 들면 벽면에 악기의 그림과 사진, 음악가의 사진, 오선지, 노랫말 판 등을 붙여 음악 활동에 대한 흥미를 느끼도록 할 수 있다.

다양한 악기가 걸린 악기 장과 소파, 녹음기 등이 비치된 음률 영역

투명 장을 이용해서 악기를 비치한 음률 영역

다양한 북과 전자 피아노로만 구성한 음률 영역

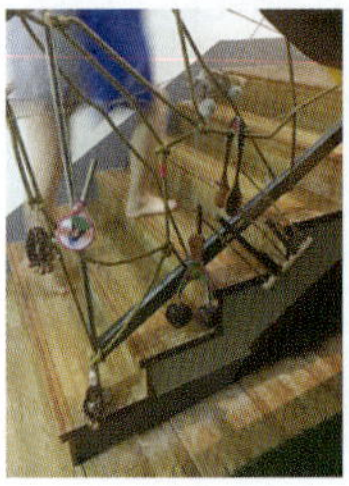

모든 유아가 이용하도록 계단에 구성한 음률 영역

실외에 일상용품(예 물통, 냄비)을 이용해 구성한 음률 영역

② **자료**

유아가 다양한 음악 활동을 할 수 있도록 음률 영역에 제공할 수 있는 자료는 다음과 같다.

| 리듬 악기의 종류 |

표 4-6 연령에 적합한 음률 영역 자료

구분	1~2세	3~4세	5세
감상 자료	• 누르면 소리나 음악이 나오는 놀잇감 • 주변에서 들을 수 있는 다양한 사물의 소리 녹음 자료 • 동요나 짧은 클래식 소품의 감상 자료	• 다양한 장르의 음악이 녹음된 자료 • 녹음기, CD 플레이어, 블루투스 스피커 • 헤드폰, 비디오 자료	• 조작이 매우 간단한 녹음기
노래 부르기 자료	• 동요 음원 자료 • 간단한 노래 악보, 노랫말 판(그림으로 된 것) • 노래책		
악기 연주 자료	• 딸랑이, 방울 악기 등 흔들면 소리가 나는 놀잇감 • 발로 치는 피아노 • 우쿨렐레, 기타, 만돌린 등의 현악기	• 리듬 막대, 톤블록, 우드블록, 막대 탬버린, 마라카스, 귀로 • 탬버린, 캐스터네츠, 트라이앵글, 핸드벨, 손가락 심벌즈 등의 리듬 악기	• 실로폰, 핸드벨(터치벨), 목금, 철금, 피아노, 키보드 등의 멜로디 악기 • 그림(색깔) 악보
동작 활동 자료	• 리본 막대, 스카프, 패러슈트 등		
기타	• 우리나라 전통 악기: 소고, 장구, 작은 장구, 징, 꽹과리, 북 등 • 타국의 전통 악기 • 음악 관련 그림 및 사진 자료: 악기 사진, 연주하는 모습, 음악회 포스터, 오케스트라 사진 등		

3 교사의 역할

① 환경 구성 및 유지

◇ 음악 감상 자료는 유아 스스로 사용할 수 있도록 조작이 단순한 것으로 준비한다. 녹음기나 CD 플레이어, 태블릿 PC, 블루투스 스피커와 같은 기자재는 유아가 쉽게 조작할 수 있도록 사용하는 방법에 대한 설명 자료를 벽면에 게시할 수도 있다.

음악 감상을 위한 환경 구성의 예

◇ 음악 감상 자료는 주제, 음악 장르, 계절을 고

려하여 다양하게 제공한다.

◇ 연령이 높은 유아의 경우는 노래 부르기를 촉진하기 위해 교사는 배운 노래 중에 멜로디가 간단한 노래를 골라 건반악기에 색 스티커를 붙이고 같은 색 스티커를 이용하여 색깔 악보를 만들어 제공함으로써 유아가 스스로 건반악기를 연주하면서 노래를 부르도록 도울 수 있다.

◇ 유아가 집단 활동으로 배운 노래의 그림 자료나 입체 자료 등을 내어주어 놀이 시간에 자유롭게 노래 부를 수 있도록 한다.

◇ 악기 종류별로 멜로디 악기, 리듬 악기, 타악기 등을 다양하게 배치하여 악기의 종류에 대한 이해를 돕는다.

◇ 다양한 악기를 제공하되 유아의 연령이 어릴수록 리듬 악기가 많은 비중을 차지하도록 하는데 영아의 음악성이 멜로디가 아닌 리듬 발달에서 먼저 시작하기 때문이다.

◇ 비슷한 종류의 악기라 할지라도 발달 수준을 고려하여 영아들에게는 조작이 쉽고, 한 손에 쥘 수 있으며 가벼운 재질의 악기를 제공한다. 예를 들어 2세 미만의 영아에게는 딸랑이나 방울악기 등을 제공하다가 2~3세경이 되면 연주 방법이 비슷하나 다소 수준이 높은 막대 탬버린을 내어줄 수 있으며, 4~5세경에는 가죽이 있는 탬버린을 제공한다.

◇ 유아의 연령, 학기 초/말, 발달 수준 등을 고려하여 제공하는 악기의 수준을 다르게 한다. 예를 들어 학기 초에는 너무 많은 악기를 제시하지 않도록 하고 연령이 낮을수록 조작이 어렵거나 눈과 손의 협응을 많이 필요로 하는 악기는 제시하지 않는 것이 좋다.

◇ 1주일에 한 번쯤은 제공한 악기 중 몇 종류를 바꿔 주고 주제나 계절이 바뀔 때도 악기를 바꾸어 유아의 흥미를 유지시킨다.

◇ 유아가 악기의 다양한 재질과 다양한 연주 방법을 이해하고 경험할 수 있도록 판매되는 악기뿐만 아니라, 교사와 유아가 직접 제작한 악기도 활용할 수 있다.

◇ 악기를 제작할 경우 주로 리듬 악기나 타악기만 제작하는데, 주제나 유아의 흥미(예 봄, 자동차)만 고려하여 제작(예 자동차에 흥미를 가질 경우 자동차 모양의 리듬 악기나 타악기 제작)하기보다는 다양한 자료(예 나무, 플라스틱, 쇠)도 고려하여 제작한다.

교사와 유아가 직접 제작한 악기의 예

- 악기 중 멜로디언과 같이 입으로 부는 악기는 공유하는 것이 위생상 좋지 않으므로 제공하지 않는다.
- 스카프나 리듬 막대 등을 제공하여 유아가 자유롭게 동작으로 표현하는 활동을 할 수 있도록 한다.
- 주제와 관련된 율동 음악이나 집단 활동으로 배운 율동의 영상을 제공하여 자유롭게 동작을 표현할 수 있도록 한다.
- 음률 영역의 공간이 넓은 경우는 바닥에 색 테이프를 직선, S자선, 사각형, 타원형, 원형 등 다양한 형태로 붙여, 유아가 공간을 고르게 활용하며 동작 활동을 할 수 있게 한다.
- 교구장 선반 위에 악기의 그림자 형태를 그려놓거나 사진을 찍어 붙여두어 유아의 정리를 돕는다. 마라카스와 같이 한 종류의 악기를 여러 개 구비해 놓을 경우에는 바구니에 같은 악기끼리 넣어 정리한다. 학기 말이나 연령이 높은 유아의 경우에는 그림자나 사진을 특별히 제시하지 않고 유아가 자유롭게 정리해 보게 한다.
- 유아가 악기를 소중히 다루도록 하고 악기로 놀잇감을 두드리거나 남을 해치는 무기로 사용하지 않도록 한다.
- 악기의 경우는 일부가 파손되거나 채 등을 잃어버리면 제 역할을 하지 못하므로 세심하게 관리한다.

② 지도 방법

- 감상은 연령이 어릴수록 주변에서 흔히 들을 수 있는 자연이나 사물의 소리를 듣고 탐색하는 것에서 시작하여 점차 노래나 클래식과 같은 음악으로 넘어가는 것이 좋다.

◇ 교사는 유아가 악기를 연주할 때 바른 연주 방법을 알려준다.

◇ 유아가 다양한 리듬과 박자를 경험하면서 연주할 수 있도록 메트로놈을 제공하거나 유아의 악기 연주에 교사가 피아노 반주를 하는 방식으로 도움을 줄 수 있다.

◇ 교사는 사회적 상호작용의 수단으로 악기를 이용할 수 있다. 예를 들어 사회성이 부족한 유아에게 원하는 악기를 주고 함께 연주하게 하면 집단에 참여하는 기회를 줄 수 있다.

◇ 음률 영역에서는 악기 연주가 가장 활발히 일어나지만 교사가 적극적으로 상호작용함으로써 다른 활동도 다양하게 이루어질 수 있다. 예를 들어 음률 영역에서 놀이하는 유아의 일부는 악기를 연주하고 일부는 악기 연주에 맞춰 노래를 부르고, 다른 유아는 동작으로 표현하도록 제안할 수 있다.

◇ 음률 영역에 너무 많은 유아가 몰려 있을 경우에는 연주자와 관객으로 나누고 또 역할을 바꾸어 놀이함으로써 다양한 역할을 경험해 보게 한다.

◇ 교사 스스로 음악을 즐기며 자유로운 표현을 가치 있게 여기는 태도를 보여주는 것이 중요하다. 교사의 이러한 태도는 유아가 음악에 관심을 가지고 자신의 생각이나 느낌을 음악적으로 자유롭게 표현하는 태도를 가지는 데 도움을 준다.

(6) 수 · 조작 영역

기본적으로 '조작 놀잇감(manipulatives)'은 손으로 다룰 수 있는 작은 놀잇감을 통칭한다. 손을 사용하면서 자조 기술과 수, 언어, 과학, 사회적 개념의 습득을 도울 수 있는 광범위한 놀잇감을 조작 놀잇감이라고 하는데 이러한 놀잇감을 모아 구성한 영역이 조작놀이 영역이다. 조작놀이 영역과 유사한 명칭으로 조작 영역, 수 · 조작 영역 등이 있는데, 여기서는 누리과정에서 제시한 '수 · 조작 영역'이라는 명칭을 사용하기로 한다.

1 교육적 의의

수 · 조작 영역에서 유아는 손으로 직접 다루어 보는 일상생활 관련 놀잇감이나 감각 교구를 통해 자조 기술과 감각 기능의 발달, 소근육 발달, 눈과 손의 협응 능력 발달 등을 이룰 수 있다. 언어, 수, 과학적 개념이 포함된 퍼즐이나 그룹 게임 등을 통해 기초 개념 습득과 탐구적 태도를 증진할 수 있으며, 자신이 고안한 방법대로 놀잇감을 조작하거나 게임의 규칙을 새롭게 바꾸는 경험은 유아의 창의적 사고 발달에 도움을 준다. 교사, 또래와 함께 놀이를 하면서 알지 못했던 어휘를 익히게 되고, 게임 방법이나 전략을 의논하는 과정에서 의사소통 기술이 발달한다. 또래와 함께 그룹 게임을 하기 위해서 규칙을 이해하고, 게임에서 이기기 위한 전략을 세우면서 다른 사람의 입장에서 생각해 보는 경험을 한다. 또한 자기 수준에서 어려운 수준의 과제라 할지라도 친구와 힘을 합쳐 해 보는 경험을 통해 협동하는 태도가 길러지고, 퍼즐 등을 스스로 완성하였을 때 유아는 자신의 능력에 대한 자신감과 성취감을 얻는다.

2 환경 구성

① 영역 배치

- 직접 조작하는 경험을 촉진하는 영역이므로 유아가 집중할 수 있도록 밝고 조용한 위치에 배치한다. 조용한 언어 영역이나 과학 영역과 인접하여 배치하는 것도 가능하다.
- 책상과 의자 또는 바닥에 카펫을 깔아서 편안한 자세로 집중하여 활동할 수 있게 한다.
- 한쪽이 막힌 것, 양쪽이 모두 뚫린 것 등 다양한 형태의 교구장을 사용하여 유아가 다양한 방향에서 교구를 자유롭게 꺼낼 수 있도록 한다. 영아의 경우에는 각 단이 칸막이로 구분되어 있는 교구장을 구비하여 영아들이 정리할 때 한 칸에 하나의 교구를 넣어 정리하게 하면 좋다. 유아의 경우에는 칸이 거의 없는 교구장을 제공하여 유아 스스로 교구를 정리할 위치와 방법을 생각해 보게 할 수 있다.

양쪽에서 꺼낼 수 있는 교구장에 자리 표시 없이 비치한 교구와 앉아서 할 수 있는 책상

그룹 게임 자료만 분리해서 비치한 교구장

앉아서 할 수 있도록 구성한 수 · 조작 영역

책상에 앉아서 할 수 있도록 구성한 수 · 조작 영역 _영아 학급(2세)

수 · 조작 영역의 자료_ 영아 학급(1세)

② 자료

◇ 퍼즐: 퍼즐은 여러 조각으로 나누어진 한 장의 그림을 맞추어 완성하는 놀잇감으로 재질 측면에서 보면 나무, 고무, 판지 등이 전통적으로 이용되었으나 최근에는 천이나 우레탄(EVA) 등 다양한 재질의 퍼즐이 나오고 있다.

> 모양은 대부분 평면 형태를 갖추고 있으나 정육각형 형태의 블록 퍼즐, 원통형 퍼즐 등 다양한 입체 형식의 퍼즐도 나오고 있어 영아들도 흥미를 느끼고 활동할 수 있다.

> 유아의 연령에 따라서 3~5조각에서 30조각 이상의 퍼즐을 제공하도록 한다. 유아의 연령이 어릴수록 조각의 수가 적은 퍼즐, 손잡이가 있는 퍼즐, 조각으로 나뉘어 있지 않고 크기나 모양의 차이를 보고 제자리를 찾는 퍼즐, 끝이 사각으로 되어 있어 네 개의 가장자리 조각을 먼저 맞춘 다음 다른 조각을 쉽게 찾을 수 있도록 구성된 퍼즐 등이 바람직하다. 연령이 높을수록 조각의 수가 많은 퍼즐,

조각의 잘린 모양이 거의 비슷한 퍼즐, 퍼즐의 가장자리가 다각형으로 되어 있어 맞추기 다소 어려운 퍼즐을 제공할 수 있다. 하지만 반드시 연령에 따라 구분해야 하는 것은 아니며 영아라 하더라도 경험이나 발달 수준에 따라 어려운 수준의 퍼즐도 잘 맞출 수 있으므로 다양한 수준의 퍼즐을 제공한다.

◇ 일상생활 · 자조 기술 관련 놀잇감: 일상생활 · 자조 기술 관련 놀잇감은 유아의 소근육 발달을 세련되게 하고, 눈과 손의 협응력을 증진시킬 수 있다. 구슬 꿰기와 끈 끼우기 등의 전통적인 자료와 지퍼 올리기, 단추 끼우기, 나사 맞추기, 곡식 옮기기, 바느질하기 등이 여기에 해당한다.

◇ 감각 놀잇감: 유아가 오감을 사용하여 놀이하는 자료들로 상자 안에 있는 물건을 눈으로 보지 않고 손으로 만져서 맞히는 촉감 상자, 냄새를 맡고 맞히는 후각 상자 등이 해당한다.

◇ 개념 발달을 돕는 자료: 유아의 개념 발달을 돕는 조작 놀잇감은 수, 언어, 과학, 사회적 개념과 관련된 자료로 나눌 수 있다.

> **수 개념과 관련된 자료**: 짝짓기, 수세기, 두 수 합하기, 분류, 비교, 모양 알기, 부분과 전체, 서열 개념 등을 위한 자료로 기억력 게임 카드, 수열과 패턴에 관련된 자료, 색 분류 자료 등이 있다.

> **언어적 개념과 관련된 자료**: '덥다/춥다' 등의 반대말을 찾는 퍼즐, 장판이나 모래 종이로 만든 글자판, 그림과 글자 짝 맞추기 카드 등이 있다.

> **과학적 개념과 관련된 자료**: 계절과 관련된 개념, 예를 들면 봄에 피는 꽃 분류하기와 같은 자료가 있고, 동식물의 성장 과정 순서 짓기, 동물의 종에 대해 알아보기 자료 등이 있다.

> **사회적 개념과 관련된 자료**: 유아를 둘러싸고 있는 사회, 즉 가정과 교육기관, 지역사회, 직업 등과 관련된 자료, 환경오염 등과 같이 사회 현상과 관련된 자료 등으로 나눌 수 있다.

◇ 진행 중인 주제와 관련된 놀잇감: 교사가 계획한 주제나 계절 등과 관련된 기본 개념을 알 수 있게 하는 자료로서, 예를 들어 '가게 놀이'를 할 때는 우리 동네에서 볼 수 있는 다양한 가게, 가게와 가게에서 파는 물건 연결하기 등과 같은 자료 등을 제공할 수 있다.

◇ 그룹 게임을 위한 자료: 그룹 게임은 2명 이상의 유아가 규칙이 있는 게임에 참여하는 것으로 판 게임과 카드 게임이 있다. 그룹 게임에 대한 자세한 설명은 수·조작 영역의 뒷부분에서 다시 언급하고자 한다.

이상의 수 · 조작 영역 자료를 연령별로 살펴보면 다음과 같다.

표 4-7 연령에 적합한 수 · 조작 영역 자료

<table>
<tr><th colspan="2">구분</th><th>1세</th><th>2~3세</th><th>4~5세</th></tr>
<tr><td colspan="2">퍼즐</td><td></td><td>• 손잡이가 있는 그림 맞추기
• 천 소재의 블록 퍼즐
• 나무 퍼즐(5~6조각)
• 간단한 블록 퍼즐</td><td>• 나무 퍼즐(10조각 이상)
• 종이 퍼즐
• 2단 겹 퍼즐</td></tr>
<tr><td colspan="2">손으로 조작하는 놀잇감</td><td>• 감각공
• 구슬 굴리기
• 헝겊 고리 끼우기
• 모양 맞추기
• 소리 나는 상자
• 누르면 튀어 오르는 놀잇감</td><td>• 겹 끼우기 컵
• 뚜껑 맞추기
• 일상생활 관련 놀잇감(단추 끼우기, 지퍼 올리기 등)
• 큰 구슬 꿰기
• 빨래집게로 구성하기
• 옥수수알, 마카로니, 쌀 등을 여러 가지 도구로 담아보기</td><td>• 못판과 고무줄로 모양 구성하기
• 바느질하기 놀잇감
• 작은 구슬 꿰기
• 도미노 세우기
• 목공놀이 세트</td></tr>
<tr><td rowspan="4">개념 발달 놀잇감</td><td>수</td><td>• 모양 맞추기
• 색깔 상자</td><td>• 1:1 대응하기 자료(같은 그림끼리 모으기)
• 한 가지 준거로 분류하기(크기, 색, 모양별 분류, 단추 구멍 수 등)
• 간단한 패턴, 서열(다음에 무엇이 올까?)</td><td>• 숫자대로 계란판에 공놓기
• 주사위, 숫자카드
• 그림 도미노(뒤에 같은 그림이 오도록 카드를 놓는 게임)
• 복잡한 단계의 분류하기(2가지 이상의 준거)
• 복잡한 패턴, 서열
• 화폐</td></tr>
<tr><td>언어</td><td colspan="2"></td><td>• 같은 글자 찾기
• 자모음으로 글자 만들기
• 글자와 그림 짝짓기</td></tr>
<tr><td>과학</td><td colspan="2"></td><td>• 동식물의 성장 과정 순서 짓기
• 동물의 놀잇감 알아보기
• 계절의 변화 알기(예 봄에 피는 꽃 분류하기)</td></tr>
<tr><td>사회</td><td colspan="2"></td><td>• 사회적 관계의 개념 형성에 대한 자료(예 친구와 사이좋게 지내는 방법을 알려주는 게임, 퍼즐 등)
• 함께 놀이할 수 있는 보드게임</td></tr>
</table>

구분	1세	2~3세	4~5세
주제 관련 자료	• 진행 중인 주제와 관련된 놀잇감(공통)(예 환경-환경오염, 재활용품 분류 등과 같은 그림으로 구성된 자료)		
그룹 게임 자료			• 간단한 기억력 게임(카드의 수를 적게 제공) • 간단한 보드게임(주사위를 던져 나온 수대로 가기) • 간단한 덧셈 카드 자료(합해서 5 만들기) • 카드의 수가 많은 기억력 게임 • 게임 방법이 다양하고 규칙이 있는 판 게임

3 교사의 역할

① 환경 구성 및 유지

수·조작 영역은 자료를 통한 상호작용이 많이 일어나므로 유아의 발달 수준이나 흥미에 맞는 자료를 제공하는 것이 중요하다. 수 · 조작 영역의 환경을 구성할 때 유의할 사항은 다음과 같다.

- 같은 연령이라 하더라도 유아의 개인차를 고려하여 다양한 수준의 놀잇감을 제공한다. 예를 들어 유아의 발달 수준에 맞추어 구슬 꿰기를 할 때 큰 구슬과 작은 구슬을 함께 내주거나, 3~5조각의 퍼즐과 15조각 이상의 퍼즐을 함께 제공한다.
- 놀이 또는 교사가 계획한 주제를 고려하여 놀잇감에 변화를 준다. 예를 들어 유아가 사는 지역사회의 특정 기관(예 경찰서)에 관심이 있다면 이와 관련된 퍼즐이나 게임을 제공하고, 환경 지키기에 관심이 있다면 환경오염에 관련된 퍼즐이나 게임, 산에 나무 심기 게임 등과 같이 주제와 관련된 놀잇감을 제공할 수 있다.
- 교사가 제공한 자료 중에 유아가 흥미를 보이지 않거나 사용하지 않는 자료가 있다면, 문제점을 파악하고 다음의 사항을 고려하여 자료를 수정·보완하거나 교체한다.
  - 유아의 수준에 맞지 않거나 매력적이지 않은 놀잇감은 교체하거나 유아에게 적합하도록 수정한다.
  - 모든 자료를 한꺼번에 제시하지 않고 기간을 두어 바꾸거나 보충한다. 일 년 내내 같은 그림의 퍼즐과 게임을 제공하는 것은 매우 바람직하지 못하다.

> 자료를 바꾸어 제시하는 시기는 정해져 있지 않지만 유아가 사용하는 패턴(예 너무 익숙해져서 사용하지 않을 때, 너무 쉽거나 어려워서 사용하지 않을 때, 부속이 없거나 찢어져서 사용하지 않을 때)을 관찰하고 적절한 시기에 교체해 준다.

◇ 수 · 조작 영역의 자료는 다양한 크기와 재질로 이루어진 것들이 많으므로 안전 관리에 더욱 신경을 써야 한다. 특히, 영아의 경우 놀잇감을 입으로 물거나 빨 수 있고 작은 구슬 등은 입이나 코로 들어가기 쉽다. 그러므로 교사는 다음과 같은 사항에 주의하여야 한다.

> 깨졌거나 없어진 놀잇감이 있을 경우에는 즉시 고치거나 다른 자료로 대체하는가?

> 페인트칠을 한 원목 교구일 경우에 페인트가 벗겨지거나 나무의 표면이 일어나지는 않는가?

> 나무 퍼즐의 조각이 너무 날카로워 위험하지는 않는가?

> 너무 쉽게 부러지거나 모양이 변형되지는 않는가?

> 유아가 사용하기에 너무 크거나 작지는 않은가?

◇ 자료 정리를 쉽게 하기 위해 교구장에 자리 표시를 할 수 있다. 놀잇감과 교구장의 정리할 자리에 동일한 그림이나 도형, 숫자 등을 붙여두면 유아가 정리하기 쉽고 1:1 대응을 해볼 수도 있다. 그러나 자리 표시를 붙여주는 방법은 유아 스스로 정리하는 전략을 고안해 내게 하지 못하므로 점차 자리 표시를 떼고 자신의 방법으로 정리할 수 있도록 지원한다. 또한 한 개의 자료에 조각이 많거나 짝을 잃어버릴 위험이 있는 경우에는 쟁반이나 바구니를 사용하여 한 세트의 자료를 한 곳에 정리할 수 있도록 한다.

② 지도 방법

◇ 교사는 유아가 조작 영역에 흥미를 느낄 수 있도록 다양한 방법을 사용하여야 한다. 남아의 경우에는 조작 놀잇감에 흥미를 보이지 않는 경우가 많은데, 반드시 조작놀이를 해야 하는 것은 아니지만 다양한 경험을 할 수 있도록 흥미를 유발시켜 주어야 한다. 예를 들면 새로운 놀잇감을 소개하거나 조작 놀잇감을 가지고 놀아본 유아에게 활동 방법을 소개해 보게 할 수 있으며, 주의집중 자료로 조작 영역의 놀잇감을 사용할 수도 있다.

◇ 교사는 놀잇감이 너무 어렵거나 쉽지는 않은지, 유아와 놀잇감 간 상호작용뿐 아니라 유아와 유아 사이의 상호작용도 이루어지고 있는지 관찰한다. 조작 영역에서 교사가 관찰할 사항은 다음과 같다.

> 유아가 어떤 놀잇감에 흥미를 보이는가? 흥미를 보이는 놀잇감의 수가 부족하여 갈등이 일어나지는 않는가?

> 게임 방법이나 규칙 등이 유아가 이해할 만한 수준인가?(특히 그룹 게임의 경우)

> 놀잇감이 너무 쉽거나 어려워 흥미를 보이지 않거나 중간에 포기하지는 않는가?

◇ 관찰을 통해 유아의 수준을 파악하여 놀잇감을 제공하였으나 놀이를 하는 도중 어려움을 느끼는 경우에는 이미 그 놀잇감을 사용해 본 또래 유아 또는 교사와 함께 하는 방법 등을 통해 유아가 좌절감을 느끼지 않고 활동할 수 있도록 돕는다. 또한 연령이 어릴수록 교사가 힌트를 많이 제공함으로써 집중 시간이 짧은 유아가 활동을 포기하지 않도록 돕는다. 예를 들어 퍼즐의 가장자리부터 맞추게 하거나, 퍼즐의 단면이 서로 확연하게 차이가 나서 맞추기 쉬운 퍼즐을 제공한다.

◇ 또래 유아와 노는 것을 매우 좋아하거나 집중 시간이 짧고 주의가 산만한 유아는 수 · 조작 영역에서 놀이하다 그대로 두고 다른 영역으로 가기도 한다. 이와 같은 유아를 위해 교사는 또래끼리 소집단으로 게임이나 퍼즐을 함께 완성하도록 하는 등의 방법을 활용하여 자신이 시작한 것은 완성하고, 성취감을 느낄 수 있도록 한다.

◇ 선 긋기나 글자 쓰기와 같은 활동을 하고 나서 지워야 하는 놀잇감이 있는 경우에는 뷰펄(화이트보드) 지우개, 헝겊 등을 함께 내주고 활동한 유아 스스로 정리하도록 한다.

● 참고 ● 그룹 게임

수 · 조작 영역에 제시되는 교구는 일반적으로 유아와 교구 간의 상호작용이 촉진되는 것이 많지만 유아 간 상호작용을 도울 수 있는 자료도 함께 제공하는 것이 바람직하다. 그 좋은 예가 카드 게임이나 판 게임과 같이 그룹 게임을 할 수 있는 교구이다.

그룹 게임을 통해 유아는 게임의 방법과 규칙을 이해하고 전략을 생각함으로써 문제 해결 능력을 기를 수 있고, 다른 유아와의 의사소통 기술도 익힐 수 있다. 그룹 게임은 게임 방법과 규칙을 이해할 수 있는 4세 후반 정도부터 제공하는 것이 바람직한데, 그 전 시기인 영아의 경우는 발달 수준을 고려하여 제공 여부를 판단한다.

▶ 그룹 게임의 정의

현재 우리나라 유아교육 현장에서 많이 활용되는 그룹 게임을 정의하면 다음과 같다.

- 달성해야 할 목표가 있는 놀이
- 두 명 이상의 유아가 함께 할 수 있는 놀이
- 자신과 상대방이 서로 반대되는(혹은 상호 의존적, 협력적) 역할을 하는 놀이
- 규칙을 따라 하는 놀이

그룹 게임을 하는 유아

유아가 만든 그룹 게임

▶ 유아기에 적절한 그룹 게임의 기준

- 유아가 게임의 방법을 이해할 수 있어야 하고 재미있어야 한다.
- 게임 내용이 유아의 발달 수준, 즉 추상적이고 형식적 발달 단계가 아닌 실제적 경험 수준에 적합해야 한다. 그러므로 유아의 발달 수준에 따라 주사위를 굴려 말을 움직이는 정도의 단순한 것에서부터 시작하여 다소 복잡한 게임 방법이 있는 것을 제공하며, 부수적인 규칙이 없거나 한 개 정도 있는 것에서부터 제공하는 것이 좋다.
- 유아들 스스로 성공을 판단할 수 있어야 한다. 자신이 원하는 결과를 얻었을 때, 유아는 자연스럽게 자신의 노력에 대해 성취감을 갖게 된다.
- 모든 놀이 참여자가 적극적으로 게임에 참여할 수 있어야 한다. 놀이하는 모든 유아가 적극적으로 게임에 참여한다면, 이것은 그 게임이 유아의 발달 수준에 적합하다는 것을 의미한다.

▶ 그룹 게임 시 교사의 역할

- 유아에게 그룹 게임을 제공할 때는 연령 및 발달 수준에 적합한 게임을 제공하도록 한다.
  ① 초기: 빨리 끝낼 수 있고 함정도 적고, 카드의 수도 적은 카드 게임, 나 혼자 잘해도 게임이 진행될 수 있는 판 게임 등을 먼저 내어주고, 바둑과 같이 상대편이 함께 잘해야만 진행되는 게임은 후반에 내어주는 것이 좋다.
  ② 그룹 게임에 익숙해진 후: 규칙이 2~3가지 이상인 게임, 카드의 수가 많은 카드 게임, 바둑과 같이 상대편이 함께 잘해야만 진행되는 게임 등을 내준다.

- 그룹 게임을 소개할 때는 크게 세 가지 방법으로 소개할 수 있다.
  ① 그룹 게임판을 내주고 유아가 먼저 해보게 한 후, 필요한 경우에만 활동 방법을 알려주는 경우: 유아가 어느 정도 그룹 게임을 경험하여 게임의 종류나 방법, 일반적인 규칙을 알고 있는 경우에 적합하다.
  ② 유아가 모두 모여 앉는 시간에 소개하는 경우: 그룹 게임을 처음 접하는 유아가 많거나 규칙과 게임 방법이 다소 복잡한 경우에 교사가 먼저 방법과 규칙을 알려줄 수 있다.
  ③ 유아가 게임하는 것을 관찰하면서 중간중간 질문과 답을 통해 유아가 정확하게 게임을 이해하도록 돕는 경우: 앞의 두 가지 방법으로 소개한 후에도 유아가 게임 방법을 이해하지 못할 때 적합하다.

- 그룹 게임을 내준 후에는 유아가 규칙을 이해하고 있는지 지속적으로 확인해야 한다. 게임이 진행 중인데도 끝내려고 하거나, 순서대로 하지 않고 자신의 말만 계속 옮기려고 하는 유아가 있을 때는 그룹 게임의 일반적인 규칙을 알려주도록 한다. 예를 들면 '순서를 정하여 번갈아 가며 주사위를 던지거나 말을 옮긴다.', '게임을 하는 유아 중 적어도 한 명이 도착 지점에 도달해야 게임이 끝난다.' 등의 일반적인 규칙에 대해 알려줄 수 있다.

- 경쟁심이 너무 많아 반드시 이겨야만 하는 유아와 경쟁심이 너무 적어 전략을 세우지 않는 유아 모두 교사가 도와주어야 한다.
  ① 경쟁심이 강한 유아
    - 그룹 게임의 궁극적인 목적, 즉 즐겁게 활동을 하는 것이 더 중요함을 이야기하도록 한다.
    - 교사는 게임을 하는 유아에게 "누가 이겼니?"라는 질문을 하는 것이 아니라 "다음엔 무엇을 할까? 한 번 더 이 게임을 하겠니 아니면 다른 게임을 하겠니?" 등을 질문하는 것이 바람직하다.
    - 경쟁심으로 인하여 갈등이 일어났을 경우에는 대·소집단으로 다른 유아와 함께 토의해 보도록 한다.
  ② 경쟁심이 약한 유아
    - 어떻게 하면 이길 수 있을지 전략을 세우지 않거나, 게임에 흥미를 느끼지 못할 수 있으므로 교사는 경쟁심이 적은 유아가 이겼을 때 칭찬을 해주거나 교사와 함께 게임을 하면서 게임에 흥미를 느낄 수 있도록 언어적·비언어적으로 상호작용하도록 한다. 예를 들어 "어떻게 하면 이길 수 있지?" 등의 혼잣말이나 매우 흥미로워하는 교사의 표정은 유아를 자극할 수 있다.

(7) 과학 영역

과학 영역은 여러 가지 자료를 직접 탐색·실험해 보는 기회를 가짐으로써 다양한 과학적 개념을 형성할 수 있는 영역이다. 유아는 과학 영역에서 자연물 탐색하기, 동식물 기르기, 기계 분해와 조립하기 등 과학의 여러 가지 개념 형성을 도울 수 있는 활동을 하고 다양한 기구와 재료를 실험·탐색해 보는 기회를 갖는다. 교사는 과학 영역을 유아의 관찰력 및 탐구력과 객관적인 사고력이 모두 발휘될 수 있는 곳이 되도록 구성한다. 즉, 과학 영역은 호기심을 불러일으켜 직접 들여다보고, 만져 보고, 실험할 수 있는 실습장의 역할을 해야 한다.

1 교육적 의의

과학 영역에서 유아는 호기심을 불러일으킬 만한 다양한 자료와 도구들을 가지고 직접 조작하고 실험해 보면서 과학적 소양을 갖추게 된다. 지레나 도르래와 같은 도구를 움직이거나 조립해 보고, 사물이나 자연을 관찰하거나 분류하는 과정에서 대·소근육의 발달 및 눈과 손의 협응, 오감을 발달시키는 기회를 가질 수 있다. 이 과정에서 사물의 속성, 특징, 유사점과 차이점 등을 이해하는 능력이 증진되고, 문제를 해결하며 원인과 결과를 알아보는 과정에서 논리적이고 창의적인 사고 능력을 기르게 된다. 유아는 새로운 어휘를 배우고 자신을 둘러싼 주변 사람, 사건과 현상에 관심을 가지고 여럿이 모여 질문하고 이에 대한 답을 찾아가는 과정에서 다른 사람의 이야기를 잘 듣고 이해하는 능력과 관계 형성 기술을 기를 수 있다. 또한 서로 협동하고 규칙을 지켜야만 안전하게 과학 활동을 할 수 있음을 경험함으로써 사회성 발달이 이루어진다. 유아는 궁금했던 문제를 하나하나 해결해 가면서 성취감과 만족감을 느끼고, 동식물을 기르는 활동을 하면서 자신의 힘으로 생명을 길러냈다는 자신감과 생명 존중 의식, 정서적 안정감을 가지게 된다.

2 환경 구성

① 영역 배치

과학 영역은 실내에만 국한하지 말고 유아교육기관 전체 환경을 활용하여 배치해야 하는데 과학 영역의 배치 시 고려할 사항은 다음과 같다.

◇ 과학 영역의 배치 시 정적인 측면과 동적인 측면을 모두 고려해야 하는데, 기본적으로는 유아의 왕래가 적고 조용하고 햇빛이 잘 들고 안정된 공간에 배치한다. 실내에서 동식물이나 곤충을 기를 경우에는 물을 사용할 수 있고 통풍이 잘 되는 곳에 배치한다.

◇ 유아가 직접 만져보고, 들여다보고 실험할 수 있도록 준비한다. 과학 영역은 유아의 관찰력 및 탐구력과 객관적인 사고력을 모두 발휘할 수 있는 생동감 있는 영역이므로 유아가 직접 활동할 수 있어야 한다.

◇ 기관의 실내뿐만 아니라 실외 환경을 활용하도록 한다. 실외 영역은 과학적 호기심을 불러일으킬 수 있는 소재가 매우 많으므로 과학 활동이 충분히 이루어질 수 있고, 실내 영역에서 이미 한 활동을 실외 영역에서 해볼 수도 있다. 실외 환경에서의 과학 활동을 통하여 유아는 사계절의 변화를 알게 되고, 살아있는 생물의 변화를 관찰하고 돌보는 것을 배울 수 있으며, 자연을 사랑하는 마음을 갖게 된다.

◇ 과학 영역은 주제 및 계절에 따라 다양하게 운영되므로 주제 전개 상황을 고려하여 유아의 흥미와 관심을 유도할 수 있도록 해야 한다. 즉, 주제에 따라 관련 자료를 바꾸어 제공해야 하는데, 준비한 자료는 유아가 생활 주변에서 흔히 볼 수 있으면서 호기심을 유발시킬 수 있는 것이어야 한다.

◇ 관찰이나 실험과 같은 활동뿐 아니라 분류하기, 비교하기, 창안하기 등과 같은 다양한 과학 활동을 해볼 수 있도록 준비한다.

유아가 수집한 자료와 자료를 탐색할 수 있는 도구, 관련된 퍼즐이 함께 비치된 빛이 잘 드는 과학 영역

다양한 생물(예 금붕어, 개미, 달팽이)을 키울 수 있는 과학 영역

유아가 수집한 돌을 관련된 책과 함께 관찰할 수 있도록 한 과학 영역

빛을 실험해 볼 수 있는 과학 영역

시계, 동물 모양의 추, 유아가 수집한 가을 열매, 돋보기가 비치된 과학 영역

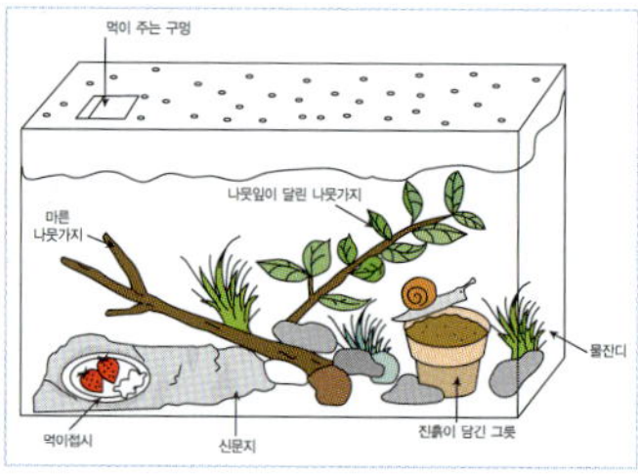

달팽이 기르기

② 자료

과학 영역에서는 유아의 관심과 흥미를 유발시키고, 활동을 통해 탐구하게 하고, 지식과 경험을 확장 시킬 수 있는 주변의 모든 것을 자료로 사용할 수 있다. 과학 영역에 제공할 수 있는 자료는 일반적인 실험 · 관찰 도구와 요리 도구, 시청각 자료 등이 있다. 유아에게 제공할 수 있는 과학 활동 자료를 정리하면 다음과 같다.

표 4-8 연령에 적합한 과학 활동 자료

구분	영아	유아
일반적 도구	• 거울, 자석(예 막대 자석, U자형 자석, 말굽 자석), 돋보기, 만화경	• 자석(원반 자석, 고리 자석), 집게, 연장 세트(예 드라이버, 망치, 톱 등), 컴퍼스, 돋보기, 졸보기
측정 도구	• 모래시계, 양팔 저울, 되, 말, 키	• 온도계, 막대 자, 줄자, 플라스틱 비커, 플라스틱 눈금 실린더, 타이머 • 저울, 측정용 컵과 스푼
요리 도구	• 도마, 믹서, 소형 가스레인지, 전기 프라이팬(뚜껑 있는 것), 뒤집개, 주걱, 그릇류, 요리 순서표	
식물 관련	• 관엽식물(예 아이비, 스킨답서스 등) • 1년초 식물(예 금잔화, 나팔꽃, 봉숭아, 메리골드, 피튜니아, 팬지 등) • 구근 식물(예 고구마, 감자, 홍당무, 무, 양파) • 씨앗류(예 채송화, 코스모스, 해바라기, 나팔꽃, 분꽃, 강낭콩, 맨드라미, 조롱박 등) • 곡식류(예 밀, 보리, 쌀, 벼, 옥수수, 조, 팥 등) • 열매(예 밤, 대추, 땅콩, 도토리, 은행, 잣 등) • 각종 식물 표본류 • 여러 가지 나뭇잎 • 화분으로 이용할 수 있는 폐품(예 우유팩, 아이스크림 통), 작은 물뿌리개 • 씨앗을 담을 수 있는 상자나 그릇 • 식물 관련 책, 영상 자료 등	

구분	영아	유아
동물 관련	• 동물(예 오리, 토끼, 강아지, 고양이, 병아리, 금붕어, 열대어, 햄스터, 기니피그, 개구리, 올챙이, 달팽이, 개미, 도롱뇽, 자라, 거북 등) 중 기르도록 허용된 것 • 곤충(예 개미, 배추흰나비 애벌레 등) • 여러 종류의 알(예 메추리알, 계란, 오리알 등) • 각종 동물 표본류 • 뼈(예 물고기뼈, 닭뼈 등) • 여러 종류의 새털 • 사육에 필요한 물품(예 어항, 사육장, 먹이 등) • 관찰 기록 용지 • 동물 관련 책, 영상 자료 등	
실물	• 시계(탁상시계, 손목시계, 괘종시계) • 기계류(예 고장 난 라디오, 카메라 등) • 너트와 볼트, 송곳, 열쇠와 자물쇠 • 다양한 바퀴	• 현미경, 망원경, 카메라, 녹음기, 라디오 등 과학 활동에 필요한 특수 도구
물리적 지식 활동에 필요한 도구	• 기어, 스위치, 도르래, 추, 지렛대, 손전등, 블록, 저울 등	
기타	• 각종 표본이나 모형 • 생활용품(예 천, 실과 바늘, 못, 고무 밴드, 스펀지, 빨대, 이쑤시개 등) • 모래종이, 거름종이, 식품 색소, 스톱워치, 색깔 있는 돌 등 • 라이트테이블, OHP, 실물 환등기 등	

과학 활동에 대한 이해를 돕거나 유아의 사고와 활동을 확장하기 위하여 다양한 시청각 자료와 그림 · 사진 자료를 활용할 수 있다. 이런 자료들은 직접적인 관찰이나 경험이 어려울 경우에도 도움을 준다.

표 4-9 연령에 적합한 시청각 및 그림 · 사진 자료

구분	영아	유아
시청각 자료	• 현장 견학을 가서 녹음한 다양한 소리, 실제 견학 활동을 동영상으로 제작한 것	• 동식물 관련 다큐멘터리(편집) • 상품화된 비디오 자료
그림 · 사진 자료	• 계절 관련(사계절의 변화와 특징) • 동식물 관련(예 성장 · 생장 과정, 사는 곳, 특징, 먹이사슬 등) • 기계와 도구, 우주 등 놀이 및 주제와 관련된 그림 · 사진 · 책 등	

3 교사의 역할

① 환경 구성 및 유지

◇ 과학 영역은 쌓기놀이나 역할놀이 영역에 비해 유아의 관심이 덜 집중되는 영역이 될 수 있다. 그러므로 교사는 유아의 호기심을 유발하여 물체의 특성 및 변화, 동식물의 변화 과정, 주변 환경 등을 관찰하고 탐구할 수 있는 물리적 환경을 제공해 주어야 한다.

◇ 스스로 활동을 선택 · 진행할 수 있도록 유아의 흥미와 발달 수준에 맞는 환경을 구성하고 필요에 따라 자료를 첨가하거나 환경 구성을 변화시킬 수 있어야 한다. 이를 위해 교사는 다음과 같은 사항을 관찰하고 환경을 구성하고 유지해 주도록 한다.

> 과학의 한 영역에 편중되지 않고 다양한 과학적 개념에 대한 이해를 도울 수 있도록 환경을 구성하였는가?

> 활동 자료와 영역 자체를 유아가 접근하기에 쉽도록 배치하였는가?

> 유아의 흥미나 관심이 유지될 수 있도록 시간이 지남에 따라 적절히 자료를 첨가하거나 환경을 수정하는가?

> 유아가 작성한 관찰 기록이나 과학 활동의 결과물 등을 게시하여 유아가 성취감과 자부심을 느낄 수 있도록 하는가?

> 유아가 관찰하고 실험한 것을 토대로 서로의 생각과 개념을 공유할 수 있는 환경을 제공하는가?

> 환경 구성에 대한 유아의 제안을 충분히 수용하는가?

> 유아의 오감을 자극하는 자료를 다양하게 제공하는가?(특히, 영아의 경우)

② 지도 방법

◇ 과학 영역에서의 활동이 유지되도록 하고 유아의 창의적 사고 발달을 돕기 위해 교사는 유아가 과학 활동에 관심을 가질 수 있도록 아이디어를 소개할 수 있다.

◇ 유아 관찰을 통하여 유아가 무엇을 이해하고 있는지, 무엇에 흥미를 느끼고 있는지에 대한 정보를 얻는다면 교사가 유아와 어떻게 상호작용할지를 결정하는 데 도움이 된다.

> 유아의 흥미와 발달 수준에 적합하여 과학 영역에 관심을 가지는가?

> 활동이 일시적인 흥미로 끝나지는 않는가?
> 혼자서만 활동하는가? 다른 유아와 경험, 지식을 공유하는가?
> 유아의 흥미가 사라져 활동을 더 이상 하지 않는가? 그렇다면 활동을 교체할 것인가, 계속 둘 것인가?

◇ 다음으로 교사는 관찰 내용을 토대로 유아와 상호작용한다. 창의적인 과학 활동이 이루어지기 위해 교사는 유아가 정교하게 관찰하도록 유도하고, 자신의 생각과 의견을 자유롭게 말할 수 있도록 도와주어야 한다. 이를 위해 교사는 다양한 질문을 제시하게 되는데 유아의 사고를 자극하는 질문의 예는 다음과 같다.
> ○○한 것을 본 적이 있니? ○○에서 무엇을 발견했니?
> 만져보니 감촉이 어때? 냄새가 어때? 무슨 모양이니?(특히, 영아의 경우)
> 여기 있는 물건들은 어떤 점에서 서로 비슷하니? 서로 어떻게 다르니?
> 만일 우리가 ○○하게 하려면 어떻게 해야 할까? 어떤 방법이 있을까?
> 만일 여기에 다른 것을 넣으면 어떤 일이 일어날까? 어떻게 될까?
> 너는 왜 그렇게 생각했니? 이렇게 된 이유가 무엇이라고 생각하니?

◇ 교사는 자신이 하는 질문이 유아의 수준에 적절하고 사고를 확장하는 데 도움이 되는지 판단하여야 하며, 질문을 계속해서 반복하거나 유아가 대답할 시간을 충분히 주지 않고 대답을 재촉하는 것을 피해야 한다. 또한 직접적인 지시나 설명보다는 유아가 생각할 수 있도록 하는 개방적인 질문을 하고 유아의 일상적인 반응과 대답보다는 독특한 생각을 유도하는 질문을 하는 것이 좋다.

③ 안전 관리 및 정리·정돈

◇ 과학 영역에는 활동에 필요한 다양한 도구와 약품, 요리 활동과 관련된 자료가 제시되므로 유아가 다치지 않도록 사전에 예방하는 것이 중요하다. 교사는 유아의 안전을 위해 다음의 사항을 고려해야 한다.
> 부서지거나 깨진 도구는 없는가? 영아의 경우 유리로 된 도구를 사용하지는 않는가?
> 유아가 혼자서 사용하기에 위험한 약품을 방치하지는 않는가?
> 실외의 과학 영역에서 활동할 경우 교사의 시야를 벗어나지는 않는가?
> 사고 발생 시 즉시 응급조치를 취할 수 있도록 준비되어 있는가?

◇ 과학 활동은 개별 혹은 소집단으로 활동이 이루어지는 경우가 많다. 이때 교사는 유아가 자신이 사용한 도구 등을 정리하도록 유도하여 다른 유아가 과학 영역에 왔을 때 바로 과학 활동을 시작할 수 있도록 한다. 정리를 위해 교사가 할 수 있는 제안의 예는 다음과 같다.

> 관찰이나 실험을 다 한 유아는 자기가 쓴 빨대를 '사용한 빨대' 쪽에 넣거나 쓰레기통에 버리도록 하자.

> 실험을 하고 나니까 책상에 물이 많이 흘렀구나. 다른 친구들을 위해서 물을 닦고 수조에 물을 더 채우도록 하자.

(8) 물 · 모래놀이 영역

물놀이 영역과 모래놀이 영역을 따로 구분할 수도 있으나 보통 물놀이와 모래놀이가 혼합되어 나타나므로 물 · 모래놀이 영역으로 통칭하기로 한다.

1 교육적 의의

물·모래놀이 영역에서 유아는 피부에 와 닿는 물의 청량감이나 손가락 사이로 흘러내리는 물·모래의 감촉을 좋아하며 편안함을 느낀다. 이 느낌은 유아가 기분 좋게 다양한 형태와 크기의 도구로 물 · 모래를 담거나 섞고, 옮기는 활동을 하게 함으로써 유아의 대·소근육의 발달과 눈과 손의 협응력 발달에 도움을 준다. 이를 통해 수와 양, 측정과 같은 기초적인 수학 개념을 알게 되며, 물질의 속성이나 형태의 변화 등과 같은 과학 개념을 습득하게 된다. 유아는 물 · 모래놀이를 보다 발전시키기 위해 다른 유아와 의견을 나누고 방법을 제시하며 힘을 합쳐 놀이하는데, 이 과정에서 측정이나 방법, 새로운 자료에 대한 어휘를 알게 되고 자신의 의견을 제시하는 능력과 다른 사람의 의견을 존중하는 태도를 가질 수 있으며 협동심을 기르게 된다. 물과 모래는 놀이하는 것만으로도 감정을 편안하게 하는 재료이고, 구성물이나 작품을 완성하려는 의지와 이를 완성했을 때의 성취감과 자신감을 얻을 수 있다.

2 환경 구성

① 영역 배치

물 · 모래놀이 영역은 실내와 실외 모두 설치할 수 있으나 일반적으로 실외 놀이 영역에 배치한다. 실외에 물 · 모래놀이 영역을 설치할 때는 다음의 사항에 유의하도록 한다.

- 물놀이 영역은 물의 공급이 쉽고 배수가 잘 되는 곳에 설치한다. 모래놀이도 물을 사용하는 경우가 많으므로 물을 쉽게 가져올 수 있도록 서로 인접하여 배치하는 것이 좋다.
- 물 · 모래놀이 영역과 건물의 문이 너무 가까이 붙어 있으면 실외의 모래가 실내로 들어갈 수 있으므로 출입문과는 거리를 두어 영역을 배치한다.
- 물 · 모래놀이 영역은 햇빛과 그늘이 모두 있는 것이 좋으므로 햇빛이 비치는 곳에 정자나 차양을 설치하여 그늘을 만든다. 정자의 윗부분에 넝쿨식물 등을 이용하여 햇빛을 좀 더 차단할 수도 있는데, 이때에는 모래 놀이터에 반드시 덮개를 덮어두어 나뭇잎이 떨어져 썩는 등의 오염을 막아야 한다.
- 모래 놀이터에는 세척한 후 소독한 모래 놀이터용 모래를 구입하여 비치한다.
- 물 · 모래놀이 영역에서 사용한 자료를 보관하기 위해 보관함이나 보관장을 준비한다. 보관함이 플라스틱 재질인 경우는 부러질 위험이 있으므로 스테인리스로 만들어진 것을 선택하고, 물과 모래가 잘 빠질 수 있도록 아래 부분이 망으로 되어 있는 것이 좋다. 또한 열쇠를 준비하여 놀잇감을 정리한 후에는 반드시 잠가 다른 사람이 함부로 사용하는 것을 막도록 한다.

실내에 물 · 모래놀이 영역을 설치하면 놀이가 더욱 풍부해질 수 있다. 특히 실외 놀이를 빈번히 하지 못하는 영아들의 경우에는 통제된 실내 환경에서 물 · 모래놀이를 할 수 있게 된다. 실내에 물 · 모래놀이 영역을 설치할 때는 다음의 사항에 유의하도록 한다.

- 실내에 모래놀이용 책상을 비치하는 경우, 다른 활동을 하는 유아에게 방해가 되거나 활동실이 모래로 가득 차지 않도록 모래놀이용 책상에서만 사용하도록 한다. 또한 바닥에 놓을 경우는 모래가 흐르지 않도록 반드시 일정 높이 이상의 칸막이를 설치한다.

◇ 유아의 상호작용이 활발하게 이루어지므로 동적 영역인 쌓기놀이나 역할놀이 영역 가까이에 두는 것이 좋다. 반대로 책을 읽거나 미술 활동에 집중하고 있는 유아와는 멀리 떨어져서 배치하는 것이 좋다.

◇ 실내의 물놀이 영역은 교육과정이나 생활주제, 계절 등과 관련하여 특별한 경우가 아니면 배치하지 않는 것이 좋다. 만일 유아가 실내에서도 물을 사용하여 놀이하고 싶어 한다면 활동실에 물이 떨어져 유아가 넘어지거나 미끄러지는 것을 방지하기 위해 화장실에 자료를 준비할 수 있다.

위와 같이 실내에도 물·모래놀이 영역을 설치할 수 있지만, 실내에서의 안전이나 청소 문제 등이 있으므로 영아 학급이나 겨울을 제외하고는 실외에 설치하는 것이 바람직하다.

실외에 설치한 물 · 모래놀이 영역

학급에서 연결되는 테라스에 설치한 영아용 모래놀이 영역

모래 대용으로 실내에서 영아가 하는 쌀놀이

실외에 설치한 물놀이 영역

학급에서 연결되는 테라스에 설치한 영아용 물놀이 영역

② 자료

◇ 실외 물 · 모래놀이를 위한 시설 및 자료

> 실외 모래놀이 영역에는 바닥에 배수가 잘 되도록 벽돌을 느슨하게 까는 것이 좋다. 모래는 실내와 같이 모래 상자에 담아두기도 하지만 대부분 실외의 한 부분에 모래를 깔고 영역 구분을 한다.

> 모래가 비, 동물의 배설물이나 기타 오염물로 인해 더러워지지 않도록 사용하지 않을 때는 덮개를 덮어 놓을 수 있다.

> 모래놀이 자료로는 덤프트럭, 불도저 등의 장난감 자동차와 흙을 담아 나를 수 있는 수레, 다양한 찍기 틀, 물조리개, 유아용 삽이나 꽃삽, 빗자루와 쓰레받기 등을 구비한다.

> 물놀이 영역은 따로 배치하지 않고 여름 같은 특정 시기에만 임시로 설치하는 경우가 대부분이다. 물놀이를 위한 시설로는 유아가 들어갈 수 있는 수영장, 물놀이용 탁자, 물의 흐름을 볼 수 있는 3단 책상, 긴 홈통 및 홈통 지지대를 준비한다.

> 물놀이 자료로는 넙적한 페인트 솔, 눌러 짤 수 있는 플라스틱 병, 플라스틱 주사기, 물을 담아올 수 있는 용기, 측정 활동을 할 수 있는 다양한 크기의 플라스틱 그릇 및 물병, 페트병에 구멍을 뚫어 직접 만든 놀잇감 등이 있다.

> 대부분의 소품들은 물놀이와 모래놀이에 함께 사용할 수 있다. 다양한 종류의 플라스틱 주방용품(예 체, 깔때기, 플라스틱 냄비, 계량컵 등), 나무 되, 플라스틱 양동이, 나뭇잎이나 돌멩이 등의 자연물이 이에 해당된다.

◇ 실내 물 · 모래놀이를 위한 시설 및 자료

> 실내에 모래놀이를 설치할 때에는 모래놀이 책상을 준비하고 덮개를 준비하여 사용하지 않을 때는 덮어두도록 한다.

> 실내에서의 모래놀이는 건조나 정리의 문제가 있으므로 물을 가지고 놀지 않는 것이 바람직하다. 찍기나 모양 만들기 등 모양을 구성하고 싶다면 모래를 사용하지 말고 도자기용 점토 등을 이용하여 놀이하도록 한다.

> 실내 모래놀이 책상에는 평평한 플라스틱 상자나 쟁반을 이용하여 개인용 모래 상자를 제공할 수도 있다.

> 실내에서 모래를 가지고 놀이하게 되면 실내가 모래로 뒤덮이거나 영아의 경우는 안전상의 문제가 있으므로 이를 대체할 만한 재료(예 먹어도 안전한 쌀 또는 파스타)를 사용할 수 있다.

> 연령이 어린 경우에는 쌀(식용색소를 입힐 수 있음), 연령이 높아지면 구슬이나 콩, 마카로니 등을 사용하도록 한다. 콩이나 작은 구슬을 영아에게 주면 삼키거나 코와 입에 들어가 위험할 수 있으므로 높은 연령의 유아에게 사용하는 것이 좋다. 음식을 이용할 때에는 먹는 것으로 놀이를 하는 것에 대한 거부감이나 절약 등의 가치적인 문제가 있을 수 있으므로 교사의 판단하에 제공하도록 한다.

> 쌀, 구슬, 편백나무 칩 등과 같은 모래 대용 재료를 준비할 때에는 재료를 큰 그릇에 담아 물놀이용 풀장에 넣고 영아가 풀에 들어가서 자유롭게 놀이하도록 할 수 있다.

> 앞서 언급한 다양한 플라스틱 주방용품(예 체, 깔때기, 플라스틱 냄비, 계량컵 등), 나무 되, 플라스틱 양동이 등도 실내 모래놀이나 물놀이에 사용할 수 있다.

3 교사의 역할

① 환경 구성 및 유지

◇ 모래놀이 영역은 앞서 서술한 대로 실내와 실외 모두에 배치할 수 있는데, 이론적으로 실내에 배치하는 시기는 입학 초기가 바람직하고 어린 유아들일수록 실내에 배치하는 것이 좋다. 그러나 현실적인 여건상 학기 초는 각 흥미 영역에 대한 소개가 완벽히 이루어져 있지 않고 정리·정돈과 관련된 문제도 있으므로 어느 정도 시간이 지난 후에 배치하는 것이 좋다. 만약 학기 초에 모래 영역을 배치하고 싶다면 앞서 언급한 대체 자료를 이용한다.

◇ 실내 모래놀이 영역의 모래통에 모래를 넣을 경우에는 탁자 깊이의 반 정도만 채워 유아가 모래통 안에서 놀잇감을 가지고 자유롭게 놀이할 수 있도록 한다. 모래를 너무 많이 채우게 되면 모래 책상이 무게를 견디지 못할 수도 있으므로 주의한다.

◇ 실내 모래놀이 영역에 모래를 구할 수 없거나, 변화를 주고 싶다면 굵은 톱밥, 쌀, 조 등의 곡식을 통에 넣어 사용할 수 있다. 곡식을 내어 줄 때에는 깨끗하게 씻은 뒤 잘 말려 사용하며 사용한 곡식은 기관에서 사육하는 동물의 먹이로 줄 수도 있다.

다만 너무 어린 영아들에게 곡식을 내주면 삼킬 위험이 있으므로 제공하지 않는 것이 좋다.

- 모래통에는 반드시 건조하고 깨끗한 고운 모래를 채우도록 한다. 특히 실내에서 사용하는 모래는 소독한 후 건조한 제품으로 구입하며 놀이가 끝나면 반드시 덮개를 덮어 오염을 방지한다.
- 모래는 여분을 준비하여 놀이를 하다가 모래가 많이 빠진 경우는 채워 넣도록 한다.
- 모래놀이 영역의 놀잇감이 파손되거나 없어진 경우에는 고치거나 채워 넣어 놀이가 계속 유지될 수 있도록 한다.
- 물놀이나 모래용 책상이 없을 경우에는 큰 플라스틱 통이나 유아용 욕조를 사용할 수 있는데 옮기기 편하도록 바퀴가 달려 있는 것이 좋다.
- 물놀이용 책상은 항상 개방하는 것이 아니라 교사의 계획이나 유아의 요구, 계절 등을 참고하여 융통성을 두도록 한다.
- 물놀이 전용 책상이나 욕조에 모래가 섞이거나 물이 더러워지면 즉시 물을 빼고 씻은 후 깨끗한 물을 채우도록 한다.
- 놀잇감을 정리하기 위한 정리함이나 보관장을 두어 놀이가 끝난 후에는 스스로 정리할 수 있도록 한다.

② 지도 방법

- 물 · 모래놀이를 시작하기 전에 영역을 소개하는 시간을 가진다. 물 · 모래놀이 영역에서 사용하는 삽이나 찍기 틀, 홈통 등은 유아용이지만 날카로울 수 있으므로 안전한 사용과 놀이할 때의 주의사항(예 모래를 뿌리지 않는다)에 대해 강조한다.
- 물 · 모래놀이를 할 때는 상호작용이 활발하게 일어나는 만큼 갈등 상황도 빈번히 발생한다. 교사는 유아가 다른 사람에게 물 혹은 모래를 뿌리거나 던지는지 관찰하고 갈등 상황을 미연에 방지하도록 한다. 갈등 상황이 아니더라도 모래를 파거나 물을 부으면서 자기도 모르는 사이에 다른 유아들에게 피해를 줄 수 있으므로 물 · 모래놀이를 하기 전에 주의할 점에 대해 충분히 이야기 나누도록 한다.
- 물·모래놀이를 할 장소가 협소한데 많은 유아가 참여하길 원하는 경우(특히, 놀이를 시작한 초반) 놀이를 위한 적정 인원수를 유아와 함께 정하여 놀이하도록 하며, 놀이

시간을 충분히 주어 되도록 많은 유아가 돌아가면서 놀이에 참여할 수 있도록 한다.

◇ 교사는 유아의 놀이에 적절히 참여하거나, 놀이를 확장할 수 있는 방법을 안내하여 놀이가 발전될 수 있도록 도움을 준다. 예를 들어 계속 자기 앞의 땅만 깊게 파는 유아에게 “우리 다른 친구가 만든 굴과 서로 연결할 수 있게 만들어 볼까?”라고 이야기함으로써 놀이를 확장할 수 있다. 모래를 가지고 소꿉놀이만 하는 여아에게 “우리 여기에 식당을 열고 음식을 만들까?” 등으로 제안할 수 있다.

◇ 교사는 유아가 더 필요로 하는 놀잇감은 없는지, 파손되어 사용하기에 위험한 것은 없는지 살펴보아야 하며, 다양하게 놀이가 이루어질 수 있도록 부수적 자료를 준비한다.

◇ 놀이를 하다가 발생하는 상황에 대비하여 응급처치 방법을 익혀두는 것이 좋다. 예를 들어 눈에 모래가 들어갔을 때는 눈을 비비게 하지 말고 흐르는 물에 씻거나 식염수를 계속하여 흘려주도록 한다.

◇ 하루 일과가 끝난 후에 물 · 모래놀이 영역의 정리나 위생 상태를 점검한다.

(9) 개별적 휴식 영역

1 교육적 의의

개별적 휴식 영역은 유아가 필요시에 혼자 있을 수 있는 영역으로서 유아는 활동실 내에 위치한 휴식 영역에서 육체적 혹은 심리적 피로와 긴장감을 풀고 안정을 취할 수 있다. 연령이 어릴수록 오랫동안 대집단에서 활동할 경우 여러 가지 스트레스를 받아 혼자 있고 싶어 하는 경향이 있는데 휴식 영역은 이런 경우 영아에게 매우 유용하다.

2 환경 구성

① 영역 배치

개별적 휴식 영역은 별도의 방보다는 활동실 내에 배치하는 것이 바람직하다. 왜냐하면 분리되어 있으면 유아가 고립감과 불안감을 가질 수도 있고 혼자 휴식을 취하면서 다른 또래들이 무엇을 하고 있는지 알고 싶어 하기 때문이다. 휴식 영역을 배치하고 구성할 때는 다음을 참고한다.

◇ 유아가 휴식을 취하면서도 또래의 활동을 관찰할 수 있도록 조용하고 안정된 위치에 배치하는 것이 좋다. 따로 휴식 영역을 배치하지 않을 경우에는 책보기 영역의 한쪽을 휴식 영역으로 구성할 수 있다.

◇ 학기 초에는 휴식 영역을 따로 배치할 수 있지만 그 이후에는 유아가 원하는 곳(예 언어 영역, 학급의 구석, 놀이하는 친구 옆)을 선택해서 쉴 수 있게 지도한다.

② 자료

◇ 휴식 영역의 바닥에는 카펫이나 스펀지 요를 깔아주고 푹신한 의자를 놓아주며, 쿠션이나 봉제 동물 베개 등을 비치해 안락감을 느낄 수 있도록 한다.

◇ 휴식을 하면서 가지고 놀 수 있는 조작 놀잇감이나 인형 또는 책을 제공할 수 있다.

◇ 두껍고 큰 상자에 구멍을 뚫어 문과 창문을 만들고 바닥에 작은 카펫을 깔고 쿠션을 마련하거나, 작은 천막을 설치할 수도 있다.

③ 교사의 역할

개별적 휴식 영역에서 혼자 있게 되면서 유아는 소외감이나 불안감을 느낄 수 있으므로 교사의 배려가 필요하다. 다음은 개별적 휴식 영역을 운영할 때 교사가 유의해야 할 점이다.

◇ 유아가 휴식 영역을 인식하지 못할 경우에는 다른 영역의 놀잇감을 가져와 놀이하거나 다른 흥미 영역의 한 부분으로 생각하여 그 안에서 놀이하게 된다. 학기 초에는 유아가 개별적 휴식 영역을 인식할 수 있도록 휴식이 필요한 유아를 데려다가 그 자리에서 쉴 수 있게 유도하고 경우에 따라서는 영역에 대한 오리엔테이션을 한다.

◇ 개별적 휴식 영역에 있는 유아의 상태를 자주 관찰한다. 심리적으로 불편하거나 속상함을 표현할 때는 교사가 잠시 안고 있거나 쓰다듬어 주어 안정감을 느낄 수 있도록 도와준다.

◇ 개별적 휴식 영역에서 다른 유아와 상호작용하는 것을 원하지 않는 경우 “애들아, 지금 ○○가 속상한 일이 있어 여기 있거든. 너희들이 어떻게 도와줄 수 있겠니?”와 같은 말로 유아가 배려심을 갖게 한다.

◇ 개별적 휴식 영역에는 아늑한 분위기를 위해 쿠션이나 소파, 이불 등을 놓게 되는데, 이러한 물품은 세균이나 집먼지 진드기 등에 노출되기 쉬우므로 교사는 위생관리를 철저히 한다.

4) 실외에서 진행되는 놀이

실외 놀이란 실외에서 활발하게 움직이며 탐색 활동을 하는 놀이 활동으로 바깥 놀이 또는 실외 놀이라고도 한다. 실내 놀이 이상으로 유아는 바깥 놀이 시간을 매우 선호하는데 실외에서 뛰어놀면서 즐거움과 자유를 느끼며 많은 경험을 할 수 있기 때문이다. 실내와 실외 환경은 상호보완적 요소를 가지고 있으므로 유아에게 두 환경에서의 경험은 모두 필요하다. 날씨가 좋지 않아 실외에서 놀이를 할 수 없는 날도 학급 이외의 넓은 공간(예 유희실)에서 활동할 기회를 반드시 제공해야 한다.

(1) 교육적 의의

실외 놀이에서 유아는 자신의 능력에 맞게 몸을 움직이며 신체의 조화로운 발달과 신체 성장을 촉진시키고 운동을 통해 바른 자세를 갖출 수 있다. 달리기, 달리다가 멈추거나 방향 전환하기, 기구를 사용한 활동 등을 통해 근력, 지구력, 균형 감각, 협응력, 민첩성과 순발력, 유연성과 같은 일반 운동 능력이 정교하고 섬세하게 발달하는 데 도움을 준다. 다치지 않고 여러 기구를 사용하려면 어떻게 움직여야 하는지 생각해 보고 안전을 고려하여 활동하는 태도를 기르고 위험한 상황에 대처하여 민첩하게 움직일 수 있는 기술을 연습하게 된다.

실외 활동 영역에 있는 다양한 기구를 활용하면서 여러 가지 전략을 사용하는데, 예를 들어 로프를 잡고 기어 올라가기 위해서는 어디를 밟아야 더 쉽게 올라갈 수 있는지, 정글짐을 가장 빠르게 올라가려면 어디로 가야 하는지 등에 대해 생각해 보면서 사고력과 문제해결력이 길러진다. 물 · 모래놀이를 하면서 다양한 재료의 특징에 대해 파악하게 되고 자신이 만들고자 하는 것을 완성하기 위해서는 어떻게 해야 하는지에 대해 생각해 보는 능력도 증진된다. 유아는 실외 놀이 영역에서 볼 수 있는 다양한 물품과 동식물의 이름을 익히고 개념을 형성할 수 있다.

다른 유아와의 놀이 과정에서 의사소통하는 가운데 다양한 어휘와 문장을 활용하는 능력도 기를 수 있고, 다른 사람의 의견을 듣고 존중하는 태도나, 서로 의견을 절충하는 방법 등에 대해 경험하게 된다. 다른 유아와 공동의 구조물을 만들거나 팀을 이루어 게임을 하는 과정을 통하여 또래와 협력하는 기술도 익힐 수 있다. 유아는 힘차게 뛰어 놀면서 스트레스나 부정적 감정을 해소하게 되며, 탐구 활동 영역에서 동물에게 먹이를 주는 경험을 통해 자연을 보호하고 사랑하는 마음을 갖게 된다.

패러슈트를 활용한 실외 신체 놀이

산책하면서 조각상 되어보기와 같은 신체 표현 활동

실외 운동장에서 달리기

(2) 환경 구성

1 영역

실외 놀이 공간의 환경 구성은 실내와 마찬가지로 다양한 영역으로 구성할 수 있는데 실내와 실외 환경을 유사하게 구성한다면 서로 연결될 수 있다. 실외 공간에 배치할 수 있는 흥미 영역으로는 운동놀이 영역, 자연탐구 및 관찰 영역, 물·모래놀이 영역, 휴식 영역 등이 있다.

| 실외 환경 |

① 운동놀이 영역

실외에는 기본 시설물을 이용하여 넓은 공간에서 맘껏 뛰고, 올라가고, 달리는 등의 신체 활동을 할 수 있고, 많은 유아가 동시에 다양한 활동을 할 수 있도록 영역이 마련되어야 한다. 운동놀이 영역은 조합놀이대가 있는 영역, 자전거 등을 탈 수 있는 시멘트나 단단한 바닥이 있는 영역, 안전하게 뛸 수 있는 잔디 영역 등으로 나눌 수 있다. 유아가 할 수 있는 신체 활동으로는 미끄럼, 흔들다리, 타이어 빠져나가기, 굴, 사다리, 밧줄로 된 그물 타기, 파이프 내려오기, 링 매달리기, 우주선 오르내리기, 높은 곳에서 구멍을 내다보기, 그네 타기, 높이가 다른 전화선 감개 건너가기 등이 있다.

각 영역을 사용하기 전에 교사는 유아가 안전하고 질서 있게 놀이할 수 있도록 안전규칙이나 차례 지키기, 양보하기 등에 대해 알려주어야 한다. 실외에 운동놀이 영역을 설치할 수 없을 경우에는 실내에 소규모라도 마련하여 유아의 신체 활동을 돕도록 한다.

② 자연탐구 및 관찰 영역

실외 환경에서 유아는 직접 관찰과 탐색을 통하여 자연에 관한 지식을 얻을 수 있으므로 동식물을 기르고 관찰할 수 있는 공간을 두어 유아가 자유롭게 탐구할 수 있도록 해야 한다. 자연탐구 및 관찰 영역은 크게 식물을 재배하는 영역과 동물 사육장으로 나눌 수 있다.

식물 재배 영역은 유아가 직접 씨를 뿌리고 물을 주어 식물이 어떻게 생장하는지를 관찰할 수 있는 공간으로, 생물의 생장 과정을 알 수 있는 동시에 스스로 식물을 기르는 것에 대한 자신감과 즐거움도 얻을 수 있다. 식물 재배 영역에서는 우유팩이나 페트병을 이용하여 개인 화분을 만들어 식물을 길러볼 수 있고, 실외 놀이터가 넓다면 학급별 화단을 만들어 가꾸거나 감자·고구마 등의 채소 기르기도 할 수 있다.

동물 사육장은 현재 운영하기 매우 어려운 상황이다. 과거에는 토끼, 닭이나 오리, 공작새 등을 키웠었으나 전염병(예 조류 독감)이나 물림 사고(예 개나 고양이)의 우려 때문에 기르지 못하고 있다. 그러나 동물을 키워봄으로써 동물을 사랑하는 마음을 가지게 되고 동물의 성장에 대해서도 자연스럽게 학습할 수 있으므로 실내에서 키울 수 있는 금붕어, 올챙이, 달팽이, 기니피그 등을 기회가 된다면 유아가 직접 기르게 할 수 있다. 동물을 사육하려면 다음의 사항에 유의하여야 한다.

- 동물이 다치지 않고 움직이기에 충분한 크기의 사육장이 있어야 한다.
- 동물에게 적합한 먹이와 그렇지 않은 먹이를 유아와 함께 알아보아 동물들이 잘 자랄 수 있게 한다.
- 동물들이 스트레스를 받지 않도록 하려면 어떻게 해야 하는지 알아본다. 예를 들면 사육장 앞에서 소리 지르지 않기, 사육장의 문을 마구 흔들지 않기 등의 규칙을 정한다.
- 주말이나 공휴일, 방학 중에 동물을 어떻게 돌볼 것인지에 대해 잘 계획하여야 한다.

③ 물·모래놀이 영역

물 · 모래놀이 영역은 실내와 실외 모두 설치할 수 있는데, 실외의 물 · 모래놀이 영역은 유아가 넓은 공간에서 자유롭게 놀이할 수 있다는 점에서 바람직하다. 물 · 모래놀이 영역의 자세한 내용은 앞의 물 · 모래놀이 영역을 참조(p. 176)하도록 한다.

④ **휴식 영역**

실외 놀이 영역에서는 오르고, 뛰고, 달리는 등의 동적인 활동이 이루어지지만, 가끔 유아는 이러한 활동에서 잠시 떨어져 쉬고 싶을 때가 있다. 실외 놀이를 하는 중에 혼자 있기를 원하는 유아를 위해 휴식을 취하거나 조용히 책을 읽는 등의 정적인 활동을 할 수 있는 공간을 실외에 마련한다. 휴식 영역은 그늘진 곳을 선택하여 잔디 위에 담요를 깔아주거나 나무 밑에 테이블을 놓아주어 앉을 수 있게 하면 유아가 긴장을 풀고 편히 쉴 수 있게 한다. 무작정 앉아 있는 것이 아니라 원하는 유아는 무엇인가를 할 수 있도록 책, 퍼즐, 이젤, 필기도구 등을 배치한다.

2 자료

다음과 같은 자료는 한꺼번에 다 내어주고 상시 운영하기보다는 조금씩 추가하거나 변경하는 식으로 운영한다.

표 4-10 연령별 실외 놀이 영역 비치 교구 · 교재

<table>
<tr><th colspan="2">구분</th><th>1~2세</th><th>3~4세</th><th>5세</th></tr>
<tr><td colspan="2" rowspan="2">운동놀이 영역</td><td colspan="3">• 안전벨트가 있는 영아용 그네
• 뚜껑이 있고 발로 움직이는 자동차
• 경사가 낮은 미끄럼
• 밀거나 끌 수 있는 유모차, 카트
• 오르내릴 수 있는 계단
• 낮은 복합놀이 기구
• 미끄럼틀, 달팽이 미끄럼틀</td></tr>
<tr><td></td><td colspan="2">• 자전거
• 시소, 흔들말
• 타이어 그네, 4인용 그네
• 구름다리, 전화선 감개, 드럼통
• 사각 정글짐, 반원형 정글짐
• 축구 골대</td></tr>
<tr><td rowspan="3">자연 탐구 및 관찰 영역</td><td rowspan="2">식물 기르기</td><td colspan="3">• 일년초, 다년초, 관상수, 유실수
• 재배 가능한 채소 및 과일(딸기, 감자, 고구마, 옥수수, 토마토, 배추, 무, 가지, 호박, 고추, 오이, 콩 등)</td></tr>
<tr><td></td><td colspan="2">• 개인용 화분, 학급별 화단
• 원예 도구, 물뿌리개와 호스, 울타리 구분용 나무 막대기 등</td></tr>
<tr><td>동물 기르기</td><td colspan="3">• 동물 사육장, 먹이(채소류, 곡식류 등), 먹이통, 사육장 청소 도구
• 기관에서 기르기에 적당한 동물</td></tr>
</table>

<table>
<tr><th colspan="2">구분</th><th>1~2세</th><th>3~4세</th><th>5세</th></tr>
<tr><td rowspan="2">물
·
모래
놀이
영역</td><td>모래
놀이</td><td colspan="3">• 모래밭, 양동이, 헌 수저, 깔때기, 물뿌리개, 크기가 다른 체, 플라스틱 삽, 낮은 의자, 장난감 자동차(트럭, 불도저, 덤프트럭 등), 플라스틱 인형, 수도, 호스, 홈통 등</td></tr>
<tr><td>물놀이</td><td colspan="3">• 인형, 인형 옷, 빨래판, 스펀지, 식용 물감, 플라스틱 주사기, 앞치마, 수도, 크고 작은 그릇, 호스, 홈통 등</td></tr>
<tr><td colspan="2">소리 탐색 영역</td><td colspan="3">• 다양한 종류의 악기
• 소리를 탐색할 수 있는 다양한 재질의 물건(냄비, 플라스틱류, 스테인리스 밥그릇, 젓가락 등)
• 리듬 막대와 같이 물건을 칠 수 있는 도구</td></tr>
<tr><td rowspan="2">휴식
영역</td><td>시설</td><td colspan="3">• 테이블, 긴 의자, 그늘을 위한 텐트나 놀이집, 파고라, 정자</td></tr>
<tr><td>자료</td><td colspan="3">• 크레파스 등의 그리기 도구, 종이, 여러 가지 책, 녹음기, 블루투스 스피커, 화판, 퍼즐 등</td></tr>
</table>

(3) 교사의 역할

1 환경 구성 및 유지

◇ 교사는 유아가 실내에서 진행했던 활동(예 미술, 역할, 쌓기놀이, 게임, 대근육 및 음률 영역 등)을 실외에서 지속적으로 확장시켜 나갈 수 있도록 계획하고 환경을 구성한다.

◇ 교사는 여러 가지 운동 기구를 실외에 제공하여 다양한 놀이 경험을 할 수 있도록 함으로써 기본 운동 기술(예 기어오르기, 던지기, 뛰기, 달리기 등)을 습득하고 정교화하는 단계에 있는 유아의 대근육 발달을 도와준다.

◇ 신체 활동뿐 이니라 식물의 재배, 자연물의 관찰 및 탐구, 다양한 소리의 탐색 등과 같은 활동도 다양하게 이루어질 수 있는 환경을 구성한다. 예를 들면 미리 여러 종류의 나뭇잎을 제시하고 똑같은 나뭇잎을 찾아보는 활동이나 철망 등에 다양한 도구를 매달아 리듬 막대로 쳐보는 활동 등을 구성할 수 있다.

◇ 놀이 기구는 계절이나 놀이 주제, 유아의 발달 정도와 흥미, 요구에 맞추어 단계적으로 제시한다. 예를 들어 학기 초 놀이 기구 사용을 제한하거나, 영아가 사용하기에 위험한 놀이 기구인 경우에는 '×' 표시를 붙여놓거나 끈 등으로 묶어 제한하고, 오리엔테이션을 마친 후 유아가 사용해도 적합하다고 판단되면 사용하게 한다.

◇ 실외 신체 활동 영역의 놀이 기구는 유아의 발달 수준과 안전을 반드시 고려하여 설치하여야 한다. 예를 들어 2세 미만의 영아가 사용하는 미끄럼은 경사가 매우 완

만해야 하며 보호 난간의 간격을 좁게 설계하여 영아의 머리가 끼이지 않도록 해야 한다. 또한 그네 손잡이 부분의 고리도 유아의 손가락이 끼이지 않도록 8mm 이하의 고리를 단다. 그네를 타는 곳에는 키 작은 나무 등을 이용한 울타리를 만들어 유아가 그네 가까이로 접근할 수 없게 한다. 영아를 위한 오르기 기구에도 역시 보호 난간을 설치한다.

◇ 실외 활동 시설과 기구는 유아가 귀가한 오후에 매일 점검한다. 예를 들어 종합놀이 기구에 가시나 못이 튀어나왔거나 모래 놀이터의 놀잇감 중 망가진 것이 있다면 이를 보수하거나 제거하도록 하고, 교사가 즉각적으로 보수하기 힘든 경우에는 놀이 기구가 고쳐질 때까지 사용하지 않도록 유아에게 설명하고 눈에 잘 보이게 표시를 한다.

◇ 교사는 유아가 활동하는 것을 관찰하여 움직일 수 있는 놀이 기구를 재배치하거나 첨가하여 활동이 확장되도록 한다.

◇ 날씨 등으로 인하여 실외 놀이를 할 수 없을 경우를 대비해 실내에 영아를 위한 대근육 발달을 도울 수 있는 영역과 기구를 준비하는 것이 좋다. 영아를 위한 실내 대근육 활동의 시설 및 자료로는 잡고 걸을 수 있도록 벽을 따라 설치된 봉, 밀면서 걸을 수 있는 놀잇감, 실내용 미니 종합놀이터, 실내용 그네, 공 수영장, 1~2인용 흔들말, 밀거나 올라탈 수 있는 큰 장난감 자동차, 두 발로 미는 자전거, 낮은 경사로, 건너뛰거나 기어 통과하는 장애물 등이 있다.

2 지도 방법

◇ 실외 활동은 눈 · 비가 많이 오거나, 날씨가 너무 덥거나 추운 경우를 제외하고 매일의 일과에 포함시켜야 한다. 여름에는 시원한 오전에, 겨울에는 햇볕이 따뜻한 시간에 실외 활동을 계획하고, 비가 오는 날에도 우산을 쓰고 비 오는 날 자연의 변화나 모습을 관찰할 수도 있다.

◇ 실외 활동은 정적인 활동을 한 후 약 30분~1시간 정도 햇볕이 따뜻한 시간에 하는 것이 바람직하다. 하루 종일 기관에서 지내는 유아를 위해서는 오전 · 오후에 각각 실외 활동 시간을 계획한다.

- 유아가 처음 기관 생활을 시작하거나 학기 초일 경우에는 실외 활동 영역에 대한 오리엔테이션을 실시하여 유아가 안전하고 바르게 기구를 이용하여 활동할 수 있도록 한다. 예를 들어 미끄럼틀을 바르게 타는 방법이나 그네를 타는 곳에서는 울타리 안쪽으로 들어가지 않고 멀리 돌아갈 것 등에 대해 알려줄 수 있다. 또한 화장실은 실외의 화장실이나 실외와 가장 가까운 화장실을 사용하도록 미리 알려준다.
- 교사는 유아가 그날의 날씨에 알맞고 활동하기에 편한 복장이나 보호 장비(예 선크림, 모자 등)를 갖추고 밖에 나갈 수 있게 하며, 건강 상태가 좋지 않은 유아는 자기 반이나 보건실(교사실, 원장실)에서 조용한 놀이를 하게 하는데 이때 반드시 다른 성인이 지켜보아야 한다.
- 실외 활동을 위해 이동할 때 사고가 발생하지 않도록 늘 관찰하여야 한다. 교사는 유아를 한 번에 모두 내보내는 것이 아니라 몇 명씩 작은 그룹으로 내보내야 한다.
- 실외 활동을 계획했다 하더라도 전날에 내린 눈이나 비 등으로 기구가 젖어 있을 때는 실내의 대근육 활동이나 다른 활동으로 바꾸어 진행한다.
- 실외 활동을 한 뒤에는 유아가 사용한 놀잇감을 스스로 정리하도록 한다. 정리를 할 때는 정리 시간이 오래 걸리는 모래 놀이터의 놀잇감을 먼저 정리하게 한다.
- 자전거와 같은 탈것은 보관 창고에, 모래 놀잇감과 물놀이 용품은 각각의 보관함에 정리한다. 정리를 마친 후에는 유아와 함께 실외 활동 영역을 한 바퀴 돌면서 정리가 잘되었는지 둘러보고 교실로 들어가는 것이 좋다.
- 교사는 유아가 실외 활동을 할 때에 안전을 우선적으로 고려해야 한다. 교사는 유아 전체를 볼 수 있는 곳에 위치하여 활동을 관찰하며 적절한 도움을 주고 격려해 준다.
- 유아의 안전이 위협받는 상황에서는 교사가 즉시 개입하여 사고가 생기는 것을 미연에 방지하고 앞으로 어떻게 해야 하는지 분명하고 구체적인 설명과 함께 지시한다. 예를 들어 유아가 그네 가까운 곳을 지나거나 근처에서 놀이하는 경우, 모래 놀이터에서 서로 모래를 뿌리는 경우 등은 교사가 즉시 개입하여 유아가 안전에 대해 학습하도록 해야 한다.
- 여러 유아가 동시에 한 시설물을 타고자 할 때에는 횟수를 정하거나 순서를 정하여 이용할 수 있게 한다.

4 대·소집단 활동

2019 개정 누리과정이 시행된 이후 대·소집단 활동의 특성이 변화하였다. 과거에는 생활주제와 관련된 대·소집단 활동(예 생활주제와 관련된 노래 배우기, 율동하기, 이야기 나누기)을 주로 하였으나 현재는 교사가 중요하다고 생각하는 주제(예 계절, 명절, 특별한 날, 소풍 갈 장소 함께 정하기, 학급에서 지켜야 할 약속 정하기 등)에 관한 대·소집단 활동도 하지만 유아의 흥미나 놀이와 관련된 대 · 소집단 활동(예 유아가 하고 있는 놀이와 관련된 게임)을 하는 것을 중시한다. 대·소집단 활동을 계획하고 지도할 때는 다음의 사항을 고려한다.

- 전형적인 지도 방법을 따르기보다는 융통적으로 지도한다. 각 대 · 소집단 활동을 지도하는 전형적인 방법이 있는데, 각 활동별 지도 방법은 연구의 결과이기보다는 많은 교사가 오랜 시간 지도하면서 정리한 실천적 지식에 가깝다. 따라서 각 활동을 지도할 때 공식처럼 적용하기보다는 다양한 요소를 고려하여 융통성 있게 적용한다. 예를 들면 가르치려는 노래를 아는 유아가 많을 경우는 다 함께 여러 번 부르는 것으로 마무리한 후 하루 일과 동안 다양한 상황에서 여러 번 불러 익히게 할 수 있다. 게임에 필요한 기본적인 절차(예 팀 이름 정하기, 수세기 등)나 약속(예 응원하는 방법 등)을 정하는 데 많은 시간이 소요된다. 따라서 기본적인 절차나 약속에 익숙해진 후에는 짧게 생략하고(예 팀 이름 정하는 데 매번 시간을 쓰기보다는 "오늘은 제일 앞에 앉은 어린이가 팀 이름을 정해보자"라고 제안) 다음 단계로 진행할 수 있다.
- 집단의 크기를 다양하게 운영한다. 대·소집단 활동은 전형적으로 학급 유아 전체가 참여하는 대집단 활동과 유아를 1/2씩 나눠 두 번 반복하는 소집단 활동으로 운영한다. 그러나 집단 크기는 유아의 선택에 따라 전체 유아를 3/4과 1/4로 나눌 수도 있고 2~3개의 소집단으로 여러 번 운영할 수도 있다. 한 명의 교사가 학급을 담임하는 경우 집단 활동을 여러 번으로 나눠서 하면 놀이하는 유아를 지도하기 어려울 수 있으나 집단 활동을 하는 시간이나 공간 활용을 융통성 있게 하면 유아의 놀이를 안전하게 지도하는 것이 가능하다.
- 집단 활동에 모든 유아를 반드시 참여시키지 않는다. 대·소집단 활동은 교사 주도로 이루어지는 활동이고 과거에는 생활주제와 관련 있는 활동을 했기 때문에 모든 유

아가 참여하는 것을 원칙으로 운영되었다. 개정 누리과정에서는 유아의 주도성을 중시하기 때문에 대·소집단 활동에 언제 참여할지(소집단으로 나눌 때)뿐만 아니라 참여 여부에 대한 선택권도 부여할 수 있다. 모든 또는 대부분의 대·소집단 활동에 유아가 참여한다면 교사는 반드시 참여해야 하는 것은 아닌 주제(예 주변에 피는 꽃)나 활동(예 동극)에 대해서는 가끔 참여하지 않을 선택권을 부여하는 것도 가능하다. 참여하지 않아서 배우지 못한 것은 기관에서 지내면서 다른 일상(예 마당에 핀 꽃 관찰, 놀이 시간에 다시 하는 동극)을 통해서 접할 수 있다.

- 대·소집단 활동을 실시하는 공간을 융통성있게 마련한다. 특히 대집단 활동을 하기 위해서는 유아가 놀이하는 공간을 정리해야 하기 때문에 놀이가 중단될 수 있다. 전통적으로 대집단 활동을 하는 장소는 그 학급에서 가장 넓은 공간(예 쌓기나 역할놀이 영역)이므로 유아의 놀이가 중단될 가능성이 더 높아진다. 교사는 집단 활동을 할 때 유아가 학급 공간을 사용하는 양상을 살펴 보고 그 시점에서 가장 덜 사용하는 공간(예 언어 영역)이나 학급 이외의 공간(예 학급 안 상황이 잘 보이는 활동실 밖 복도)에서 활동을 진행할 수 있다.
- 대·소집단 활동을 실시하는 시간을 융통성있게 결정한다. 교사는 조용한 놀이나 활동과 활발한 놀이나 활동을 교대로 배치해야 한다는 원칙 때문에 하루 일과 구성에 제약을 받기도 한다. 이 원칙을 반드시 지켜야 하는 규칙으로 인식하기보다는 활동이나 놀이의 특성에 따라 융통적으로 적용할 수 있는 원리로 인식하는 것이 바람직하다. 예를 들면 활발한 실외 놀이 이후 활발하게 움직이는 율동이나 게임을 하는 것은 바람직하지 않다고 생각할 수 있으나 실외 놀이 이후 하는 율동이나 게임이 움직임이 적은 것(예 뛰지 않는 짝율동 배우기, 원대형으로 앉아 공굴리기하는 게임 하기)이라면 바로 이어서 할 수도 있다.

1) 이야기 나누기

이야기 나누기 시간은 교사와 유아가 대집단 혹은 소집단으로 함께 모여 특정한 주제에 대해 이야기를 나누는 시간을 말한다. 이야기 나누기 시간은 여러 가지 형태로 진행되는데 하루 일과를 계획하고 평가하는 것에서부터 학급에서 생긴 문제를 해결하기 위해 토의하는 것, 교사가 선정하거나 유아의 놀이와 관련된 주제에 대한 지식과 흥미의 범위를 확장하기 위하여 깊이 있게 의견을 나누는 것 등 상황에 따라 다양하다. 이야기 나누기 시간에 참여하는 유아는 다른 사람의 이야기를 주의 깊게 듣고 이해하며 자신의 지식과 생각을 다른 사람이 알아들을 수 있도록 전달하는 경험을 하게 된다. 그 결과, 남의 이야기를 주의깊게 듣는 태도를 배우고 다른 사람의 경험으로부터 새로운 정보를 얻게 되며 자신의 의사를 말로 표현할 수 있는 언어적 능력을 획득하게 된다.

(1) 이야기 나누기의 목표

◇ 교사가 선정하거나 유아의 놀이와 관련된 주제에 관하여 교사가 준비한 자료를 가지고 대집단 또는 소집단 형태로 서로의 지식과 정보를 나눔으로써 관련된 여러 가지 개념을 이해하게 된다. 예를 들어 가을의 나무에 관해 이야기를 나눌 때 교사는 나뭇잎의 변화를 나타내는 그림이나 사진 자료, 실물 자료 등을 준비하여 개방된 질문을 던지면서 활발한 상호작용이 일어나도록 유도한다. 이러한 과정에서 유아는 자신의 경험이나 생각을 이끌어 내게 되며 주제에 관련된 개념과 어휘를 배우게 된다.

◇ 다른 사람의 이야기를 집단 안에서 경청하는 경험을 가진다. 이야기를 나누는 것은 다른 사람의 이야기를 듣는 과정이 우선되어야 하므로 주의 깊게 듣고 이해하는 태도를 유아가 갖도록 지원한다.

◇ 자신의 경험이나 느낌을 다른 사람에게 이야기하는 기회를 가진다. 여러 사람이 이해할 수 있는 어휘와 문장의 구조, 소리의 크기 등을 사용하여 바르게 말하는 태도를 배우고, 말할 차례를 지켜서 적당한 길이로 표현할 수 있게 된다.

◇ 문제를 토의하고 평가하는 경험을 갖는다. 학급에서 함께 해결해야 할 문제가 생기거나, 활동의 내용을 결정해야 할 때 함께 모여서 문제를 인식하고 해결 방안을 모

색하는 과정에서 의견을 내고, 토론하고, 다수가 원하는 해결점을 찾아내는 민주적인 방법을 익힌다.

(2) 이야기 나누기의 유형

이야기 나누기 시간은 하루 일과 계획에서부터 주제에 대한 개념과 지식을 확장하기 위한 토의에 이르기까지 다양한 유형으로 이루어진다. 2세 이하의 영아 학급에서는 개별적으로 이야기를 나누는 것이 바람직하고, 2세 후반이 되면 원하는 유아만을 대상으로 소집단으로 이야기 나누기를 실시할 수 있다. 구체적으로 살펴보면 다음과 같다.

1 계획하기

일과 계획은 등원과 함께 하루 일과를 시작하기 전에 대집단으로 이루어지는 활동이다. 교사와 유아가 함께 모여서 출·결석 알아보기, 날씨나 날짜 알아보기, 하루 일과 계획표 살펴보기, 새로운 활동이나 교재·교구 소개하기 등에 대해 이야기 나눌 수 있다. 그러나 매일 반복적으로 실시하는 계획하기는 다음의 이유로 유아에게 무의미한 시간이 될 수 있으므로 교사는 계획하기 실시 여부를 교육적 관점에서 판단하여야 한다.

- 시작 시기: 등원한 후 조용한 놀이(예 책 읽기, 수·조작 교구 가지고 놀기)만 하게 한 후 대부분의 유아가 등원하면 대집단으로 모인다. 계획하기를 시작하기 전까지 20분 내외 동안 원하는 놀이를 할 수 없기 때문에 유아는 놀이 시간이 줄었다고 생각할 수 있다.
- 소요 시간: 교사는 15분 내외로 계획하나 놀잇감 정리하기, 모여 앉기, 주의집중하기, 계획하기 동안 다루는 4~5가지 주제에 대해 이야기하는 과정에서 교사가 계획한 시간을 넘겨 진행되는 경우가 많다. 유아는 자신이 주도적으로 참여하지 않는 대집단 활동을 하루에 여러 번 하기 때문에 놀이 시간이 줄었다고 생각할 수 있다.
- 출·결석 알아보기: 학기 초에는 소속감도 느끼게 하고 친구의 이름도 익히게 하는 목적으로 출석을 부를 수 있으나 학기 초의 목적이 달성되면 점차 무의미한 절차가 될 수 있다. 유아에게 소속감을 느끼게 하는 다양한 방법(예 ○○반 하고 부르기, ○○반이 다 함께 하는 활동 실시하기)이 있고 유아는 출석을 부르지 않아도 다른 유아의 출석 여부를 여러 가지 방법(예 출석판 보기, 친구로부터 듣기)으로 알 수 있다.

◇ 날짜 알아보기: 날짜는 12달로 구성된 1년, 약 30일과 4주로 구성된 1달, 7일과 7개의 요일로 구성된 1주에 대한 개념을 알아야 이해할 수 있다. 달력을 보면서 "○월, ○일, ○요일"이라고 말해보는 것은 기계적이고 무의미한 반복이다. 날짜 알아보기는 시간 개념이 생기는 5세 이후부터 기관에서의 하루 일과를 중심으로 한 시간의 개념과 하루의 개념, 한 주의 개념, 한 달의 개념의 순서로 알아보는 것이 더 적절하다.

◇ 날씨 알아보기: 등원 후 오늘의 날씨를 맑음, 흐림, 비, 눈, 바람과 같은 몇 가지 용어를 사용해서 알아보는 것은 시시각각 변화하는 날씨의 특성과 날씨가 인간 생활에 미치는 영향을 유아가 이해하는 데 도움이 되지 않는다. 등원 시점의 날씨는 하루 일과 동안 변할 수 있고, 학급의 위치에 따라 날씨를 파악하기 어려울 수 있고, 한 가지 이상의 날씨가 복합적으로 작용하여 그날의 날씨(예 해는 나는데 바람이 많이 붊, 기온은 낮으나 해가 있어 그리 춥지 않게 느껴짐, 해가 나지만 구름이 많아 자주 해가 가려짐)가 결정되기 때문에 단순히 날씨만 알아보면 날씨가 자신의 생활에 미치는 영향(예 온도가 높거나 햇빛이 강한 날씨에 실외 놀이를 하기 위해 어떤 준비를 해야 하는가?)을 유아가 이해하기 어렵다.

2 경험 발표하고 나누기

새 물건 소개나 새 소식 발표, 주말 동안 가정에서 지낸 일, 방학 동안의 경험, 유아교육기관에서의 특별한 행사를 하고 나서의 느낌 등 자신의 경험을 다른 사람이 이해할 수 있도록 발표하고 다른 사람의 경험을 들어주는 형태의 이야기 나누기이다. 교사는 유아가 지난 일을 회상하면서 원인과 결과를 이해하고 사건의 순서에 맞게 이야기하는 태도를 기를 수 있도록 상호작용해 주어야 한다. 특히 유아의 연령이 어리거나 언어 발달이 느린 경우에는 상황에 따라 적절한 질문을 해주어 이야기를 좀 더 길게 이어 나가도록 도와준다. 예를 들어 동물원에 다녀온 유아가 "동물원에 갔었다."라고 말한다면 교사가 "누구와 갔었니?", "어떤 동물을 봤니?" 등의 질문을 하여 자신의 경험을 구체적으로 표현할 수 있게 이끌어주어야 한다.

그러나 유아는 다른 유아가 하는 발표에 다양한 이유(예 짧은 주의집중 시간, 작은 목소리나 명확하지 않은 발음으로 인해 듣는 유아가 이해하기 어려운 발표, 유아 발표 후 교사의 해설이나 질문이 이어지는 반복되는 패턴)로 주의를 기울이거나 흥미를 느끼기 어려운 경우가 많다. 교사는 아래와 같은 다양한 방법을 시도해 볼 수 있다.

◇ 다양한 특성을 가진 소집단 구성하기: 교사는 같은 경험을 한 유아끼리 모인 소집단, 다른 경험을 한 유아끼리 모인 소집단 등 다양한 방법으로 소집단을 구성하여 공통점과 차이점에 초점을 둔 발표를 실시할 수 있다.

◇ 놀이 시간에 자유롭게 경험을 발표하고 나누게 하기: 공식적인 대·소집단 활동으로 진행할 수도 있지만 놀이 시간에 조용한 장소(예 언어 영역, 수·조작 영역)에 원하는 유아만 모여 경험을 나누게 할 수 있다. 교사는 초반에 시작하는 것을 지원한 후 잘 진행되면 빠질 수도 있으며, 대집단으로 모여 앉는 기회(예 귀가 전)에 친구들이 어떤 경험을 했는지 1~2명의 유아가 발표하도록 부탁할 수도 있다.

◇ 그림 이외의 다른 표현 매체 이용하기: 경험을 발표할 때는 말로만 하거나 그림을 그린 후 보여 주면서 발표하는 것이 대부분이다. 그러나 집단으로 모여 발표하지 않고 다양한 매체를 이용하여 표현(예 점토로 표현해 보기, 녹음기에 녹음하여 듣기 영역에 놓아주기)하게 할 수 있다.

3 주제와 관련된 이야기 나누기

유아교육기관의 하루 일과 중에 전개되는 활동은 교사가 선정하거나 유아의 놀이로부터 발현된 주제를 중심으로 운영된다. 교사는 유아가 이미 알고 있는 경험과 지식을 끌어내 언어적 상호작용을 원활히 할 수 있도록 유도한다. 교사는 그림, 실물, 표본, 기자재를 사용한 자료, 교사가 제작한 자료, 유아가 직접 만들거나 수집한 자료 등을 주제에 맞게 풍부하게 제시함으로써 교육적 효과를 더욱 높일 수 있다.

그러나 항상 대집단으로 진행한다거나 교사 주도적으로 정답을 찾아내는 형식으로 진행하기보다는 유아의 흥미를 유발할 수 있는 도입, 다른 활동과의 연계, 유아의 다양한 사고를 수용할 수 있는 개방적 질문, 함께 문제를 해결해 나가는 방식으로 진행해야 한다. 교사가 주입식으로 주제의 내용을 가르치는 공부 시간이 아니라 교사와 유아 혹은 유아와 유아 상호 간에 대화를 주고받으며 생각을 끌어내고 종합하고 정리하는 시간이라는 것을 잊지 말아야 한다.

2세 이하의 영아는 직접 경험을 통해 학습하는 시기이므로 주제와 관련된 이야기 나누기 시간은 갖지 않는 것이 바람직하다. 3세 학급이라 하더라도 학기 초에는 대집단으로 주제와 관련된 이야기 나누기 시간을 갖는 것은 바람직하지 않으므로 소집단으로 운영한다.

4 토의하기

토의하기는 교사의 말을 주의 깊게 듣고 유아가 자신의 의견을 말하고 다른 유아의 의견을 고려하는 활동으로, 유아의 언어 및 사고의 발달을 증진한다. 유아와 성인 간 또는 유아 상호 간의 대화를 그룹 토의 형식으로 진행하면서 서로의 생각을 나누고 의견 불일치를 조정하여 함께 동의할 수 있는 해결점에 도달하게 된다. 이러한 과정을 통해 유아는 자신의 감정과 집단의 의사를 조절하게 되며 사회성이 발달하게 된다.

유아 간에 문제가 발생했을 때는 교사가 일방적으로 상황을 판단하지 않고 유아와 함께 문제가 무엇인지, 어떻게 해결할 수 있을지 의논하는 것은 집단 토의의 좋은 예이다. 예를 들어 부족한 놀잇감 때문에 계속 분쟁이 일어난다면 전체 유아가 모여 각자 의견을 내고 그 의견 중에서 가장 적합한 해결점을 찾을 수 있도록 교사는 방법을 제안하며 이끌어 준다.

유아교육기관에서 행사의 계획 및 준비를 할 때나 하루 일과 중에서 잘못된 점을 개선해야 할 때에도 교사와 유아가 함께 토의하여 결정할 수 있다. 예를 들어 놀이 중에 있었던 좋지 않은 행동을 개선하기 위해 "오늘 미끄럼틀 탈 때 서로 밀어서 친구가 떨어질 뻔했지? 미끄럼틀 탈 때는 어떻게 하면 좋을까?"라고 질문을 던짐으로써 토의를 시작할 수 있다. 이처럼 유아가 함께 생각을 모으는 학습 경험은 다른 사람의 관점을 이해하게 하고 의사소통과 표현 기술을 발달시키는 데 중요하다.

5 평가하기

효과적인 활동이란 계획과 진행을 거쳐 평가의 과정까지 마무리하는 것을 의미하는데 유아는 평가에 참여함으로써 스스로를 돌아보고 성취감을 갖게 된다. 평가를 위한 이야기 나누기는 활동과 활동 간의 전이 시간에 간단히 실시하거나 귀가하기 전에 잠깐 모였을 때 실시할 수 있다. 그러나 학급에서 문제가 발생했거나 더 나은 진행을 위해 즉각적인 평가가 필요할 때는 평가 시간을 즉흥적으로 마련할 수도 있다. 예를 들어 게임 중에 양 팀 간에 분쟁이 생겼다면 잠시 활동을 멈추고 개선할 행동에 대해 이야기를 나눈 후, 다시 활동을 진행하기도 한다.

실내외 놀이가 끝난 후, 야외 학습이나 견학 후 또는 귀가 전에 유아와 교사는 그날 어떤 활동이나 놀이를 했고, 어떤 놀이가 즐거웠으며, 누구와 놀이했고, 기분이 어땠는지 등에 대해 이야기를 나누며 스스로를 돌아보게 된다. 예를 들어 미술 활동을 평가하기 위해 이야기를 나눈다면 유아는 자신의 작품을 설명하면서 발표력을 기르게 되고 다른 유아의 작품도 감상할 기회를 갖게 된다. 교사는 충분한 관찰을 통해 유아의 활동과 하루 일과에 대해 잘 알고 있어야 효과적인 평가를 진행할 수 있다.

평가 시간은 듣기와 주의집중 기술을 발달시키고, 의사소통 능력을 발달시키며, 자신을 돌아봄으로써 자발적인 학습 태도를 길러주게 된다. 특히 활동의 결과를 평가하거나 일과 전체를 회상하며 평가하는 이야기 나누기 시간은 다음의 계획과 목표를 수립하는 데 유용하다. 평가 시간의 길이는 유아의 연령, 참여할 수 있는 능력 등을 고려하여야 하고, 평가 내용에 따라서 대집단이나 소집단의 형태로 진행할 수 있다.

(3) 이야기 나누기 활동의 운영

1 계획

◇ 이야기 나누기 시간은 활동의 유형에 따라 다양한 요소를 고려하면서 계획을 수립한다. 우선 이야기 나누기를 계획할 때는 적절한 내용을 선정하여야 한다. 유아의 연령과 발달 수준에 맞아 이해 가능한 내용인지 또는 유아에게 관심과 흥미를 끌 수 있는 내용인지를 고려하여야 한다. 예를 들어 주제와 관련된 내용일 경우 교사가 일방적으로 내용을 결정하는 것이 아니라 유아가 주변 환경이나 일상생활 속에서 관심 있어 하고 즐겁게 참여할 수 있는 내용인지를 고려한다.

◇ 내용이 선정되면 효과적으로 진행하기 위하여 적절한 자료를 준비한다. 만약 평가를 위한 이야기 나누기라면 유아의 작품을 어떻게 수집하고 어떤 방법으로 제시할 것인지, 또는 유아의 활동을 어떤 방법으로 기록하여 제공하는 것이 효과적인지를 미리 계획해 두어야 한다. 특정 주제의 개념과 관련된 이야기 나누기라면 주제의 내용과 유아의 발달 수준을 고려하여 적절한 자료를 준비하고 어떻게 제시할지도 계획하여야 한다. 기자재가 필요하다면 기자재의 효과적인 배치를 생각해 두고 자료를 어떤 순서와 방법으로 제시할지도 계획해야 한다. 미리 자료와 제시 방법을 계획해 두면 교사가 안정감 있게 수업을 진행하는 데 도움이 된다.

◇ 자료가 준비되었으면 이야기 나누기의 종류에 따라 효과적인 집단 크기를 결정하고 그에 맞는 장소나 자리 배치를 준비한다. 예를 들어 참여하는 모든 유아에게 발표 기회를 주기 위하여 주말 지낸 이야기 나누기를 진행할 때는 소집단으로 구성하고

유아가 서로 마주 볼 수 있도록 원으로 자리를 배치하는 것이 말할 차례를 기다리는 시간을 줄여주고 다른 사람의 이야기에 좀 더 집중하게 할 수 있게 한다. 이야기 나누기 시간을 시작하기 전에 유아의 연령에 따라 교사가 미리 의자를 놓아 주거나 유아 스스로 의자를 옮겨 배치하게 한다.

◇ 이야기 나누기에 적절한 시간의 길이와 일과 중의 시간 배치를 고려하여야 한다. 2~3세 유아는 대집단으로 이야기 나누기 하는 것이 적절하지 않으나 드물게 필요한 경우에는 주의집중 시간이 짧고 언어 표현 능력이 부족함을 고려하여 10분 이내로 실시한다. 4~5세가 되면 다른 사람의 이야기를 듣고 자신의 의사를 표현하는 능력이 발달하므로 15~20분 정도는 충분히 집중할 수 있으나 30분을 넘지 않는다.

이야기 나누기의 유형과 대상 유아의 연령에 따라 다양한 요소를 고려하여 미리 계획하는 것은 이야기 나누기의 교육적 효과를 높이기 위해 중요한 과정이다. 그러나 교사가 충분한 계획을 세웠더라도 유아의 관심에 따라 융통성 있게 변경될 수 있으며 유아가 스스로 참여하고 발견할 수 있도록 이끌어가는 교수 방법이 가장 핵심이 된다고 볼 수 있다.

| 대집단으로 실시하는 주제 관련 이야기 나누기

| 실외 놀이 중 필요에 따라 실시하는 이야기 나누기

| 실내 놀이 중 원하는 유아들과 실시하는 이야기 나누기

| 소집단으로 실시하는 주말 이야기 발표

2 진행

① 도입

이야기 나누기를 계획한 후 원활하게 진행하려면 도입, 전개, 마무리의 과정을 거치도록 구성하여야 한다. 이야기 나누기의 도입은 유아의 관심을 끌고 주의를 집중시키기 위하여 주제와 관련된 주의집중이나 주제에 대한 간단한 질문, 소개 등을 포함한다. 도입을 위한 활동은 전개 과정과의 유연한 흐름을 위하여 짧게 진행되어야 하며 유아가 자발적으로 참여하고 싶은 마음이 들도록 유도하여야 한다. 예를 들어 나뭇잎의 색깔 변화에 대한 이야기 나누기를 진행하려고 할 때, 나뭇잎의 모양이나 색깔에 대한 패턴을 놓아보게 하거나 나뭇잎에 관한 수수께끼를 내주고 "우리가 주워 온 나뭇잎도 그런가 한 번 살펴볼까?"하고 물어보면서 유아의 관심을 이끌어낸다.

② 전개

이야기 나누기의 본 활동을 전개할 때 교사는 유아의 반응을 주의 깊게 관찰하여 많은 유아가 참여할 수 있도록 따뜻하고 허용적인 분위기로 상호작용하여야 한다. 물리적 지식이나 논리 · 수학적 지식은 언어적 설명만을 통해 가르치는 것은 아니다. 예를 들어 식물의 성장 과정을 알아볼 때 사진 자료를 순서대로 나열해 보는 것에 그치는 것이 아니라 직접 실험하고 관찰한 내용을 토대로 의견을 나누는 토의 형식으로 진행하는 것이 효과적이다. 따라서 다루어지는 주제나 내용에 따라 어떤 형식으로 이야기 나누기를 전개할지를 결정하여야 한다. 또한 이야기 나누기 진행 중의 상호작용에서는 교사-유아의 언어적 상호작용뿐만 아니라 교사 자료 유아의 상호작용 모두가 중요하다. 그러므로 주제에 맞게 준비된 활동 자료를 이야기 나누기의 전개에 따라 적절한 순서로 제시하고 유아의 이해 정도에 따라 융통성 있게 변형하여 적용한다.

③ 마무리

이야기 나누기를 마무리할 때 유아의 반응을 반영하여 다음 활동과의 연계 여부를 결정한다. 만약 유아가 좀 더 알고 싶어 하거나 이야기를 나누는 중에 새로운 방법이 결정되었다면 그에 따라 유아가 잘 참여할 수 있도록 다음 활동을 함께 계획하면서 마무리한다. 예를 들어 정리 · 정돈을 잘하기 위한 토의를 했다면 정해진 규칙을 함께 적어 보는 활동으로 연결할 수도 있고 다른 해결 방법을 좀 더 생각해서 다음 날 다시 토의하기로 하고 마무리할 수도 있다. 이야기 나누기는 대부분 모여 앉아서 이루어지는 정적인 활동이므로 다음 활동으로 어떻게 이동할지에 대해 정확한 안내를 해주면 유아가 쉽게 다음 활동으로 전이될 수 있다.

이야기 나누기 진행 시 유의해야 할 점을 연령별로 요약하면 다음과 같다.

표 4-11 연령에 따른 이야기 나누기 진행 유의점

<table>
<tr><th>유의점</th><th>3세</th><th>4세</th><th>5세</th></tr>
<tr><td>내용</td><td>• 자기관리나 기본생활습관, 경험에 관한 내용을 중심으로 운영
• 주제에 관한 이야기 나누기는 지양</td><td>• 관심을 가진 주제에 대해 의견을 나누거나 정보 공유가 가능해짐
• 간단한 학급 규칙 정하기가 가능해짐</td><td>• 특정 문제에 대해 논제를 정해 토의 가능해짐
• 세부적인 규칙 도출이 가능해짐</td></tr>
<tr><td rowspan="2">집단 형태</td><td>• 개별 혹은 관심 있는 유아 약간 명
• 놀이 시간 중 일부분으로 이뤄짐</td><td>• 소집단 활동으로 운영 가능</td><td>• 이야기 나누기 주제에 따라 개인, 소집단, 대집단으로 운영 가능</td></tr>
<tr><td colspan="3">[공통]
• 유아-교사, 유아-유아 간 상호교환성이 중요할수록 집단 크기 작게 운영
• 연령이 낮을수록, 학기 초반일수록 집단 크기 작게 운영
• 개인의 의견과 경험 나누기가 중요할수록 집단 크기 작게 운영
• 규칙 정하기, 활동의 계획, 역할 결정 등 학급 전체의 의견이 반영되어야 할수록 대집단으로 운영</td></tr>
<tr><td>적정 시간</td><td>• 5분 이내
• 유아가 관심을 지속적으로 보이면 연장 가능</td><td>• 15분 내외</td><td>• 25분 이내</td></tr>
<tr><td rowspan="2">지도 전략</td><td>• 대화 중심의 이야기를 나누며, 주의를 오래 집중하지 못하므로 중간에 직접 체험하기나 동적인 활동 삽입</td><td>• 전체의 대화에 집중하고 의견을 내도록 적극적으로 격려
• 정답이 있는 질문보다는 개인의 경험이나 의견을 발표할 수 있는 질문 활동</td><td>• 수렴적, 발산적 질문을 적절히 사용하여 사고를 확장하도록 지원
• 또래와 의견을 조율하고 종합할 기회 제공</td></tr>
<tr><td colspan="3">[공통]
• 실물을 이용하는 것이 최선이므로 실물화상기를 이용하여 프로젝션 TV에 비춰 보여주는 것 지양
• 유아가 생각할 시간을 충분히 줌
• 유아의 이해 수준을 고려한 어휘와 내용 선택, 이야기 속도 조절
• 가능하면 여러 유아가 참여하도록 격려(한두 명의 대답에 의해 진행되는 것 지양)
• 교사가 생각한 내용 전개에 집착하는 것 지양하고 유아의 반응에 따라 진행</td></tr>
</table>

동일한 주제로 이야기 나누기를 3, 4, 5세 연령에 맞게 진행한 구체적인 사례는 다음과 같다.

표 4-12 이야기 나누기 주제: 화장실 사용 오리엔테이션

구분	3세	4세	5세
목표	• 화장실은 모두 함께 사용하는 시설임을 안다. • 화장실을 사용하는 적절한 규칙과 태도를 안다.		
자료	• 실물/사용 시범	• 사용법에 관한 그림	• 사용법에 관한 그림 • 유아가 제작한 사용 규칙
시간	• 10분 이내	• 20분 이내	• 20분 이내
집단	• 5~6명 소집단	• 10명 소집단	• 대집단
활동	• 화장실 가고 싶어 하는 유아 개별지도 • 변기와 세면대 직접 사용해 보기  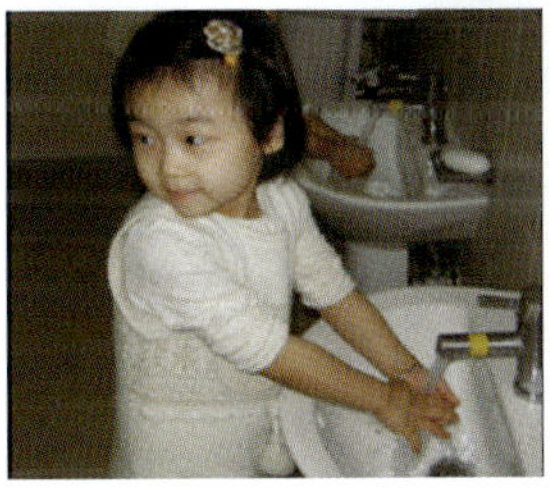	• 화장실 가고 싶을 때 어떻게 하는지 이야기 나누기 • 그림 자료 제시하면서 경험 이야기 나누기 • 남아와 여아 사용법 차이점 이야기 나누기 	• 화장실 다녀온 유아 경험 듣기 • 화장실 사용 예절에 대해 아는 것 이야기 나누기 • 이야기 나눈 예절에 대해 기록하여 화장실에 부착 

표 4-13 **이야기 나누기 주제: 봄**

구분	3세	4세	5세
목표	• 계절의 변화에 따라 피어나는 봄꽃 중 관심 있는 꽃에 대해 안다.		
자료	• 유치원 마당의 꽃과 사진	• 개나리, 진달래 등의 대표적인 꽃	• 대표적인 봄꽃 • 관심을 보이는 들꽃
시간	• 15분 이내	• 20분 이내	• 25분 이내
집단	• 소집단	• 소집단	• 소집단
활동	• 등원하면서 본 꽃 이야기 나누기 • 꽃피기 전/후의 마당 사진 비교하며 봄에 핀 꽃에 대해 이야기 나누기 • 마당 산책하며 꽃 관찰하기 • 좋아하는 꽃 사진 찍기  	• 내가 아는 봄꽃 이야기 • 실제 꽃 보고 유사점과 차이점 비교하기  	• 봄꽃과 들꽃 사진 게시 • 사진 자료 보며 경험 나눔 • 관찰 방법 알아보고 관찰 기록지 소개하기 • 꽃 관찰하고 사진 찍기 • 들꽃 이름을 적은 팻말 또는 이름표 만들기 

3 평가

이야기 나누기 활동이 적절하게 잘 진행되었는지 평가하는 것은 다음 활동을 효과적으로 진행하기 위하여 필요한 과정이다.

- 이야기 나누기를 진행하는 과정 중에 교사는 유아의 흥미나 집중 정도를 관찰함으로써 이야기 나누기가 효과적으로 잘 진행되고 있는지를 평가할 수 있다.
- 이야기 나누기 시간이 유아에게 적절했는지, 자료가 유아에게 이해되기 쉽게 제시되었는지, 교사 주도적으로 이끌어가지 않고 유아가 적극적으로 참여하도록 유도하였는지 교사 스스로 평가한다.
- 마무리하면서 간단히 기분이나 느낌을 물어봄으로써 유아가 이야기 나누기에 참여한 느낌이 어떠한지 알아볼 수도 있고, 내용 중의 일부를 회상해 보게 함으로써 개념이 잘 전달되었는지를 확인할 수도 있다.

(4) 이야기 나누기 진행의 유의점

교사가 많은 유아와 대화로서 호흡을 맞추며 이야기 나누기 시간을 이끌어가는 것은 매우 어려운 일이다. 이야기 나누기를 효율적으로 운영하기 위하여 교사가 유념해야 할 점은 다음과 같다.

- 이야기 나누기가 매일 있어야 하는 것은 아니다. 교사는 매일 일정한 내용을 설명으로 가르쳐야 한다는 고성관념을 버리고, 주제의 전개 과정상 이야기 나누기가 필요하다고 여겨지는 시간을 선정하여 즐거운 활동 시간이 되게 한다. 주제나 내용에 따라서 이야기 나누기를 하는 것보다 게임이나 경험 등의 다른 활동에 유아가 스스로 참여하여 지식을 구성하는 것이 더욱 효과적일 때가 있다.
- 이야기 나누기를 반드시 대집단으로 실시해야 하는 것은 아니다. 학급의 인원이 많을수록 교사 한 명이 전체 유아와 이야기 나누기를 진행하는 것은 어려우므로 소집단으로 운영할 수도 있다. 두 집단으로 나누어 실내외 활동이나 서로 다른 활동을 번갈아 가면서 할 수도 있고 대집단으로 지도하기에 적합하지 않은 내용은 다른 활동의 도입 부분을 통해 가르칠 수 있다.

◇ 유아의 연령별 특징 및 주의집중 시간을 고려해야 한다. 2세 영아는 대집단으로 일정 시간 모여서 이야기를 나누는 것이 매우 어렵다. 다른 사람의 이야기를 집중하여 들을 수 있는 시간이 짧고 자신의 이야기를 하는 것에만 관심을 가지므로 개별적인 이야기 나누기로 진행하는 것이 바람직하다. 3세 반의 이야기 나누기는 일과를 계획하거나 느낌이나 경험 나누기와 같은 내용을 5분 이내로 다루는 것이 적당하다. 4세 유아는 좀 더 이야기 나누기에 집중할 수 있으므로 15분 정도의 시간을, 5세 유아는 25분 정도의 시간을 집중하여 이야기 나눌 수 있다. 그러나 전체 집단의 유아 수, 주제에 대한 유아의 흥미 정도, 이야기 나누기의 내용에 따라 적절히 시간을 조절한다.

◇ 이야기 나누기를 위한 장소를 준비한다. 장소와 유아의 수를 고려하여 반원형, 원형, 두 줄 반원형, 세모형 등으로 앉게 할 수 있다.

◇ 이야기 나누기는 활동실의 정해진 공간에서만 진행하는 것이 아니라 어느 곳이든 필요하다고 느낄 때 가장 적합한 장소에서 할 수 있다. 예를 들어 쌓기놀이 규칙에 대한 이야기 나누기를 할 때는 쌓기놀이 영역에 모여서 이야기를 나누는 것이 효과적이다.

◇ 동기 유발을 위한 준비가 필요하다. 이야기 나누기를 시작하기 위한 가장 좋은 방법은 유아가 주제에 대해 자연스럽게 관심을 갖고 자발적으로 참여하고 싶은 마음이 들게 하는 것이다. 예를 들어 학급에서 기르는 금붕어 먹이를 주는 것에 대한 이야기를 나눌 때 "요즈음 금붕어가 기운이 없어 보이는데 왜 그럴까?"라고 물어봄으로써 유아가 스스로 생각해 보게 유도하거나 금붕어 사진을 보여주어 어떤 이야기를 나누게 될지 마음의 준비를 시킨 후에 시작해도 좋다. 그러나 도입을 위한 활동이 길어지게 되면 오히려 집중력이 떨어지므로 짧고 재미있게 시작한다.

◇ 언어 사용에 유의한다. 이야기 나누기 시간에 교사가 사용하는 언어는 유아에게 가장 중요한 역할 모델이 되므로 유아가 이해할 수 있는 어휘와 문장의 길이를 선택한다. 새로운 어휘를 사용할 때는 직접적인 경험을 통하여 자연스럽게 이해할 수 있도록 하며 유아의 연령과 언어 발달 수준에 따라 어휘를 선정한다. 예를 들어 날씨에 대한 어휘를 사용할 때 어린 연령의 유아에게는 '덥다', '춥다'라는 말로 날씨를 표현한다. 그러나 높은 연령의 유아에게 어휘를 확장하여 주고자 한다면 유아의

실제 경험과 관련지으며 '후덥지근하다', '쌀쌀하다'와 같이 새로운 어휘를 배울 수 있게 한다.

◇ 목소리를 조절한다. 유아와 이야기를 나눌 때 교사는 정상적인 목소리로 보통 말하듯이 하는 것이 좋으며, 과장된 음성을 내거나 지나치게 크고 높은 소리를 내는 것은 좋지 않다. 등장인물의 변화를 나타내기 위하여 독특한 소리로 구분을 지어도 좋으나 너무 많이 구분 지으면 산만해지므로 두 가지 정도로 구별하는 것이 좋다. 예를 들어 유아가 흥미 있게 이야기 나누기에 참여하도록 하기 위하여 손인형을 등장시킬 때도 지나치게 과장하지 말고 인물의 기분을 자연스럽게 표현해야 한다.

◇ 효과 있는 준비물을 구체적인 것으로 준비한다. 구체적인 시청각 자료를 준비하여 제시하면 집중도가 높아지므로 시청각 교재를 사용하여 유아의 흥미를 높이는 것이 필요하다. 이야기 주제와 관련된 구체적인 자료와 그림, 사진, 인형 종류뿐 아니라 동영상, OHP 등을 이용하여 유아의 관심을 지속시키고 이야기 나누기가 활발히 일어나도록 한다.

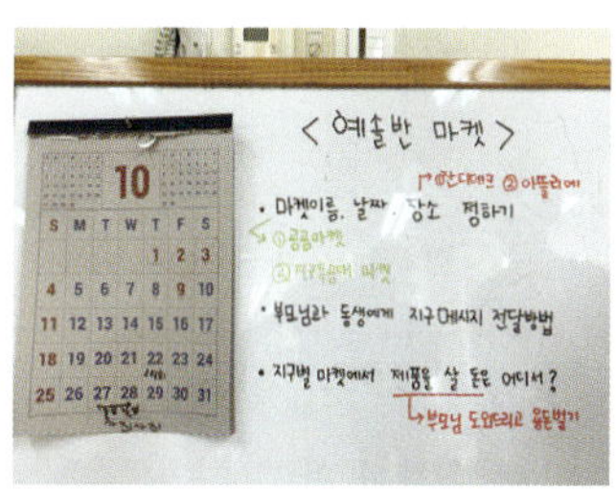

사진 자료를 보여주거나 칠판에 직접 쓰면서 이야기 나누기

유아가 주말 경험을 레고 블록으로 표상 후 공유

인터넷에서 검색한 자료를 보면서 이야기 나누기

책이나 모형, 인형 등을 가지고 이야기 나누기

대집단 활동 시 시청각 자료를 잘 볼 수 있도록 빔 프로젝터를 사용하여 큰 화면으로 보여 주기

- 교사의 태도가 중요하다. 교사는 각 유아의 능력, 흥미, 요구 등을 잘 알고 이해하려고 노력해야 한다. 교사의 태도가 권위적이거나 교사 주도로 긴 설명을 늘어놓음으로써 유아가 긴장하고 지루하게 만드는 것을 피해야 한다. 편안하고 다정한 말과 태도로 이야기를 나누고 유아의 마음을 이해하며 들어야 한다. 교사의 이런 태도는 유아 스스로가 다른 사람의 생각과 표현에 관심을 기울이고 자신의 의사를 표현하는 데 도움이 된다.

2) 문학 활동(동화, 동시, 동극)

유아를 위한 문학은 출생부터 8세까지의 유아를 대상으로 이들의 발달적 특성을 고려한 내용과 형식을 갖춘 것으로 아동문학에 속한다.

(1) 문학 활동의 목표

다양한 문학적 경험을 통해 유아는 듣고 말하고 읽고 쓰는 잠재력을 가지게 되며 모국어와 민족에 대한 이해를 높일 수 있다. 문학 활동을 통한 유아의 언어 발달을 교육과정에서 제시하는 4가지 영역, 즉 말하기, 듣기, 읽기, 쓰기 측면에서 살펴보면 다음과 같다.

- 말하기: 유아는 자신의 수준에 적절한 그림책에 나온 그림을 보면서 이야기를 스스로 만들어 나간다. 자신이 이해한 이야기를 부모나 다른 성인, 또래에게 회상하여 들려줌으로써 바르게 말하는 태도를 기를 수 있다. 동화를 듣고 동극을 할 때는 스

스로 이해한 동화의 내용을 자신만의 표현으로 전달할 기회를 갖는다.

- 듣기: 유아의 문학 경험은 연령이 어릴수록 스스로 읽는 경험이라기보다는 누군가가 읽어주는 것을 듣는 경험이 주가 된다. 유아는 성인이 들려주는 이야기를 주의 깊게 들음으로써 이야기 전체를 이해하는 능력과 이야기를 들을 때의 바른 태도에 대해 배울 수 있다.
- 읽기: 영아기부터 그림책을 보면서 자신의 수준에서 이해하며 '읽기' 때문에 읽기는 공식적으로 글을 읽기 훨씬 전부터 시작된다. 혼자 또는 또래나 성인과 함께 읽으면서 책을 읽을 때 어느 페이지부터 읽어야 하는지, 어느 방향으로 읽어야 하는지, 이 글자가 내는 소리는 무엇인지에 대해 경험하게 된다. 이러한 경험은 유아의 읽기 능력의 발달에 기초가 된다. 동시를 낭송할 때에도 유아는 글의 방향, 띄어 읽어야 할 부분 등을 이해할 수 있다.
- 쓰기: 읽은 책의 제목을 써 보거나, 책의 내용 중 내가 알고 있는 글자를 써 보는 등의 경험을 통해 유아는 글을 쓰는 활동에 대해 관심을 가지게 된다.

(2) 문학 활동의 유형

유아교육기관에서 실시되는 문학 활동은 크게 동화, 동시, 동극으로 나눌 수 있다.

1 동화

동화란 유아를 대상으로 하며 서사적 성격을 띤 산문 형식의 이야기를 의미한다. 동화는 성인이 읽는 소설과는 다르게 유아에게 적합한 내용으로 구성되어 있다. 동화의 내용에 구비되어야 할 조건으로는 친근성(유아에게 친근한 등장인물, 사건, 장소가 포함됨), 미지성(유아가 호기심을 가지고 받아들일 수 있는 미지의 것이 포함됨), 감촉성(눈에 보이는 아름다운 색채, 혀에 닿는 맛있는 것 등에 대한 묘사가 포함됨), 활동성(주인공이 활동하면서 새로운 모험을 계속하는 내용이 포함됨), 경이성(생각하지도 않은 돌발적인 이상한 일들이 일어나는 것을 의미), 결과성(결과가 뚜렷하게 나타나는 것을 의미), 리듬성(지루하지 않을 정도로 내용이 반복됨을 의미), 유머(웃음을 짓게 만드는 내용이 포함되어 있는 것을 의미), 극화적 요소(동화를 읽고 동극이나 연극으로 재연할 수 있는 쉽고 반복되는 내용이 포함되는 것을 의미) 등이 있다.

교사는 이상의 조건을 고려하여 동화를 선택해야 하는데 동시에 유아에게 즐거움을 주는지, 유아가 이해할 만한 수준의 책인지, 가치 있는 주제인지, 그림이 개성있고 글과 조화를 이루는지, 글이 즐겁고 새로운 언어 체험을 제공하는지, 그림과 글은 상상력과 호기심을 자극하고 창의적인 사고를 하도록 격려하는지, 인종이나 성, 연령에 대한 고정관념이 없는지, 적은 비용으로 쉽게 구입할 수 있는 책인지를 살펴보아야 한다.

① 동화의 종류

동화는 창작 유무와 내용에 따라 다음과 같이 분류할 수 있다.

- 전래 동화: 전래 동화란 작가를 알 수 없는 구전되어 온 이야기로 신화나 전설, 민담, 우화 등이 그 뿌리라고 볼 수 있다. 전래 동화는 축적된 사회적 가치와 도덕적 신념을 반영하므로 같은 사회에 속한 구성원들은 전래 동화를 통하여 전통적인 가치관을 공유하고 결속감과 일체감을 느낄 수 있다. 또한 현실적으로 불가능한 일들이 마술처럼 이루어지고, 이야기의 전개가 단순하며, 시간적 전개에 따라 반복되고, 대부분 직접 화법으로 전개되는 점은 유아의 흥미를 끄는 중요한 요인이 된다. 『혹부리 영감』, 『해와 달이 된 오누이』, 『흥부와 놀부』, 『콩쥐팥쥐』와 같은 전래 동화에서 알 수 있듯이 전래 동화는 대부분 선과 악을 강하게 대비시키면서 권선징악의 교훈을 보여준다. 외국의 전래 동화를 들으면서는 다른 나라의 문화와 전통을 경험하게 되는데 『커다란 순무』(글·알렉세이 톨스토이), 『장화 신은 고양이』(글·샤를 페로), 『세 마리 염소』와 같은 외국의 전래 동화도 전형적인 전래 동화의 형식을 가진다.
- 환상 동화: 환상 동화는 현실과 다른 초자연적인 소재나 대상, 사건이 중심이 되는 이야기이다. 현실에서 경험할 수 없는 환상의 세계는 물활론적 사고나 자기중심적 사고와 부합되어 유아의 즐거움과 상상력은 극대화된다. 환상 동화는 환상의 정도나 문학적 요소 등 다양한 기준에 따라 나눌 수 있는데 크게 민담의 요소를 가진 환상 동화, 환상성이 높은 동화, 의인화된 동물이나 장난감을 다룬 동화, 공상 과학 동화 등으로 나눌 수 있다. 환상 동화의 비실재성은 신화, 우화, 전래 동화에 뿌리가 있지만 전래 동화의 고전적이고 반복적인 환상보다는 가상의 세계와 초자연적인 요소를 자유로운 형식으로 전개하고 있는 점이 다르다. 현대의 환상 동화는 마술적 기법에서 점차 벗어나 『지각대장 존』(글·존 버닝햄)과 같이 시간과 공간의 배경이 다양해지고, 『세 강도』(글·토미 웅게러)와 같이 인물의 묘사가 구체적이고 다면화되는 것이 특징이다.

◇ 생활 동화: 생활 동화란 유아가 직접 경험할 수 있는 실생활의 이야기를 소재로 한 동화이다. 또래 유아나 자신의 생활을 다루므로 감정이입과 동일시가 쉽고 누구에게나 일어날 수 있는 일을 간접 경험하므로 유아가 현실에서 당면하는 여러 문제를 해결하는 데 도움이 되기도 한다. 생활 동화 속에는 유아가 매일 경험하는 일상의 이야기, 놀이, 생각 등이 이해하기 쉬운 어휘와 논리로 전개되고 있어 쉽게 몰입된다. 유아는 자신에게 친숙한 내용의 생활 동화를 들으면서 즐거움을 느끼고, 이야기에 집중하는 능력을 기르게 되며 동화에서 사용되는 새로운 어휘와 표현을 배우고 활용한다. 생활 동화는『이슬이의 첫 심부름』(글·쓰쓰이 요리코),『휘파람을 불어요』(글·에즈러 잭 키츠)와 같은 유아의 내적 세계를 다룬 동화,『피터의 의자』(글·에즈러 잭 키츠),『순이와 어린 동생』(글·쓰쓰이 요리코),『돼지책』(글·앤서니 브라운)과 같은 가족 세계를 다룬 동화,『피터의 편지』(글·에즈러 잭 키츠),『솔이의 추석 이야기』(글·이억배)),『내게는 소리를 듣지 못하는 여동생이 있습니다』(글·진 화이트하우스 피터슨)와 같은 사회적 세계를 다룬 동화,『눈 오는 날』(글·에즈러 잭 키츠),『심심해서 그랬어』(글·윤구병) 같은 자연적 세계를 다룬 동화 등으로 나눌 수 있다.

② 전달 매체

동화를 들려줄 때는 유아가 동화의 내용을 잘 이해하고 동화에 흥미를 가질 수 있도록 동화를 가장 효과적으로 들려줄 수 있는 매체를 선택하여야 한다. 전달 매체의 종류를 살펴보면 다음과 같다.

표 4-14 동화 전달 매체별 특징

종류	특징	사진
구연 동화	• 특별한 매체 없이 교사의 말과 표정, 손짓 등으로 동화를 들려주는 형태이다. 동화의 내용을 완벽하게 파악한 후 구연하도록 하며 유아가 지루해하지 않도록 내용이 너무 길지 않은 동화를 선택한다.	
그림 동화	• 그림책의 장면을 하드보드지 등에 크게 확대해서 그린 다음 색칠하거나 색지를 붙여 꾸미고, 뒷면에는 동화의 내용을 붙이는 형태의 매체이다. 대집단의 유아를 대상으로 활동하기에 적합하여 유아교육기관에서 널리 사용되고 있다.	
반입체 그림 동화	• 평면적인 그림 동화의 제한점을 보완하여 그림의 일부분을 움직일 수 있도록 만든 형태이다. 배경판에 칼집을 넣어 등장인물을 움직이게 하거나, 구멍을 뚫고 낚싯줄을 부착하여 움직이는 방법 등을 활용할 수 있다. 또한 한지, 골판지, 주름지와 같은 다양한 종이를 사용하여 평면적인 느낌을 줄일 수 있다.	
TV 동화	• 튼튼한 상자로 텔레비전 틀을 만들고 화면 크기만큼 앞부분을 오린다. 상자의 윗부분 양 옆에 구멍을 뚫어 랩 심이나 벽지 심을 상자 높이보다 여유 있게 잘라 둔다. 이 심에 연결된 그림 두루마리를 붙여 심의 윗부분을 손잡이로 하여 돌리면서 보여주는 형태이다. 그림은 화면보다 조금 크게 그려 넣되 등장인물이나 중요 부분이 잘리지 않도록 주의해야 한다.	
융판 동화 (앞치마 동화)	• 코팅한 그림 자료나 부직포로 만든 자료 뒤에 벨크로 테이프를 붙인 뒤, 이 자료를 융판이나 부직포로 만든 앞치마 등에 붙여서 사용하는 형태이다. 만들기가 쉽고 크기가 작아 보관하기에 편리한 장점이 있다.	
자석 동화	• 자석 동화는 배경에 그림 자료를 붙이는 유형과 뒤 혹은 아래에서 다른 자석을 이용하여 움직이게 하는 유형이 있다. 배경에 그림 자료를 붙일 때에는 배경을 함석판으로 제작하고 자료의 뒷면에 원자석이나 고무자석 등을 붙인다. 뒤 혹은 아래에서 다른 자석을 이용할 때에는 배경을 아크릴판과 같이 자력이 통과할 수 있는 판을 사용하여야 하는데, 이때 교사는 미리 시연을 하여 뒤에서 자석을 움직일 때 앞의 자료가 떨어지지 않는지 확인해야 한다.	
막대 동화	• 종이 자료를 코팅하거나 부직포로 만든 자료 뒤에 나무젓가락이나 빨대 등을 붙여 만드는 형태이다. 막대를 잡고 구연해야 하므로 등장인물이 한꺼번에 나오는 장면이 등장하는 동화에는 적합하지 않다.	
테이블인형 동화	• 배경과 인형을 테이블에 올려놓고 구연하는 형태로 코팅된 그림 자료나 부직포로 만든 등장인물이 잘 세워질 수 있도록 깨끗이 씻은 요구르트 병이나 음료수 캔을 사용하여 고정할 수 있다. 받침대가 너무 가벼우면 인형이 넘어질 수 있으므로 병 안에 무게중심이 될 수 있는 것을 넣고 입구를 막아서 사용한다. 또한 등장인물 자료와 받침대를 붙일 때 벨크로 테이프를 사용하면 매체를 다 사용한 후 동화 자료와 받침대를 따로 떼어 부피가 작게 보관할 수 있다.	

종류	특징	사진
손인형 동화	• 손을 인형 속에 넣어 움직이면서 구연하는 형태이다. 인형은 목장갑, 양말, 봉투, 천 등 다양한 소재를 사용하여 만들 수 있다. 손인형은 주의집중이나 도입 시에 많이 사용하며 등장인물이 많은 동화를 구연하기에는 적합하지 않다.	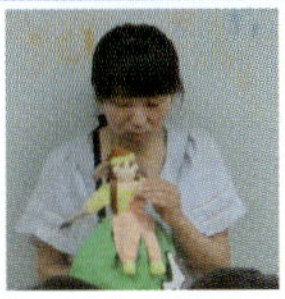
손가락인형 동화	• 손가락인형은 손가락에 인형 자료를 한 개씩 끼우는 형태와 손가락이 인형의 일부가 되어 움직이는 형태로 나눌 수 있다. 손가락이 인형의 일부가 되는 형태는 손가락이 인형의 다리로 나오거나 코끼리의 코 등이 되어 움직임을 줄 수 있다. 손가락 인형은 등장인물이 적은 동화에 더 적절하다.	
줄인형 동화	• 줄인형은 십자 모양의 나무에 낚싯줄을 달아 인형의 팔다리와 연결하여 조작하는 형태이다. 인형을 만들 때에는 팔과 다리 부분에 관절이 되는 부분을 만들어 움직임이 섬세하도록 할 수 있고 발 부분에 무게 중심이 되는 동전 등을 넣어 인형이 중심을 잡을 수 있도록 한다. 줄인형은 제작이나 조작이 까다롭고 구연 중 줄이 꼬일 염려가 있으므로 유아가 조작하기에는 적합하지 않으나, 적은 움직임을 나타낼 수 있는 두 줄 인형은 가능하다. 보통 줄인형은 주의집중이나 도입에 많이 사용한다.	
그림자인형 동화	• 그림자인형 동화는 빛의 성질을 이용하여 빛과 막 사이에 자료를 놓고 막에 비치는 인형의 그림자로 구연하는 형태이다. 일반적인 방법은 흰 천을 이용하여 막을 만들고 뒤에서 OHP나 손전등의 빛을 비추어 그림자인형을 막에 대고 움직이는 것이다. 그림자인형은 빛이 투과되지 않는 검은 테두리가 인형의 모습이 되어야 하므로 하드보드지나 일러스트 보드지와 같은 두꺼운 종이를 이용하는 것이 좋으며, 여의치 않을 경우에는 마닐라지에 검은 마스킹 테이프를 둘러 빛이 통과되지 않도록 한다. 인형을 제작할 때에는 테두리를 자르고 얼굴 부분이나 옷의 장식 부분을 오려 내어 만드는데, 검은색으로 보이는 그림자인형을 좀 더 화려하게 보이도록 오려낸 부분에 셀로판지나 반투명 시트지를 붙여 색을 넣기도 한다. 최근에는 검은 테두리를 만든 후 코팅하고 그 위에 유성매직으로 색칠하는 방법으로 튼튼하고 화려한 자료를 만들기도 한다. 인형의 아랫부분에는 아크릴판을 막대 모양으로 자른 것이 나 투명한 자를 아래에 붙여 손잡이를 만들어 사용한다.	 
OHP 동화	• OHP 동화는 투명 OHP 필름에 네임펜이나 매직과 같은 유성펜으로 그림을 그린 뒤 색을 입혀 만드는 형태이다. 투명한 특성이 있어 겹쳐서 화면을 완성하거나 한 장면에 등장인물이 여러 명 나올 때 한 명씩 나오게 하는 등의 효과를 줄 수 있다. 최근에는 흰 종이에 먼저 테두리를 그린 뒤 OHP 필름에 복사하여 색을 입히기도 한다. 색을 입힐 때 색칠해야 할 면적이 적은 경우에는 펜을 사용하고 넓은 경우에는 셀로판지나 반투명 접착 시트지를 붙인다. 그림을 다 그린 뒤에는 한 장씩 프레임에 붙이고 프레임의 아랫부분에는 장면에 해당하는 동화의 내용을 붙여 넣는다. 동화를 듣고 사후 활동으로 뒷이야기 짓기나 동화 이어가기를 할 때 OHP 필름을 유아에게 내어주어 새로운 동화를 직접 그리게 하여 만들 수도 있다.	
파워포인트 동화	• 컴퓨터의 보급이 확대되고 사양이 발달하면서 파워포인트를 이용한 동화를 많이 활용하고 있다. 그림책을 스캔한 뒤 포토샵 작업을 통하여 배경이 되는 부분과 등장인물이 움직일 부분을 따로 만들고 애니메이션 기능을 이용하면 움직임이 있는 파워포인트 동화를 만들 수 있다. 마이크를 이용하여 동화의 내용을 녹음할 수도 있으며, 최근에는 다양한 애니메이션 효과 기능이 업그레이드되고 있어 좀 더 다이내믹한 동화를 만들 수 있다.	

최근에는 컴퓨터 등의 기기 발달로 파워포인트 동화나 OHP 동화, 실물화상기를 이용한 동화를 많이 들려주는 경향이 있다. 기기를 이용하여 동화를 들려줄 때는 실내를 어둡게 하거나 유아와 마주 보고 앉지 못하는 경우가 많으므로 유아와 눈을 맞추거나 반응을 보기가 다소 어려울 수 있다. 반면 그림 동화, 융판 동화, 테이블 동화 등의 전통적인 전달 매체는 교사와 유아가 서로 얼굴을 보고 눈을 맞추고 유아의 반응을 볼 수 있다. 그러므로 교사는 기기를 이용한 동화와 전통적인 동화의 매체 특성을 고려하여 다양한 방법으로 동화를 들려준다. 또한 각 매체가 가지고 있는 특성이나 구연 시 주의점을 고려하여 동화를 들려주도록 한다.

③ 동화 활동의 운영

유아들에게 동화를 들려줄 때는 앞서 소개한 여러 가지 전달 매체를 동화의 특성에 맞추어 선택하고 집단 크기를 고려하여 매체의 위치나 크기를 정한 후 매체를 조작하는 순서나 조작하는 방향 등을 실수 없이 할 수 있도록 충분히 연습한다.

❶ 도입

동화를 들려주기 위한 도입 활동으로 동화에 나오는 등장인물이나 동화 속에 등장하는 배경, 사건 등을 유아의 경험과 관련시켜 이야기를 나누거나 동화에 등장하는 소재(예 『사과가 쿵』에 나오는 '사과')를 보여주면서 유아의 경험을 나눌 수 있다. 도입이 지나치게 길어지거나 모든 동화를 같은 방식(예 수수께끼)으로 도입하면 동화에 대한 흥미를 떨어뜨릴 수 있으므로 간단히 소개하는 것이 좋다. 동화에 따라서는 도입의 시간을 갖지 않고 바로 동화를 들려줄 수 있다.

❷ 전개

- 유아에게 동화의 제목을 소개하고 동화를 처음부터 끝까지 들려준다. 글과 그림을 그린 사람에 대한 정보가 있을 때는 연령(예 연령이 높을수록 소개)을 고려하여 소개한다.
- 동화를 들려주는 동안 유아의 반응을 살핀다. 테이블 동화나 손인형 동화, 손가락 인형 동화의 경우는 인형극처럼 보이기 위해 교사의 얼굴을 배경판으로 가리고 구연을 하는 경우가 있는데, 이렇게 할 경우는 교사가 유아의 반응을 볼 수 없고 인형을 조작하는 데 다소 무리가 따를 수 있으므로 반드시 그렇게 할 필요는 없다.

◇ 유아는 정적인 것보다 동적인 것을 좋아하므로 활동적인 용어를 사용한다. 예를 들어 '토끼가 뛰어왔습니다.'보다는 '토끼가 깡총깡총 뛰어왔습니다.'와 같이 동작을 수식할 수 있는 단어를 첨가하는 것이 좋다.

◇ 간접화법보다는 직접화법을 많이 사용한다. 예를 들어 "호랑이가 다가와서 할머니를 불렀습니다."보다는 "호랑이가 살금살금 다가왔어요. '할멈! 할멈!' "식으로 이야기를 전개한다.

◇ 구연 중에 자꾸 질문을 하는 것은 유아가 이야기의 흐름을 이해하는 데 방해가 된다. 구연 중에 유아가 질문을 하는 경우는 짧게 설명하고 넘어가거나 동화를 다 들은 후 질문을 하도록 한다.

◇ 동화를 다 들려준 다음에는 다시 동화의 그림만 보거나, 등장인물을 보여주면서(예 테이블 동화) 어떤 내용이었는지 회상하는 시간을 가질 수도 있다. 그러나 반드시 회상을 해야 하는 것은 아니다. 많은 유아가 알고 있는 내용이거나 회상을 하지 않아도 충분히 이해하고 있다면 생략해도 무방하다. 또한 동화를 구연한 뒤 유아들로 하여금 "동화를 들려주셔서 고맙습니다."라고 인사하도록 하는 경우가 있는데 이것 역시 옳은 방법이 아니다. 즉, 어떠한 상황이든 패턴화시키는 것은 바람직하지 못하며, 상황에 맞게 조절하는 지혜가 필요하다.

❸ 마무리

동화를 다 듣고 나면 사후 활동으로 동화의 제목 짓기나 동화의 다음 이야기를 상상하여 지어보기와 같은 활동을 할 수 있다. 또한 동화의 주제를 현재 진행 중인 주제와 연결하여 간단하게 이야기 나누기를 할 수도 있다. 단, 이러한 사후 활동 역시 패턴화되어서는 안 된다. 즉, 매번 동화를 들을 때마다 주인공에게 편지쓰기, 이야기 짓기 등을 해서는 안 된다는 것이다. 동화 자체를 즐기고 마무리하는 경우와 다양한 사후 활동을 하는 경우를 적절히 조화롭게 섞어서 활동을 진행한다.

2 동시

동시는 유아에게 친숙한 소재를 함축적인 언어로 표현한 것이다. 동시를 통하여 유아는 감성과 상상력의 증진, 모국어의 아름다움 인식, 감각적 즐거움의 경험, 언어의 신비로움 체득, 사물에 대한 직관력 배양, 감정 세계의 풍요로움 인식, 감정 표현 능력의 향상 등을 얻을 수 있다. 유아에게 적합한 동시를 선택하는 기준은 다음과 같다.

- ◇ 유아가 이해할 수 있는 시
- ◇ 유아의 생활 체험이 녹아 있는 시
- ◇ 리듬과 운율이 살아있는 시
- ◇ 독창적인 아이디어가 들어 있는 시
- ◇ 움직임이 들어있는 시
- ◇ 감각적이고 심상이 뚜렷한 시
- ◇ 유머가 있는 시

① 동시 활동의 운영

❶ 준비

동시 활동은 특정 상황에 어울리는 동시를 들려주었을 때 가장 효과적이다. 교사는 다양한 형식과 주제의 동시를 많이 수집하고 분류해 두었다가 필요할 때 적절한 동시를 선정할 수 있어야 한다.

동시는 자료 없이 낭송하는 것도 가능하고 때로는 더 바람직하므로 자료를 사용하는 것이 더 효율적이라고 판단될 때만 자료를 만든다. 어떤 자료가 동시를 들려주기에 적합할지 고려하여 자료를 만드는데, 관련된 실물을 직접 보여주거나, 동시의 내용과 관련된 그림 자료나 이야기 자료를 만들 수도 있다. 노랫말 자료처럼 글씨 자료를 만들기도 하지만 그림을 이용하여 동시를 들려주는 것이 더 바람직하며, 글씨 자료를 만드는 경우에는 중간중간 그림을 넣어서 유아가 동시를 잘 이해할 수 있도록 한다.

❷ 도입

동시를 들려주기 전에 동시 내용과 관련된 그림을 보여주거나, 소리를 들려주거나 이전의 경험을 회상하도록 함으로써 동기 유발을 할 수 있다. 예를 들어 '눈이 오면'이란 시를 낭송하기 전에 눈 오는 장면이 그려진 그림을 보여주며 "어떤 생각이 나니?", "너희들은 눈 오는 날에 무엇을 했니?" 등의 질문을 하여 유아가 동시에 관심을 갖게 한다. '노랑나비'라는 동시를 소개할 때는 나비를 보았던 경험을 나누면서 나비의 모습과 움직임에 대해 회상해 보게 한다. 또는 동시에 대해 흥미를 갖고 집중하여 들을 수 있게 하기 위해 동시를 읽어주기 전에 "동시를 잘 듣고 제목이 무엇일까 생각해 보자."와 같이 미리 말해 줄 수 있다.

❸ 전개

◇ 교사가 동시를 낭송한다. 알맞은 억양과 빠르기로 읽어주고, 어색하고 과장된 표현은 하지 않으면서 동시의 느낌을 자연스럽게 잘 전달해 준다. 교사가 동시를 낭송할 때 배경음악을 준비할 수 있으나 필수적인 것이 아니다. 교사 한 명이 수업을 진행하는 경우에는 동시 자료와 녹음기를 동시에 조작해야 하므로 오히려 분위기가 산만해질 수 있다.

◇ 동시에 대한 느낌을 나누고 간단하게 동시의 지은이와 제목에 대해 이야기한다.

◇ 다양한 방법으로 나누어 동시를 낭송할 수 있다. 나누어 낭송할 때는 패턴처럼 교사와 유아, 남아와 여아, 바닥에 앉은 유아와 의자에 앉은 유아로 나눠 연이나 행을 중심으로 나누기보다는 동시의 특성을 가장 잘 느낄 수 있는 방식으로 나눈다.

◇ 다 함께 동시를 낭송한다. 느낌을 가지고 동시를 잘 낭송하는 유아가 있다면 가끔 혼자 낭송해 볼 기회를 준다.

◇ 유아의 연령과 글자 이해 정도에 따라 그림을 보여주며 낭송해 주기, 그림과 글자를 보여주며 낭송해 주기, 글자로 된 자료를 제시하며 함께 읽기와 같은 다양한 방법을 사용할 수 있다.

❹ 마무리

유아가 동시의 즐거움을 느낄 수 있도록 교사가 동시를 낭송하거나, 동시를 낭송한 느낌에 대해 간단하게 이야기하고 마무리한다. 동시를 낭송한 이후의 활동으로 동시 부분 짓기, 동시 듣고 그림 그리기 등을 할 수 있다. 부분 짓기는 동시의 기본 틀은 그대로 두고 몇 개의 단어를 바꾸어 보는 것이다. 동시 듣고 그림 그리기는 동시를 듣고 떠오르는 시상을 그림으로 표현해 보는 활동이다. 부분 짓기가 익숙해지면 동시를 창작할 수도 있다. 그러나 저작권이 중시되는 현대 사회에서 저자가 있는 동시를 지은이의 허락 없이 개작하는 경험이 바람직한 것인지에 대한 숙고가 필요하다.

② 동시 활동 진행의 유의점

◇ 동시를 가르치기 위해서 대 · 소집단으로 모여 활동을 진행해야 하는 것도 아니고, 자료를 반드시 준비해야 하는 것은 아니다. 하루 일과 중 다양한 상황(예 바람이 많이 부는 날은 바람을 소재로 한 동시 들려주기)에서 자연스럽게 동시를 들려주는 것이 더 바

람직하다. 이를 위해서 교사는 다양한 소재의 동시집을 학급에 비치한 후 필요할 때 활용한다.

◇ 동시 자료를 만들 때 글자 위주의 판 자료로 제작할 필요는 없다. 동시를 듣고 그림으로 표현한 시화나 시와 관련된 사진 자료 등도 좋은 교수 자료가 될 수 있으며, 야외학습을 다녀온 후 경험을 회상하면서 특별한 자료 없이 동시 활동을 전개할 수도 있다.

◇ 교사가 동시를 낭송할 때 배경음악을 항상 준비하지 않아도 된다. 특히 활동의 진행이 미숙한 경우에는 오히려 유아의 시선을 분산하는 역효과를 낳을 수 있으므로, 필요한 경우나 자료 조작과 녹음기 조작 모두를 능숙하게 할 수 있는 경우에만 가끔 배경음악을 사용하는 것이 좋다.

◇ 대부분의 활동이 그러하듯 동시 활동도 그 시간에 완벽하게 이루어져야 하는 것은 아니다. 4~5일에 걸쳐 다양한 기회(예 다른 활동의 주의집중으로 사용하거나, 집에 가기 전 한 번 더 낭송하기)를 통하여 동시를 익히게 할 수 있다. 이와 같은 방법은 유아가 생활 속에서 자연스럽게 동시의 아름다움을 배울 수 있게 한다.

◇ 유아는 시를 쓰고 나누는 과정에서 자신의 감정을 표현할 뿐만 아니라 궁금함과 호기심을 가지고 새로운 것을 알아가고 사고를 풍요롭게 한다. 그러므로 시를 쓴 결과물보다는 시 쓰기 과정이 유아에게 더 의미 있는 활동임을 인식하여 유아의 자유로운 표현을 격려할 수 있어야 한다.

◇ 동시 짓기는 동시를 듣고 동시의 일부를 바꾸어보는 개작 중심의 짓기보다 유아가 자신의 생각, 느낌, 경험을 있는 그대로 표현해 보는 창작 개념의 동시 짓기가 더 가치있다. 유아가 생활 속에서 겪은 많은 경험과 느낌, 예를 들면 친구와 싸우고 나서, 맛있는 음식을 먹은 후, 천둥소리가 났을 때의 느낌 등을 자유롭게 글로 만들어 보고 친구들에게 들려주는 창작 개념의 동시 짓기가 격려되어야 한다.

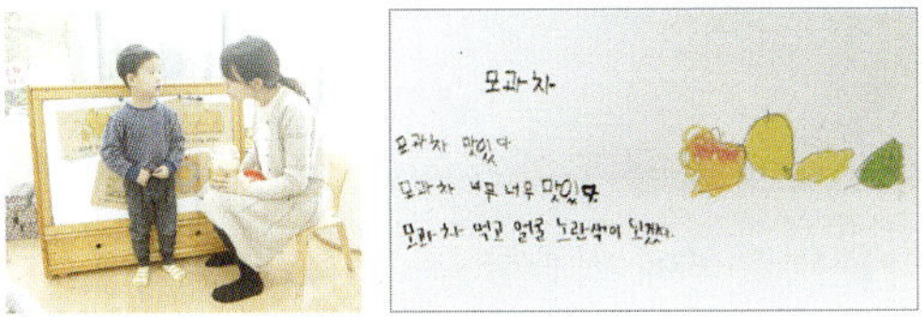

3세 유아가 혼자 지은 동시

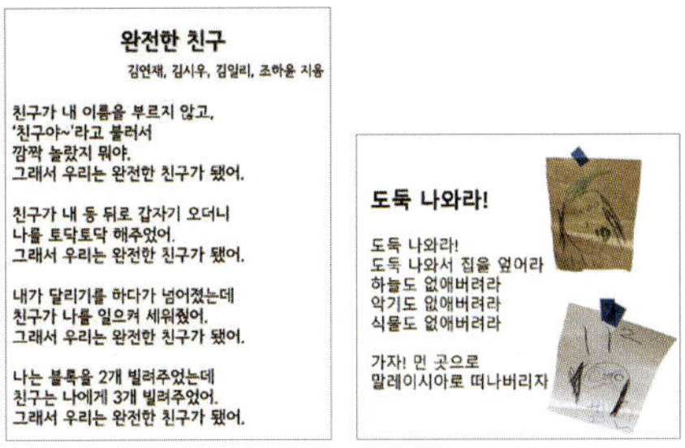

3세 유아 여러 명이 한 표현을 모아 하나로 합한 동시

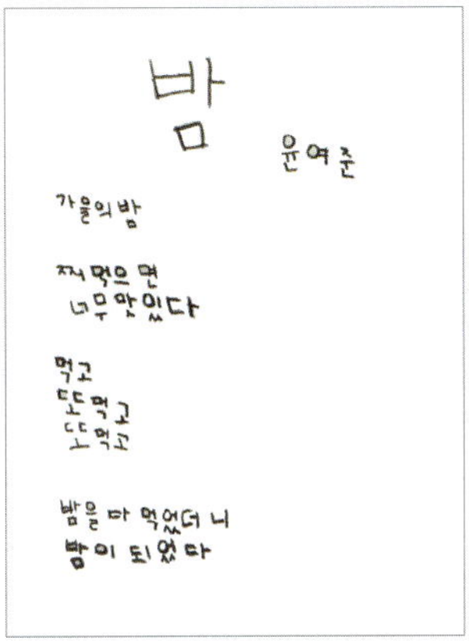

5세 유아가 혼자 지은 동시

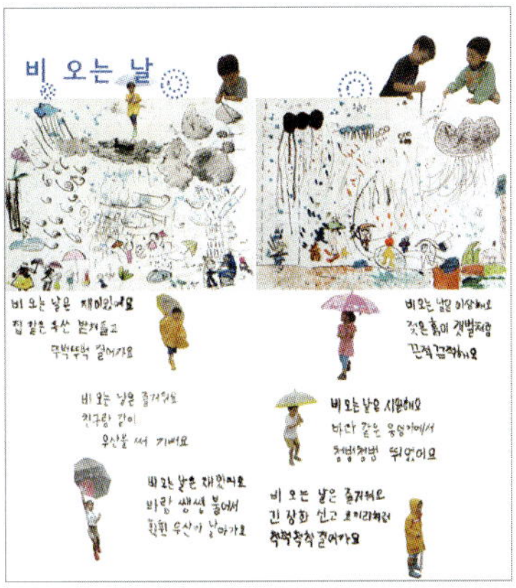

5세 유아 여러 명이 공동으로 표현한 동시와 그림

3 동극

동극은 교사가 들려준 동화의 내용을 유아가 극화하면서 동화에 대한 자신의 느낌, 생각, 감정을 표현할 수 있는 효과적인 교육 수단이다. 동극을 통하여 유아는 창의적인 표현 능력 신장뿐 아니라 자신의 정서와 감정을 표현할 수 있고 자신감도 가지게 된다. 여러 명이 함께 동극을 하거나 또래가 하는 것을 감상함으로써 지도력과 협동심, 문제해결에 대한 통찰력 등이 발달한다.

동극은 인지적·사회적 측면에서 일정 수준의 발달을 이뤄야만 가능하므로 2세 이하의 영아를 대상으로는 실시하지 않는다. 영아는 동화를 읽으면서 의성어와 의태어를 따라하거나 이동이 많은 장면이 나올 때 다 함께 이동하면서 동화에 나온 것을 재연하는 방식으로 활동하는 것이 적절하다. 예를 들면 『삐약! 우리 엄마세요?』(글·아이코리아 연구개발실)라는 동화를 읽은 후 영아들이 흥미를 보이면 다 같이 병아리가 되어 활동실을 다니면서 엄마를 찾는 활동을 할 수 있다. 처음에는 교사가 '병아리'가 만나는 '동물'이 되어 답을 해주다가 점차 익숙해지면 영아들도 '동물'이 되어 답하게 할 수 있다.

① 동극의 조건

동극을 위한 동화를 선정할 때는 유아의 연령에 따라 동화의 길이, 줄거리의 복잡성, 등장인물의 수 등을 고려하여 선택한다. 다음은 동극에 적합한 동화의 조건이다.

- 간단하면서도 전개 과정이 뚜렷한 줄거리
- 단순하면서도 만족스러운 클라이맥스
- 유아가 동일시 할 수 있는 등장인물
- 다양하고 재미있는 행동
- 짧고 반복되는 대화(특히 영아의 경우)
- 가능한 한 등장인물이 많으면서 상황에 따라 늘이거나 줄여도 되는 내용

표 4-15 연령에 적합한 동화 선정 기준 및 대사 수준의 예

연령	적합한 동화	반복되는 대사 수준의 예	
		학기 초	학기 말
3세	• 쉽고 친숙한 소재의 동화 • 내용이 단순하고 반복되는 동화 • 반복되는 대사가 있는 동화 • 배경 장소가 복잡하지 않은 동화	[커다란 무] • 영차! 영차! • 무 뽑는 것 좀 도와줘!	[첫 눈 오는 날] • 눈이 많이 왔어! 나가서 놀자! • 아휴~ 졸려. 난 겨울엔 많이 자야해!
4세	• 학기 초에는 단순한 반복이 많은 동화 선정하나 점차 대사가 규칙적으로 변화는 동화 선정 • 점차 긴 내용의 동화 선정 • 2~3곳의 배경(예 집, 놀이터, 산 속)을 가진 동화 선정 가능	[세 마리 염소] • 내 다리를 건너가는 게 누구냐? 너를 잡아먹겠다. • 제발 저를 잡아먹지 마세요! 제 뒤에 더 크고 살찐 염소가 와요.	[철이의 겨울 나들이] • 난 겨울이면 손(귀, 목, 온몸)이 너무 시려! • 그럼 내 장갑(모자, 목도리, 겉옷)을 끼렴!
5세	• 3, 4세에 비해 여러 측면에서 폭넓은 선정 가능 • 규칙적으로 반복되는 대사뿐만 아니라 불규칙적으로 진행되는 대사가 있는 동화 선정 가능 • 배경이 많은 동화 선정 가능	[쥐의 결혼] • 구름, 벽, 바람, 쥐의 대사는 규칙적인 반복이 아니라 내용에 따라 달라짐	[황금 거위] • 반복되는 장면이나 규칙적으로 달라지는 대사가 거의 없음

동극을 위한 동화를 바탕으로 동극용 대본을 만드는 과정은 다음과 같다.

◇ 설명 부분을 삭제하고 간접화법을 직접화법으로 바꾼다.

◇ 필요한 대화를 첨가하거나 필요하지 않은 말은 삭제한다. 대화를 가능하면 짧고 반복적으로 조절하면 유아가 쉽게 대사를 기억할 수 있다. 3세의 경우에는 동화 속 대사를 유사하게 하는 것이 바람직하며, 5세의 경우에는 꾸미는 말을 넣거나 대사를 수정해도 좋다.

◇ 어휘를 적절한 것으로 바꾼다. 유아가 사용하기에 적합하지 않은 단어, 즉 어렵거나 추상적이거나 공격적인 단어들은 수정한다.

② 동극 활동의 운영

❶ 준비

◇ 같은 동화도 동극하기 위해 재구성하는 과정에서 동극을 하는 유아의 연령에 맞게 등장인물의 수나 대사를 조정할 수 있다. 『커다란 무』(글·알렉세이 톨스토이)를 3세와 4세용으로 재구성한 예는 다음과 같다.

표 4-16 연령에 적합하도록 동극용으로 재구성한 예

구분	3세	4세
등장인물	• 내용이 변하지 않는다면 등장인물의 수를 줄임(예 할아버지, 할머니, 철수, 강아지, 고양이 5명)	• 유아가 무의 역할 담당 가능 • 무와 생쥐를 포함한 7명의 등장인물
대사/등장순서	• 영차, 영차! • 무 뽑는 것 좀 도와줘! • 유아가 등장 순서를 기억하지 않아도 교사가 해설을 통해 알려 줌	• 영차, 영차! • 할머니(할아버지, 철수야)!, 무 뽑는 것 좀 도와주세요! • 유아가 순서를 기억해서 다음에 나오는 인물을 부름
구연 방식	• 상황과 대사를 간단히 구연하여 유아가 쉽게 표현할 수 있도록 함	• 등장인물의 특성과 장면의 상황이 잘 표현되도록 구연

◇ 다양한 매체를 이용하여 동화를 들려준다. 동극을 위한 동화를 들려줄 때는 구연동화보다는 매체를 활용한 동화가 기억하기에 더 효과적일 수 있다.

◇ 동화를 들려준 뒤 동화의 내용을 회상하는 시간을 가진다. 동화를 회상할 때는 등장인물과 대사를 중심으로 이야기의 전개를 기억해 보게 한다. 동극에 필요한 대사는 정확하게 기억할 수 있도록 두세 번 반복하여 말해주는 것이 좋다.

❷ 환경 구성: 무대 배경 및 소품 구성

◇ 동극을 하기 위한 집단 크기 및 환경 구성 방식을 유아의 연령에 맞게 조정한다.

표 4-17 연령에 적합한 집단 크기 및 환경 구성 방식의 예

구분	3세	4세	5세
집단	• 소집단	• 학기 초 소집단 → 점차 대집단	• 대집단
환경 구성	• 주로 소품과 배경을 교사가 제안하거나 준비	• 점차 유아의 생각 반영	• 유아가 스스로 소품을 만들어 사용하거나 생각대로 준비 • 배역을 맡는 대신 배경 준비, 소품 준비, 해설 등을 맡아 스텝의 역할 경험

◇ 동극을 할 때 유아가 우왕좌왕하는 것을 피하기 위하여 교사는 유아와 함께 신중하면서도 신속하게 무대를 구성해야 한다. 극이 이루어지는 배경이 어디이고, 극의 진행 과정에서 무엇이 필요하며, 그것이 어디에 있어야 동극을 하는 유아가 편안하고 질서 있게 움직일 수 있는지를 유아와 함께 의논하여 무대를 구성한다. 주인공이나 등장인물이 이동을 하는 경우에는 사건 전개의 주요 장소가 어디인지, 가장 많은 등장인물이 나오는 곳이 어디인지를 살펴 무대의 중앙에 오도록 설치한다. 무대 설치를 할 때는 교사의 자리도 유아 쪽으로 옮겨 무대를 넓혀주고 원활한 구성이 이루어지게 돕는다. 예를 들어 등장인물이 집을 나와 숲에서 다른 인물을 만나는 이야기인 경우에 유아가 집을 가운데 만들고자 한다면 "집을 여기에 짓는 것이 좋을까? 다른 동물들을 계속 만나는 곳은 어디지?"라고 질문하면서 동극하기에 적합한 무대 구성을 한다.

◇ 무대 배경을 구성할 때는 등장인물들이 대기하는 위치도 함께 정한다. 무대의 한편을 가리개나 장으로 막아 그 뒤에 숨어 있다가 등장하면 극의 재미를 높일 수 있다. 그러나 등장인물이 많을 때는 한 방향에서 계속 등장하는 것보다는 대기 장소를 두

세 군데로 나누어 등장하는 방향을 다양하게 변화시키는 것도 좋다. 가리개나 장으로 대기 장소를 가려둘 경우에도 등장하는 순서대로 앉아서 대기하는 것이 유아의 이해를 도울 수 있다.

◇ 활동실 안의 자료를 활용하여 동극에 필요한 소품을 찾는다. 블록을 이용하여 집을 지을 수도 있고, 의자와 책상 등을 활용할 수도 있다. 그러나 무너지거나 쓰러지는 것과 같이 위험의 요소가 없는지를 점검한 후 동극 소품으로 사용한다. 유아가 직접 만들 수 있는 소품의 경우에는 놀이 시간에 만들어 사용할 수 있다. 소품을 정할 때는 등장인물의 역할을 미리 정하여 해당 유아가 자신에게 필요한 물건을 가지고 오게 할 수도 있고 전체 유아가 의논하여 소품을 정할 수도 있다.

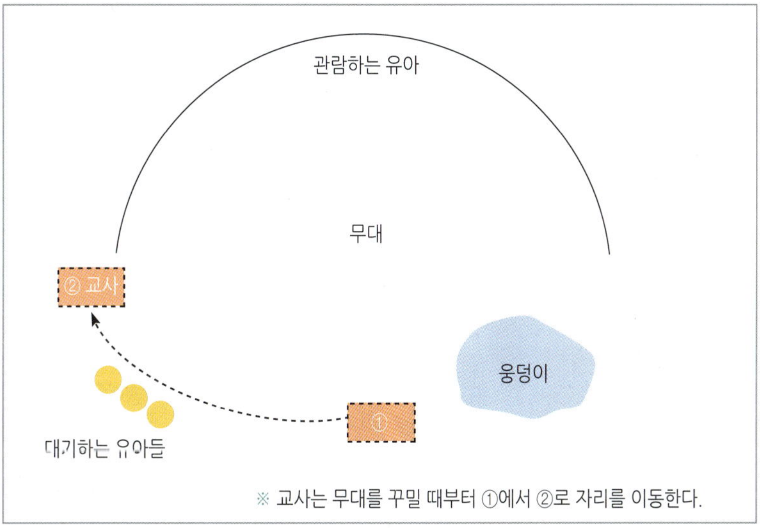

| 무대 배치의 예(제목: 웅덩이에 빠진 곰돌이) |

❸ 배역 정하기

◇ 동극을 위한 배역을 정할 때는 많은 유아가 동극에 참여할 수 있도록 하는 것이 좋다. 보통 동극은 한 번 이상 하게 되는데, 첫 번째 동극에서 그 역할을 잘 해낼 수 있는 유아를 선정하면 다른 유아들에게 학습의 기회가 된다. 하지만 동극에 익숙해지면 굳이 첫 번째 동극에 잘하는 유아가 주인공을 맡지 않고 원하는 유아가 맡도록 하여도 무방하다.

- 하고 싶어 하는 유아가 없는 배역인 경우에는 제일 먼저 그 역할을 하기를 원하는 유아를 모집하면 효과적이다. 동극에서는 모든 역할이 중요한 의미가 있으며 하기 싫은 역할도 숨은 매력이 있음을 이야기해 주면 유아의 태도가 바뀔 수 있다.
- 다른 유아들 앞에 서는 것을 부끄러워하거나 앞에 나서려고 하지 않는 유아에게도 동극을 할 기회를 주어야 한다. 처음에는 해, 나무, 바위 같이 배경의 한 부분인 역할을 하다가 이후 비중이 높은 배역을 맡도록 격려할 수도 있고 조명, 소품, 입장객 안내 등의 스태프 역할을 맡게 할 수도 있다. 참여하기 싫어하는 유아에게 억지로 강요하지 말아야 하는데, 동극에 대한 좋지 않은 감정을 강화하게 되고, 자신감을 상실하게 하기 때문이다.
- 유아가 다양한 역할을 해볼 수 있도록 교사는 고정관념을 벗어나 배역 선정을 해야 한다. 일반적으로 남아는 강하고 공격적인 역할을, 여아는 예쁘고 수동적인 역할을 하려는 경향이 있는데, 교사는 성에 관계없이 모든 유아가 다양한 캐릭터를 경험해 보도록 격려한다.
- 배역이 다 정해지면 배역을 맡은 유아는 앞으로 나와서 "나는 ○○역을 맡은 △△△입니다."라고 자기소개를 한 뒤 등장인물들이 대기하는 위치로 가서 앉는다.

다양한 역할 정하기_소품 및 무대 준비팀

다양한 역할 정하기_분장팀

다양한 역할 정하기_음향팀

다양한 역할 정하기_운영팀

다양한 역할 정하기_배우팀

다양한 역할 정하기_관객

❹ 동극하기

동극을 하는 동안 교사는 무대와 유아들을 모두 볼 수 있는 곳으로 자리를 옮겨 도움을 준다.

- 극의 시작을 알린다. "지금부터 □□반의 동극 ☆☆☆를 시작하겠습니다."라고 시작하는 말을 한다. 유아가 동극 순서에 익숙해졌을 때는 극의 시작과 끝을 유아가 스스로 알리게 할 수도 있다.
- 극의 진행을 이끈다. 교사는 해설자의 역할을 맡아 등장인물이 나올 시기를 알려주거나 유아가 대사를 원활히 할 수 있도록 도움을 주거나 유아가 동극을 하기 쉽게 도와 줄 수 있다. 예를 들어 "토끼가 뛰어 왔습니다."보다는 "토끼가 깡충깡충 뛰어와서 쥐 옆에 섰습니다." 등으로 유아가 할 행동을 묘사하여 캐릭터를 더 잘 표현하게 하거나 위치를 잘 잡을 수 있게 도울 수 있다. 대사를 잊어버린 유아가 있는 경우에는 "토끼가 뛰어와서 '나 좀 도와줘'라고 얘기했습니다."라고 해설하여 간접적으로 어떤 대사를 해야 하는지 알려준다.
- 문제 상황이 생기는 경우는 행동을 제한한다. 동극에 참여한 유아가 심하게 장난을 치거나 동극의 내용과 상관없는 행동을 계속 할 경우에는 잠시 동극을 중단하고 바람직한 행동에 대해 이야기한 후 다시 시작한다.
- 대사 없이 이루어지는 동작을 격려한다. 예를 들어 '빗물 웅덩이'라는 동극을 할 때, '넌 누구니?'라는 대사와 함께 놀라서 달아나는 동작도 동극의 중요한 표현 요소임을 유아가 이해하게 한다.
- 장면의 변화, 시간의 변화 등을 알린다. 필요에 따라 교사는 "자, 이제 여기는 곰돌이네 집입니다.", "하룻밤이 지났습니다."와 같은 해설을 해준다.
- 극의 마지막을 알린다. 동극이 마무리 되면 "그래서 서로 친구가 되었대요."와 같이 이야기의 결말 부분을 해설해 줌으로써 유아가 동극이 끝났음을 알게 한다. 연령이 높은 유아는 동극의 중간과 마무리에 필요한 해설을 유아 중 한 명이 역할을 맡아 진행할 수도 있다.
- 동극이 끝나면 "이것으로 □□반의 동극 ☆☆를 마치겠습니다." 등의 마치는 말을 한 뒤 동극에 참여한 유아가 인사를 하고 들어가도록 한다.

❺ 평가하기

◇ 평가는 긍정적인 것을 먼저 이야기하도록 하고, 후에 부정적인 것, 즉 고치거나 보완해야 할 점에 대해 이야기하는 것이 좋다. 평가는 동극에 참여한 유아와 관람한 유아 모두의 입장에서 평가하도록 하며 단순히 "재미있었어요."보다는 "토끼가 울면서 이야기하는 게 재미있었어요."와 같이 구체적으로 표현해 보게 한다.

◇ 평가는 못한 것을 들추어내는 것이 목적이 아니라 즐겁게 참여하는 데 의의가 있으므로 모든 유아의 노력을 인정해 주는 분위기로 전개한다.

❻ 재공연

◇ 유아가 원하고 시간이 가능한 경우에는 재공연을 할 수 있다. 재공연은 첫 번째 공연보다 진행이 빨리 이루어지도록 하며 첫 번째 공연에 참여하지 않았던 유아가 골고루 참여해 보게 한다. 한 배역에 원하는 유아가 많은 경우에는 2~3명이 한 배역을 맡아 함께 공연할 수도 있다. 재공연은 다음 날에도 가능하며 놀이 시간에 소품과 무대 배경 등을 설치해 주어 유아가 자유롭게 동극을 할 수 있게 한다.

❼ 정리

◇ 동극이 모두 끝나면 무대 배경과 소품에 사용되었던 물건을 유아와 함께 정리한다. 무대와 소품이 간단한 경우에는 유아가 원할 때 다시 동극을 해볼 수 있도록 교실의 한 영역에 동극 무대를 비치해 놓을 수도 있다.

③ 동극 활동 진행의 유의점

◇ 동극은 하루에 다 하지 않아도 된다. 동화를 듣고 회상하고 무대를 만들고 동극을 하는 데는 오랜 시간이 걸리므로 동화를 들려준 뒤 간식 시간 등을 가지고 나서 다시 모여 동극을 할 수 있다. 특히 3세와 같이 연령이 어린 경우에는 집중 시간이 짧으므로 동화를 듣고, 활발한 활동을 한 후 다시 동극을 위해 모일 수 있으나 때로는 그동안 내용과 대사를 잊는 경우도 있으므로 담임하는 유아의 특성에 따라 결정한다.

◇ 3세 이하의 유아들에게 대사를 암기하는 극화 활동은 어려울 수 있으므로 3세 후반부터 간단한 동극을 실시하는 것이 좋다. 대신 놀이 시간에 동화 자료를 내어주고

교사와 함께 자연스러운 극화 활동을 할 수 있다.

◇ 동극은 다른 집단 활동에 비해 동극 전에 준비 시간이 길기 때문에 교사는 진행을 신속히 하여 유아가 지루해하지 않게 한다.

◇ 유아가 원하는 경우나 이야기가 짧은 경우를 제외하고 동극은 두 번 이상 공연하지 않는 것이 좋다. 세 번 이상 반복하여 공연하게 되면 동극 자체가 주는 극적 재미가 반감되어 집중력이 떨어지고, 유아의 흥미가 지속되기 어렵기 때문이다.

3) 미술 활동

유아교육기관에서 거의 매일 하는 활동 중의 하나가 미술 활동이다. 미술 활동은 놀이 시간에 자발적인 의도로 하고 싶을 때 하는 미술 활동과 대집단의 형태로 일정한 목적을 가지고 함께 참여하는 미술 활동으로 나누어 볼 수 있다. 앞에서 놀이 시간 중 미술 영역에서 이루어지는 미술 활동에 대해서 살펴보았으므로 여기서는 미술 활동의 전반에 대해 구체적으로 살펴보고자 한다.

(1) 미술 활동의 목표

◇ 미술 활동을 계획하고 재료를 선택하여 마무리하는 전 과정을 끝까지 완성하면서 유아는 구체적인 문제를 해결할 기회를 갖게 된다. 이때 자신의 사전 경험을 활용하거나, 교사 또는 또래와 의사소통을 통해 해결 방법을 모색하거나, 스스로 창조적인 방법을 찾아내기도 한다.

◇ 미술 활동에서 사용하는 다양한 재료를 다루면서 유아는 사물의 특성을 알게 되고, 이를 실제로 활용하면서 물리적 지식을 습득함과 동시에 미적인 감각을 발달시킨다.

◇ 미술 활동을 하면서 개별적인 작품뿐 아니라 협동적인 작품을 완성하는 경험을 하면서 유아는 단체의 일원으로서 활동하고 계획을 실천하는 능력을 기른다. 유아는 서로의 생각을 나누고 재료를 공유함으로써 다른 사람과 긍정적인 관계를 형성하는 방법을 배운다.

◇ 미술 활동은 작품의 결과보다는 과정을 중시하므로 유아는 자신의 내면적인 생각을 표현하면서 칭찬과 격려를 받게 되고 자신에 대한 긍정적인 감정을 갖게 된다. 이러한 긍정적인 감정은 창작에 대한 새로운 시도를 촉진하게 되며 나아가 지식과 기술을 습득하고, 학습에 대한 자신감으로 발달한다.

(2) 미술 활동의 유형

미술 활동의 형식에는 크게 회화, 조소, 소묘, 판화, 콜라주, 직조, 공예, 설치 미술 등이 있는데, 이 중 유아를 위한 미술 활동에 해당하는 분야는 다음과 같다.

표 4-18 미술 활동의 형식별 의미

분류		일반적인 의미	유아 미술에서의 의미
회화		• 평면에 그리는 모든 그림과 작업	• 유아가 그리고 색칠하는 모든 평면 작업
조소	조각	• 덩어리(돌, 나무 등)를 깎아서 만드는 형태의 작업	• 유아 미술 활동에서는 조각칼을 사용하지 않으므로 거의 하지 않음
	소조	• 뼈대에 찰흙, 석고 등을 빚거나 붙여가며 만드는 입체 작업	• 유아 미술 활동에서는 주로 소조(찰흙으로 빚기) 활동이 이루어짐
소묘		• 선으로 그리는 활동	• 유아가 단색의 사인펜이나 연필을 사용해 관심 있는 사물을 자세히 그리는 활동
판화		• 어떤 면에 무늬를 새겨서 찍어내는 것	• 유아가 고무나 나무 등에 새겨진 것을 찍어내기, 판화 판으로 찍기, 베껴내기 등의 작업
콜라주		• 화면에 종이, 인쇄물, 사진 등을 오려 붙이고 일부에 가필하여 만든 작품	• 유아가 잡지, 신문, 색종이 등을 이용해 구성하는 작업
직조		• 종이나 실을 이용해 직각으로 교차해 짜는 작업	• 유아가 종이, 실을 이용하여 하는 작업
공예 및 설치 미술		• 물건을 만들고 구성하는 일 • 미술 작품을 공간과 어울리게 구성하는 일	• 다양한 폐품 등을 이용해 만들기 • 공예 작품을 전시함으로써 새로운 구성물처럼 구성하기

(3) 미술 활동의 운영

1 계획

미술 활동은 유아 스스로 계획한 것과 교사가 먼저 계획하고 준비한 활동으로 나눌 수 있고 미술의 특성은 있지만 전통적 의미의 미술이 아닐 수 있는 활동이 있다.

① 유아 스스로 계획한 활동

유아가 계획한 활동이란 자신의 생각이나 느낌을 표현하기 위하여, 즉 자신의 흥미와 욕구에 의해 동기 유발되어 시작한 활동이다. 유아가 계획한 활동은 미술 영역에 비치된 다양한 자료를 이용하여 실내 놀이 시간에 개별적으로 미술 영역에서 이루어진다.

② 교사가 계획한 활동

교사가 계획한 활동은 교사가 유아의 흥미와 발달 정도, 계절, 주제, 작업 양상 등을 고려하여 어떤 목적을 가지고 활동을 계획하고 준비하는 것을 말한다. 교사는 먼저 유아의 흥미와 발달 정도, 연령 등을 고려하여 작업의 난이도를 고려하고, 그 다음 계절이나 주제를 고려하여 유아가 흥미를 가지고 탐구해 볼 수 있는 활동을 선정한다.

교사는 유아가 미술 활동의 한 가지 분야(예 계속 그리기 관련 활동만 진행하기, 입체 만들기만 계속 진행하기 등)가 아닌 다양한 분야를 경험할 수 있도록 계획한다. 교사가 계획한 활동 역시 주로 실내 놀이 시간의 미술 영역에서 이루어지는데, 모든 유아가 해야 하는 것은 아니다.

교사가 제안하는 준비물을 미술 영역의 책상에 미리 준비해 둠으로써 유아가 참여하도록 유도한다. 5세의 경우의 실제 활동은 놀이 시간에 하더라도, 활동의 준비물과 하는 방법 등을 집단 활동 시간의 일부(예 전이나 주의집중)를 활용하여 소개할 수도 있다. 아주 특별한 상황(예 견학 후, 생일 축하 후, 복잡한 과정이 필요한 활동 등)에는 하루 일과 중에 미술 활동 시간을 별도로 정하여 활동을 소개한 후 실행하게 할 수 있다.

③ 놀이에 필요한 다양한 자료나 재료를 만드는 활동

유아의 놀이를 강조하고 유아가 놀이할 시간을 많이 확보해 주며 놀이하는 방법에 대한 자율을 부여하는 방향으로 교육과정이 개정되면서 유아가 놀이에 필요한 다양한 자료나 재료를 만들어서 쓰는 빈도가 증가하였다. 예를 들면 빵가게를 만들면서 원하는 빵을 역할놀이 영역에서 찾기 어려울 경우 미술 영역의 다양한 자료를 이용하여 빵을 그리거나 만들 수 있다. 미술 영역에서 다양한 자료를 이용하여 만들기 때문에 미술적인 특성을 가지나 엄격한 의미에서 미술이라고 볼 수 없다. 유아는 유아기에 미술의 다양한 영역(예 회화, 조소, 판화, 콜라주, 직조, 공예 등)을 접해야 하므로 교사가 의도를 가지고 계획하여 유아가 다양한 미술적 경험을 하도록 지도해야 한다.

2 진행

미술 활동을 실제로 실행하는 방법은 놀이 시간에 미술 영역에서 진행하는 경우와 하루 일과 중 집단 활동으로 운영하는 것이 있다. 대부분의 미술 활동은 놀이 시간에 이루어지지만, 가끔은 집단 활동으로 할 수도 있다. 현장에서는 미술 활동을 집단 활동으로 실행하는 경우가 대부분이지만 미술 활동은 놀이 시간에 개별적 선택 활동으로 이루어지는 것이 더 바람직하다.

① 놀이 시간의 미술 활동

- 유아 스스로 계획한 활동: 유아 스스로 하고 싶은 미술 활동을 하기 위해서는 미술 영역에 다양한 자료가 쉽게 사용할 수 있도록 배치되어 있어야 한다. 자료를 같은 종류별로 배치하거나 학기 초 오리엔테이션을 할 때 유아와 함께 영역을 살펴보며 개별적으로 자료의 종류와 배치에 대해 이야기해 줄 수 있다. 유아가 쓰기에 힘든 자료나 위험한 자료(예 마블링을 위한 기름병 등)는 교사장에 넣어두거나 비닐 덮개로 가려두어 유아가 쓸 수 있는 자료와 아닌 것을 구분해 둔다.
- 교사가 계획한 활동: 미술 활동을 하기 전에 미술 영역 책상에 준비물을 미리 비치해 두면 동기 유발에 도움이 된다. 4세 이하의 경우에는 관심을 보이는 유아가 미술 영역에 오면 개별적으로 활동의 준비물을 살펴보고, 활동 방법도 함께 이야기해 보면서 도움을 준다. 5세의 경우에는 어린 유아들처럼 개별적으로 설명해 줄 수도 있지만, 대집단으로 활동의 자료와 과정을 다 설명할 수도 있다. 교사는 미술 영역 중에 전체 유아를 바라볼 수 있는 자리에 앉아 새로운 활동을 하는 유아가 도움을 청하면 도와주면서 교실 전체의 유아도 관찰한다. 몇 명의 유아가 새 활동에 익숙해지면 그 유아가 다른 유아들에게 방법을 설명하거나 도와주게 할 수 있다. 만약 유아가 그 활동을 즐겨한다면 필요한 자료를 4~5일 동안 계속해서 내주어 누구나 경험

해 볼 수 있도록 해준다. 유아가 미술 경험에 몰입할 때는 일과 계획상 다른 활동으로 전이가 되더라도, 몰입한 유아는 계속 할 수 있도록 배려하는 것이 좋다. 일과 계획에 집착하는 것은 활동에 대한 유아의 열정을 연장하는 것만큼 중요하지 않다.

② 대집단으로 하는 미술 활동 시간

견학 후, 생일 축하 전, 또는 복잡한 과정이 필요한 활동에는 대집단 미술 활동 시간을 별도로 정하여 활동을 소개하고 실행하게 할 수 있다. 모든 유아가 해야 할 가치가 있는 활동, 시작과 끝에 걸리는 시간이 일정한 활동, 전체가 동시에 했을 때 안전이나 소음에 큰 문제가 없는 활동(예 콜라주를 이용한 공동 작업을 전체 집단 활동으로 한다면, 교사가 전체 유아의 안전을 통제하기에 매우 힘들고, 매우 소란할 것이므로 놀이 시간 중 원하는 유아가 자율적으로 모여 공동 작업을 하는 것이 좋음)을 대집단 미술 활동으로 할 수 있다. 예를 들어 견학이나 생일 축하처럼 학급의 모든 유아가 공통으로 경험하였거나 공통의 선물을 하기로 합의가 된 경우(예 생일 맞은 유아에게 그림이나 만들기로 생일 선물을 하자고 합의한 경우)에는 하루 일과 중 시간을 정하여 미술 활동을 할 수 있다. 이렇게 특별한 경우가 아니라면 교사가 정한 미술 활동을 모든 유아가 한꺼번에 하도록 미술 활동 시간을 운영하는 것은 유아의 흥미와 욕구를 무시할 수 있으므로 바람직하지 않다.

③ 놀이에 필요한 다양한 자료나 재료를 만드는 활동

유아가 놀이에 필요한 자료나 재료를 만드는 경우 어떤 놀이에 어떻게 사용할지에 대한 계획을 이해하고 필요하다면 적절한 도움을 제공한다. 예를 들면 특정 소품(예 어항과 얼내어)을 만늘기에 적절한 자료나 만드는 방법에 대해 의논하거나 적절한 자료가 없을 경우 유아교육기관의 어디에서 찾을 수 있는지 알려주거나 구입하는 것을 지원할 수 있다.

역할놀이에 필요한 소품, 간판과 배경 만들기

3 평가

평가의 목적은 미술 활동이 다양한 영역의 유아 발달을 촉진했는지 살펴보고, 각 활동을 위해 선정된 학습 목표가 어느 정도 달성되었는지를 살펴보아 유아 지도와 교사로서의 발전을 위한 자원으로 활용하는 데 있다. 평가할 때는 활동의 목표, 활동 진행 방법, 사용된 자료, 교사의 지원이 교육적으로 의의가 있는 것인지와 유아의 개성과 흥미가 존중되었는지를 중심으로 살펴본다.

유아교육기관에서의 평가는 유아 자신에 의한 평가와 교사에 의한 유아 개별 평가, 유아 간의 토의에 의한 집단 평가가 있다. 먼저 유아 자신에 의한 평가는 유아가 자신의 아이디어에 대해 계속 생각해 보고, 흥미 정도, 자료의 적절성, 자신의 능력, 표현하는 방법 등을 스스로 생각해 보는 과정을 말한다. 유아가 자료를 다루기 전부터 시작하여 작품이 완성되고 전시될 동안까지 스스로 계속 평가하게 된다.

다음으로 교사도 유아를 개별적으로 평가하는데, 교사는 유아를 세심히 관찰하여 미술 활동을 하는 동안이나 마친 후 교사의 생각이나 느낌을 이야기해 준다. 이 과정에서 주의할 사항은 다음과 같다.

- 개선점을 이야기하기 전에 격려부터 해주는 것이 좋다. 유아에게 보충할 점을 이야기해 줄 때는 교사가 강요하거나 시키는 뉘앙스로 이야기하는 것보다 다양한 가능성을 제안하는 방식으로 한다. 예를 들어 “여기 색칠 더 해라.”라고 강요하는 듯 이야기하는 것보다는 “오늘 집 모양을 아주 재미있고 정성스럽게 그렸구나. 집을 색칠해 주면 더 멋진 집이 될 것 같구나.”라는 식의 제안하는 어휘로 이야기해 주면 좋다.
- 구체적으로 격려하고 제안해 주는 것이 좋다. 유아가 한 활동을 정확히 관찰해서 창의적으로 표현한 것은 격려해 주고, 그냥 지나친 부분은 언급해 준다. 예를 들어 유아가 그림을 그리고 있을 때 교사가 “잘 했어.”, “예쁘다.”라고 천편일률적인 이야기를 해주는 것보다 “오늘 집 그림은 지붕이 뾰족한 게 예전 그림이랑 달라졌구나.”, “색깔을 여러 가지 색으로 칠해서 그림이 아주 멋있어졌네.”라고 이야기하는 것이 훨씬 좋은 방법이다.
- 전형적인 그림만 그리는 유아에게는 교사가 적절히 제안하는 것도 필요하다. 이 시기 유아는 그림을 도기호로 삼기 때문에 보고 그리기보다는 자신이 생각한 것을 그

림으로 그리므로 여러 가지 전형적인 기호가 등장하게 된다. 교사는 이런 전형적 그림을 가르쳐서는 안 되며(예 "집은 세모 아래 네모를 그리면 된다."), 좀 더 다양한 방식으로 표현해 볼 수 있도록 도움을 준다. 예를 들어 무조건 그림에 집, 나무, 구름, 햇빛을 그리는 유아는 야외임을 표시하기 위한 기호로 이런 그림을 그린 것일 수 있다. 그리기 전에 "오늘은 어디 가는 그림을 그릴 거니?", "수퍼마켓에 가는 그림이라면 수퍼마켓 안을 그리면 어떨까?"라는 식으로 제안한다. 실내 상황을 그리게 되면, 전형적인 도기호를 사용하지 않고 새로운 그림을 그릴 수 있는 기회가 된다.

- 유아의 작품에 대해 격려를 하거나 조언을 할 때는 유아가 수행한 것에 대해 정확히 하도록 한다. 예를 들어 "지난번 그림에서는 사람들이 모두 치마만 입고 있었는데 이번 그림의 사람들은 바지도 입고 있구나.", "자동차에 헤드라이트를 붙여주니 진짜 자동차 같구나. 이 자동차는 밤에 운전할 때도 걱정이 없겠네."하며 구체적으로 이야기한다.

마지막으로 유아가 서로의 작품을 평가할 수도 있는데, 미술 활동을 시작하기 전에 작업에 대한 계획과 진행 과정을 이야기하고 끝난 다음에도 이야기 나누기 시간을 활용해 평가할 수 있다. 이야기 나누기 시간을 통한 집단 평가 시간에는 다음과 같은 사항을 평가할 수 있다.

- 유아의 작품에 어떤 이야기가 담겨 있는지 관심 가지고 표현해 보게 한다.
- 사용한 색깔이 유아가 표현하고자 한 주제에 적절한지 이야기해 본다.
- 창의적 표현(다른 유아가 하지 않은 방식, 이전에 없었던 표현 방식)을 격려한다.
- 작품을 좀 더 낫게 하려면 어떤 것을 하면 더 좋을지 이야기해 본다.

교사는 이 과정에서 다른 사람의 적극적인 평가를 기쁘고 고맙게 받는 태도를 길러주고, 서로 격려하는 성숙한 태도를 장려한다. 계획도 잘하고 자료 선택도 잘한 좋은 작품을 완성한 유아에게 또래 앞에서 발표할 수 있는 기회도 제공한다. 날마다 모든 유아의 작품을 다 소개하는 것이 아니라 몇 명씩, 며칠에 걸쳐 소개할 수 있도록 계획한다. 예를 들면 아이디어가 창의적이거나 특별히 열심히 했거나 매우 소극적이거나 미술 활동을 하기 싫어했는데 열심히 한 유아를 중심으로 발표하게 한다.

4 작품 전시

작품 전시는 유아의 작품을 활동실 내 · 외에 전시하는 것으로 전시를 위한 특정 장소뿐 아니라 어떤 장소에도 완성된 작품을 전시할 수 있다. 유아의 입장에서 작품이 전시되는 것은 매우 기쁜 일이고, 특별하고 중요한 의미를 가질 수 있다. 다른 유아의 작품과 함께 자기 작품이 전시된 것을 보면서 소속감을 느낄 수 있고, 성취감 및 자아 존중감도 가질 수 있게 된다. 모든 유아의 작품을 한 번에 모두 전시하는 것이 아니라 돌아가면서 자신이 원하는 작품을 전시하게 하는 방식으로 해서 모든 유아가 전시할 기회를 가지게 하면 충분하다.

어떤 방식으로 전시하든 가능하면 심미적으로 아름답고 환경 구성도 될 수 있도록 하면 좋으나 유아의 의견을 반영하여 원하는 장소에 원하는 방식으로 전시할 기회를 줄 수도 있다. 활동실에 전시한 작품은 일정 기간이 지나면 바꾸어 주는데, 유아의 흥미와 관심이 변화하는 것을 반영하여 환경(전시물)도 함께 변화되어야 하기 때문이다. 유아의 작품은 편견이나 편애 없이 전시되고 받아들여져야 한다. 전시의 목적은 유아의 작품을 교사의 주관에 의해 비교하는 것이 아니라 유아 서로가 다른 작품을 보고 느껴보도록 하는 데 있기 때문이다. 전시를 하는 방법 세 가지는 다음과 같다.

① 유아의 작품을 개별적으로 전시해 준다.

유아의 작품은 활동실 이외에 교실 외에 복도, 현관, 계단 옆 등에도 전시할 수 있다. 유아의 작품은 아름답고 잘하는 것을 전시하는 것보다 유아의 것을 전시하는 데 의의가 있으므로 유아 작품에 손을 대서는 안 된다. 단, 가끔 필요에 따라 유아의 작품이 돋보이게 전시할 수는 있다. 예를 들어 유아의 작품 뒤에 적절한 색깔의 색지나 습자지 같은 종이에 주름을 잡아 유아 작품보다 조금 크게 붙여서 유아의 작품이 더 돋보이게 할 수 있다.

| 상자에 그린 그림을 크기대로 복도에 전시

| 도일리페이퍼를 염색하여 만든 카네이션을 상자에 꽂아서 전시

| 유아의 그림을 액자에 넣어 돋보이게 전시

② 처음부터 공동 작업을 하여 함께 전시한다.

약간 큰 종이나 전지 등을 이용하여 여러 명이 처음부터 함께 작업을 하여 공동 작업한 작품을 전시하는 방식이다. 공동 작업은 자유놀이 시간에 이루어지며, 2~3명에서 5~8명의 유아가 함께 할 수도 있다. 며칠에 걸쳐 작업을 할 수도 있는데, 교사는 주제를 선정하고 표현하고 마무리하는 과정에서 참여하는 유아가 원활하게 의사소통할 수 있도록 도와준다. 유아의 연령이 높을수록 교사가 지시하는 것은 줄이고 유아가 처음부터 끝까지 스스로 토론하고 결정할 수 있도록 하는 것이 좋다. 공동 작품을 만드는 과정을 통하여 유아는 자신의 태도를 집단 활동에 어울리게 만들어 가는 방법을 터득할 수 있고, 자신의 경험을 다른 사람과의 관계에서 올바르게 표현하는 능력도 갖게 된다.

비 오는 날 산책 후 경험을 공동 작업한 그림

③ 개개인의 작품을 모아 교사가 특성 있게 배치하여 마치 공동으로 작업한 것처럼 보이게 하는 공동 작품화 방법이 있다.

유아가 손바닥 찍기를 한 것을 마치 공작의 깃털처럼 전시하거나, 데칼코마니 작업과 종이 찢어 붙이기 작업을 나비와 꽃처럼 전시한 것을 예로 들 수 있다. 유아는 자기 작품이 포함된 여러 개의 작품이 모여서 또 다른 아름다움을 창조하는 것에서 심미감, 집단에 대한 소속감, 자아존중감 등을 가질 수 있다. 그러나 모든 유아가 자

유아의 개별 작품을 모아서 공동 작품화 한 모자이크

신의 작품을 공동 작품화해야 하는 것은 아니므로 사전에 유아에게 설명하고 원하는 유아, 즉 허락한 유아의 작품만 공동 작품화에 활용한다.

5 정리 및 보관

유아가 그린 그림과 만든 작품을 정리하는 것은 유아가 자신의 물건을 스스로 정리하고 보관하는 습관을 기르도록 할 뿐 아니라 자신의 작품을 소중히 다루는 경험을 통해 긍정적인 자아 개념을 형성하는 데 도움을 주기 위해서이다. 유아교육기관에서는 정기적으로 유아가 그리거나 만든 작품을 개인장에 보관했다가 정리하는 기회를 갖는다. 평면작품은 유아의 개인장이나 사물함에 넣어 모으고 입체작품은 1~2주 정도 전시한 후 집으로 가져가도록 한다. 만약 어떤 유아가 조형 작업을 아주 좋아해서 개인장이 작품으로 꽉 찼다면 정리 기간이 안 되었어도 정리해서 가져가도록 지도한다. 유아의 작품을 정리할 때 다음의 방법으로 할 수 있다.

- 2~3개월 동안 유아가 그리고 만든 자신의 작품을 정리하는 기회를 갖는다. 개인장 정리는 상황에 따라 한 학기에 1~2회로 나누어 할 수 있다. 입체작품은 매주 금요일 집으로 가져가도록 한다.
- 개인장 정리를 시작하기 하루 전에 유아에게 정리하는 이유와 방법을 이야기하고 모아둔 그림과 만든 것을 담아 갈 가방을 가지고 오게 한다.
- 다음 날 실내 놀이 시간에 유아와 교사가 함께 그림과 만든 것을 정리한다. 겉장은 색 도화지에 표지 그림을 그리고 이름을 써서 만든다. 유아와 함께 미리 만들었던 평면작품들을 잘 모아서 미리 그려둔 겉장 그림을 앞에 대고 스테이플러로 찍어서 책처럼 만든다.
- 스테이플러로 그림을 묶기 전 미완성 작품이 있는지 확인하여 가능하면 모든 작품을 완성한 후 묶도록 하고, 그동안 어떤 작품을 했는지 함께 보면서 격려도 해준다.
- 묶은 그림과 입체작품 등은 준비한 가방에 담아서 귀가 시 집으로 가지고 간다. 처음으로 그림을 집으로 가지고 가는 날, 통신문을 함께 내보내어 부모들이 집에서도 유아교육기관과 일관성 있는 교육을 하도록 하는 데 도움을 줄 수 있다.

(4) 미술 활동 진행의 유의점

◇ 2세 이하의 영아는 교사가 계획한 미술 활동보다는 스스로 동기 유발되어 자발적으로 하는 미술 활동을 더 많이 하도록 격려한다.

◇ 유아 스스로 하기보다 교사의 도움이 많이 필요한 활동(예 크레파스 가루를 빻고 반 접은 종이에 배치한 후 다리미로 열 가하기)은 하지 않는다.

◇ 교사가 순서도에 그려준 순서대로 하는 미술은 개인의 창작이 기반이 되는 미술의 본질과 맞지 않으므로 하지 않는다.

◇ 연령을 고려하여 활동의 난이도와 수준을 결정한다. 예를 들어 '도구 측면에서 난이도'를 살펴보면, 안개 그림을 그릴 때 3세는 체를 잡고 칫솔 등으로 비비는 것이 어려우므로 분무기를 이용하여 물감이 퍼지는 것을 관찰하는 데 목표를 두고 활동하게 한다. 4세는 체를 뒤집어 놓고 쉽게 할 수 있도록 하고, 5세는 다양한 체와 긁는 도구, 그림의 형태 등을 모두 고려하여 활동하도록 할 수 있다. '인지적 측면에서 난이도'를 살펴보면, 3세는 모양을 염두에 두지 않고 마음대로 분무기를 뿌리게 하고, 4세는 모양이 잘 나오게 본이 흔들리지 않게 놓아두고 뿌리게 하고, 5세는 한 번 뿌린 그림이 마른 다음에 다른 본을 겹쳐서 물감을 뿌리거나, 하나의 그림처럼 다양한 본을 배치해서 물감을 뿌리게 할 수 있다. 이런 방식으로 하면 같은 안개 그림 그리기라도 유아의 연령을 반영한 목표를 설정하고 활동하게 할 수 있다.

◇ 같은 기관에서는 연령 간 활동 내용과 수준이 겹치지 않고 안배되도록 교사끼리 협의한다. 예를 들어 3, 4, 5세 모두에게 적절하고 의미 있는 미술 활동도 있고, 비교적 쉬워서 3세 혹은 4세에게 적절한 활동도 있고, 어려운 활동이라서 5세에게 적절한 활동도 있다. 따라서 3, 4, 5세가 모두 똑같은 활동을 하는 것보다 서로에게 더 적절한 활동을 하고, 여러 번 반복하는 것이 의미 있는 활동은 3, 4, 5세에서 난이도를 조절하여 하도록 한다.

◇ 연간 계획안을 작성할 때는 1학기와 2학기에 난이도를 잘 조절한다. 또한 같은 시기라도 유아의 개인차가 크므로 다양한 수준의 유아가 참여할 수 있도록 활동을 계획한다. 예를 들어 1학기에는 가장 쉬운 고무판화(볼록판화, 예 봄꽃 고무판화)와 평판화(예 동전 베껴내기)를 2학기에는 스텐실(공판화, 예 우리 탈 스텐실)과 가장 어려운 실물 나뭇잎 베껴내기(즉, 평판화)와 나뭇잎 찍기(즉, 볼록판화)를 할 수 있다. 이렇게 유아는

1년 동안 적어도 4번의 각기 다른 난이도의 판화 작업을 하게 되는데, 유아기에는 유아 간 개인차가 심하므로 한 활동 내에서도 개인차를 수용할 수 있게 배려한다.

표 4-19 다양한 수준의 판화 활동의 예

1학기		2학기	
• 봄(3월 말~4월 중순)	• 초여름(6월)	• 가을(10월)	• 늦가을(11월)
• 봄꽃 고무판화(볼록판화)	• 동전 베껴내기(평판화)	• 우리 탈 스텐실(공판화)	• 나뭇잎 베껴내기(평판화) • 나뭇잎 찍기(볼록판화)

◇ 미술 활동이 한 종류로 편중되지 않도록, 즉 평면 활동과 입체 활동을 유아가 고르게 경험하게 한다.

◇ 도구의 다양성을 고려하여 계획한다. 예를 들어 크레파스 사용 작업, 물감 사용 작업이 고르게 배치되었는지, 손으로 찢는 작업이 주로 어린 연령 혹은 1학기에 배치되며, 가위를 이용하는 작업이 높은 연령 또는 2학기에 배치되었는가를 고려한다.

◇ 유아의 발달 정도를 고려하여 발달 영역이 고르게 발달할 수 있도록 활동을 배치한다. 예를 들어 대근육을 주로 사용하는 작업과 소근육을 주로 사용하는 작업을 골고루 배치한다.

◇ 공동 작업은 함께 작품을 만드는 것이므로 참여하는 유아가 함께 계획을 세우고 실행해야 한다. 예를 들면 동물원을 전지에 공동으로 그리고 싶을 때는 유아가 함께 어떤 동물의 우리를 그릴지, 어떻게 배치할지, 관람객은 어떤 방향으로 서게 할지 등을 의논한 후 그려야 한다. 반면, 교사가 주도하여 각 유아가 따로 그린 것을 모아서 '공동 작품화(예 손바닥 찍기한 것을 오려서 공작 깃털 표현하기, 유아가 개별적으로 그린 동물을 배치하여 동물원처럼 보이게 하기)하는 것 또는 하나의 큰 종이에 각자 그리기만 한 것(예 큰 종이의 사면에 각자 원하는 그림을 그린 것)은 공동 작업이라고 할 수 없다. 특히 연령이 어릴수록 다른 유아와 나누기 어려워하므로(예 큰 종이의 한 면에 자신이 그린 고양이만 잘라서 가지고 가려고 함), 유아가 공동 작업의 의미를 이해한 후에 공동 작업을 하게 한다. 하지만 5세 유아라도 미리 계획을 세우고 계획에 따라 작업을 분담하는 것은 매우 어려운 것이므로 공동 작업을 해야 하는 상황이라면 교사가 적절히 도움을 주어야 한다.

◇ 미술 영역에는 유아가 사용하도록 준비된 다양한 자료가 있다. 언제나 유아가 마음대로 쓸 수 있도록 준비된 것이지만 관리를 소홀히 하면 낭비되기도 하고 뒤죽박죽 섞여버리기도 해서 미술 영역으로서의 기능을 잃을 수도 있다. 학기 초 미술 영역에 대한 오리엔테이션을 통해 사용법과 관리법을 소개하고 유아가 익히게 하는 것이 필요하다. 교사가 학기 중에 수시로 물품을 채워 주고, 관리하여야만 미술 영역이 잘 운영될 수 있다.

◇ 유아가 미술 활동을 하고 싶은 마음이 들도록 동기 유발을 해주고 자극을 줄 수 있는 관련된 사전 경험을 할 수 있도록 한다. 즉, 탐색의 기회를 충분히 주는 것이 필요하다.

◇ 교사가 계획한 미술 활동을 준비할 때는 미술 영역에 준비물을 적절히 세팅하는 것이 중요하다. 만약 8인조 혹은 10인조 책상에 활동 준비물을 미리 놔둔다면 유아가 어떤 위치에서도 준비물을 사용할 수 있도록 2벌 이상 준비한다. 예를 들어 데칼코마니 활동을 하는데, 빨강, 파랑, 노랑 물감을 준비했다면, 각각의 색깔을 두 접시씩 준비한 후에, 책상의 양쪽 끝에 똑같은 벌로 준비해 주는 것이 좋다.

◇ 교사가 계획한 미술 활동을 준비할 때 미리 교사가 작업을 해 보는 것이 좋다. 왜냐하면 활동에 따라 적절한 도구나 재료 등이 다르기 때문이다. 예를 들어 물감으로 찍는 활동이라면 교사가 전날 미리 해 보고 나서 물감의 농도와 종이 등을 결정하는 것이 좋다. 물감의 농도는 찍는 도구에 따라, 종이에 따라 미묘한 차이로 달라지기 때문이다.

◇ 유아 주변에서 볼 수 있는 사물의 모양과 선, 질감, 색 등을 관찰하도록 장려한다.

◇ 미술에 관련된 용어나 도구의 이름, 적절한 사용법과 기술 등을 가르쳐 주고 안내한다.

◇ 유아가 자료, 주제, 도구를 스스로 선택해서 표현해 볼 기회를 많이 제공하고 새로운 생각을 하도록 장려한다.

◇ 물감 작업일 경우에는 말릴 수 있는 공간을 미리 준비하여 적절한 장소에 작품을 말릴 수 있도록 안내한다.

4) 음률 활동: 음악

모든 유아는 천성적으로 음악을 좋아하기 때문에 음률 활동은 유아에게 매우 즐거운 경험을 제공한다. 일반적으로 음률이라는 용어는 음악의 요소 중 리듬을 의미하는 것이나 유아교육에서 음률은 리듬뿐만 아니라 음악의 다양한 요소들이 통합되어 나타난 교육 활동을 총체적으로 일컫는 용어로 사용되고 있다. 그러므로 유아교육 현장에서 이루어지는 음률 활동에는 소리 듣기, 노래 부르기, 악기 다루기, 음악 감상 및 동작 활동이 포함된다.

(1) 음악 활동의 목표

유아에게 있어서 음악은 마치 언어와도 같은데, 음악을 통하여 자신의 사고와 느낌을 표현하고 나아가 자신을 비롯한 주변 세계를 인식하고 경험하게 된다. 음악 활동은 음악적인 능력의 발달뿐 아니라 신체 · 인지 · 언어 · 사회성 · 정서 발달을 돕는다. 음악 활동의 교육적 의의를 살펴보면 다음과 같다.

- 음악 활동을 통해 즐거움과 만족감을 느낌으로써 자신의 정서를 조절하는 방법과 긍정적으로 표현하는 방법을 배우게 된다. 유아의 부정적인 정서는 노래 부르기, 악기 연주하기, 음악에 맞추어 신체 표현하기와 같은 활동을 하면서 자연스럽게 감소되거나 해소되고, 순화된 정서를 다른 사람과 공유할 수 있는 방법으로 표현함으로써 정서적 감수성이 발달한다.
- 음악 활동을 통하여 다양한 소리를 듣고 이해하며, 새로운 소리를 탐색하여 창조하거나 노래를 기억하여 표현하는 활동을 통하여 유아의 인지 능력이 발달하게 된다.
- 유아는 노래를 듣거나 부르면서 다양하게 표현된 언어를 접하게 된다. 언어의 속성 중에 장단, 고저, 운율과 같은 속성은 음악의 본래적 속성과 비슷하므로 좋은 노래를 듣고 부르는 것은 유아의 언어 발달을 촉진한다. 말을 배우기 시작하는 영아일 경우에는 새로운 노랫말을 듣고 기억해서 부르는 것은 즐거운 언어 습득 과정이 될 수 있다. 4~5세 유아는 노랫말 속에 담겨 있는 다양한 문학적 표현에 관심을 가짐으로써 문학적 감성을 기를 수 있다.

◇ 여러 가지의 소리 및 음악을 듣고 구별하며 이해하는 능력이 길러진다. 주변의 소리를 주의 깊게 듣고 구별하며 그 특징을 인식하는 활동은 새로운 노래를 배우거나 음악을 감상하고 표현하는 활동을 위한 기초적인 능력을 길러주게 된다.

◇ 음률 활동에서 유아는 음악과 동작이라는 매개를 통하여 적극적으로 자신을 표현할 수 있다. 또한 신체의 부분과 움직임에 대해 이해하고 다양한 방법으로 신체를 움직이면서 운동 능력과 조절력을 발달시키게 된다.

◇ 음률 활동에 주도적으로 참여하고 창조적으로 자신을 표현하면서 유아는 자신감과 성취감을 맛볼 수 있고 이와 같은 경험은 긍정적인 자아 개념이 발달하도록 돕는다.

◇ 함께 노래 부르기, 악기 사용하여 합주하기, 함께 율동하기와 같은 활동을 통해 다른 사람들과 함께 음악적 표현을 했을 때 더욱 훌륭하게 완성되고 즐거움도 커진다는 것을 경험하게 되면서 타인의 의견을 수용하고 자신의 행동을 적절히 조절하는 능력이 발달한다.

(2) 음악 활동의 유형

1 소리 듣기

인간은 태내에서부터 어머니의 심장 박동 소리를 들으며, 어머니와 다른 사람들의 대화 소리를 들을 수 있는 청력을 지녔다. 태어난 지 얼마 안 되는 어린 아기들도 남 · 녀의 소리를 식별하고 모국어와 외국어를 구별할 수 있다. 아기가 울 때 달래주는 소리에 다르게 반응하는 것을 보면 영아의 청각이 예민하다는 것을 알 수 있다. 그러므로 여러 가지 사물의 소리, 자연의 소리, 음의 고저와 음질이 다른 소리 등을 포함하여 일상의 소리뿐 아니라 심미적인 느낌을 갖게 하는 다양한 소리를 유아가 접할 기회를 제공한다.

2 노래 부르기

대부분의 유아는 노래 부르기를 즐길 뿐 아니라 다른 사람이 부르는 노래를 듣는 것을 좋아한다. 놀이에 몰두하면서 노래를 흥얼거리기도 하고 스스로 노래를 지어 부르기도 한다. 그러므로 노래 부르기 활동은 항상 즐거워야 한다. 이 시간은 대집단의 교육 활동으로 전개하기도 하지만 시간을 일정하게 정해서 하는 것보다 유아가 몇 명 모였을 때, 때와 장소에 적합하게 진행하는 것이 바람직할 때도 있다.

3 악기 다루기

악기를 다루는 방법은 처음부터 가르치는 것이 아니라 유아교육기관의 일상생활에서 교사가 신호 악기를 사용하는 것을 보거나 흥미 영역의 놀잇감으로 놀이하면서 자연스럽게 알게 하는 것이 좋다. 교사는 활동의 전이 시에 악기를 사용하면서 소리의 독특함을 알려주기도 하고, 악기를 다루는 방법에 따라 소리가 달라진다는 것을 알려줄 수 있다. 또한 여러 가지 악기를 사용할 때마다 그 악기의 이름과 사용 방법을 자연스럽게 알려주고 음률 영역에 놓아 주어 유아가 자유롭게 탐색하고 연주해 보게 한다. 놀이 시간에 음률 영역에서 두드려 보고 흔들어 본 것을 토대로 노래를 부르며 악기를 연주하기도 한다.

4 음악 감상

유아에게는 다양한 소리를 듣고 차이점을 인식하여 구별하는 능력을 발달시킬 수 있는 경험이 제공되어야 한다. 그러므로 소리 듣기 활동을 넘어 다양한 음악을 듣고 음악적 요소의 차이를 인식하며 느낌을 표현해 보는 음악 감상 활동은 매우 바람직하다. 음악 감상을 통하여 음악에 대한 좋은 감정이 생기고 음악을 보다 깊이 느끼고 이해하려는 동기가 유발된다. 풍부한 음악 감상의 경험은 노래 부르기, 악기 다루기, 동작 표현 활동의 기초가 되고 폭넓은 음악 활동을 위한 잠재적 능력이 된다. 유아교육기관의 프로그램에 따라 차이가 있지만 집단 활동 형태의 음악 감상 활동과 일상에서의 자연스러운 감상 활동이 교육 활동에 반영되어야 한다.

(3) 음악 활동의 운영

1 소리 듣기

- 실내 흥미 영역에 듣기 영역을 마련하여 소리를 낼 수 있는 도구, 다양한 악기, 녹음된 자료 등을 제공하여 유아가 소리를 듣고, 탐색하고, 스스로 새로운 소리를 만들어 내는 놀이가 자유롭게 이루어지도록 한다.
- 실외 놀이나 산책, 현장학습 등의 야외 활동에서도 소리에 관심을 갖고 집중하여 들어보는 경험을 제공한다. 예를 들어 비가 오는 날 빗방울이 나뭇잎에 떨어지는

소리, 창문에 부딪히는 소리, 도랑에 흐르는 소리 등 제각기 다른 속성을 지닌 소리를 들어보고 이야기를 나누거나 다른 방법으로 표현해 보게 한다.

◇ 소리 듣기는 특별한 시간을 정해서 하는 것이 아니라 일과 중에 즉흥적으로 일어날 수 있는 활동이므로 우연한 발생을 존중하고 유아의 자발적인 관심과 참여로 이어지도록 자극해 준다. 특히 소리에 대한 민감성과 표현력은 개인차가 크게 나타나므로 개인이 보이는 관심과 흥미에 잘 반응해 주어야 한다. 만약 유아가 미술 활동 중에 종이를 찢으면서 재미있는 소리를 발견해내고 흥미를 보인다면 교사는 "종이로 다른 소리도 만들 수 있니? 더 긴소리를 내려면 어떻게 할까? 둘이서 같이 소리를 만들어 볼까?"하면서 우연한 상황을 좀 더 구체적인 소리 탐색 활동으로 연결한다.

◇ 동화, 동시, 동극, 게임, 율동 등의 집단 활동에 효과음으로서 음악이나 음향을 다양하게 활용한다. 예를 들어 동화를 읽어줄 때 내용에 맞게 효과음을 넣어가며 읽어주거나, 동시 감상을 위한 배경으로 분위기에 맞는 음악이나 음향을 사용할 수 있다. 또한 흔들거나 두드려서 소리 내고 돌아오기, 소리에 맞추어 몸을 움직이거나 이동하기와 같은 동작 활동에도 소리 듣기 활동이 효과적으로 포함될 수 있다.

◇ 소리 듣기 활동을 주의집중이나 전이를 위하여 사용할 수 있다. 악기의 패턴을 듣고 신체로 움직이기, 감추어진 물건의 소리 듣고 알아맞히기, 같은 소리 찾기, 자연의 소리 듣고 실물 자료와 연결하기, 신체의 부위로 소리 만들기, 박자가 있는 소리 구별하기와 같은 활동을 다른 활동의 도입부에 짧게 사용함으로써 주의를 집중시킬 수 있다.

◇ 유아 자신의 신체 부위, 즉 손, 발, 배, 입 등에서 나는 소리를 탐색하고 새로운 소리의 패턴을 발견해 보는 활동을 한다. 예를 들어 손으로 소리를 낼 때도 손뼉을 쳐서 나는 소리, 주먹으로 두드려서 나는 소리, 손바닥을 비벼서 나는 소리, 손가락을 튕겨서 나는 소리, 손톱끼리 부딪히는 소리 등 소리를 내는 다양한 방법이 있고 각각의 소리도 강약, 장단, 속도에 변화를 주어 자기만의 소리를 창조할 수 있음을 경험하게 한다. 노래의 박자에 맞추어 몸에서 나는 소리를 내어보면서 몸 전체로 리듬을 느끼고 표현하게 한다.

◇ 소리에 대한 민감성과 집중력은 연령에 따라 다르므로 연령을 고려하여 활동을 계획한다. 1~2세 영아를 위하여 빨거나 주물러도 안전한 소재의 딸랑이, 방울, 소리

나는 놀잇감 등을 제공해 주어 생리적 욕구를 만족시켜 주면서 소리에 대한 자극을 줄 수 있다. 2~3세 유아는 자발적인 탐색이 더욱 활발해지므로 다양한 소리의 타악기뿐 아니라 그릇, 통, 상자 등의 사물로 마음껏 소리를 만들고 즐기도록 허용해 주며, 4~5세가 되면 보다 더 음악적인 구조에 접근한 듣기 활동을 제공한다.

2 노래 부르기

의도적으로 정한 노래 부르기 시간 외에 주의집중이나 활동 간의 전이 때 노래를 부르기도 하고 유아의 즉흥적인 요구를 수용하여 집단 또는 개별적인 노래 부르기를 하는 등 일상 속에서 융통성 있게 진행한다. 예를 들어 야외 산책을 할 때 자연의 모습을 담은 노래를 부름으로써 유아의 관심을 끌 수도 있고, 이야기 나누기의 주제와 관련된 내용을 담은 노래를 부름으로써 유아의 주의를 집중시킬 수 있다.

① 계획

- 노래를 선택할 때는 노랫말이 유아의 경험을 토대로 한 것이면서 유아가 충분히 이해하고 표현할 수 있는 수준이 적당하다. 사계절, 놀잇감, 동식물 등과 같이 직접적인 생활 경험과 관련이 있을 때 유아는 더욱 즐겁게 노래 부르기에 참여하기 때문이다.
- 유아의 노래라고 하여 경쾌하면서 단조로운 곡조의 노래만을 선정하는 것이 아니라 다양한 느낌과 곡조의 노래를 고르게 선정한다. 가벼운 느낌과 무거운 느낌, 빠른 박자와 느린 박자, 강한 리듬과 부드러운 리듬을 느낄 수 있으면서 예술적 가치를 포함한 곡이 적당하다.
- 노래를 선택할 때는 구성 요소가 유아의 발달에 적합한지 살펴본다. 연령별 특성을 간단히 요약하면 다음과 같다.

표 4-20 각 연령에 적절한 노래의 구성 요소

구분	3세	4세	5세
조성	• 경쾌한 느낌의 장조 선호 • 주로 다장조 곡 선호	• 보다 복잡한 조성의 노래 가능	• 아름다운 선율의 장조, 단조 모두 가능
리듬	• 단순하고 반복, 규칙적인 박자감이 잘 느껴지는 리듬 선호	• 다소 복잡한 리듬이라도 리듬 패턴이 반복적이거나 자연스러운 진행이면 가능	• 리드미컬하게 손뼉치고 두드릴 수 있으며 악기로 연주 가능 • 2/4→4/4→6/8→3/4 박자 순으로 잘 반응
형식	• 한 도막 형식(8마디)이나 작은 세 도막 형식(12마디) 이내의 곡이 적당	• 작은 세 도막 형식(12마디)에서 두 도막 형식(16마디) 이내의 곡이 적당	• 세 도막 형식(24마디) 이내가 적당함 • 짧은 인지적인 내용의 노래 가능 • 조금 긴 곡이라도 반복되는 가락을 많이 포함하거나 아름다운 선율의 경우 노래 가능
음역	• d′(중앙 레) ~g′(중앙 솔)	• c′(중앙 도) ~c″(높은 도)	• b(낮은 시) ~c″(높은 도) 이상까지 확장

② 진행

◇ 새 노래를 가르칠 때는 노래의 가사나 형식, 곡조에 따라 여러 가지 다른 방법으로 지도할 수 있으나 일반적인 지도 방법을 소개하면 다음과 같다.

표 4-21 새 노래 지도 방법

구분	지도 방법
도입	• 노랫말 소개하기
전개	• 전체 곡 불러 주기: 노랫말을 넣어 전체 곡을 교사가 한 번 부르기 • 노랫말 회상하기: 교사의 노래를 듣고 어떤 노랫말이었는지 회상하기 • 멜로디만 익히기: 노래 곡조를 익히기 위해 반주 없이 멜로디 악기로 들려주기 • 노랫말로 부르기: 노래 곡조와 노랫말이 익숙해지면 반주에 맞춰 부르기 • 변형하여 부르기: 노래에 따라 창의적으로 변형하여 부르기

◇ 노랫말을 유아가 이해할 수 있는 방법으로 소개한다. 예를 들어 이야기처럼 이루어진 노랫말이라면 그림 자료를 이용하여 동화를 들려주듯이 소개할 수 있고, 특별한 지식이 포함된 노랫말이라면 관찰하거나 탐색하는 과정을 통하여 노랫말을 전달할

수 있다. 만약 유아의 일상생활과 관련된 노랫말이라면 실물이나 실제적인 경험을 제시하면서 노랫말을 전달하는 것이 유아의 이해를 도울 것이다.

- 노랫말을 넣어서 전체 곡을 교사가 한 번 불러 준다. 이때 노랫말 소개 시에 사용했던 자료를 노랫말이 나오는 부분에 함께 사용하면서 불러주면 유아가 좀 더 쉽게 노랫말을 익힐 수 있다.
- 교사의 노래를 듣고 나서 어떤 노랫말이 있었는지 다시 회상해 본다. 유아가 기억하고 있는 부분을 모두 들어주면서 전체 노랫말을 맞추어 보고, 잘 기억하지 못하면 다시 불러준다. 이때 교사가 반복해서 불러 주는 것이 흥미를 끌지 못할 수도 있으므로 녹음된 자료를 들려주거나 연령이 높은 유아를 위해서는 글씨로 된 노랫말 자료를 제시한다.
- 노래의 곡조를 익히기 위해 반주를 빼고 곡조만을 멜로디 악기로 들어볼 수 있다. 이때 유아가 허밍을 하며 듣거나 좋아하는 소리로 흥얼거리며 들어보도록 허용한다. 어린 유아일수록 단순히 집중하여 듣는 것을 어려워하기 때문에 자신만의 소리로 곡조를 표현하면서 듣는 것이 곡조를 배우고 기억하는 데 더 도움이 된다.
- 어느 정도 곡조와 노랫말이 익숙해지면 반주에 맞추어 노랫말을 넣어서 불러본다. 전체 노래를 한 번에 부르는 것이 노래의 느낌을 표현하는 데 도움이 되지만, 노래의 난이도나 노랫말의 형식에 따라 서로 나누어서 불러도 좋다. 예를 들어 유아가 한꺼번에 모두 기억하지 못할 만큼 노랫말이 어렵거나 길이가 길다면 교사가 부분을 나누어 불러주어도 좋다. 또는 노랫말의 형식이 대구를 이루고 있거나 반복적 구조의 곡조라면 전체 유아가 두 집단으로 나누어 불러도 좋다.
- 노래에 따라 유아가 창의적으로 변형할 수 있는 부분을 바꾸어 불러본다. 만약 유아가 노랫말을 바꾸고 싶어 한다면 운율을 맞추어 노랫말을 지어내도록 도와주고, 노래 부를 때 다른 도구를 사용하고 싶어 한다면 노래의 느낌에 적절한지를 생각할 수 있는 기회를 준다.
- 이러한 사후 활동은 패턴화되어서는 안 된다. 노래 자체를 즐기고 마무리 할 수도 있고, 다양한 활동을 추가적으로 하는 경우를 적절히 조화롭게 섞어서 활동을 진행한다.

③ 노래 부르기 활동 진행의 유의점

◇ 1, 2세의 영아를 위해서는 특별히 정해진 노래 부르기 시간보다는 놀이 중이나 휴식, 식사 시간 중에 반복하여 들으면서 자연스럽게 익히도록 하는 것이 좋다. 3세 이후부터는 의도적인 노래 부르기 시간을 갖는데 노래 부르기를 위한 정해진 규정이 있는 것은 아니지만 좋은 소리를 내기 위해서는 의자나 바닥에 바르고 편안하게 앉을 수 있도록 지도한다.

표 4-22 각 연령에 적절한 교수방법

3세 이하	4세	5세
• 일상생활, 놀이 시 자연스럽게 새 노래 지도 • 사전 또는 관련 경험을 모두에게 제공 • 노랫말 몸으로 표현해 보기(앉아서만 배우지 않기)	• 소집단이나 대집단 비중 점차 증가	• 대집단 비중이 점차 증가 • 개인적 관련 경험 공유 가능

◇ 노래를 부를 때는 그 노래에 적당한 악기를 함께 사용하면 유아의 흥미를 더 끌 수 있다. 주로 사용하는 피아노 외에도 노래의 느낌에 따라 타악기, 기타, 마라카스나 귀로 등의 다양한 악기로 노래의 분위기를 북돋워 준다.

◇ 노래의 느낌을 몸으로 함께 표현하기 위하여 가볍게 손뼉을 치거나, 몸을 흔들거나, 함께 동작을 만들어 노래와 함께 해 보는 것도 좋다. 그러나 지나치게 정해진 동작만을 강조하면 노래의 느낌보다는 획일적인 동작 표현에 그칠 수도 있으므로 노래의 느낌을 살릴 수 있는 만큼의 움직임을 사용한다.

◇ 새 노래를 배울 때 글과 그림으로 구성된 띠 형식이나 시화전 형식의 교수 매체가 항상 필요한 것은 아니다. 유아의 읽기와 기호를 이해하는 능력의 발달을 고려하여 매체 없이 지도하거나 손인형을 이용하여 지도할 수도 있다. 읽기 능력이 충분히 발달하지 않은 유아를 대상으로 글이 중심이 된 매체를 사용하여 새 노래를 지도하면 유아는 좌절하게 되고 읽기와 노래 배우기에 흥미를 잃을 수 있다. 유아의 연령에 적절한 매체를 요약하면 다음과 같다.

표 4-23 각 연령에 적절한 노래의 매체

<table>
<tr><th>3세 이하</th><th>4세</th><th>5세</th></tr>
<tr><td>• 글씨 매체 사용 자제
• 노래의 대표적 소재와 관련된 손 인형, 실물, 교사의 이야기</td><td>• 노랫말을 표현하는 그림으로 구성된 매체
• 그림 옆에 대부분의 유아가 아는 단어일 경우 글 병기 가능</td><td>• 노랫말을 표현하는 그림 옆에 병기되는 단어 수 증가 가능
• 띠 형식의 매체 사용 가능
• 기호 이해 능력이 증가하면 노래의 높낮이나 강약을 표현하는 기호 함께 사용 가능</td></tr>
<tr><td></td><td>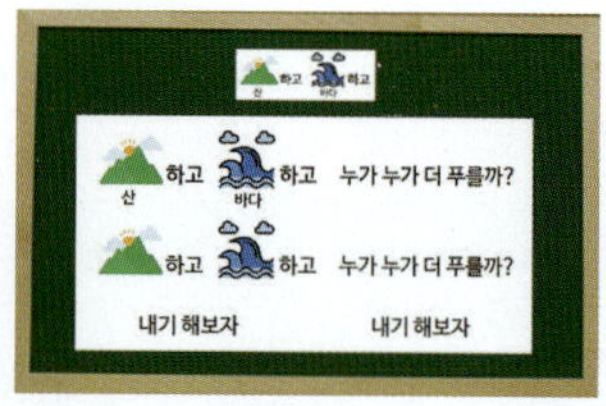
</td><td>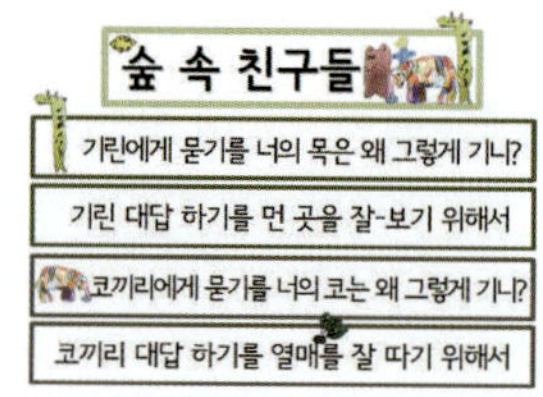
</td></tr>
<tr><th colspan="3">공통적으로</th></tr>
<tr><td colspan="3">• 컴퓨터의 노래방 기능 사용 자제
• 유아를 볼 수 없는 위치라면 피아노 사용 자제</td></tr>
</table>

◇ 교사 자신의 노래 부르기가 유아에게 본보기가 될 수 있으므로 즐거운 마음과 아름다운 음성, 정확한 곡조로 노래를 부르는 것이 중요하다. 유아에게 노래를 소개하기 전에 교사는 노래를 충분히 익혀서 자신감 있게 부를 수 있도록 해야 한다. 교사가 노랫말이나 곡조를 틀리게 부르거나 노래의 느낌을 살리지 못한다면 노래에 대한 유아의 흥미가 유발될 수 없다.

◇ 유아가 노랫말을 부분적으로 바꾸거나 박자를 맞추기 위해 특별한 움직임이나 도구를 사용하는 것과 같이 창의적인 방법으로 노래를 표현할 기회를 준다. 이를 위하여 유아의 경험과 지식으로부터 끌어낼 수 있도록 "개구리 소리를 다르게 내볼까?", "다른 말로 어떻게 바꾸어 불러볼 수 있을까?"와 같은 질문을 던지거나 유아의 우연한 반응에 즉각적으로 반응해 주는 것이 바람직하다.

◇ 노래에 대한 선호 및 음악적 능력은 유아마다 개인차가 있으므로 모든 유아가 노래 부르기를 성공적으로 해내리라고 기대하지는 말아야 한다. 어떤 유아는 쉽게 배우고 만족스러운 느낌을 갖지만 어떤 유아는 노래를 배우는 데 더 시간이 걸리고 노래 부르는 자체에 불안감을 느낄 수도 있다. 그러므로 인내심을 가지고 기다려 주면서 긍정적으로 반응해 준다면 점차 노래 부르기를 즐거운 경험으로 인식하면서

자신감을 갖고 노래를 부르게 된다.

◇ 교사는 유아와의 의사소통의 한 방법으로 노래를 효과적으로 활용할 수 있도록 많은 노래를 기억하고 있어야 한다. 유아들을 집중시킬 때, 어떤 문제를 해결할 때, 심부름을 부탁할 때, 칭찬을 할 때, 격려할 때, 감정을 표현할 때 등 말로써 하는 것보다 노래로 대치하는 것이 적절할 때가 있다.

◇ 새 노래는 노래를 배운 첫날 완벽하게 배워서 부르는 것이 아니라 여러 날 동안, 다양한 방법으로 노래를 부르면서 전체를 자연스럽게 익히게 된다. 노래를 하루에 완전하게 가르치겠다는 생각에 다섯 번 이상 반복해서 부르면 유아가 노래에 대한 부정적인 감정을 갖게 된다. 그러므로 새 노래는 매일매일 교사와의 상호작용이 있을 때마다 되풀이하여 불러서 여러 상황에 걸쳐 자연스럽게 익숙해지도록 하는 것이 이상적인 지도 방법이다.

◇ 새 노래를 배울 때 꼭 피아노를 반주하거나 인터넷 사이트에서 제공되는 반주에 맞춰 불러야 하는 것은 아니다. 교사가 피아노를 치기 위해 유아들을 등지고 앉게 되면 효율적으로 유아의 반응을 보며 이끌어 갈 수 없다. 따라서 피아노 반주를 해주는 것과 마주보고 앉아 노래 부르며 지도하는 것의 장단점을 고려하여 결정한다. 또한 피아노 반주는 멜로디와 곡의 느낌을 전달하기 위한 정도로 해주어야 하므로 교사가 아무리 피아노를 잘 쳐도 연주회 하듯이 반주해서는 안된다. 인터넷으로 제공되는 반주도 컴퓨터 켜고 찾고 실행되기 기다리는 데 시간이 걸릴 뿐만 아니라 유아의 음역에 부적절하게 녹음된 경우가 많으므로 사용을 자제한다.

◇ 새 노래 지도 방법은 전형적인 예시일 뿐 반드시 따라야 하는 것은 아니다. 일반적으로 성인이 새 노래를 익히는 방법은 반복해서 듣는 것임을 고려하면 유아들이 노랫말 듣기, 곡조만 듣기, 나눠서 부르기 등의 절차를 거쳐 나눠서 배우는 것이 바람직한지에 대한 연구가 필요하다.

3 악기 다루기

① 계획 및 탐색

◇ 학기 초에 악기를 처음 내줄 때는 한 가지씩 소개하여 악기의 이름과 사용법을 잘 알게 한 후 음률 영역에 내어준다. 악기마다 바르게 연주하는 방법이 각각 다르므로 교사가 미리 숙지하여 유아가 악기를 바로 사용하도록 돕는다.

◇ 유아에게 악기를 소개할 때는 악기의 이름, 모양, 연주 방법 등을 알려주고 충분히 탐색해 볼 수 있는 기회를 준다. 다른 영역으로 가지고 가서 소리 나는 다른 물체로 상상하며 놀이하는 것은 무방하나, 던지거나 다른 사람을 방해하기 위한 도구로 쓰일 경우에는 위험하므로 주의한다.

◇ 두드리거나 흔들어서 소리를 내는 리듬 악기를 다양하게 경험하게 한 후 소리 탐색하기, 리듬 형태의 즉흥곡 연주하기, 친숙한 노래에 박자 맞추기, 리듬 패턴에 따라 연주하기 등의 음악 활동을 실시한다.

◇ 유아끼리 리듬 악기로 즉흥적인 연주를 했을 때 관심과 호응을 보여주거나, 이미 익숙하게 아는 노래를 부를 때 리듬 악기로 박자를 맞추어 보는 것과 같은 활동은 악기 연주에 대한 유아의 흥미를 유발한다.

② 진행

◇ 악기 다루기의 지도는 유아의 연령과 사전 경험에 따라 단순히 경험하게 하는 것에서부터 여러 가지 악기를 사용하여 합주를 하는 것에 이르기까지 다양한 방법을 사용할 수 있으나 일반적인 지도 방법을 소개하면 다음과 같다.

표 4-24 악기 다루기 지도 방법

구분	지도 방법
도입	• 악기 탐색하기: 놀이 영역에 악기를 미리 내 주어 충분히 탐색할 시간 주기 • 악기를 다루며 부를 노래나 음악은 미리 배우기 • 대 · 소집단으로 악기에 대한 경험과 연주 방법에 대해 이야기 나누기
전개	• 연주할 노래 소개하기: 미리 배운 노래를 부르거나 음악을 들어보고 연주할 부분 소개하기 • 악기 나누어 주기: 곡에 어울리는 악기를 나눠 주고, 악기에 따라 좋은 소리를 내는 연주법 소개하기 • 연주하기: 노래나 음악에 맞춰 연주하기 • 변형하여 연주하기: 여러 가지 방법(악기 바꾸기, 부분 나누어 연주하기, 합주하기 등)으로 연주하기
마무리	• 악기 정리하기

◇ 리듬 악기의 하나인 탬버린을 처음 경험하는 5세 유아에게 지도하는 방법의 예를 살펴보면, 교사는 탬버린을 음률 영역에 미리 내주어 유아가 충분히 탐색할 시간을 준다.

◇ 대집단보다는 참여를 원하는 소집단의 유아를 대상으로 여러 번 진행할 수 있다. 탬버린을 보여주면서 어디서 보았는지, 어떻게 사용하였는지 등 유아가 미리 알아낸 것에 대해 이야기를 나누고 자신이 알아낸 연주 방법을 소개해 보게 한다. 탬버린을 두드리기, 흔들기, 손바닥으로 치기, 신체의 여러 부위에 두드리기 등 유아가 발견한 창의적인 방법을 칭찬해 준다.

◇ 악기마다 가장 좋은 소리를 내는 연주법이 있음을 알려주고 탬버린을 연주하는 바른 방법을 소개한다. 탬버린의 모양, 재료, 소리가 나는 부분을 함께 찾아보고 둥근 가죽 부분을 손가락 끝으로 가볍게 두드리기, 가죽 부분을 손바닥으로 쳐서 소리내기, 한 손으로 높이 들고 흔들기와 같은 연주법을 알려준다.

◇ 유아들에게 이미 익숙한 노래 중에서 탬버린 연주에 적당한 노래를 소개하고 교사가 악기 그림을 넣어 만든 악보를 보면서 탬버린을 연주해야 하는 부분을 찾아본다. 처음에는 각 마디의 첫 박자에 두드리기, 특별한 부분에서 연속하여 흔들기와 같이 간단한 방법으로 연주한다.

◇ 익숙해지면 노래를 부르며 박자에 맞추어 탬버린을 연주한다. 노래는 녹음된 자료를 사용하면서 교사도 같이 유아와 탬버린을 연주하여야 유아가 잘 집중할 수 있다.

◇ 완벽하게 연주되기를 강조하면서 지나치게 반복하면 유아의 흥미가 떨어진다. 그러므로 교사가 제시한 방법으로 즐겁게 연주하도록 하고, 유아가 스스로 리듬을 느끼면서 자유롭게 연주하는 것을 격려해 준다.

◇ 악기 다루기 활동이 끝나면 악기를 제자리에 정리하는 방법과 놀이 시간에 확장하여 활동할 수 있는 방법을 제안해 주면서 활동을 마무리한다.

③ 악기 다루기 활동 진행의 유의점

◇ 2~3세 유아들을 위해서는 특별히 악기 연주를 위한 시간을 할애할 필요는 없고 실내 놀이 시간에 자유롭게 연주하도록 허용하는 것이 바람직하다. 그러나 4~5세 학급에서는 악기를 이용하여 리듬에 맞추어 함께 연주하는 시간을 갖는 것도 좋다. 함께 연주할 때는 같은 리듬을 함께 연주하는 방법과 서로 다른 부분을 나누어 연주하는 방법이 있다. 유아가 연주할 음악의 리듬을 이해하게 하려면 여러 번 들어 보게 하거나, 기호가 그려진 카드 등을 보면서 리듬 패턴을 읽을 수 있도록 한다.

◇ 실로폰이나 목금과 같은 멜로디 악기를 연주하기 위해서는 소리의 높낮이를 충분히 이해하도록 흥미 영역에서 자유롭게 탐색할 기회를 먼저 제공한다. 건반 위에 음계를 나타내는 색깔 스티커를 붙여주고 색깔 스티커로 만든 그림 악보를 보면서 연주해 보도록 하면 쉽게 연주할 수 있다.

◇ 악기를 이용한 연주 이외에도 전이 및 주의집중 시간에 활용할 수 있다. 여러 가지 악기를 소개한 후 눈을 감고 악기의 소리만 듣고도 어떤 악기인지 알아맞히게 하는 활동이 좋은 예이다. 처음에는 한 가지 소리를 내고 무슨 소리인지 알아맞힌 후에 두세 가지 악기를 동시에 소리 내고 어떤 악기들의 소리였는지 알아맞히게 하는 것도 좋은 방법이다.

4 음악 감상

① 계획

◇ 음악 감상곡은 유아가 감상하기에 적절한 곡으로 선정한다. 음의 높낮이나 리듬 분위기가 다양한 음악적 요소를 포함하도록 고려하는데 특히 짧고도 묘사적인 곡이 적당하다. 유아와 함께 감상하기에 적당한 곡으로, 케텔비의 '페르시아의 시장', 프리오르의 '휘파람 부는 사람과 개', 프로코피예프의 '피터와 늑대', 아일렌베르크의 '숲속의 물레방아', 미하엘리스의 '숲속의 대장간' 등이 있다.

◇ 음악 감상을 위한 자리 배치는 음악의 내용과 사후 확장 활동을 고려하여 적절히 배치한다. 예를 들면 만약 음악 감상 후에 동작으로 표현하고자 한다면 넓은 공간에서 음악을 감상하는 것이 적당하다. 자연과 관련된 음악이라면 실외의 조용한 공간이나 실외가 잘 보이는 공간에서 감상을 하는 것이 효과적이다.

② 진행

◇ 처음 음악 감상을 할 때는 교사 주도의 대집단 활동보다는 즐겁고 자유로운 분위기에서 음악을 듣도록 한다. 놀이, 간식, 휴식 시간의 배경음악으로 음악을 들음으로써 유아는 자연스럽게 음악에 대한 관심이 생기고 음악에 대한 선호가 증가한다.

◇ 음악을 듣고 난 후에는 어떤 느낌이 드는지 추상적으로 묻기보다는 구체적으로 답할 수 있는 질문(예 음악 속에서 들은 소리)을 한다. 감상을 한 후에는 의견을 모아 제목을 붙여볼 수도 있다.

- 음악에 따라 감상으로만 끝날 때도 있으나 언어, 동작, 그림으로 표현하기 등 다양한 방법으로 확장한다.

③ 음악 감상 활동 진행의 유의점

- 집단 활동의 형태로 음악 감상 활동을 할 때는 올바른 사회적 태도를 길러주는 기회가 되도록 한다. 어린 유아라 해도 다른 사람과 함께 음악을 들을 때는 소리를 내거나 돌아다니는 것과 같이 다른 사람에게 방해가 되는 행동을 하면 안 된다는 것을 배우게 한다. 음악을 끝까지 잘 들을 수 있는 태도, 다른 사람을 배려하는 바람직한 태도가 무엇인지 이해하고 실천하도록 지도한다.
- 음악 감상은 정해진 시간에만 이루어지는 것이 아니다. 동화나 인형극의 배경음악으로 사용하면 이야기의 내용과 함께 효과적으로 음악을 경험할 수 있다. 하루 일과 중에 필요한 경우는 언제라도 음악을 틀어주거나, 유아 스스로 음악을 감상할 수 있는 영역을 배치함으로써 음악에 대한 관심을 높여 준다.

5) 음률 활동: 동작

인간의 삶은 움직임으로부터 시작한다. 유아는 활발히 몸을 움직이며 자신을 둘러싼 공간을 탐색하고 표현한다. 노래나 음악을 듣고 리듬감 있게 몸을 움직이며 즐거움과 만족감을 표현하는 것은 매우 의미 있는 표현 활동이다. 동작 활동은 유아가 몸을 움직여 음악, 리듬, 이야기, 느낌 등에 대해 반응하는 것을 의미한다. 즉, 유아 내부의 감정이나 느낌과 욕구를 나타내는 것이며 유아가 자유롭게 표현하는 모든 신체의 움직임, 자유로운 신체 표현, 창의적 동작, 구조화된 동작 등이 포함된다.

(1) 동작 활동의 목표

동작 활동은 유아의 움직이고자 하는 욕구를 충족시킨다. 유아는 신체의 움직임을 통하여 탐색하고 발견하며, 감정을 조절하고 표현한다. 끊임없이 신체를 움직이면서 삶의 방법을 터득해 나가고자 하는 천성적인 욕구를 가지고 있는 유아에게 동작 활동은 자연스러운 학습의 경로가 된다.

- 동작 활동은 신체운동 능력의 발달을 돕는다. 다양한 동작을 통하여 자신의 신체에

대한 지식을 획득하고 신체가 가진 잠재적인 운동 능력을 이해하게 된다. 여러 가지 신체의 움직임을 경험하면서 운동 기술 능력이 발달하고 자신의 신체를 안전하게 유지하는 능력이 길러진다.

- 동작 활동은 유아가 자신감을 가지게 한다. 유아는 신체 움직임을 통하여 생각이나 느낌, 경험을 자유롭게 표현하면서 자신에 대해 발견하게 되고 긍정적인 자아를 형성하며 만족감과 자신감을 가지게 된다.
- 동작 활동을 통하여 사회성의 발달이 촉진된다. 음악에 따라 여럿이 함께 움직이면서 다른 사람의 움직임에 관심을 가지고 의견을 모아 하나의 동작을 구성하기도 한다. 이러한 동작 활동을 통하여 유능하게 사회적 관계를 맺는 방법을 배우게 되고 다른 사람과 협동하고 공유하는 태도를 익히게 된다.

(2) 동작 활동의 유형

1 신체 탐색

자신의 신체를 구성하고 있는 각 부분의 특징과 명칭, 움직임에 대해 이해하는 동작 활동을 포함한다. 신체의 기본적인 능력을 탐색하기 위해서는 위치, 생김새, 움직임, 기능 등에 대해 인식하고 공간을 활용하여 다양한 방법으로 신체를 움직이는 경험을 해야 한다.

2 기초적 동작

모든 동작의 기초가 되는 동작으로 이동 동작, 비이동 동작, 조작적 동작이 있다. 모든 움직임과 율동은 이 세 가지 기초적 동작으로 구성된다.

3 리듬 동작

노랫말이나 음악적 요소에 맞추어 신체 탐색 동작이나 기초적 동작을 활용하여 하는 동작을 의미한다.

4 창의적 동작

유아는 자신의 감정이나 경험을 신체로 표현하는 활동을 즐거워하며 다른 사람과는 다르게 창의적으로 자신을 표현하고자 한다. 창의적 신체 표현이란 창의적 사고뿐 아니라 감정, 신체 조절력 등이 요구되는 통합적인 표현 활동이다. 그러므로 유아가 자신의 지식과 경험을 몸으로 표현할 수 있도록 자유로운 분위기를 허용해 준다.

(3) 동작 활동의 운영

1 신체 탐색

① 신체 인식에 관한 활동

신체의 각 부분이 어디에 있는지, 몇 개가 있는지, 모양은 어떠한지, 어떤 느낌인지, 어떻게 움직일 수 있는지에 대한 이해를 넓히기 위한 활동이다. 예를 들어 머리, 팔, 다리 등 신체의 부분을 움직이는 활동, 신호나 음악에 따라 몸 전체를 움직이는 활동, 신체를 이용하여 길이나 넓이 재기, 도형 · 모양 만들기 등 몸의 모양을 이용한 활동이 포함된다.

• TIP • **지도 방법의 예**

▶ 신체의 각 부분의 명칭과 모양, 움직임을 알아본다.
- 우리 몸 중에서 동그란 부분은 어디일까?
- 구부릴 수 있는 부분은 어디일까?

▶ 신체의 부분으로 만들 수 있는 모양을 찾아본다.
- 몸으로 세모를 만들어 보자.
- 우리 몸의 어떤 부분으로 네모 모양을 만들 수 있을까?

▶ 여러 명이 함께 글자나 숫자, 모양을 만들어 본다.
- 두 사람이 짝이 되어 네모 모양을 만들어 보자.
- 세 사람이 함께 몸을 이용하여 숫자 4를 만들어 보자.

② 공간에 관한 활동

개인적으로 제한된 공간이나 다른 사람과 공유하는 공간을 인식하면서 자신의 동작을 조절하는 활동이다. 개인적인 공간의 동작 활동은 자신의 움직임 능력에 따라 방향과 범위를 조절하는 활동인데, 예를 들어 몸을 작게 만들기, 팔을 가장 길게 뻗어보기와 같은 활동이 이에 속한다. 공유된 공간의 동작 활동은 다른 사람이 차지하는 공간을 인식하면서 거리, 속도, 방향, 범위, 수준을 조절해야 한다. 예를 들어 모두가 바람이 되어 다른 바람과 부딪히지 않으면서 움직여 보기와 같은 활동이 있다.

• TIP • **지도 방법의 예**

▶ 풍선을 보여주면서 어떻게 하면 우리 몸으로 풍선을 나타낼 수 있을지 이야기 나눈다. 바람이 분다면 풍선이 어떻게 움직일지, 어떻게 신체 움직임으로 나타낼 수 있을지를 이야기 나누고 몇몇 유아의 시범을 본다.

▶ 모두 풍선이 되어 서로 적당한 간격을 유지하며 자신의 위치를 정한다. 교사가 유아가 풍선이 될 수 있도록 바람을 불어넣어 주는 흉내를 내주면 유아의 흥미를 더욱 끌 수 있다.

▶ 바람이 불기 시작하면 풍선처럼 몸을 부풀려 넓은 공간에서 서로 닿지 않으며 움직인다.

▶ 가볍고 경쾌한 음악에 맞추어 자유롭게 움직인다. 이때 교사는 유아가 서로에게 방해가 되지 않으면서 넓은 공간을 충분히 활용할 수 있도록 지도한다.

③ 노력에 관한 활동

동작을 만들어 내기 위한 인간 움직임의 원동력을 말하는데 공간에서의 이동, 속도와 간격, 힘의 강약, 움직임의 흐름이라는 요소를 포함한다. 예를 들어 바다 속 생물(예 상어)의 움직임을 표현하기 위해 제한된 공간에서 어떤 방향과 동선으로 움직일지, 어떤 빠르기로 움직일지, 움직임의 크기와 힘을 어떻게 조절할지, 연속적인 흐름과 제한된 흐름을 어떻게 활용할지를 고려하는 것이다.

• TIP • **지도 방법의 예**

▶ 『곰사냥을 떠나자』(글 · 마이클 로젠, 그림 · 헬린 옥슨버리)와 같이 다양한 움직임이 있는 동화를 듣는다. 동화의 전개 속에 나타나는 여러 가지 움직임의 요소를 찾아본다.

- 바람이 부는 숲에서는 어떻게 움직일까, 물속을 걸을 때는 어떻게 움직일까, 어두운 동굴 속에서는 어떻게 움직일까, 도망칠 때는 어떻게 움직일까에 대하여 의견을 나누고 각각의 동작에 대해 몇몇 유아가 자신의 생각을 보여주게 한다.
- 동화의 내용에 따라 움직임의 시작 지점과 움직이는 동선을 결정한다.
- 교사가 동화의 내용을 이야기하면 유아는 자신의 신체를 조절하며 이야기에 맞게 움직인다.
  - 물속을 걷는 것처럼 천천히 무겁게 걷기, 동굴 속인 것처럼 몸을 구부리고 기어가기, 곰으로부터 도망치듯이 재빠르게 달리기와 같이 다양하게 움직인다.
- 교사는 동작을 나타내는 언어를 사용하여 정확하게 지시하여야 하며 필요에 따라 악기나 음향을 사용하여 분위기를 조성해 준다.

④ 관계에 관한 활동

유아가 동작 활동을 할 때, 신체 부분들 간의 관계, 다른 사람과의 관계, 환경을 둘러싼 사물과의 관계를 고려하는 것이다. 신체 부분들 간의 관계를 위하여 두 팔을 어깨에 올리기, 두 팔을 앞뒤로 크게 흔들며 걷기와 같은 활동을 할 수 있다.

또한 다른 사람과 협동하여 짝을 짓는 율동이나 전체 집단이 하나의 움직임을 구성하는 율동을 통하여 다른 사람과 관계를 유지하며 동작을 할 수 있다. 리본 테이프, 공, 스카프, 훌라후프와 같은 사물을 활용하여 동작함으로써 사물과의 다양한 관계를 만들면서 신체를 움직이는 기회를 가지게 된다.

● TIP ● **지도 방법의 예**

- ▶ 스카프를 이용하여 자유롭게 움직일 수 있는 시간과 공간을 충분히 준 뒤 스카프를 이용하여 할 수 있는 동작을 유아 스스로 찾아보게 한다.
- ▶ 스카프를 위아래로 흔들기, 양손에 잡고 앞뒤로 움직이기, 던졌다 받기, 포물선 만들기, 바닥에 놓고 뛰어넘기 등 유아가 스스로 창안한 방법을 격려해 준다.
- ▶ 다른 사람과 함께 만들 수 있는 동작도 찾아본다. 두 사람이 마주 잡고 잡아당기기, 여러 명이 같은 동작으로 통일된 동작 만들기를 할 수도 있다.
- ▶ 음악에 맞추어 스카프를 이용한 동작을 자유롭게 해본다.

2 기초적 동작

① 이동 동작

몸을 한 장소에서 다른 장소로 옮겨가는 동작을 말하며 기기, 걷기, 달리기, 말 뛰기, 두 발 모아 뛰기, 앙감질하기, 스키핑, 미끄러지기와 같은 동작을 포함한다.

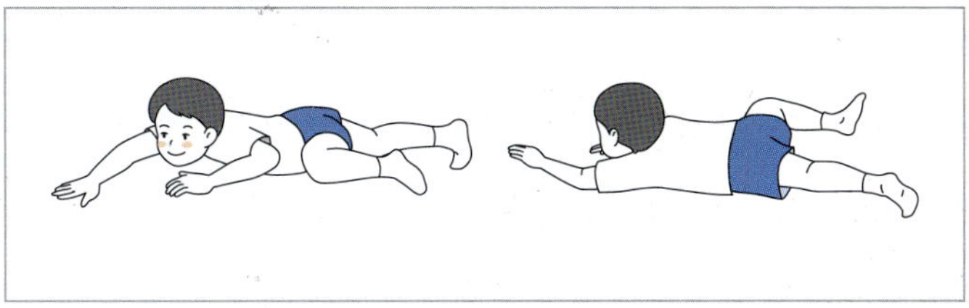

| 이동–엎드려 기기 |

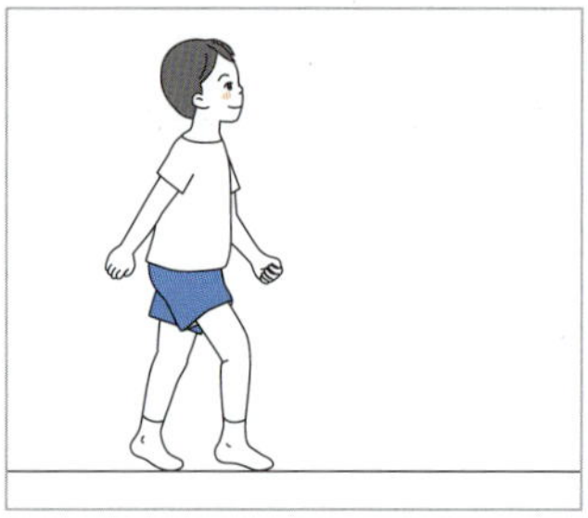

| 이동-걷기 |

| 이동-달리기 |

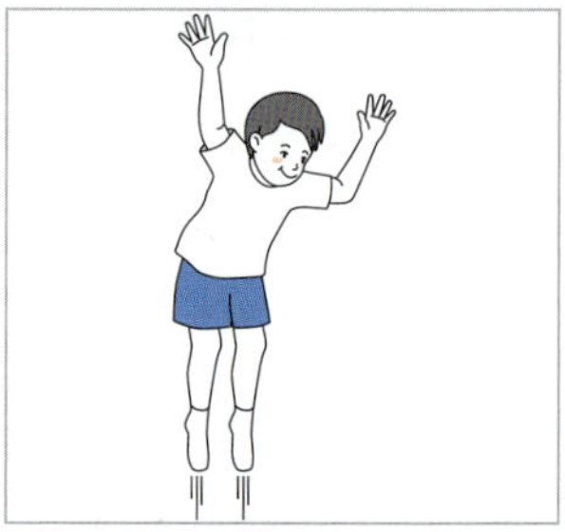

| 이동-점프하기 |

| 이동-말 뛰기 |

| 이동-스키핑 |

• TIP • **지도 방법의 예**

- 사진이나 그림 자료를 사용하여 기어다니는 동물에는 어떤 것이 있는지 이야기 나눈다. 기어다니는 벌레, 뱀, 바다표범과 같은 동물은 어떻게 움직이는지 자신이 알고 있는 것을 이야기하고 다른 친구들 앞에서 표현해 볼 기회를 준다.
- 각자 기어다니는 동물 중 하나를 상상하며 바닥에 길게 엎드린다.
- 왜 그런 모양으로 엎드렸는지 유아의 생각을 들어본다.
- 천천히, 빨리, 무겁게 등 다양한 방법대로 바닥을 기어서 움직인다.
- 잘 기어가기 위하여 팔꿈치와 무릎을 효과적으로 사용하도록 제안할 수 있다.

| 실내 이동 시 기어가기

| 실내 이동 시 양팔 벌려 걷기

| 실외에서 스케이트 타듯이 미끄러지기

② 비이동 동작

몸을 한 장소에 고정한 상태에서 다양한 동작을 만들어 내는 것을 말하며 균형 잡기, 무게 중심 옮기기, 뻗기, 구부리기, 떨기, 회전하기, 흔들거리기, 매달리기, 떨어지기, 꼬기, 피하기, 당기기, 밀기, 들어올리기 등이 있다.

| 비이동–구부리기 |

| 비이동–뻗기 |

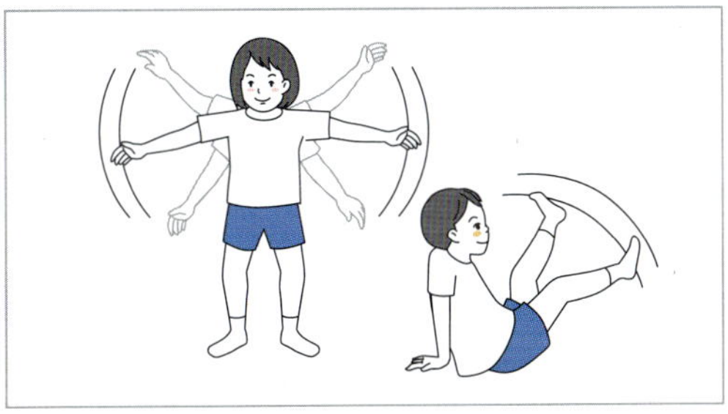

| 비이동–흔들기 |

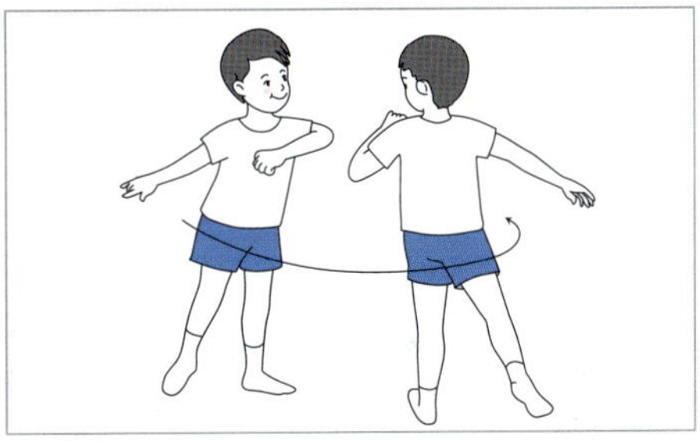

| 비이동–회전하기 |

• TIP • **지도 방법의 예**

▶ 제자리에서 신체를 움직이는 것이 유아에게는 지루할 수 있으므로 다양한 상상의 상황을 통해 움직임을 만들어 보도록 한다.

- 점점 자라나는 나무가 되어 뿌리를 뻗고(다리), 가지를 위로 옆으로 길게 뻗고(팔), 작은 잎들이 점점 자라나는 것(손가락) 표현하기
- 무거운 짐을 수레에 싣기 위해 구부리고 펴기
- 콩 볶기를 관찰하고 난 후 콩처럼 몸을 떨기
- 세탁기 속의 빨래들이 엉키듯이 몸을 꼬기
- 공처럼 몸을 동그랗게 하고 구르기

▶ 한 가지 동작을 다른 동작 활동을 위한 사전 활동으로 사용하거나 여러 가지 비이동 동작을 일련의 연관성 있는 이야기로 꾸며 연속적인 동작으로 구성할 수도 있다.

| 이동 동작과 통합하여 비이동 동작하기_개구리처럼 구부렸다가 높이/멀리 뛰기

| 이동 동작과 통합하여 비이동 동작하기_제자리에서 몸을 작게 만들었다가 달리기

③ 조작적 동작

사물의 조작적 활용을 포함하는 활동으로 던지기, 차기, 굴리기, 튀기기, 잡기, 공 되받아치기, 때리기 등이 있다.

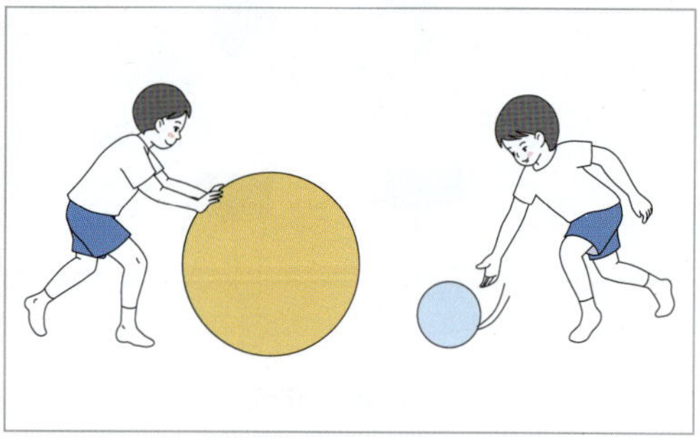

| 조작적-굴리기 |

| 조작적-던지기 |

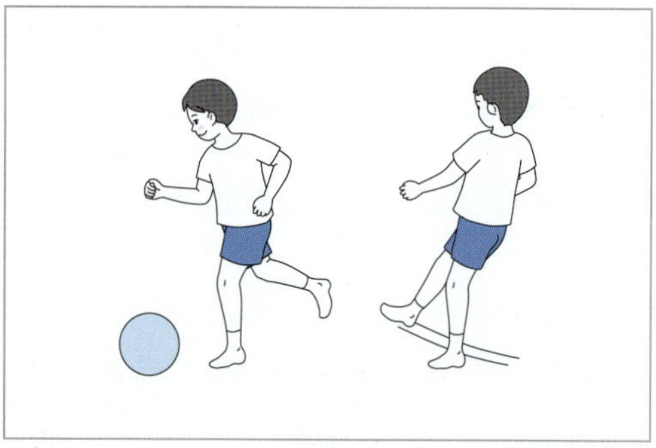

| 조작적-차기 |

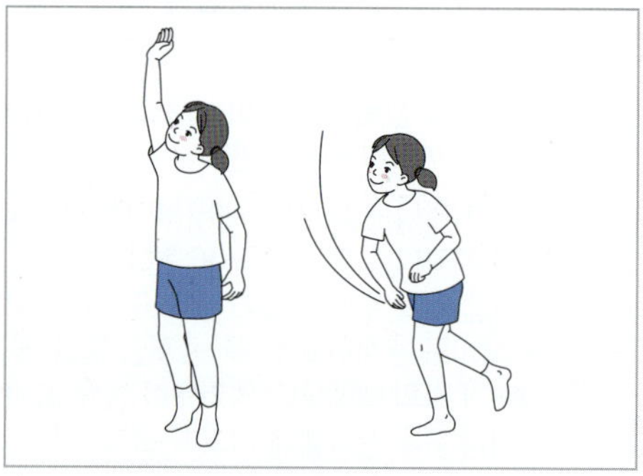

| 조작적-치기 |

• TIP • **지도 방법의 예**

▸ 공을 이용한 조작적 동작 활동을 하기 위해서는 유아가 공에 대한 사전 경험이 있어야 하므로 공을 자유롭게 탐색할 수 있는 시간을 주어 공으로 어떤 것을 할 수 있는지 찾아보게 한다.
▸ 교사는 공을 바닥에 튀기기, 공을 굴리기, 위로 던졌다 받기 등 유아가 찾아낸 방법을 칭찬해 주며 함께 해본다. 이와 같은 활동은 유아가 공에 대한 흥미를 갖게 하고 자신감 있게 공을 다룰 수 있게 도와준다.
▸ 교사가 지도하고 싶은 동작이 있다면 동작을 시범 보이면서 말로도 정확하게 지도한다. 예를 들어 공을 바닥에 한 번 튀긴 후 받아보게 하고 싶다면 안정적으로 서는 방법, 공을 가슴 부위에 잡고 있다가 두 손으로 바닥에 떨어뜨리는 방법, 다시 두 손으로 잡는 방법 등을 잘 지도한다.
▸ 유아마다 운동 능력과 사전 경험이 다르므로 완벽하게 하도록 지도하지는 않는다. 새로운 운동 기술을 경험하고 학습하게 하며, 자신의 능력 범위에서 즐겁게 참여할 수 있는 분위기를 조성한다.

도구를 활용하여 조작적 동작하기

3 리듬 동작

① 노랫말에 맞춘 동작

유아가 노래를 부르면서 함께 할 수 있는 동작으로 구성된 것을 의미한다. '머리 어깨 무릎 발'이나 '옆에 옆에'와 같은 노래는 노랫말 속에 동작의 내용과 순서가 포함되어 있으므로 유아가 노래와 함께 동작을 익혀서 표현한다. 동작을 위해서 만들어진 노래가 아니더라도 유아가 좋아하는 노래의 노랫말에 맞추어 동작을 만들어 볼 수 있다.

교사가 일방적으로 시범을 보이고 유아는 틀리지 않도록 따라 해야 하는 동작 활동은 유아의 흥미를 지속하기 어렵다. 유아와 함께 적당한 동작을 만들어 보는 과정에 유아는 자연스럽게 노랫말을 익힐 수 있고 자기 신체를 이용하여 창의적으로 표현하는 경험을 가질 수 있다.

❶ 계획

◇ 동작이 포함된 노래를 미리 가르친다.

❷ 전개

◇ 노랫말에 포함된 동작을 그대로 유아가 배우게 하거나 유아에게 노랫말에 따라 동작을 만들어 보게 할 수 있다. 교사는 유아의 의견을 충분히 들어주고 교사가 생각한 동작과 다르더라도 유아의 표현을 존중하여 동작을 만든다.

◇ 동작이 만들어지면 노래를 부르면서 유아가 함께 만든 동작을 해 본다.

◇ 유아의 의견을 수렴하여 부분적으로 동작을 변형해 본다.

❸ 노랫말에 맞춘 동작 활동 진행의 유의점

◇ 교사가 반주를 하기 위해 유아를 등지고 앉거나 자리를 이동하면 유아의 흥미가 떨어질 수 있으므로 녹음된 반주 자료를 사용하거나 노래를 부르며 유아와 함께 즐겁게 참여하는 것이 좋다.

② 음악적 요소에 맞춘 동작

노랫말이 없는 율동곡에 맞추어 음악적 요소에 따라 동작으로 표현하는 활동을 말한다. 곡이 가진 박자, 음조, 리듬을 이해하고 이에 맞는 율동적인 동작을 만들어 음악적 요소를 인식하며 표현한다. 우리나라나 다른 나라의 민속춤을 배워서 표현하는 활동뿐 아니라 적당한 음악에 맞추어 교사가 동작을 만들어 유아에게 가르칠 수 있다. 이와 같은 동작을 배우기 위해 유아는 자신의 신체에 대한 인식과 탐색, 기초적인 동작 표현 활동에 대한 사전 경험이 풍부해야 하며 음악을 듣고 음악의 느낌과 음악적 요소를 이해할 수 있어야 한다. 그러므로 유아가 박자나 리듬을 인식하기 쉬운 곡으로 정해야 하며, 유아가 스스로 자유롭게 움직일 수 있는 동작으로 선정한다.

❶ 계획

◇ 음악적 요소에 따라 동작을 하기에 적절한 곡을 선정한다.

◇ 율동을 위한 곡을 충분히 감상할 기회를 준다. 사전에 음악을 들어보게 하거나 놀이 시간, 휴식이나 급식 시간에 자연스럽게 틀어주어 유아가 익숙해지게 한다.

❷ 전개

◇ 음악을 듣고 무엇이 연상되는지 이야기 나누는데, 교사는 단순히 상상하게 하는 데 그치는 것이 아니라 움직임 위주로 상상하게 질문하여야 한다.

◇ 유아가 음악을 들으면서 자유롭게 움직여 보는 기회를 주면 유아는 리듬에 따라 스스로 신체를 움직여 보게 되고 음악과 동작에 대해 친숙한 감정을 갖게 된다.

◇ 음악에 정해진 동작이 있다면 알려주고 음악과 함께 전체 동작을 보여준다. 교사는 동작을 충분히 숙지하여야 할 뿐 아니라 교사 자신이 즐겁게 참여하고 있는 모델이 되어 주어야 한다.

❸ 음악적 요소에 맞춘 동작 활동 진행의 유의점

◇ 처음 동작을 소개할 때는 유아가 할 수 있는 시간과 동작의 양을 정해서 해 보고 여러 날에 걸쳐 조금씩 동작을 익혀나가게 하는 것이 좋다.

③ 창의적 동작

창의적 동작 활동은 교사가 정해놓은 방법이나 정답이 있는 것이 아니므로 유아가 새로움에 도전하고 탐색과 실험을 시도할 수 있어야 한다. 예를 들어 '낙엽이 떨어지는 모습'을 표현하게 하려면 유아가 자발적인 호기심으로 탐색할 수 있도록 바람이 부는 날 활동을 진행하는 것이 효과적이다. 낙엽이 흔들리고, 떨어지고, 구르는 다양한 모습을 관찰할 수 있도록 질문을 던지고 신체로 어떻게 나타낼지 유아의 의견을 들어준다. 교사가 시범을 보이면 유아의 창의적 표현을 방해할 수 있으므로 유아가 표현하는 의도를 발견하고 칭찬해 주는 교수 방법이 필요하다.

◇ 창의적 동작 활동의 종류는 짧은 이야기나 상황에 따라 신체를 표현하는 활동과 음악을 듣고 음악적 요소에 따라 상상하여 표현하는 활동이 있다. 예를 들어 '거인 되어보기', '바닷속 풍경을 표현하기', '달팽이 동시 듣고 표현하기'와 같은 활동은 사물이나 현상을 상상하여 표현하는 활동으로 적당한 음악이나 음향과 함께 표현할 수 있다. 음악적 요소에 따라 표현하는 활동은 '크시코스의 우편마차', '강아지 왈츠'와 같이 느낌이 있는 곡을 듣고 음악의 박자, 리듬, 고저 등에 따라 표현하는 활동이다.

◇ 창의적 동작 활동은 쉽고 간단한 사물이나 음악적 요소에서 출발하여 유아가 익숙해짐에 따라 차츰 복잡하고 많은 상상이 요구되는 활동으로 발전시켜 나간다. 또한 교사 자신이 동작의 다양한 요소, 사물에 대한 통찰력, 음악에 대한 이해를 가지고 있을 때 유아의 창의적 동작 활동을 촉진시킬 수 있다.

❶ 계획

◇ 창의적 동작은 적절하게 동기 유발되어야 효과적으로 진행된다. 예를 들어 비 오는 날에 빗방울 표현하기, 팝콘 튀기기 요리를 한 후에 팝콘 표현하기, 수족관 견학을 다녀온 후 물고기 표현하기와 같이 유아의 경험과 관련지어 활동을 구상한다.

◇ 동작 표현을 돕기 위하여 가면이나 의상, 소품 등을 사용하는 것도 좋은 방법으로 관련 자료를 준비한다.

❷ 전개

◇ 활동을 시작하기 전에 신체 탐색 동작이나 기초적 동작으로 신체를 유연하게 풀어준다.

◇ 표현하고자 하는 대상에 대한 유아의 생각과 사전 경험을 나눈다.

◇ 동작에 적절한 음악이나 음향, 이야기를 들려주며 동작을 표현해 보게 한다.

◇ 모든 유아가 한 번에 참여할 수도 있지만 일부의 유아가 동작하는 동안 다른 유아는 감상한 후 평가해 보게 할 수 있다.

❸ 창의적 동작 활동 진행의 유의점

◇ 잘하는 유아를 지나치게 칭찬하거나 교사가 시범 동작을 보여주는 것은 유아의 창의적인 표현을 위축시킬 수 있으므로 각 유아의 표현을 존중해 준다.

◇ 활동을 진행하는 동안 유아가 비슷한 동작을 따라 하거나 교사를 일방적으로 쫓아다니지 않도록 교사는 유아의 작은 표현까지도 유심히 살펴보고 격려해 준다.

(4) 동작 활동 진행의 유의점

◇ 동작 활동을 지도할 때는 모든 유아가 같은 리듬이라도 다르게 느끼고 다르게 반응하는 것을 격려해야 한다. 교사는 유아가 다른 사람을 모방하기보다는 자신의 표현을

스스로 존중하고 창의적인 표현을 시도해 볼 수 있도록 도와준다. 교사가 기대하는 동작을 끌어내기보다는 소극적 표현이더라도 유아 스스로 창조한 동작이라면 칭찬하고 격려해 준다.

◇ 유아가 자유롭게 움직이면서 표현할 수 있도록 충분한 공간을 준비한다. 좁아서 유아들끼리 부딪힐 위험이 있거나 주위에 책상이나 장이 가까이 있어서 자유롭게 움직이는 데 지장이 있으면 동작 표현도 위축될 수밖에 없기 때문이다. 모든 유아가 함께 할 만한 공간이 없다면 소집단 활동으로 나누어 하는 것이 좋다. 유아가 함께 움직일 때도 서로 부딪히지 않도록 같은 방향으로 돌면서 움직이는 방법도 알려준다.

◇ 유아의 동작 활동은 재미있고 즐거운 경험의 시간이 되어야 하므로 참여하고 싶어 하지 않는 유아를 강제로 참여하게 하지 않는다. 동작 활동에 대한 자신감이 없는 유아는 처음에는 다른 유아가 활동하는 것을 보게 하고 자신감이 생기면 서서히 참여하게 한다.

◇ 동작 활동을 흥미롭게 진행하기 위하여 다양한 교수 매체를 준비하며, 특히 음색이 다른 악기를 동작 활동의 내용에 따라 적절하게 사용한다. 예를 들어 "커다란 곰이 무거운 몸을 이끌고 엉금엉금 산언덕을 올라가고 있어요."라는 교사의 이야기를 듣고 유아는 그 상황을 상상하며 표현할 수 있다. 교사가 엉금엉금, 쿵쿵쿵, 어슬렁어슬렁, 살금살금 등의 표현을 다양한 음색의 악기로 연주해 주면 유아의 표현이 촉진된다.

◇ 동작 활동을 위해 어떤 사물을 보여주거나 관찰하게 한 후에 모양, 움직임, 변화되어 가는 과정을 표현해 보게 한다. 예를 들어 풍선을 불어 보면서 풍선이 부푸는 모습, 바람이 빠져나가는 모습, 둥둥 뜨는 모습을 유아가 직접 경험하고 관찰하게 한 후 몸으로 풍선의 모습과 변화를 표현해 보게 하면 더욱 효과적이다. 이 밖에도 강한 바람, 빗줄기, 개구리나 나비의 움직임, 흔들리는 식물 등도 좋은 관찰과 동작 표현의 대상이 된다.

◇ 동작 활동이 유아의 수준에 적절한지를 고려한다. 유아의 연령과 전반적인 발달 수준에 맞는 활동을 통하여 감각과 대·소근육과 협응력이 발달할 수 있도록 지원한다. 유아의 지적인 이해력과 신체적 능력에 비추어 도달하기 어려운 활동을 하면

유아의 자신감이 위축될 뿐 아니라 동작 활동에 대한 거부감이 생긴다. 반면 매일 이미 익숙한 활동을 반복하거나 너무 쉬워서 도전의 요소가 없는 활동을 하면 동작 활동에 대한 성취감이 결여된다.

- 동작 활동에 대한 흥미를 잃지 않도록 단계적으로 지도한다. 예를 들어 박자에 따라 신체를 움직이는 활동을 한다면 손뼉이나 악기로 표현된 다양한 박자를 듣고 구별할 수 있도록 하고 차츰 일정한 박자의 패턴을 경험하게 한다.
- 동작 활동을 위한 적절한 시간을 안배한다. 교사 중심으로 일정한 시간을 정해놓고 하기보다는 일과를 통해 연관된 활동과 통합되도록 계획하는 것이 바람직하다. 이야기 나누기 시간에 동물이나 곤충에 대한 활동이 진행되었다면 연계하여 유아가 몸으로 나타내어 보도록 할 수 있다. 또는 산책이나 현장학습 활동 시 직접 본 것을 즉각적으로 표현해 보게 하는 것도 효과적이다.

6) 게임

게임은 집단 구성원이 일정한 규칙에 의해 경쟁하는 활동이다. 놀이의 한 형태로 보는 견해도 있으나 유아 주도적인 놀이에 비해 제한된 규칙과 참여자 간에 공유된 승패가 존재하는 점이 다르다. 유아가 참여하게 되는 게임은 폭넓게는 조작 교구를 이용한 그룹 게임까지 포함하지만 교사가 주로 계획하고 주도하는 원, 자유대형, 편 게임을 중심으로 살펴보고자 한다.

(1) 게임의 목표

- 게임을 통하여 운동 신경 및 운동 감각이 발달하게 된다. 게임은 주로 대근육의 조절력을 요구하므로 민첩성, 순발력, 협응력과 같은 운동 능력이 향상된다. 예를 들어 바닥에 놓은 낙엽 밟기와 같은 게임을 하려면 신호에 따라 민첩하게 움직이거나 멈추어야 하고, 낙엽 위에 두 발을 올려 균형감 있게 서 있어야 한다.
- 게임은 그 자체가 승부로 인한 흥분된 만족감을 주므로 정서적으로 즐거움을 경험한다. 자신이 속한 편이 이기기 위하여 다소 긴장하였다가 자신의 역할을 완수하면서 성취감을 느끼는 과정에서 유아의 부정적인 정서는 긍정적인 정서로 순화된다.

또한 지나치게 긴장하거나 흥분된 감정을 남에게 피해가 가지 않도록 조절하고, 다른 사람의 감정을 이해하며 행동해야 하므로 정서 조절력이 발달한다.

- 게임은 같은 편 간의 협동심을 높이고 다른 편과의 갈등을 해소해야 하는 과정이므로 단체의 일원으로서 자신의 역할을 올바르게 수행하는 태도를 기르게 된다. 게임을 하면서 공동의 목적을 달성하기 위해 규칙을 지키고, 서로를 격려하며 끝까지 협력해야 하므로 사회적 능력이 발달한다. 예를 들어 유아는 게임을 하면서 자신의 노력이 전체 팀의 결과에 영향을 끼침을 알게 되고, 잘하지 못하는 친구를 격려하고 받아들이게 되며, 다른 팀의 승리를 축하해 주거나 자기 팀의 승리를 지나치게 내세우지 않는 태도를 배운다.
- 게임에는 언어, 수, 과학 등에 대한 다양한 개념들이 포함되어 있다. 게임을 하면서 유아는 자연스럽게 새로운 개념을 습득하게 되고 다른 영역과 연계된 지식을 확장하게 된다. 예를 들어 동물의 사는 곳에 따라 분류하기 게임을 하면서 동물들의 서식지에 대한 지식을 더욱 공고히 하게 된다. 만약 봄에 씨앗을 심고 씨앗의 싹 트임에 대해 알아보는 활동을 했다면, 씨앗 심고 돌아오기와 같은 게임으로 주제와 관련된 개념에 대한 이해를 돕고 식물의 생장에 대한 유아의 관심을 더욱 촉진하게 된다.

(2) 게임의 유형

게임은 집단의 구성 형태에 따라 원 게임, 자유대형 게임, 편 게임으로 구분할 수 있다. 각각의 게임 유형은 단계별 접근이 필요한데, 학기 초에는 단순한 내용, 규칙이나 지시가 적은 원 게임이나 자유대형 게임을 실시하고, 유아가 게임의 규칙에 익숙해지고 필요한 태도를 기른 후에는 편 게임이나 난이도가 높은 원 게임 또는 자유대형 게임을 실시한다. 게임의 유형은 다음과 같다.

1 원 게임

- 어린 연령의 학급이나 학기 초에는 적은 인원수가 원으로 앉아서 할 수 있고, 지시가 적은 원 게임을 실시한다. 어린 유아일수록 편에 대한 인식이 없을 뿐 아니라 편 게임에 필요한 많은 지시를 듣고 기억하여 실행하기 어렵기 때문에 편 게임을 할 수 없다.

◇ 원 게임은 방법이 단순하고 공평한 순서를 지키며 서로의 활동에 관심을 공유하며 진행되므로 집단의식을 형성하고 사회적 태도를 배우는 데 도움이 된다.

◇ 유아에게 적합한 원 게임은 쉬운 것부터 어려운 것까지 다양하므로 유아의 수준에 맞게 선택한다. 원 게임의 예로, '공 굴려 오뚝이 맞추기', '수건 돌리기', '자리 바꾸기', '원을 따라 돌며 앞사람 앞지르기', '고양이 방울 가져오기' 등이 있다.

| 지시 듣고 자리 바꾸기

| 고양이 방울 가져오기(소집단)

| 수건 돌리기

• TIP • **원 게임의 예:** 고양이 방울 가져오기

▶ 활동 준비물: 소리가 크게 나는 방울

▶ 활동 방법

- 유아를 원으로 둘러앉힌 다음 가운데에 고양이(술래) 집을 동그라미로 표시한다.
- 고양이를 맡은 유아가 고양이 집에 들어가 눈을 가리고 엎드리면 방울을 고양이가 된 유아의 뒤에 놓아둔다.
- 교사가 쥐가 될 유아를 소리 내지 않고 손으로 가리키면 그 유아는 고양이의 방울을 소리 나지 않게 가져와야 한다. 만일 가져올 때 방울 소리가 들리면 고양이는 "야옹"하고 울음소리를 내며 일어나서 쥐를 잡는다.
- 잡힌 쥐는 술래(고양이)가 되고 술래가 눈을 가리고 있는 동안 교사나 유아는 다시 쥐가 될 유아를 선택한다.
- 쥐가 된 유아가 고양이에게 들키지 않고 제자리로 돌아가면 그 유아에게 박수를 쳐주고 술래를 바꾼다.

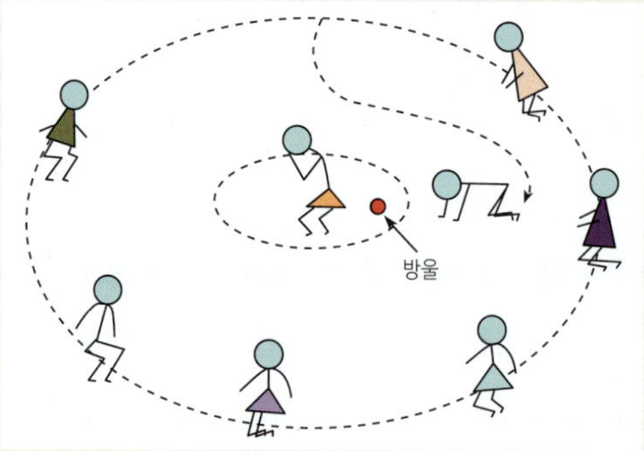

2 자유대형 게임

◇ 원 게임이 둘러앉거나 서서 거의 움직이지 않고 하는 게임인 반면, 자유대형 게임은 자유롭게 공간을 이동하고 신체를 활발하게 움직이며 하는 게임이다. 그러므로 공간을 탐색하고, 유아 간의 접촉이 빈번해지며, 대 · 소근육을 다양한 방법으로 사용하게 된다.

◇ 자유대형 게임은 유아가 자신의 행동을 스스로 조절하며 참여해야 하므로 게임 전에 교사가 게임의 방법과 지켜야 할 규칙을 충분히 이해시키고 시작해야 한다. 어린 연령의 유아나 기본 생활 습관이 미숙한 집단의 유아는 자칫하면 통제력을 잃고 게임 자체의 목적을 달성하지 못하게 되기 때문이다.

◇ 자유대형 게임의 예는 '음악에 맞추어 돌아다니다가 신호에 따라 짝짓기', '신호음에 따라 색깔 원에 올라서기', '같은 동물 소리 찾아다니기', '모양 식구 찾기' 등이 있다.

같은 모양의 꽃 찾기

신호에 따라 짝짓기

신호음에 따라 색깔 원에 올라서기

• TIP • **자유대형 게임의 예:** 모양 식구 찾기

▶ 활동 준비물: 도형 팻말(나무젓가락 또는 음료수 빨대를 붙인 동그라미, 세모, 네모) 각 7개

▶ 활동 방법
- 유아는 자유대형으로 서고, 도형 팻말들은 방바닥에 여기저기 늘어놓는다.
- 음악이 시작되면 음악에 맞춰 다니다가 음악이 멈추면 팻말을 1개씩 집어 같은 모양의 팻말을 가진 유아끼리 모여 앉는다.
- 제일 먼저 모인 모양 식구들이 이긴다.
- 다시 바닥에 팻말을 놓고 새로 시작한다.

▶ 주의점: 도형 팻말을 밟지 않고 다니도록 한다.

3 편 게임

편 게임은 전체 집단을 두 편으로 나누어 하는 게임으로 원 게임이나 자유대형 게임에 비해서 게임의 방법과 지시가 좀 더 복잡한 게임이다. 편 게임은 개개인이 이기기보다 자신이 속한 편이 이기는 것을 목적으로 하므로 협동하기, 이해하기, 수용하기, 격려하기 같이 좀 더 성숙한 사회적 태도가 요구된다. 출발 위치에 따라 편 게임을 구분하여 보면 자기 자리에서 출발하는 게임과 출발선에서 시작하는 게임이 있다.

① 자기 자리에서 출발하는 편 게임

- 이 형태의 게임은 자기 자리에서 출발하여 자기편이 앉아 있는 자리를 한 바퀴 돌아 자기 자리에 다시 앉으면 다음 유아가 이어가는 방법으로 진행된다. 이 게임은 유아에게 편에 대한 인식을 길러주는 데 도움이 되기 때문에 편 게임의 초기에 주로 실시한다.
- 3세 이전의 유아는 편에 대한 인식이 없으므로 편 게임을 거의 하지 않으며, 4세 학급에서는 규칙과 방법이 비교적 단순한 자기 자리에서 출발하는 편 게임으로 시작한다. 5세 유아가 편 게임을 할 때도 자기편에 대한 인식을 가질 수 있도록 자기 자리에서 출발하여 자기편이 앉아 있는 자리를 한 바퀴 돌아와 다음 유아에게 이어가는 게임을 여러 번 한 다음에 출발선에서 출발하는 편 게임을 실시한다.

• TIP • **자기 자리에서 출발하는 편 게임의 예**: 주걱으로 공 나르기

▶ 활동 준비물: 구멍 뚫린 나무 주걱 2개, 정구공 크기의 (색)공 2개

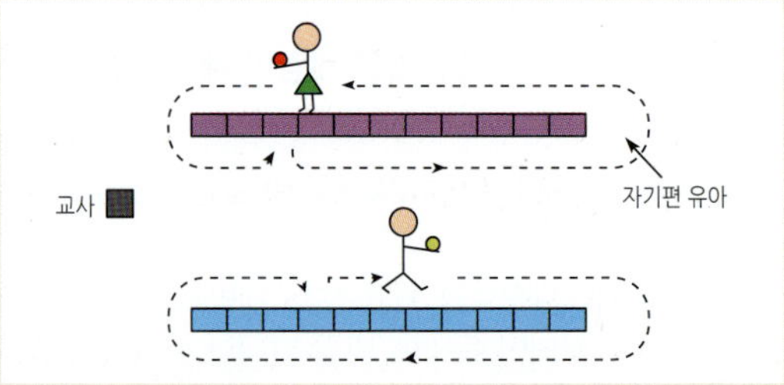

▶ 활동 방법
- 유아를 두 편으로 나누어 의자에 마주 앉게 한다.
- 나무 주걱 위에 (색)공을 올려놓고 교사의 출발 신호에 따라 자기편이 앉아 있는 의자를 한 바퀴 돈 다음 자기 옆 유아에게 나무 주걱과 공을 전해준다.
- 공을 떨어뜨리지 않고 빨리 끝난 편이 이기는 게임이다.

▶ 주의점
- 공을 떨어뜨렸을 때는 공을 주워서 공이 떨어졌던 그 자리에서 다시 출발한다.
- 자기 차례가 된 유아는 자기 자리에서 일어서서 기다리도록 한다.

② 출발선에서 출발하는 편 게임

- 자기 자리에서 출발하는 편 게임이 익숙해지면 출발선에서 출발하는 1:1 편 게임이나 릴레이식 편 게임을 실시한다. 1:1 게임은 양 편에서 나온 주자들이 동시에 출발했다가 돌아오면 두 사람의 결과에 대한 평가를 하고 다시 다음 주자가 나와서 동시에 출발하는 게임의 형태이다. 반면에 릴레이식 게임은 첫 번째 주자가 출발하였다가 돌아오면 즉시 다음 주자가 출발하여 각 편의 마지막 주자가 끝날 때까지 연속적으로 진행하는 게임의 형태이다.
- 게임의 방법은 교사가 기본적인 틀을 마련하고 필요하면 유아의 의견을 반영하여 확정한 후, 전체 유아가 잘 이해할 수 있도록 교사가 정확하게 말해준다. 이해가 쉽게 되지 않는 부분이 있을 때는 유아 중 몇 명이 시범을 보이게 할 수 있다. 편 게임에 익숙해지면 교사는 게임의 자료만 준비하고 유아가 토의를 통하여 게임의 방법과 규칙을 만들어 볼 수 있다.

• TIP • **출발선에서 출발하는 편 게임:** 씨 뿌리기

- **활동 준비물:** 팥 주머니 10개, 바구니 2개(팥 주머니 5개를 담을 수 있는 크기), 반환점 2개, 분필
- **활동 방법**
  - 유아를 두 편으로 나누어 앉게 한다.
  - 한 바구니에 팥 주머니를 5개씩 담아 양편 출발선에 놓아둔다.
  - 팥 주머니가 넉넉히 들어갈 만한 동그라미(씨 심을 구멍)를 팥주머니의 수대로 분필로 그려 넣는다.
  - 교사의 출발 신호가 울리면 첫 번째 유아는 팥주머니가 들어있는 바구니를 들고 출발하여 각 원에 씨를 심고, 반환점을 돌아온 뒤 빈 바구니를 다음 유아에게 전해준다.
  - 빈 바구니를 전해 받은 유아는 씨를 1개씩 모두 거두어 바구니에 담고 반환점을 돌아와 다음 유아에게 전해준다.
  - 두 번째 게임을 하게 되면 역할을 바꾸어 하게 된다(씨를 뿌린 유아는 씨를 거두고 씨를 거둔 유아는 씨를 뿌림).
- **주의점:** 씨(팥 주머니)를 원 속에 잘 뿌리지 못하면 그 자리에서 다시 뿌리도록 한다.

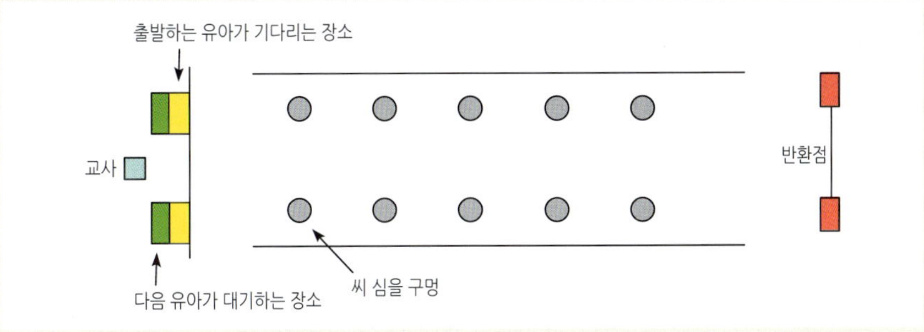

귓속말 게임

1:1 장애물 넘어 돌아오기

4개 팀으로 나누어 탑 높이 쌓기

짝이 만들어 준 징검다리 건너기

릴레이 게임

(3) 게임의 운영(편 게임)

1 계획

◇ 진행 중인 주제나 유아의 놀이 주제, 유아의 수와 연령 및 능력을 고려하여 적절한 게임을 선정하고 준비물을 준비한다. 특히 앞서 제시된 다양한 게임의 유형 중에서 선택할 때는 유아의 인지, 사회, 신체적 수준을 고려한다.

2 진행

① 준비

◇ 게임을 하기 전에 출발선과 반환점을 준비한다.

◇ 교사는 신호 악기를 준비하여 양편의 출발선 가운데 의자를 놓고 앉는다.

◇ 유아는 서로 마주 보는 대형으로 의자를 놓고 앉으며 게임을 할 수 있을 정도로 충분한 간격을 둔다.

◇ 게임의 종류에 따라 서거나 바닥에 앉을 수도 있다. 유아의 연령이 어릴 경우 교사가 미리 의자를 배치해 둘 수 있으나 점차 유아가 의자를 옮기도록 한다.

② 도입

- 양편의 수를 알아본다. 양편에서 한 명씩 나와 악수하기, 손을 들어 함께 수를 세기, 일어났다 앉기 등 유아의 수준에 맞추어 수를 세는 방법을 결정한다.
- 준비물을 보여주고 어떻게 게임을 할 수 있을지 예측해 보게 한 후 서로 의견을 나눈다. 게임에 따라 교사가 방법을 제시할 수도 있고 유아가 예측하고 의논하여 방법을 결정할 수도 있다. 교사가 정한 방법대로 게임을 할 계획이면 유아의 의견을 묻지 않고 신속히 진행한다.

③ 전개

- 게임의 방법은 간단하고 이해하기 쉽게 전달한다. 교사가 직접 시범을 보이면서 설명하거나 유아 한 명이 시범을 보여주게 한다.
- 게임을 하면서 지켜야 할 규칙을 정한다. 게임을 하는 사람이 지켜야 할 규칙 중 출발 신호 듣고 시작하기, 중간에 떨어뜨리면 그 자리에서 다시 시작하기, 응원하는 사람이 지켜야 할 규칙 중 차례 지키기, 제자리 앉아서 응원하기와 같이 모든 게임에 공통적인 규칙뿐 아니라 각 게임에 해당하는 규칙(예 징검다리 건너기 게임에서는 징검다리 위만 밟고 지나가기, 꽃 붙이기 게임에서는 꽃을 떨어지지 않게 잘 붙이고 돌아오기 등)을 정한다.
- 첫 번째 게임 주자가 앞에 나오면 게임 방법을 다시 확인하고 교사의 신호에 따라 게임을 시작한다.
- 게임의 방법과 규칙을 지키게 하고 게임을 끝까지 마무리하지 않은 경우에는 되돌아가서 마치게 한다.
- 먼저 들어온 유아를 칭찬 또는 축하하느라 늦게 돌아온 유아를 방치하는 일이 없도록 한다. 교사는 조금 늦더라도 끝까지 게임을 완수한 유아를 맞이하고 칭찬해 주어야 한다.

④ 평가

- 평가를 할 때는 이기고 진 것보다는 규칙을 얼마나 잘 지켰는지, 서로 잘 협동하였는지를 평가 기준으로 삼는다. 교사가 관찰한 대로 공정하고 정확하게 평가해 주며 유아들도 자기편과 상대편에 대해 평가해 보는 기회를 준다.

◇ 1:1 게임일 경우에는 한 번의 게임이 끝날 때마다 평가를 한다. 게임의 규칙을 지키면서 먼저 들어 온 경우에 이긴 것으로 하며, 승부보다는 즐겁게 마무리하는 태도를 칭찬한다.

◇ 3세 이하의 어린 영아에게는 칭찬의 말이나 박수 등으로 점수를 주고, 4세 이상의 유아에게는 숫자로 된 점수판, 융판에 붙이는 점수판 등 다양한 형태의 점수판으로 점수를 줄 수 있다.

◇ 전체 게임이 끝난 후 게임 중의 태도, 응원, 협동 등에 대해서도 평가를 나누고 점수를 준다.

⑤ 재게임

◇ 유아가 원할 경우에는 게임을 한 번 더 시행한다. 같은 방법으로 게임을 해도 되지만 방법을 부분적으로 바꾸어 보아도 좋다.

⑥ 마무리

◇ 양편이 서로의 결과에 대해 축하와 위로를 전하는 방법을 배우게 하기 위해 서로에게 박수를 쳐 주거나 적절한 말(예 축하해, 수고했다, 열심히 했다)을 해주도록 한다. 이렇게 하면 유아는 지나치게 승부에 집착하지 않고 게임 그 자체를 즐길 수 있다.

◇ 게임에 사용되었던 자료는 유아가 협력하여 정리할 수 있도록 한다. 자신이 앉았던 의자는 스스로 제자리에 치우고 게임 자료도 정리한다. 진 팀에게 치우게 하는 것은 바람직하지 않으므로 각자 치우기, 이긴 팀이 치우기, 치우고 싶은 유아가 치우기 등의 다양한 방법을 사용한다.

(4) 게임 진행의 유의점

◇ 게임을 통하여 유아가 배울 수 있는 가장 중요한 태도 중의 하나는 공정함이므로 승부의 공정성뿐만 아니라 게임의 자료나 방법도 공정해야 한다. 예를 들어 '겨울옷 입고 돌아오기' 게임을 할 때 한 편에는 손모아장갑을 다른 편에는 손가락장갑을 자료로 준비하거나, 평균적인 유아가 입을 수 있는 옷을 준비한다면 손가락장갑을 받은 편이나 몸집이 큰 유아는 좌절하게 된다.

◇ 게임에서 유아가 수행해야 하는 과제(예 물고기를 집어서 어항에 넣기)는 매번 다르지만 사용하는 대근육 협응의 수준(예 달려가서 과제하고 빨리 돌아오기)은 매번 유사하다. 유아의 연령과 성장에 따라 게임을 하면서 해야 하는 대근육 협응의 수준도 높아지게 하는 것(예 장애물을 넘어서 다녀오기, 낮은 평균대를 건너 다녀오기 등)이 바람직하다.

◇ 게임에 참여하기 어려워하는 유아를 억지로 참여시키기보다는 구경하기, 교사 옆에서 게임을 약속대로 했는지 판단해 주기, 신호 악기로 출발 신호 하기 등의 다양한 역할을 하게 한 후 익숙해지면 점차 참여하도록 격려한다.

◇ 게임의 규칙에는 모든 게임에 공통적으로 적용되는 규칙과 게임의 내용에 따라 특별하게 요구되는 규칙이 있다. 순서 지키기, 반환점 돌아오기, 바르게 앉기, 다른 편을 방해하지 않기, 지나치게 흥분하며 응원하지 않기와 같은 규칙은 어느 게임이나 비슷하게 필요한 규칙이다. 게임을 할 때마다 비슷한 규칙을 반복적으로 여러 번 이야기하다 보면 규칙을 의논하는 시간이 길어져 집중력이 낮아지므로 그 게임에 특별히 필요한 규칙을 중심으로 이야기 나누는 것이 바람직하다.

◇ 편 게임 중에서는 혼자 출발하는 게임뿐 아니라 둘 또는 그 이상의 유아가 함께 출발하는 게임이 있으므로 둘 이상이 한 번에 하는 게임에서는 서로 협력하는 태도를 배우도록 한다. 예를 들어 '징검다리 건너기'와 같은 게임은 같은 편의 한 사람이 징검다리를 옮겨주고 다른 사람이 밟고 지나가는 게임이므로 서로의 속도를 맞추어 가며 협동을 해야 한다.

◇ 교사의 개입이 필요할 때는 게임을 하는 도중에 잠시 멈추고, 게임하는 태도나 응원하는 태도에 대해 이야기를 나눈 후 다시 진행한다. 예를 들어 유아가 지나치게 흥분하였을 때는 잠시 중단시켜 감정을 조절하도록 한다.

◇ 게임을 진행할 때 지나치게 승패만을 강조하면 유아가 활동을 즐기기보다는 이기는 데에만 집착하여 양편이 서로 부정적인 감정에 이를 수도 있다. 그러므로 교사는 승패보다는 게임 자체의 요소와 분위기를 즐길 수 있도록 유도해 주어야 한다.

7) 과학 활동

(1) 과학 활동의 목표

- 과학 활동을 하는 동안 유아는 교사가 하는 것을 지켜보는 것이 아니라 사물을 탐색하고 궁금한 점을 알아보기 위해 직접 자료를 조작한다. 이러한 과정에서 유아의 대 · 소근육이 발달하게 되고, 실험을 하면서 눈과 손의 협응력, 힘의 조절력 등을 기를 수 있다.
- 유아는 다양한 과학 활동을 통하여 물리적 지식과 논리 · 수학적 지식을 얻게 된다. 여러 가지 상황에서 의문점을 가지고 이를 해결하려는 태도를 기를 수 있으며, 유아를 둘러싼 환경에 대해 이해하게 된다. 과학 활동을 통한 인지 발달의 측면을 크게 두 가지로 나누어 좀 더 자세히 살펴보면 다음과 같다.
  - > **다양한 지식의 습득:** 유아는 과학 활동을 통하여 물리적 지식, 논리 · 수학적 지식, 사회적 지식을 습득하게 된다. 이러한 지식을 토대로 유아는 보다 높은 수준의 과학적 사고를 할 수 있다.
  - > **탐구적 태도:** 유아는 자신을 둘러싼 주변 환경에 대해 관심과 의문을 가지고 그 의문을 스스로 해결하려고 노력한다. 이러한 관심은 다양한 사물과 사건을 탐구하려는 태도를 기르는 데 밑거름이 되며 나아가 창의적인 사고의 발달에도 도움을 준다.
- 유아는 탐색, 관찰, 실험을 통해 알아낸 것을 기록하고 표현하게 된다. 이러한 활동은 유아가 새로운 어휘를 습득하고, 알맞은 어휘를 사용하는 등의 언어발달에 도움이 된다.
- 유아의 관찰이나 탐색, 실험 활동은 개별 활동으로 이루어지기도 하지만, 소집단이 함께 의문을 제기하고 그 의문을 해결하기 위해 의견을 나누며 직접 실행에 옮기기도 한다. 이러한 과정에서 유아는 다른 사람의 의견을 경청하고 의사소통을 통해 문제를 해결할 수 있도록 노력하는 태도를 가지게 된다.

(2) 과학 활동 선정의 원리

유아에게 적합하고 창의적인 과학 활동을 선정하기 위해 교사가 염두에 두어야 할 점은 다음과 같다.

- 유아 자신이 변화를 가하는 주역이 되는 활동을 선택한다. 왜냐하면 지식은 유기체가 환경과 능동적으로 상호작용을 하는 과정에서 형성되는 것이기 때문이다. 예를 들면 실외에서 봄의 꽃 찾아오기, 내가 가진 나뭇잎과 같은 잎 찾아보기 등과 같이 유아가 활동의 중심이 되는 과학 활동이 더 가치가 있다. 반면, 교사가 재료를 다 준비하거나, 실험이나 탐색 방법이 너무 어려워 유아가 보기만 하거나, 위험해서 교사가 주로 해야 하는 활동은 유아를 위한 과학 활동이라고 볼 수 없다.
- 교사는 지시보다는 질문, 특히 개방적 형태의 질문을 사용하여 유아가 탐구하도록 유도한다. 예를 들어 "이것은 무엇일까? 봄에 피는 꽃일까, 여름에 피는 꽃일까?"처럼 유아가 단답으로 이야기할 질문보다는 "이런 꽃을 본 적이 있니? 언제(어디서) 보았던 것 같니? 꽃의 모양이 어때?"와 같이 자신의 생각을 표현할 수 있는 질문을 한다. 물론 유아의 발달 수준에 따라, 활동의 성격에 따라 질문의 유형은 달라질 수 있다. 같은 문제에 대해서도 교사의 의도에 따라 폐쇄적 질문과 개방적 질문을 사용할 수 있다. 예를 들면 실험에서 유아가 뜨고 가라앉는 것을 분류하게 하는 것이 주목적이라면 "이 물건은 물에 뜰까? 가라앉을까?"같은 폐쇄형의 질문을 할 수 있으며 유아가 다양한 사물의 특성에 대한 개념을 얻게 하고자 한다면 "이 물건을 물에 집어넣으면 이떻게 될끼?"리고 개방형의 질문을 할 수 있다.
- 유아가 '시작'과 '끝'에만 주시하게 하는 활동보다는 활동의 과정이나 활동 전체에 집중할 수 있는 활동을 선택한다. 유아 스스로 자료에 여러 변화를 줄 수 있고, 그로 인해 부수적으로 나타나는 결과를 시시각각 확인할 수 있는 활동이 유아에게 적합하다.
- 자료를 통해서 일어나는 변화가 빠르고 관찰 가능한 활동을 선택한다. 왜냐하면 유아는 시간적으로 먼 일보다는 가까운 일, 안 보이는 것보다는 보이는 것을 위주로 사고하는 특성이 있기 때문이다. 예를 들어 '우리 몸'에 대한 활동을 할 때에는 순환기, 소화기 등과 같은 신체 내부에 관한 활동보다는 내 몸의 길이 재어 보기나 감각기관에 관련된 활동 등을 계획하는 것이 좋다.

(3) 유아 과학 활동의 내용

유아기에 다루어질 수 있는 과학교육의 내용은 크게 과학적 기술과 과학적 개념의 두 가지로 나누어 볼 수 있다.

1 유아기에 다루어질 과학적 기술

유아기에 다루어질 과학적 기술에 대해 학자들이 제시한 의견을 종합 · 요약하면 다음과 같다.

표 4-25 유아기에 다루어질 과학적 기술의 내용

구분		내용
관심 갖기		• 과학 활동은 사물 혹은 어떤 사건에 관심을 가지는 것으로 시작된다. 여기서의 관심은 일시적인 것이 아닌 지속적인 것이며 관심을 가지는 사물이나 사건에 "왜?"라는 의문을 제기함으로써 이후의 활동이 진행되게 된다.
방법	사실에 대한 이해	• 유아는 관심을 가지게 된 사물 혹은 그것과 연관된 사물들을 보면서, 사물의 특성을 파악하고 사물에 대해 이해하게 된다. 관찰과 탐색을 통한 사실의 이해는 유아가 과학적 개념을 정립하는 데 반드시 필요하다.
	자료 모으기	• 사실에 대한 이해가 정립되면 유아는 이해를 토대로 가설을 세우고 이후의 결과를 예측하려고 노력한다. 이를 돕기 위해 교사와 유아가 함께 적절한 자료가 무엇인지 연구하고 직접 찾아보는 기술이 필요하다.
	비교/ 분류하기	• 비교와 분류는 유아가 자신의 이해를 토대로 모은 자료를 일정한 기준에 맞추어 나누어 보는 것이다. 유아는 사물 간의 공통점과 차이점을 알아보고 이를 범주화함으로써 새로운 도식을 형성한다.
	원인과 결과 알아보기	• 원인과 결과를 알아보기 위해 일반적으로 사용되는 방법은 실험이다. 가설을 검증하기 위해 유아는 적합하다고 판단되는 방법을 찾아 처치하게 되고 이를 통해 인과 관계를 파악할 수 있다.
표현 및 기록		• 탐구 결과를 기록하고 전달하는 과정을 통해 개념과 관계에 관한 지식이 확장되고, 다른 사람과 발견한 것을 공유할 수 있다. 탐구 결과의 기록 및 전달은 그림, 실험 차트, 그래프와 책 등 다양한 형태로 이루어지며 때로 '생성물' 자체가 기록이 되기도 한다.
해석		• 과학 탐구의 최종적 단계로서 수집된 자료를 설명하면서 시작되며, 가설과 자료를 관계 짓는 것으로 진행되고, 결과를 일반화하는 것으로 마무리된다.

위에 제시한 과학 기술에서 사물이나 사건에 대해 관심 갖기, 표현 및 기록, 해석은 과학을 하는 방법, 즉 사실에 대한 이해, 자료 모으기, 비교/분류하기, 원인과 결과 알아보기와 각각 연결되는 활동이다. 예를 들어 씨앗 관찰하기라는 활동을 하려고 할 때

우선은 씨앗에 대해 관심을 가진 다음 관찰이라는 활동이 이루어지고, 관찰을 통해 사실을 이해한 다음에는 자신이 이해한 것을 표현하거나 기록하는 과정을 거치고, 유아들 자신이 이해한 대로의 해석이 이루어지는 것이다.

2 유아기에 적절한 과학적 개념

① 우리 몸에 대한 이해

유아는 자신의 신체에 대한 관심과 탐색을 통하여 각 부분의 명칭과 기능에 대한 개념을 습득할 수 있다. 예를 들어 유아는 사람의 몸을 그리고, 구체적인 신체 부분을 보면서 각 부분에 대한 이름과 위치, 기능을 알아본다. 또한 나의 몸에서 감각 기관이 하는 일, 근육이 하는 일, 나아가 신체의 여러 기관이 하는 일에 대해 이해할 수 있다. 또한 우리 몸은 시간이 지남에 따라 변화한다는 것을 이해하고, 더불어 나의 출생에 대해 관심을 가지게 되므로 아기가 태어나고 자라는 과정과 관련된 개념을 경험할 수 있다. 그러나 순환계, 소화계 등 우리 눈으로 직접 볼 수 없고, 혈관, 신경 등을 이해한 후에 습득할 수 있는 지식까지는 유아가 이해하기는 힘들기 때문에 유아기에는 다루지 않는 것이 좋다.

② 생물에 대한 이해

유아는 주변에 있는 많은 생물과 무생물에 관심을 가지며, 생물과 무생물을 구별하여 이해하고, 생물들과 더불어 살아가야 함을 인식할 수 있다. 따라서 유아기에는 주변에서 쉽게 접할 수 있는 동물(예 토끼, 강아지, 새), 식물, 곤충 등을 직접 키우고 관찰함으로써 동물과 식물의 특성과 차이점을 이해하고 생물을 아끼고 사랑하며 보호하는 마음과 태도를 기를 수 있다.

유아의 주변 세계에서 볼 수 있는 생물에 대해 먼저 이해한 후에, 유아가 관심을 가진다면, 우리 눈에 보이지는 않지만 존재하는 미생물 등에 대해서 알아볼 수는 있다. 그러나 유아의 발달 수준을 고려하여 이해할 만한 수준으로 접근해야 한다.

③ 자연 현상에 대한 이해

유아는 날씨와 계절의 변화, 계절의 변화에 따른 동물, 식물, 인간 생활의 변화를 경험하면서 자연 현상이 일련의 규칙에 따라 변화하고 우리에게 영향을 미친다는 것을 이해할 수 있다. 따라서 유아기에는 지속적인 관심과 관찰을 통해 자연 현상, 즉 낮과 밤,

날씨의 변화, 계절의 변화 등을 이해하도록 하는 것이 바람직하다. 예를 들어 비가 온 다음날 실외 놀이 영역을 산책하면서 어떤 변화가 있는지를 느껴보고, 여름과 겨울의 사진을 보면서 무엇이 다른지를 알아보는 등 유아가 이해하기 쉬운 방법으로 접근한다.

④ 물체와 물질 탐색

유아는 다양한 사물을 탐색하고 조작하여 봄으로써 사물을 움직이는 힘, 힘을 가했을 때 물체와 물질의 변화 등을 이해하게 된다. 유아기에는 다양한 사물의 특징 탐색, 관찰, 물질의 변화 과정 탐색, 여러 가지 물체의 움직임 비교 등과 관련된 활동을 할 수 있다.

⑤ 도구와 기계에 대한 지식과 이해

현대 사회는 첨단 과학을 기초로 한 도구와 기계가 점차 다양화되고 있으며, 그 발달의 속도도 빨라지고 있다. 유아도 일상생활에 쓰이는 기계와 도구에 관심을 가지고 간단한 도구를 직접 활용해 보며, 기계의 편리함을 이해할 수 있다. 유아기에는 우리 주변에 다양한 기계와 도구가 있다는 것, 어떤 힘으로 작동이 되는 것인지, 만약 기계와 도구가 없다면 어떨지 등에 대한 개념을 다룰 수 있다.

(4) 과학 활동의 운영

유아기에 할 수 있는 과학 활동은 앞서 소개한 대로 사실에 대한 이해(관찰), 비교하기와 분류하기, 원인과 결과 알아보기(실험) 등이 있지만 이러한 과학 활동이 서로 분리된 것은 아니며 한 활동에서 다양한 과학 활동이 이루어진다. 예를 들면 씨앗의 싹을 틔워 보는 활동을 위해 씨앗을 관찰하고, 싹이 잘 트는 조건에 대해 알아보기 위해 조건을 다르게 하여 실험하고 비교해 볼 수 있으며, 다시 씨앗의 싹이 트는 과정을 관찰할 수 있다. 이렇듯 한 활동에서 다양한 과학 활동을 할 수 있으므로 교사는 유아의 발달 수준을 고려하여 어느 수준까지 유아와 함께 할지, 예를 들어 씨앗 관찰 후 씨앗에 물을 주고 지켜볼 것인지, 씨앗 관찰 후 다양한 조건을 조작하여 씨앗을 싹 틔워 보는 실험까지 할지를 사전에 계획하여야 한다.

쌓기놀이 영역에서 우연히 시작된 놀이가 과학 활동으로 확장되는 모습

1 사실에 대한 이해(관찰)

관찰이란 주의를 집중하여 세밀하게 보는 활동으로 과학적 탐구에 있어 기본적이며 필수적이다. 관찰을 통하여 유아는 생태계의 특징, 사물의 변화 등에 대해 이해하게 되고 과학적 탐구를 위한 기본적인 태도를 갖추게 된다. 유아의 관찰력이 증가함에 따라 사물의 특성은 물론 물체끼리 어떻게 상호작용하는지도 알게 된다. 특히 보고, 듣고, 냄새 맡고, 맛보고, 느껴보는 감각을 모두 사용하여 관찰하면 더 많은 사실을 알게 되므로, 유아가 감각을 다양하게 활용할 수 있는 관찰 활동을 계획 · 실행하는 것이 좋다. 관찰은 동물이나 식물과 같은 자연뿐만 아니라 유아를 둘러싼 모든 사물, 환경이 관찰의 대상이 된다. 다음은 유아기에 할 수 있는 관찰 활동의 예이다.

표 4-26 유아기에 적합한 관찰 활동의 예

구분		내용	
나의 몸		• 거울로 본 내 모습 • 우리 몸의 근육 관찰하기	• 우리 몸의 여러 부분 관찰하기 • 청진기로 들어보기
생물	식물	• 생물과 무생물 관찰하기 • 민들레 씨앗 날리기 • 씨앗 싹 틔우기 • 싹 틔우기에 좋은 흙 • 식물이 자라는 데 필요한 것은? • 나뭇잎의 변화 관찰하기 • 살아있는 것은 숨을 쉬어요(물에 대고 숨쉬기)	• 씨앗 관찰하기 • 열매의 속 관찰하기 • 줄기 잘라서 키워보기 • 식물 관찰하기 • 나뭇잎 관찰하기 • 딱딱한 열매(견과류 관찰)
	동물	• 동물의 다리 수 관찰하기 • 동물의 성장 알아보기 • 동물 관찰하기(토끼, 닭 등)	• 동물의 어미와 새끼 관찰하기 • 곤충의 생김새 알아보기 • 각 동물의 먹이 관찰하기
물체와 물질	물체와 물질의 속성	• 자석의 성질 관찰하기 • 빛과 그림자 관찰하기 • 유리컵 연주하기 • 다양한 측정 기구(되, 홉 등) 관찰하기 • 비누의 성질 알아보기 • 유치원의 여러 도구 조사, 관찰하기 • 바람의 모습 관찰하기(입으로 다양한 물건 불어보기) • 신기한 물(용기에 따라 모양이 변하는 물) 관찰하기	• 빛을 내는 물건 관찰하기 • 프리즘으로 무지개 색 관찰하기 • 정전기 관찰하기 • 거울에 비친 글자 관찰하기 • 온도계 관찰하기
	물질의 변화	• 사과가 갈색으로 변하는 이유 • 얼음의 변화 관찰하기	
지구 자연 현상 우주		• 풍향계 만들기 • 구름 모양 관찰하기 • 낮에 볼 수 있는 것, 밤에 볼 수 있는 것	• 지진이 일어나면 • 색과 열의 흡수 • 날씨에 맞춰 옷을 입어보아요
환경		• 공기 속의 먼지 관찰하기 • 산성비 관찰하기	• 빗물 관찰하기 • 곰팡이 관찰하기

① 활동의 예: 씨앗 관찰하기

• TIP • **씨앗 관찰하기**

▶ 활동 준비물: 다양한 종류의 씨앗, 샬레 혹은 납작한 그릇, 솜(탈지면), 물

▶ 활동 준비

미리 과학 영역에 여러 종류의 씨앗을 분류하여 내어두어 유아가 자유롭게 관찰할 수 있도록 한다. 씨앗의 옆에는 어떤 식물의 씨앗인지 사진 및 그림과 식물 이름을 함께 제공한다.

▶ 활동 방법

① 유아 개별 또는 소집단으로 각자 선택한 씨앗의 모양을 탐색하고, 어떤 식물의 씨앗인지 알아본다.
  – 씨앗의 모양이 어떠니? 어떤 식물의 씨앗인지 알고 있니?

② 씨앗이 자라기 위해서는 무엇이 필요할지 이야기 나눈다.
  – 이 씨앗에서 싹이 틀 수 있을까? 싹이 나오려면 어떤 것이 필요할까?

③ 각 유아가 씨앗이 자라기 위해 필요하다고 생각한 것 대로 씨앗을 키워 보도록 한다.

④ 투명한 접시나 샬레에 각 유아가 생각한 조건이 갖춰지도록 한다.

⑤ 변화가 생기면 각자 글이나 그림으로 기록하도록 격려한다.

⑥ 관심 있는 또래 또는 전체 유아에게 기록한 것을 발표할 기회를 줄 수 있다.

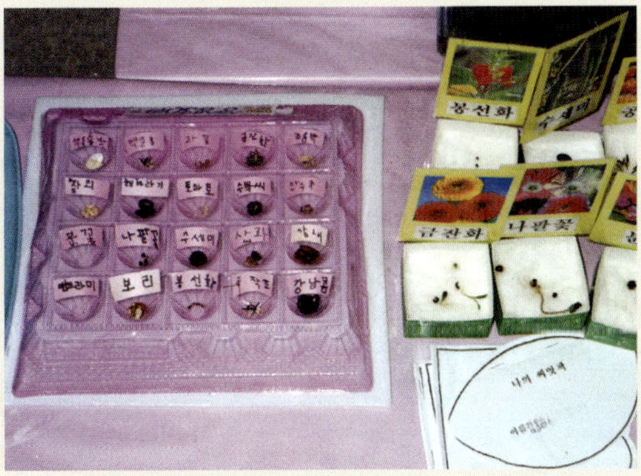

각종 꽃의 씨앗을 관찰할 수 있도록 준비한 과학 영역

② 사실에 대한 이해(관찰)와 관련된 활동 진행의 유의점

- ◇ 교사는 많은 유아가 적극적으로 참여할 수 있도록 지속적으로 관심을 갖고 관찰하며 칭찬하고 격려해 준다.
- ◇ 교사는 다양한 질문을 통하여 유아가 관찰 대상을 자세하게 관찰할 수 있도록 돕는다.
- ◇ 식물의 생장을 관찰할 때는 시일이 걸리므로 유아가 관심과 흥미를 유지할 수 있도록 계획하기 시간이나 귀가 시간에 변화를 소개하는 활동을 할 수 있다.
- ◇ 그림이나 글로 표현할 수 있는 관찰 기록지를 준비하여 관찰 후에 유아가 관찰한 내용을 직접 그리거나 기록해 보게 한다.

맨드라미 표본 위에 관찰한 내용을 기록한 예

2 비교하기와 분류하기

비교하기와 분류하기는 논리 · 수학적 지식에 포함된 수학적 개념과 관련이 있다. 유아는 특정한 준거를 가지고 사물을 분류하는 활동을 통해 사물의 특성에 대해 파악할 수 있고, 같은 정보라도 다양한 방법으로 분류할 수 있음을 깨닫게 된다. 비교/분류하기는 원인과 결과 알아보기(실험)와 관련된 활동 중 물체와 물질의 속성과 관련된 활동이 많다.

표 4-27 유아기에 적합한 비교/분류하기 활동의 예

구분	내용
나의 몸	• 나와 친구의 같은 점과 다른 점을 찾아 보기
생물	• 봄/여름/가을/겨울에 볼 수 있는 동물/곤충/식물 찾기 • 살아있는 것과 살아있지 않은 것
물체와 물질	• 물을 잘 흡수하는 것과 흡수하지 않는 것 • 자석에 붙는 것과 붙지 않는 것 • 빛을 통과하는 것과 통과하지 않는 것 • 무엇이 더 무거울까 • 구르는 것과 구르지 않는 것
환경	• 재활용할 수 있는 것과 할 수 없는 것

① 활동의 예: 구르는 것과 구르지 않는 것

• TIP • **구르는 것과 구르지 않는 것**

▶ **활동 준비물**
- 유아가 선택해 온 구르는 물체(예 장난감 차, 공, 둥근 적목, 색연필 등)
- 유아가 선택해 온 구르지 않는 물체(예 각진 적목, 책, 가위 등)
- 유아가 만든 장비(예 비탈진 경사로를 만들 수 있는 자료)

▶ **활동 방법**
① 유아가 준비한 다양한 물체에 대해 왜 그렇게 생각했는지 이야기를 나눈다
  – 왜 구를 것이라고 생각하니? 또는 왜 구르지 않을 것이라고 생각하니?
② 유아가 선택한 물체들이 실제로 구르는지 혹은 구르지 않는지 알아볼 수 있는 방법을 의논한다.
③ 유아가 생각해 낸 방법(예 물체를 경사로에 굴려보기) 대로 실험해 본다.
④ 왜 어떤 물체는 구르고, 어떤 물체는 구르지 않는지 이야기 나눈다.

② 분류하기와 관련된 활동 진행의 유의점

◇ 교사는 분류하기 활동에 사용할 사물을 유아가 충분히 탐색할 수 있는 시간을 제공한다.

◇ 분류의 준거는 단순하고 유아가 그 특징을 즉시 파악할 수 있는 쉬운 것에서부터 시작하고 점차 다양한 준거를 제시하도록 한다.

◇ 처음 분류 활동을 할 때는 한 가지의 준거만 제시하지만, 유아의 발달 수준에 따라 점차 두 가지 이상의 준거를 제시할 수 있다.

◇ 분류를 할 때 초기에는 교사가 준거를 제시하며, 유아가 분류하기 활동을 충분히 이해하고 익숙해지면 유아가 스스로 준거를 찾아 활동할 수 있다.

3 원인과 결과 알아보기(실험)

유아는 자신을 둘러싼 환경과 사물에 대해 가진 호기심을 충족하기 위하여 나름대로의 실험을 한다. 예를 들어 비 온 후에 생긴 물줄기를 돌이나 흙으로 막아보는 것도 실험이 될 수 있다. 실험은 유아가 가진 의문점을 해결하기 위해 유아가 가설을 설정하고, 결과를 예측하고, 이를 검증하는 과정을 통해 주변 세계에 대한 이해를 넓혀가는 활동이다. 실험할 때는 유아가 관심을 가지고 스스로 문제를 해결할 수 있도록 흥미 있는 자료를 제공하고 다양한 생각을 서로 나눌 수 있는 분위기를 만들어 준다.

표 4-28 유아기에 적합한 실험 활동의 예

구분		내용
나의 몸		• 맛보기 • 눈 감고 소리 알아맞히기 • 코를 막고 음식 먹어보기 • 부드러운 느낌, 거친 느낌 • 뜨거울까 차가울까 • 머리카락의 힘
생물		• 색소를 탄 물에 담근 꽃
물체와 물질	물체와 물질의 속성	• 물을 잘 흡수하는 것과 흡수하지 않는 것 • 자석에 붙는 것과 붙지 않는 것 • 도르래 실험 • 빛을 통과하는 것과 통과하지 않는 것 • 무엇이 더 무거울까
	물질의 변화	• 열전도 실험 • 정전기로 붙여보기 • 재미있는 얼굴로 변했어요(물의 흡수로 인한 번짐) • 치자로 물들이기 • 물에 넣고 섞으면 어떻게 될까? • 색의 혼합
지구 자연 현상 우주		• 화석은 어떻게 만들어질까? • 무지개 만들기

① 활동의 예: 어떤 흙이 가장 좋을까?

• TIP •　어떤 흙이 가장 좋을까?

▶ 활동 준비물: 큰 크기의 투명한 플라스틱 컵 3개, 다양한 흙(예 화분 흙, 모래, 학교 운동장의 흙), 물, 큰 콩

▶ 활동 방법

① 준비한 흙을 탐색하고 관찰하면서 각 흙의 특성을 알아본다.
- 이 흙을 본 적 있니? 만져보니까 느낌이 어때?

② 어떤 흙에서 콩이 싹을 빨리 틔울지, 어떤 흙에서 콩의 싹이 나지 않을지 등을 예측해 본다.
- 어떤 흙에서 콩의 싹이 돋아날까? 왜 그렇게 생각했니?
- 모래/운동장 흙에 넣은 콩은 어떻게 될까?

③ 각각의 컵에서 일어날 일을 예측하여 기록지에 기록한다.

④ 컵을 흙에 담고 콩을 심는다.

⑤ 씨앗이 자랄 수 있도록 물을 주고 일정한 기간 동안 기다린다.

⑥ 결과를 기록한다.

② 원인과 결과 알아보기(실험)와 관련된 활동 진행의 유의점

◇ 유아의 발달 수준 및 연령에 적합한 활동을 계획한다.

◇ 예측(가설)을 검증할 수 있는 탐색 활동을 계획한다. 유아가 흥미를 느끼지 못하는 실험을 일방적으로 선택하기보다는 유아가 의문을 갖고 있는 문제를 해결해 줄 수 있는 실험을 계획해야 한다.

◇ 유아와 함께 실험을 계획한다. 유아가 실험 계획부터 직접 참여할 때 실험의 모든 과정에 관심을 가지고 적극적으로 참여하게 된다.

◇ 가능하다면 유아 스스로 조사하도록 허용해야 한다. 이를 위해 교사는 소집단 활동으로 계획하고 유아가 서로 의사소통하면서 실험을 진행할 수 있는 분위기를 조성한다.

◇ 실험은 간단한 몇 개의 과정으로 이루어지는 것이 바람직하다. 너무 복잡한 실험 과정은 유아가 실험에 대한 흥미를 잃게 하고 원인과 결과에 대한 추론도 할 수 없게 한다.

◇ 교사는 적절한 질문을 한다. 교사의 질문은 유아의 활동 진행 과정에 따라 다양하게 변화되며 유아의 실험을 원활하게 한다.

◇ 실험을 한 이후에는 유아의 수준에 맞는 방법으로 기록해 보게 한다. 기록은 실험의 과정을 유아 스스로 확인하고 평가하기 위한 과정에 도움이 되지만 준비되지 않은 수준의 유아에게 강요할 필요는 없다. 유아의 수준에 맞게 그림, 사진, 글씨 등으로 기록하고 기록지도 개별 책자, 학급 전체를 위한 기록지, 낱장식 기록지 등 적절하게 선택하여 사용한다.

◇ 실험이 끝난 후에도 과학 영역에 실험에 사용한 자료들을 비치하여 유아가 자유롭게 실험할 수 있게 한다.

◇ 너무 위험한 활동, 유아가 다루기 힘든 도구가 필요한 활동, 이벤트성 실험 활동은 피한다. 다음은 유아교육기관에서 피해야 할 과학 실험 활동의 예이다.

> **위험한 재료를 사용하는 활동:** 락스나 산, 가스 등을 사용하는 활동은 신체에 위험을 초래할 수 있다.

> **유아가 다루기 힘든 도구가 필요한 활동:** 정확한 양을 재어 실험해야 하는 활동, 알코올램프 등을 사용하는 활동은 유아기 발달에 적합하지 못하다.

> **이벤트성 활동**: 물 로켓이나 화산 폭발 등의 활동은 유아가 과학적 개념을 이해할 수 없고 단지 재미와 신기함만을 제공한다.

> **유아에게 잘못된 이해를 심어줄 수 있는 활동**: 거름종이, 숯, 모래 등을 이용하여 물 정화하기와 같은 활동은 눈에는 보이지 않으나 세균이 그대로 남아있는데 유아는 깨끗하다고 인식할 수 있다.

> **생명 윤리에 어긋난 활동**: 오염된 물에서 금붕어가 얼마나 사는지 알아보는 실험은 실험을 위해 생물을 죽이게 되므로 유아에게 잘못된 윤리의식을 심어줄 수 있다.

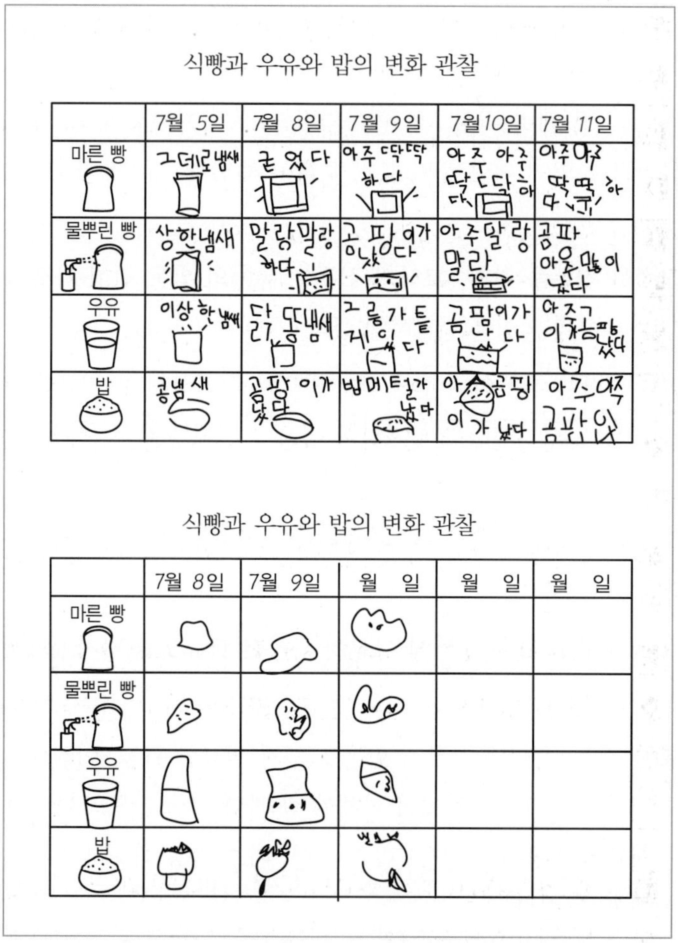

| 실험 결과를 유아의 연령에 맞게 기록한 예: 음식의 부패 과정 |

8) 요리 활동

(1) 요리 활동의 목표

- 요리 활동을 통해 유아는 눈으로 재료를 보고, 냄새를 맡고, 맛을 보고, 만져보면서 다양한 감각이 발달한다. 다양한 조리 기구를 활용함으로써 대 · 소근육의 발달과 눈과 손의 협응력을 기를 수 있으며, 다양한 재료가 가지고 있는 영양에 대해 알아봄으로써 음식을 골고루 먹어야 몸이 튼튼해진다는 것을 알 수 있다.
- 유아는 다양한 재료를 탐색하면서 재료의 개수를 세어보고, 모양 · 크기 · 양 등을 비교해 보거나 시간 · 온도 · 부피 · 무게의 변화를 탐색하며 과학 및 수학적 기초 개념을 익힐 수 있다.
- 유아는 재료의 이름을 알아보고 요리하는 과정에서 또래 및 교사와 상호작용함으로써 요리와 관련된 다양한 어휘를 습득할 수 있다. 예를 들어 재료 이름을 알아보고 재료를 탐색하면서 냄새, 촉감, 모양을 언어로 표현하며, 재료의 변화 과정을 보면서 어떻게 변하는지, 어떻게 느끼는지를 언어로 표현할 수 있다.
- 요리 활동은 혼자서 하는 활동이 아니라 주로 소집단으로 하게 된다. 요리하는 가운데 다른 유아가 하는 것을 지켜보고 도움을 줄 수 있으며, 재료의 변화에 대해 서로의 의견을 나누는 등 다양한 상호작용을 할 수 있다. 요리를 만든 뒤 다른 사람을 대접하는 경험을 통해 다른 사람을 배려하는 마음을 가질 수 있다.
- 유아는 어른만 할 수 있다고 생각했던 요리 활동을 스스로 성공적으로 완성하는 경험을 통해 자신감과 성취감을 가질 수 있다.

(2) 요리 활동의 유형

요리 활동을 처음 접하는 유아가 많고 학기 초인 경우는 칼을 사용하거나 불을 이용하여 조리하는 활동보다는 특별한 도구 없이도 간단하게 만들 수 있는 활동을 계획하는 것이 바람직하며, 이후 유아가 익숙해지고 요리 시 주의할 점에 대해서도 숙지하게 되면 점차 다양한 조리 도구를 활용한 요리를 할 수 있다.

다음은 요리의 주재료를 기준으로 하여 분류한 요리 활동의 종류이다. 다음에 제시한 활동을 모두 다 하는 것은 아니며 유아교육기관의 특성에 따라 선택하여 활동할 수 있고, 기관의 특성이나 지역적 특성을 고려하여 다른 요리 활동을 할 수도 있다.

표 4-29 요리의 주재료별 요리 활동

요리의 주재료	요리 활동
과일	• 과일 · 채소 샐러드 • 과일 화채 • 과일 주스 • 잼 만들기
채소	• 감자 샐러드 • 고구마 경단 • 영양 꼬치 • 채소전(예 호박전) • 호박죽, 팥죽 • 김치
곡류	• 삼색 주먹밥 • 다식 • 팝콘 • 송편 • 떡볶이
계란	• 계란 · 햄 · 치즈 토스트 • 메추리알 꼬치 • 삶은 계란 • 계란찜 • 스크램블드에그
밀가루	• 식빵 꾸미기 • 샌드위치 • 핫케이크 • 피자 토스트 • 삼색 수제비 • 쿠키
물과 얼음	• 얼음과자 • 여러 가지 차(예 유자차 등) • 팥빙수
우유	• 코코아 우유 • 바나나 우유 • 딸기 셰이크 • 생크림 셰이크
기타	• 솜사탕 • 젤리

(3) 요리 활동의 운영

요리 활동은 유아가 매우 좋아하는 활동이나 자칫하면 소란스러워지거나 조리기구로 인해 안전상의 문제가 생길 수 있다. 교사는 유아가 차분한 상태에서 요리 활동에 집중하여 계획한 교육 목표를 달성할 수 있도록 준비 단계부터 잘 계획하여야 한다.

1 계획: 환경 구성 및 도구 준비

요리 활동 영역은 항상 설치하는 것이 아니라 요리를 할 때만 설치한다. 요리 활동은 주로 실내 놀이 시간에 소집단으로 나누어 교실의 한쪽에서 이루어지게 되므로 6~8명의 유아가 앉을 수 있는 크기의 영역에 요리에 필요한 재료와 도구를 준비한다.

◇ 요리에 일반적으로 필요한 도구

◇ 요리용 앞치마, 책상보, 행주, 면장갑(열기구를 다룰 시)

◇ 요리 순서도(필요할 때만)

◇ 요리의 특성에 따라 필요한 도구

◇ 열기구: 전기밥솥, 간이 가스레인지, 전기 프라이팬, 전자레인지, 오븐

◇ 조리 기구: 칼(플라스틱 칼), 도마, 계량컵, 계량스푼, 거품기, 밀대, 모양틀, 믹서, 즙 짜는 기구, 프라이팬, 뚜껑이 투명한 냄비, 제빙기, 저울, 시계, 뒤집개, 국자 등

2 진행

① 도입

◇ 교사는 요리 순서도를 전날 귀가 전 평가 시간이나 당일의 계획하기 시간에 소개하거나 등원 시간에 융판에 붙여주어 유아가 그날의 요리 활동에 대해 예측할 수 있게 한다.

◇ 요리를 할 수 있는 장소를 선택한다. 요리할 장소는 놀이를 하고 있는 유아에게 방해가 되지 않고 위험하지 않도록 교실의 중앙보다는 구석에 배치하는 것이 좋은데, 물과 전기의 연결이 용이한 곳에 소집단의 유아가 앉을 수 있는 책상을 배치한다.

◇ 유아를 소집단으로 나누어 구성한다. 요리는 대부분의 유아가 먼저 참여하고 싶어 하므로 집단 구성표를 만들어 유아 간의 혼란이 없도록 한다. 3세 이하의 경우에는 먼저 할 집단과 나중에 할 집단을 교사가 계획할 수 있다. 예를 들어 아침 식사를 거르고 오거나 일찍 등원하는 유아는 먼저 요리를 할 수 있도록 배려할 수 있다. 4~5세의 경우는 학기 초에는 교사가 계획할 수 있으나 요리에 익숙해질수록 유아가 스스로 원하는 순서에 요리를 할 수 있도록 순서표를 만들어 줄 수 있다. 다음은 요리 활동 순서표의 예이다.

표 4-30 요리할 순서를 스스로 정해 기록하게 하는 표

요리 순서 / 인원수	1	2	3
1	김은경		
2	이혜림		
3			
4			
5			
6			
7			
8			

◇ 요리 재료를 준비한다. 재료를 준비할 때는 유아의 수준에서 조리할 수 있을 정도로 준비해야 한다. 예를 들어 유아가 자르기에 너무 딱딱한 당근 등은 미리 얇게 썰어둔다.

◇ 요리에 필요한 재료와 도구를 배치한다. 예를 들어 도마는 각 유아별로 제공하고 재료는 유아가 자리에 앉아서 충분히 손이 닿을 수 있게 배치해야 한다. 칼이나 특별한 조리 기구가 필요한 경우에는 유아와 재료 탐색, 요리 순서를 모두 알아본 다음 나누어 줄 수도 있다.

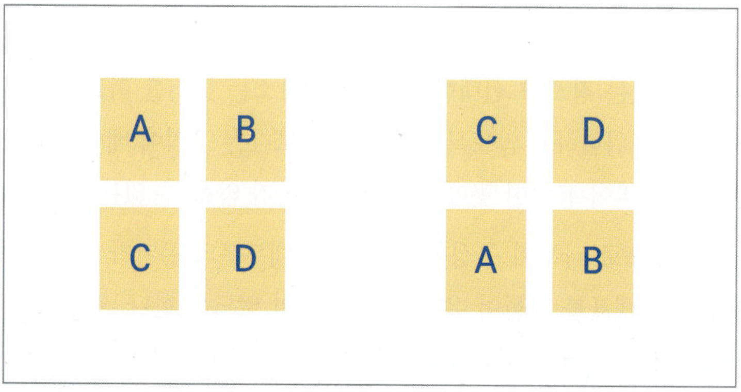

| 모든 자리에서 재료를 쉽게 가져갈 수 있도록 배치한 예: 같은 알파벳은 같은 재료임 |

◇ 요리 순서도를 융판에 붙여 요리를 하는 유아가 잘 볼 수 있는 곳에 배치한다.

◇ 요리한 그 자리에서 음식을 먹을 수 없으므로 완성한 요리를 먹을 수 있는 책상을 준비한다.

| 교사가 제작한 요리 순서도

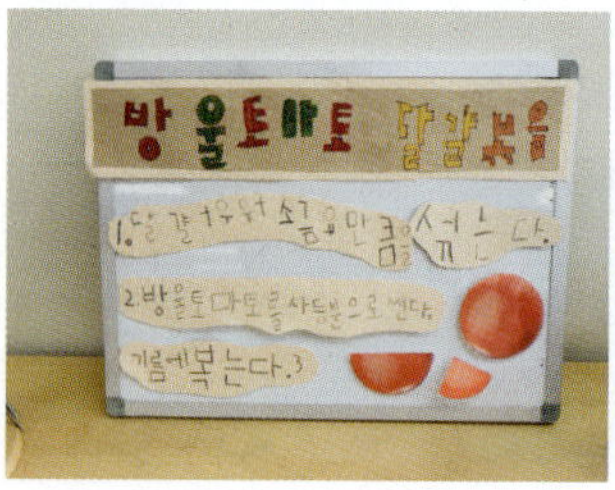

| 유아가 만든 요리 순서도

| 태블릿PC로 보는 요리 순서도(동영상)

| 소집단으로 텃밭에서 기른 방울토마토로 요리하는 활동

② 전개

◇ 요리할 순서가 되면 작업복(앞치마)을 입고 손을 씻고 오게 한다.

◇ 어떤 재료들이 준비되어 있나 살펴본다.

> 무슨 재료가 있니? 본 적 있니? 한 번 만져볼까? 냄새는 어때?

◇ 준비물로 어떤 요리를 만들 수 있을지 예측해 본다.

◇ 요리 순서도를 보면서 요리의 진행 과정을 살펴본다. 이해가 어려운 부분이 있거나 질문이 있으면 답해 주거나 설명해 준다.

◇ 순서도에 따라 요리 활동을 진행한다. 활동이 진행되면서 나타나는 재료의 물리적 · 화학적 변화에 대해 살펴보고 함께 이야기를 나눌 수 있다.

③ 마무리

◇ 요리 활동이 끝나면 다음에 요리를 할 유아를 위해 자신이 활동한 책상 주변을 정리하고 요리한 음식을 준비된 책상으로 옮겨 먹는다.

◇ 때에 따라서는 음식을 좀 더 만들어서 유아교육기관의 다른 식구들(원장, 원감, 행정실 선생님, 다른 반 선생님, 조리사 등)께 대접해 드리는 경험을 갖게 한다.

(4) 요리 활동 진행의 유의점

◇ 모든 유아가 요리에 항상 참여해야 하는 것은 아니다. 간단한 요리(예 과자 사이에 잼을 바르거나 치즈나 햄을 넣는 요리)는 원하는 유아가 여러 개 만들어 그날 요리하지 않기로 결정한 유아가 먹게 할 수도 있다.

◇ 요리 활동은 유아의 연령에 따라, 발달 수준에 따라, 요리 활동의 경험 유무에 따라 단순한 조리 활동에서 시작하여 다소 복잡하고 불이나 칼을 사용하는 요리로 진행한다. 예를 들어 처음에는 식빵 꾸미기, 햄 · 치즈 샌드위치와 같이 별다른 도구 없이도 할 수 있는 요리를 하고 점차 익숙해지면 감자 찌기, 팝콘 튀기기, 피자 토스트와 같은 요리를 한다.

◇ 요리 활동은 교사가 요리하는 것을 유아가 관찰하는 것이 아니라 교사의 도움을 받아 유아가 적극적으로 참여하는 활동이 되어야 한다. 그러므로 너무 어렵거나, 요리 방법이 복잡하거나, 위험한 요리는 피하는 것이 좋다.

◇ 유아가 좋아하는 음식뿐 아니라 유아가 골고루 영양소를 섭취할 수 있는 요리 활동을 계획하는 것이 좋다. 예를 들어 토마토를 포함한 여러 채소는 유아가 먹기 싫어하는 음식 중 하나이지만 유아의 균형 잡힌 영양을 위해 채소가 들어간 요리를 하며, 유아가 먹기 좋게 갈거나 잘게 자르는 방법을 이용하여 유아가 잘 먹을 수 있도록 돕는다.

◇ 요리 활동은 학기 초보다는 학기 말로 갈수록 자주 계획한다. 학기 초에는 각 흥미 영역에 대한 탐색이나 기관에의 적응이 덜 이루어진 상태이므로 유아가 기관의 생활에 충분히 적응한 뒤에 요리 활동을 시작하는 것이 좋다.

◇ 요리 활동을 대집단 활동으로 하게 되면 진행이나 안전상의 어려움이 따를 수 있으므로 반드시 소집단으로 나누어 진행한다.

◇ 요리 활동에 소요되는 시간에 대한 충분한 사전 검토와 계획이 있어야 한다. 너무 빠듯하게 시간을 잡아 유아가 활동에 제대로 참여할 수 없다면 요리 활동의 교육 목표가 성취되기 어렵다.

◇ 요리 활동의 순서도는 그림 위주로 만들어져야 하고 '썬다, 볶는다' 등으로 간단한 조리 방법만 글씨를 사용하는 것이 좋다. 어린 연령의 유아인 경우에는 요리 순서도를 사용하지 않는데 이는 요리 순서도를 이해하기 힘들 뿐 아니라 요리 순서도가 필요한 정도의 어려운 요리를 하지 않기 때문이다. 연령이 높은 유아의 경우에는 요리 순서도를 유아가 직접 만들 수도 있다.

◇ 정해진 순서나 재료를 반드시 따라야 하는 것이 아니라면 요리 활동 순서도에 유아가 선택할 수 있는 기회를 제공하여 요리가 개인의 취향에 따라 완성되는 경험을

하게 한다. 예를 들면 나만의 과일 화채를 만들기 위해 내가 좋아하는 과일(예 준비된 5가지 재료 중 3개 선택)과 음료(예 사이다 또는 주스)를 선택할 수 있다.

유아가 원하는 재료만 올린 까나페 요리

유아가 원하는 과일의 종류와 양을 스스로 정해 만든 과일 화채

- 교사는 요리를 하는 유아를 보면서도 교실에서 놀이하는 전체 유아를 다 볼 수 있는 위치에서 진행해야 한다. 요리에 집중하다 보면 다른 유아를 도와주어야 할 때 대처하기 어려우므로 요리를 하면서도 중간중간 전체 유아를 살펴보아야 한다.
- 청결과 안전에 주의한다. 준비된 재료는 신선한 것이어야 하며, 유아도 요리 전에 앞치마를 입고 손을 깨끗이 씻도록 한다. 요리에 쓰일 그릇은 깨지기 쉬운 유리 그릇보다 플라스틱 그릇이 적합하며, 칼을 사용할 경우에는 플라스틱 칼을 사용하는 것이 바람직하다.
- 불을 사용할 때는 유아가 불 가까이 얼굴을 대지 않도록 미리 이야기하고, 직접 불을 사용하기보다는 전기 프라이팬 등을 이용할 수도 있다. 숟가락이나 뒤집개 등도 열전도율이 낮은 나무 재질을 사용하는 것이 좋다.
- 요리를 시작하기 전에 반드시 안전에 대한 오리엔테이션을 실시하여 유아가 다치는 일이 발생하지 않도록 한다. 예를 들어 '요리를 하면서 일어서지 않는다', '불 가까이 얼굴을 대지 않는다', '칼을 가지고 장난하지 않는다' 같은 유의 사항을 유아가 반드시 숙지할 수 있도록 지도한다.
- 요리는 유아의 건강과 영양에 관계되므로 요리 활동 전에 미리 부모를 통하여 유아의 알레르기나 질병 등에 대해 알아두어야 한다.

◇ 요리하는 과정이 교사의 지도가 필요한 경우가 많아 유아를 지원하기 어려울 수 있으므로, 직접 요리하지 않더라도 놀이와 연계된 요리를 간접적으로 경험해 보게 할 수도 있다.

| 역할놀이와 연계하여 요리 활동 간접적으로 경험해 보기

9) 현장학습

현장학습은 견학이라고도 불리는 활동으로 유아교육기관에서 직접 경험할 수 없는 정보를 직접 경험을 통해 얻게 함으로써 유아의 이해를 촉진, 강화, 확장시켜주는 매우 효과적인 학습 활동이다.

(1) 현장학습의 목표

◇ 유아는 다양한 장소를 현장학습하는 경험을 통해 직접 몸을 움직이고 때에 따라 직접 사물을 조작하기 때문에 대 · 소근육의 발달과 눈과 손의 협응력 등을 기를 수 있다.

◇ 유아는 특별한 장소를 직접 방문함으로써 자신을 둘러싼 주변 세계를 보다 잘 이해할 수 있게 된다. 현장학습의 주된 목적은 어떻게, 왜, 무엇이, 어디에서라는 의문점에 답을 찾기 위함인데, 현장학습은 새로운 관점에서 사물을 관찰할 기회를 주므로 통찰력을 높이고 의문에 대한 답을 스스로 찾는 데 도움을 준다. 현장학습을 통해 학습에 대한 유아의 흥미를 유발시켜 교실에서의 학습을 강화하고 확장시킬 수 있다. 유아는 현장학습을 하는 과정에서 관찰, 분류, 조사, 기록, 비교, 표상하기 등의 분석 능력을 발달시킬 수 있다.

- 유아는 현장학습 장소에서 보는 다양한 사물과 사람들과 관련된 새로운 어휘를 습득하고 궁금한 점을 질문하거나 또래와 상호작용하면서 다른 사람의 말을 바르게 듣는 태도와 바르게 말하는 태도를 가지게 된다.
- 유아를 둘러싼 지역사회의 여러 장소를 직접 방문하고 눈으로 확인하면서 유아는 사회 현상을 바르게 이해하고 사회 구성원으로 살아가는 데 필요한 지식과 가치를 습득한다.

(2) 현장학습의 운영

1 계획

- 먼저 현장학습의 여부를 결정한다. 부모들이 현장학습 가는 것을 선호해서 가능하면 가는 것으로 결정해서는 안 된다. 현장학습이 현재 진행되는 주제 또는 놀이 주제와 적합한지, 현장학습을 하는 것이 교육 목표를 달성하는 데 최선의 방법인지, 유아의 발달상 현장학습을 통해 학습하는 것이 효율적인지 등을 고려하여 결정한다.
- 현장학습을 통하여 유아가 무엇을 보고 학습하여 실행할 수 있는지를 생각한다. 시청각 교재를 통해서도 충분히 교육적 효과가 높다면 그것으로 대체할 수 있다. 즉, 유아에게 자기 발견의 기회와 최선의 학습을 부여하는 가장 좋은 방법이 현장학습이라고 생각되었을 때 현장학습을 계획한다.
- 현장학습이 결정되었으면 계획된 장소까지 안전하게 갈 수 있는지, 소요 시간이 적절한지, 어떤 교통편을 이용하여 갈 것인지를 고려한다. 예를 들어 기관 근처의 공원 등으로 산책하러 갈 경우에는 유아가 도로를 건너야 하는지, 안전하게 갈 수 있는 경로는 어디인지, 공원에서 어느 정도의 시간을 보낼 것인지를 결정한다. 미술관이나 박물관 등 기관에서 멀리 떨어진 곳으로 현장학습을 간다면 유아가 차를 타는 시간은 어느 정도인지, 차량을 이용할 경우에는 어떤 차량을 이용할지 등을 고려하여 계획한다.
- 기관 근처의 공원이나 동산 등으로 현장학습을 가고자 할 때에는 공문이 필요 없으나 소방서, 동사무소 등의 관공서나 여러 사람이 이용하는 박물관이나 미술관, 동물원 등은 공문을 보내 허락을 받아야 하는 경우가 있다.

◇ 현장학습이 결정되면 교사는 미리 답사를 가서 동선, 화장실의 위치, 현장학습하는 데 걸리는 시간, 중점적으로 현장학습할 곳 등을 결정한다. 예를 들어 국립서울과학관과 같이 여러 개의 전시실이 있고, 각각의 전시실에서 다양한 전시가 이루어지고 있는 곳은 교사가 반드시 사전 조사를 하여 유아들에게 꼭 필요한 전시실만 둘러볼 수 있도록 한다.

◇ 현장학습 시 유아에게 설명과 안내를 해줄 사람이 있는지 알아본다. 교사가 전문적인 내용을 다 알 수는 없으므로 현장학습 시설의 안내자가 설명해 주는 것이 바람직할 수 있다. 그러나 유아가 이해하기 어려운 내용이나 언어를 사용할 경우에는 오히려 유아의 학습에 도움이 되지 않으므로 사전에 어떤 내용을 설명할지 알아보고 유아가 이해하기 쉬운 수준으로 설명해 줄 것을 부탁한다.

◇ 현장학습의 장소, 일시, 목적, 내용, 유아교육기관 도착 시간, 교통편, 현장학습 비용 등을 가정에 안내한다.

◇ 현장학습은 유아교육기관을 떠나 학급별, 또는 연령별로 이루어지기 때문에 유아의 안전에 신경을 써야 한다. 현장학습 시 도움을 줄 사람(부모 또는 주변 자원봉사자)을 섭외하는 것이 좋다.

◇ 현장학습에 필요한 물품을 준비한다. 비상연락망과 비상약품, 확성기, 카메라, 수첩, 물 등을 꼼꼼히 챙긴다.

◇ 비가 와서 현장학습을 가지 못할 경우를 대비하여 다른 일과 계획을 준비해 둔다.

• TIP • **현장학습 동의서의 예**

부모님께

안녕하십니까?

본 유치원에서는 어린이들의 '우리 이웃'에 대한 학습 활동의 일환으로 다음과 같이 현장학습을 가고자 합니다.

- **일시:** 2○○○년 ○월 ○일
- **출발 시간:** 오전 10시
- **도착 예정 시간:** 오전 11시
- **장소:** 알뜰 수퍼마켓(○○동 소재)
- **특기 사항(현장학습에 필요한 물건들):** 이름표, 간편한 복장, 약간의 비상금

귀댁 자녀를 견학에 참여시킬 것인지의 여부를 아래 현장학습 동의서에 표를 하신 후 ○월 ○일까지 유아 편으로 교사에게 보내주시기 바랍니다.

2○○○년 ○월 ○일

○○원장 ○○○

현 장 학 습 동 의 서

__________ 반 유아 이름 __________

수퍼마켓 현장학습에

(　　　　　　) 동의합니다.

(　　　　　　) 동의하지 않습니다.

년 월 일

○○○의 부모 ○○○ ㉙

2 진행

① 도입

유아와 함께 현장학습을 통해 무엇을 학습할지 결정하는데, 현장학습 활동뿐만 아니라 현장학습 전과 후의 활동도 함께 계획한다. 현장학습 전에는 유아가 현장학습의 목적(예 왜 가는지, 무엇을 보고 싶거나 알고 싶은지)을 이해하도록 한다. 현장학습 후에는 현장학습과 관련된 그림, 음률, 문학, 시청각 자료, 극화놀이나 현장학습과 관련된 토의 등으로 유아가 경험한 것을 확장시킨다.

예를 들어 근처 공원으로 현장학습을 갈 때는 사전 활동으로 근처 공원이 생기게 된 배경, 공원의 이름은 무엇인지, 공원에 가면 무엇을 보고 무엇을 할 수 있을지를 함께 이야기 나누어 볼 수 있다. 공원에 다녀오고 난 다음에는 사후 활동으로 공원에서 본 것, 공원에서 한 일, 공원에 무엇이 있으면 좋을지 등에 대해 다양한 방법으로 표현해 볼 수 있는 기회를 가진다. 또한 동물원으로 현장학습을 갈 경우는 사전 활동으로 동물원에서 볼 수 있는 동물은 무엇인지, 동물을 보거나 먹이를 줄 때 주의해야 할 점은 무엇인지에 대해 알아보고, 좋아하는 동물 그래프를 만들어 볼 수도 있다. 동물원 현장학습 후에는 가장 인상 깊었던 동물이나 활동을 그림이나 글로 표현해 보고 동물원에서 본 동물과 관련된 동화나 동극 활동을 할 수도 있다. 이렇듯 어떤 장소를 현장학습 하는지에 따라 사전 활동과 사후 활동이 다양하게 나타날 수 있으므로 교사는 현장학습을 통해 유아가 얻을 수 있는 경험이 유아의 발달에 도움이 될 수 있도록 다양한 사전 · 사후 활동을 계획한다.

② 전개

◇ 현장학습 전에도 미리 알아보지만 당일에도 현장학습에 대해 간단히 이야기 나눈다. 어디로, 무엇을 보러, 어떻게 가는지와 주의해야 할 점 등에 대해 이야기를 나눈다. 유아교육기관에서의 생활과 유아교육기관을 벗어난 유아의 움직임은 많은 차이가 있으므로 현장학습을 가서 지켜야 할 점에 대해 약속을 한다.

> 반드시 교사나 안내자의 지시에 따르도록 한다.

> 허락 없이 집단에서 이탈하지 않으며, 화장실을 갈 때도 교사에게 허락을 구한 후 가도록 한다.

> 물건을 함부로 만지는 등 현장학습 시설에 피해가 가는 행동을 하지 않는다.

> 위험한 행동을 하지 않는다.

◇ 이야기를 마치면 화장실을 다녀온 후 실외의 약속한 장소에서 만난다. 수시로 인원수를 확인하는데, 특히 흩어졌다 모일 때는 반드시 인원수를 점검한다.

◇ 담임교사는 앞에 서서 안내하고 보조교사는 맨 뒤에 서서 유아들을 점검하고 위험으로부터 방지하고 보호하는 역할을 한다. 만약 보조교사가 없는 경우에는 같은 연령의 다른 학급 교사와 앞, 중간, 뒤를 나누어 유아들을 살핀다.

◇ 현장학습 장소를 돌 때 화장실이 멀리 떨어져 있을 수 있으므로 교사는 화장실이 있는 곳에서 유아에게 화장실에 다녀오도록 이야기하고, 다녀온 후에는 다시 인원수를 점검한다.

◇ 현장학습을 마치면 차량으로 이동하여 승차하고 기관으로 돌아온다.

③ 마무리

◇ 현장학습을 다녀온 뒤 연속적인 경험을 제공하고 유아의 흥미를 유지하기 위해 후속 활동에 필요한 설비와 자료를 마련하여 유아가 경험한 것을 표현할 수 있도록 한다. 현장학습에 대한 평가뿐 아니라 사진을 보면서 회상하기, 인상 깊었던 것 그리기 등과 같은 활동을 할 수 있다.

◇ 현장학습 전의 준비 사항에서 계획한 사후 활동이 아니더라도 유아가 현장학습을 다녀온 뒤 흥미나 관심을 표현하는 것이 있다면 교사는 이를 활동에 반영한다. 예를 들어 동물원을 현장학습하고 난 후 교사가 계획한 사후 활동이 내가 좋아하는 동물 그래프 만들기나 동물과 관련된 동화 · 동극하기였는데, 유아가 동물의 종류나 멸종 위기에 처한 동물에 더 많은 관심을 보인다면 이러한 내용을 보다 깊이 알 수 있는 사후 활동을 실행한다.

표 4-31 현장학습을 통한 도입-전개-마무리의 예

구분	공원	동물원
도입	• 동네 근처 혹은 가족과 가 보았던 공원에 대해 이야기를 나누면서 공원에서 보았던 것, 공원에서 살고 있는 동물이나 곤충, 공원에 가는 이유 등에 대해 알아본다. • 교사가 미리 공원을 답사하여 찍어온 사진을 보면서 공원에 어떤 것이 있는지, 이용할 수 있는 시설은 무엇이 있는지 알아본다. • 공원에서 하고 싶은 일, 보고 싶은 것 등에 대해 이야기를 나누고 공원에서 주의해야 할 점을 알아본다.	• 예전에 동물원에 가본 유아의 경험을 서로 나눈다. • 동물원에서 볼 수 있는 동물, 보고 싶은 동물에 대해 이야기 나눈다. • 동물에게 먹이를 주어도 된다면 각 동물에 적합한 먹이를 알아본다. • 교사가 준비한 동물원 답사 사진, 동물원 안내물, 동물원의 배치도 등을 보면서 가능한 코스를 비교하여 정한다. • 동물원에서 볼 수 있는 동물, 유아가 관심 있어 하는 동물에 관한 책을 제공하여 준다.
전개	• 공원에 살고 있는 것을 살펴보거나 채집한다. • 잔디나 호수에서 볼 수 있는 것을 그림으로 그려본다. • 잔디, 돌 위, 흙 길을 걸어보면서 어떤 느낌이 드는지 이야기해 본다. • 공원에 유아가 사용할 수 있는 시설(예 운동 기구)이 있다면 사용하여 본다. • 유아의 모습을 사진 찍는다.	• 동물원에 도착하면 동물원의 이름, 주의할 점, 화장실의 위치 등을 간단히 이야기한다. • 유아와 함께 정한 코스, 혹은 동물원에서 정한 코스 안내도에 따라 견학한다. 유아가 동물의 특징, 사는 모습을 관찰할 수 있도록 돕고, 교사는 각 동물의 특징이 적힌 안내판을 요약하여 읽어 준다. • 견학 후 활동을 위해 동물의 모습을 사진 찍거나 녹음기에 소리를 녹음한다.
마무리	• 유아가 채집한 생물이 있다면 기관으로 가져와 관찰한다. • 유아가 보았던 것을 입체적으로 표현해 본다. • 공원에서 본 것, 느낀 것 등을 회상하면서 동시를 지어볼 수 있다.	• 동물원에서 경험한 일이나 관찰한 동물을 그려본다. • 자신이 찍은 동물 사진을 소개하는 글과 함께 소개한다. • 동물원에서 관찰한 동물의 사진과 녹음된 소리를 들으며 동물원 견학에서 있었던 일을 회상한다. • 블록으로 동물원을 꾸며본다. • 동물과 관련된 동극을 하거나 동물 가면을 만들어 동물 흉내를 내어본다. • 견학에 도움을 주신 분들(자원봉사자, 안내자 등)께 감사의 편지를 써본다.

앞서 언급하였듯이 위의 활동을 모두 다 하는 것은 아니며 유아의 발달 수준과 흥미에 따라 결정한다.

(3) 현장학습 진행의 유의점

◇ 현장학습을 할 장소를 선택할 때는 유아가 갈 만한 장소인지 고려하고 장소에 따라 필요한 물건이 있다면 미리 준비한다. 예를 들어 국립묘지 참배를 할 때에는 꽃을 한 송이씩 들고 가게 해서 헌화하거나 한데 모아 단체로 헌화할 수 있다.

◇ 현장학습을 할 장소는 유아교육기관에서 걸어서 갈 수 있는 가까운 곳부터 차량을 이용해야 하는 먼 곳까지 다양하지만 유아교육기관에서 현장학습 장소까지의 거리가 차량으로 30~40분 이상 소요되는 먼 곳은 바람직하지 못하다.

◇ 대부분의 현장학습은 대집단으로 가게 되지만 유아교육기관에서 가까운 곳으로 현장학습을 갈 경우에는 한 반을 두 그룹으로 나누어 한 그룹은 현장학습을 가고 다른 그룹은 기관에 남아 원감이나 다른 교사와 활동한 후, 먼저 나갔던 그룹이 돌아오면 교대해서 현장학습을 할 수도 있다.

◇ 현장학습 당일 유아의 소지품은 없거나 물과 수건 정도로 아주 간단하게 준비하도록 한다. 소지품을 유아가 들고 가기 힘들다고 하여 모두 모아서 교사가 들어서는 안 된다. 항상 자기의 짐은 자기가 책임을 지고 가지고 다니는 습관을 기르도록 해야 한다.

◇ 유아에게 현장학습에 적절한 옷차림을 하도록 지도한다. 예를 들어 동물원을 방문할 때는 활동하기 편한 옷을 입도록 지도하고 현충원을 방문할 때는 편하면서 지나치게 화려하지 않은 옷을 입도록 지도한다.

◇ 현장학습을 할 때 줄 서는 것을 너무 강조하거나 교사의 설명이 너무 많으면 유아가 자기 나름대로 보고 생각하고 느끼는 경험을 하기 어려울 수 있으므로 교사는 유아가 스스로 보고 느낄 수 있는 여지를 준다.

◇ 교사는 현장학습 후 평가 시간을 가지고 현장학습이 학습에 도움이 되었는지, 문제점은 없는지 반드시 평가한다.

5 일상생활 지도

1) 간식과 급식

간식과 급식 시간은 성장기에 있는 유아에게 심신의 발달을 도모할 수 있는 균형 잡힌 영양을 공급하면서 식생활에 대한 올바른 지식과 식습관을 길러줄 수 있는 시간이다. 유아교육기관에서의 간식과 급식은 균형적인 영양을 섭취하는 역할 이외에 하루 일과 중에 쌓인 긴장감을 풀고 친구와의 자연스러운 상호작용을 통하여 사회성을 기르며, 식사에 대한 올바른 이해와 습관을 길러주는 매개체가 된다.

(1) 간식과 급식의 목표

- 균형 있는 영양을 보충하여 끊임없이 활동하는 유아가 건강하게 성장하고 생활하는 데 필요한 에너지를 얻도록 해준다. 유아의 성장에 필수적인 식품군을 고르게 배려하여 짜여진 식단과 안전하게 조리된 음식은 하루 중 많은 시간을 유아교육기관에서 지내는 유아에게 성장과 발달의 원천이 된다.
- 음식을 먹는 데 필요한 도구를 사용하는 법과 바람직한 식사 습관을 익히고 예의 바르게 식사하는 태도를 배운다. 스스로 식기를 다루는 방법, 수저를 바르게 사용하는 방법, 제자리에 바르게 앉아서 끝까지 음식을 먹는 태도, 음식의 소중함을 이해하는 등의 태도도 익히게 된다.
- 다양한 음식을 맛보는 경험을 통하여 편식을 예방하거나 고친다. 간식 및 급식은 유아 개인의 기호 식품보다는 영양적으로 가치 있는 음식들로 제공되므로 평소에 좋아하지 않던 음식이더라도 맛보게 되고 차츰 익숙하게 먹게 된다.
- 또래와의 자연스러운 상호작용의 기회를 통하여 사회성을 발달시키고, 즐겁게 이야기를 나누면서 정서가 순화되고 언어 능력도 발달하게 된다. 다른 사람에게 불쾌감을 줄 정도로 음식을 튀기거나 돌아다니는 것은 안 되지만 주변의 또래와 조용히 이야기하는 것은 유아에게 집단 구성원으로서 소속감을 느끼는 동시에 언어 발달을 위한 기회가 된다.

◇ 자신이 먹는 양을 조절하고 나누어 먹을 수 있게 된다. 간식은 식사를 방해하지 않는 정도의 양을 먹어야 한다는 것과 점심도 자신의 식사량에 알맞게 먹어야 한다는 것을 배우게 된다. 친구에게 음식을 차려주거나 정해진 양에서 서로를 배려하며 적당히 나눔으로써 다른 사람의 입장을 이해하고 자신을 조절하는 방법을 습득한다.

◇ 당번이 되어 다른 친구들의 간식과 점심을 준비하고 치우는 활동을 통하여 책임감과 공동체 의식을 기른다. 다른 유아에게 봉사하는 과정에서 만족감과 자신감을 느끼게 되고 다른 사람과 더불어 살아가는 데 필요한 공동체 의식을 기르게 된다.

(2) 간식과 급식의 운영

1 계획 및 준비

◇ 간식과 급식을 위한 음식의 종류는 변화를 주어 다양하게 하되 계절식품이나 자연식품을 이용한다. 탄산음료, 냉동 조리 식품, 인공첨가물이 많은 음식 등은 건강에 유해하므로 제공하지 않아야 한다.

◇ 당일 또는 그 주의 간식 및 급식 식단이 무엇인지 알리는 식단표가 필요하다. 학급에서는 유아의 연령에 맞게 유아가 이해할 수 있는 수준으로 간식 및 급식 알림표를 게시하여 일과를 스스로 계획하고 예측해 보게 할 수 있다. 또한 교사, 부모, 직원이 함께 볼 수 있는 식단표를 눈에 잘 띄는 곳에 게시해야 한다.

◇ 식기류의 위생과 안전을 점검한다. 합성수지 소재의 식기류는 환경호르몬 배출의 위험이 있으며, 유리 등 깨지기 쉬운 소재는 유아가 다루기에 안전하지 않으므로 위생상, 보관상의 안전을 고려하여 식기(예 스테인레스 식판)를 선택한다. 식기는 안전한 식기세제와 소독기를 이용해 청결하게 유지되도록 한다.

◇ 종이 티슈나 마른 행주 또는 젖은 행주를 함께 준비해 주어 식사 후에 유아가 스스로 정리하고 닦을 수 있게 한다.

◇ 개인용 접시와 컵, 포크, 숟가락, 젓가락, 식판 등의 개인용 식기류는 유아의 연령에 따라 적절한 크기와 형태의 것을 사용한다. 영아인 경우는 가볍고 끝이 뭉툭한 소재의 숟가락과 포크를 사용함으로써 실패감과 위험 요인을 없애주고, 3~4세가 되면 훈련용 젓가락부터 사용하고 초등학교에 진학하기 전에는 일반 젓가락을 사

용할 수 있도록 지도한다.

◇ 당번제를 실시하게 될 경우에는 오늘의 당번이 누구인지 알리는 당번 표시판, 깨끗하게 정리된 당번복, 당번이 식기나 음식을 운반하기 위한 바퀴가 달린 이동식 수레가 필요하다. 당번 표시판은 활동실 입구에 배치하여 하루 일과를 시작할 때 당번이 누구인지 확인할 수 있도록 한다. 삶거나 소독하기 용이한 재질로 된 당번복(예 앞치마)은 청결한 상태로 유아가 꺼내 입고 다시 정리하기 좋도록 옷걸이에 걸거나 바구니에 접어 담을 수 있도록 준비한다.

◇ 간식과 급식을 먹는 동안 들려줄 편안하고 안정적인 음악을 준비할 수 있다.

2 진행

① 적절한 시간

간식 시간은 조용한 활동 후에 갖는 것이 좋은데, 유아의 연령과 시기에 따라 다르게 운영한다. 간식은 일반적으로 점심 식사에 지장을 주지 않는 음식의 종류와 양을 준비하고 시간을 고려한다. 시간 배정은 10시에서 11시 사이에 일과 운영에 따라 결정하며, 각자 원하는 때에 스스로 준비하여 먹고, 자신이 먹은 것을 스스로 치우는 방법인 자유 운영 방식과 매일 10시 20분을 전후하여 전체 유아가 같은 시간에 시작하여 20분 정도 간식 시간을 가지는 방식이 있다. 3세 이전의 유아는 식습관과 먹는 시간의 개인차가 커서 개별적인 도움이 필요한 경우가 많으므로 자유 운영 방식이 효과적이다. 어떤 유아가 간식을 먹었는지를 표시할 수 있는 표시판을 준비하여 두어야 놀이를 하면서 적당한 시간에 간식을 먹을 수 있도록 교사가 도와줄 수 있다. 4세 이후에는 다른 사람을 배려하면서 협동하고 봉사하는 태도를 배우게 하기 위해 의도적으로 전체 간식을 실시하기도 한다.

급식 시간은 간식 시간과의 간격이 2시간 정도가 되는 것이 적당하며 연령 특성에 따라 급식 시간을 조정한다. 연령이 어릴수록 식사하는 속도가 유아마다 다르므로 자신의 속도에 따라 편안하게 식사할 수 있도록 먼저 식사가 끝난 유아는 정리한 후 정적인 놀이를 하게 한다. 점심 시간 직후의 활동은 움직임이 적은 정적인 활동으로 계획한다.

| 간식 순서의 예 |

② 간식과 급식 시간의 일반적 운영

◇ 간식과 급식 시간 전에 준비할 수 있는 시간을 마련한다. 교사는 음식을 먹기에 교실이나 책상이 청결한지를 점검하고 유아는 깨끗하게 손을 씻게 한다. 유아가 손을 씻으러 간 동안 교사나 보조교사가 준비되어 있는 간식을 가져와서 행주로 책상을 닦고 유아가 간식 당번을 맡아서 하는 경우에는 당번의 역할을 잘 수행할 수 있도록 교사가 도움을 준다.

◇ 모두 함께 먹을 경우, 1학기 초에는 손을 씻고 오는 순서대로 줄을 서서 자기가 사용할 접시와 컵을 가져가 앉고 싶은 자리에 앉는다. 교사는 각 책상에 우유, 간식, 마른 행주 등을 미리 준비해 준다.

◇ 제일 먼저 온 유아부터 자기 접시에 간식을 덜고 우유를 따른 다음, 오른쪽 옆 친구에게 돌려준다. 간식의 양은 상한선을 정해 주고 먹을 수 있을 만큼만 덜도록 한다. 간식을 다음 친구에게 전해 줄 때도 다른 사람을 배려하며 건네주는 태도를 배우도록 한다.

◇ 음식을 먹기 시작하면 다 먹을 때까지 자리를 뜨지 않으며 친구들과 이야기할 때는 입에 든 음식을 삼킨 뒤 알맞은 작은 목소리로 말하도록 지도한다.

◇ 다 먹은 뒤 자기 앞의 책상 위에 떨어진 음식 부스러기를 주워 접시에 담고 책상을 닦고, 의자를 집어넣은 다음, 자기가 사용한 컵과 접시를 간식 차에 가져다 놓게

한다. 식사를 마친 후에는 식기를 정리하는 곳에 정리한 후 책상 위를 젖은 행주와 마른 행주로 깨끗이 닦도록 지도한다.

◇ 간식이나 급식을 다른 유아보다 먼저 마친 유아는 정적인 놀이를 하는 영역, 예를 들어 언어 영역, 과학 영역, 수 · 조작 영역과 같은 영역에서 간단한 놀이를 하면서 휴식하게 한다.

◇ 학기 초에 간식 및 식사에 대한 올바른 습관을 기르기 위해 평가의 시간을 마련하는 것이 좋다. 음식을 골고루 먹기, 남김없이 깨끗이 먹기, 한자리에 앉아서 바르게 먹기, 흘리지 않도록 주의하기, 입 안의 음식을 삼킨 후 이야기하기, 깨끗이 뒷정리하기와 같은 태도를 중심으로 평가한다. 바른 행동에 대한 주입식 안내보다는 왜 그렇게 해야 하는지 충분히 이해한 후 스스로 지키려고 노력하는 마음과 태도를 갖도록 한다.

③ 연령에 따른 간식과 급식 시간 운영 전략

간식과 급식 시간에 유아 스스로 준비하고 먹고 치우기 위해서는 시간 개념, 순서 개념, 오랜 시간 앉아서 기다릴 수 있는 능력, 하던 놀이를 멈추어야 할 때 이해하고 따르는 능력 등 다양한 능력이 필요하다. 유아의 발달과 현재의 능력을 고려하지 않고 학기 초에 간식과 급식 시간 운영 방식을 정한 후 1년 동안 같은 방식으로 운영하면, 유아와 교사 모두 좌절과 갈등을 경험하게 된다. 다음과 같은 사안에 대해 유아의 연령에 따른 발달 차를 반영함으로써 유아가 어려움 없이 자조 기술과 식생활 습관을 자연스럽게 익히게 할 수 있다.

◇ 간식 및 급식 먹는 방식

표 4-32 간식 및 급식 먹는 방식

구분	내용
2세 이하	• 영아 개인 스케줄에 따라 간식을 제공한다. • 하루의 일과가 놀이를 중심으로 운영되므로 학급의 한쪽에 간식을 준비해 놓고 원하는 때 먹도록 하고 점심은 다 같이 먹는다. • 규칙적인 식사 습관을 갖도록 해야 하므로 정해진 시간 내에는 먹도록 지도한다.
3세	• 놀이 시간에 자유롭게 먹도록 자유 간식을 실시한다. • 급식은 같은 시간에 먹게 하되 먹는 속도의 개인차가 심한 시기이므로 소집단으로 늦게 먹는 유아와 빨리 먹는 유아를 나눠서 먹기 시작하게 할 수 있다. • 빨리 먹는 유아가 조용한 놀이를 할 수 있는 환경을 4~5세 학급보다 더 적극적으로 준비한다. • 학기 후반으로 가면서 자유 간식으로 먹더라도 간식을 준비하고 치우는 시간을 점차 짧게 함으로써 유아의 발달을 반영한다.
4세	• 학기 초반에만 자유 간식을 실시하고 일과에 적응한 후에는 단체 간식을 실시한다. • 학기 초부터 단체 급식을 할 수 있으나 먼저 손을 씻게 하거나 준비하게 함으로써 개인차를 반영할 수 있도록 노력한다.
5세	• 학기 초부터 단체 간식과 급식을 실시한다.

◇ 먹기 전까지 기다리는 시간

표 4-33 먹기 전까지 기다리는 시간

구분	내용
2세 이하	• 손 씻기, 이동하기, 앉기 등의 준비를 위한 시간을 제외하고 다른 영아와 함께 먹기 위해 기다리는 시간이 없게 한다.
3세	• 자유 간식을 하므로 기다릴 필요는 없으나 또래 친구와 함께 먹길 원할 때 자연스럽게 기다리는 경험을 하게 한다. • 단체 급식을 하더라도 유아만 준비되면 바로 먹을 수 있도록 한다.
4세	• 단체 간식과 급식을 하므로 기다려야 하는 상황이 발생하더라도 그 시간을 최소화한다. • 학기 초에는 유아가 준비되면 먹고 다 먹으면 바로 치우게 한다. • 학기 말에는 같은 책상에 앉은 유아가 모두 준비될 때까지 기다렸다 먹게 하나 다 먹으면 각자 치우게 할 수 있다.
5세	• 학기 초부터 같은 책상의 유아가 모두 준비되면 먹고 모두 먹으면 치우게 할 수 있다. • 학기 중반부터 간식 당번제를 실시할 수 있다. • 당번제를 실시하면 간식 먹는 시간이 길어지므로 상황을 고려하여 교사가 다 먹은 유아부터 치우게 할 수도 있다.

◇ 영유아가 맡는 책임의 양

표 4-34 영유아가 맡는 책임의 양

구분	내용
2세 이하	• 손 씻기, 이동하기, 앉기, 필요한 것 준비하기 및 치우기를 교사가 한다. • 2세 영아들은 원하면 급식차 가져오기, 행주질하기, 간식 그릇 놓기 등에 교사를 도와 참여할 수 있다. • 2세가 되면 교사의 도움을 받아 자신의 간식 접시나 컵을 가져다 앉을 수 있다.
3세	• 교사를 도와 간식을 준비하도록 적극적으로 격려한다. • 개인 유아는 자신이 사용할 간식 그릇이나 도구를 가져오고 치운다.
4세	• 교사를 도와 간식 준비를 하되 점차 어려운 일(예 행주질하기, 음료수 옮기기)에 참여하게 한다. • 개인 유아는 자신이 사용할 간식 그릇이나 도구를 가져오고 치운다.
5세	• 당번이 정해지면 간식차 가져오기, 책상 닦기, 간식을 책상 위에 옮기기와 치우기를 모두 당번이 맡아서 한다. • 학기 초에는 당번이 하는 일 중 일부만 하게 하고 점차 익숙해진 후 모든 역할을 맡게 할 수 있다. • 개인 유아는 자신이 사용할 간식 그릇이나 도구를 가져오고 치운다.

2) 휴식과 낮잠

하루를 유아교육기관에서 지내면 신체적으로 피곤해지기 쉽다. 특히 어린 연령의 영아인 경우, 덥고 습기 찬 여름인 경우, 종일제 프로그램에서 지내는 경우, 실외 활동이나 동적인 움직임이 많은 활동을 한 경우에는 휴식이나 낮잠으로 피로와 긴장을 풀어주어야 한다. 유아는 자신의 신체적 상태를 스스로 인식하지 못하여 무리하게 놀이에 몰두하게 되므로 관찰을 통해 유아의 건강 상태를 확인하여 적절히 휴식을 취하고 낮잠을 자도록 배려한다.

(1) 휴식과 낮잠의 목표

◇ 휴식 및 낮잠은 피로와 긴장을 풀게 하여 건강을 유지시키고 다음에 이어지는 활동을 할 새로운 힘과 여유를 갖게 해준다.

◇ 휴식을 하거나 낮잠을 자는 이유에 대해 알아보고 충분히 쉬어야만 일상생활에 불편함이 없음을 알게 된다.

- 또래 유아와 함께 쉬거나 잠을 자는 경험을 통해 소속감과 또래에 대한 친밀감을 느낄 수 있다. 다른 사람의 휴식을 방해하지 않기 위해서는 어떤 태도를 가져야 하는지에 대해서 생각해 봄으로써 사회 구성원으로서 지켜야 할 태도를 습득할 수 있다.
- 유아가 제때 쉬지 못하면 짜증을 내거나 불안한 상태를 보이거나 안전상의 문제가 생기게 된다. 적당한 휴식이나 낮잠은 유아가 안정된 정서 상태를 가지는 데 도움이 된다.

(2) 낮잠의 운영

낮잠 시간을 운영하는 방법을 알아보기 전에 휴식 시간에 대해 잠깐 살펴보고자 한다. 유아는 스스로 쉴 때를 잘 알지 못하거나 놀이에 집중하다 보면 피곤함을 잊어버리므로 교사는 항상 유아의 상태를 관찰하여 유아가 신경질, 짜증, 불안한 상태 등을 보이면 휴식하게 하는 것이 좋다. 휴식 시간은 유아가 에너지를 충전시켜 다음 활동에 참여하게 하는 꼭 필요한 시간이지만 억지로 쉬게 하는 것은 오히려 역효과를 가져올 수 있다.

일반적으로 유치원이나 어린이집에 재원 중인 유아가 휴식이 필요할 때는 단체로 휴식하기보다는 개별적 필요에 의해 쉬게 한다. 유아가 쉴 수 있게 하기 위해 교사는 두 가지 전략을 사용할 수 있는데 첫 번째는 조용한 활동과 활발한 활동을 번갈아서 하도록 하루 일과를 계획하는 것이고 두 번째는 학급 내에 쉴 수 있는 영역을 마련하여 개별적으로 원할 때 쉬게 하는 것이다. 학급 내 쉴 수 있는 영역은 물리적으로 마련(예 쉬고 싶은 유아가 갈 수 있는 장소)할 수도 있지만 조용한 놀이가 주로 이루어지는 영역(예 언어 영역)이나 유아가 원하는 장소에서 원하는 방법(예 역할놀이 영역의 인형을 가지고 구석에서 쉼)으로 쉬게 할 수 있다.

낮잠은 유치원에서 하루 종일 지내는 방과후 과정반 유아나 어린이집에 재원하는 유아에게 해당되고 아래의 사항을 고려한다.

1 계획 및 준비

- 유아가 누워서 편히 쉴 수 있는 공간을 마련한다. 전체 유아가 함께 낮잠을 자면 활동실을 이용하나 일부 유아만 대상으로 한다면 소집단 활동실이나 시청각실 등을 이용할 수 있다.

◇ 가능하면 공간을 어둡게 하고 조용한 음악(예 자장가, 세레나데 등)이나 동화를 들려주어 유아가 편하게 잠들 수 있게 한다.
◇ 침구는 균으로 인한 감염을 막기 위하여 개별 베개, 깔개 또는 요를 준비한다.

2 진행

처음으로 낮잠을 자는 시간에는 유아와 낮잠의 필요성에 대해 이야기를 나눈다. 0~2세 영아의 경우 낮잠의 필요성이나 방법에 대한 오리엔테이션 내용을 이해하기 어려우므로 매일의 반복을 통해 자연스럽게 익히도록 한다.

◇ 낮잠이란 무엇인가?
◇ 낮잠은 언제, 왜 하는 것인지 유아의 생각을 나누어 본다.
  > 낮잠을 자는 방법에 대해 이야기한다.
  > 낮잠을 잘 때 지켜야 할 약속에 대해 알아본다
  (예 실내화를 신는 기관이라면 발 밑에 벗어 두기, 친구의 머리가 있는 쪽에 자기의 머리가 가도록, 또는 발이 있는 쪽에 자기 발이 가도록 눕기, 쉬거나 자고 있는 친구를 방해하지 않기, 쉬거나 자고 난 후에는 자기 요를 개서 장에 가져다 두기)

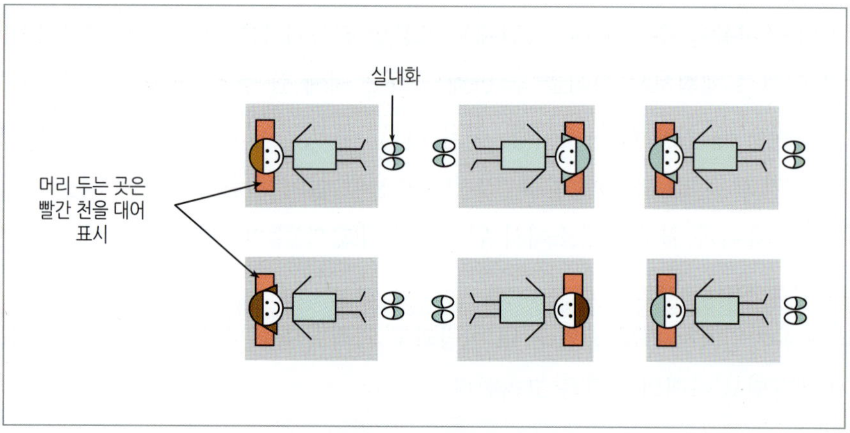

| 낮잠 잘 때의 자리 배치 |

◇ 유아를 몇 명씩 나누어 깔고 누울 수 있는 요를 가져오게 한다. 유아가 중간에 왔다 갔다 하여 다른 유아의 낮잠에 방해가 되지 않도록 미리 화장실에 다녀오고, 물을 마시고 싶은 유아는 물을 마신 뒤 요를 가져오도록 한다.

◇ 좌우·상하에 있는 친구와 일정한 간격을 두고 요를 잘 깔게 하여 유아들끼리 장난을 하지 않도록 하고 발이 있는 쪽은 간격을 넓게 하여 교사가 다닐 수 있는 통로를 만든다.

◇ 요를 가지고 오는 대로 펴서 눕도록 하며 각 유아가 편한 자세로 누워 쉬도록 한다.

◇ 준비가 다 되면 커튼을 치거나 블라인드를 내려 방을 어둡고 아늑하게 해준 다음 조용한 음악을 틀거나 교사가 조용히 책을 한 권 정도 읽어 준다. 날씨에 따라 방 안의 온도를 조절한다.

◇ 낮잠 시간이 끝나면 유아를 깨우는데, 조용히 개인적으로 일어나게 할 수도 있고 소집단으로 나누어 깨울 수도 있다. 한 명씩 깨울 때는 유아의 어깨나 뺨을 살짝 만지거나, 손을 잡아준다거나, 이름을 조용히 부르는 방법 등으로 교사와 유아 간의 애정적인 상호작용의 기회가 되도록 활용한다. 집단을 나누어 깨울 때는 교사가 다음 활동의 지시를 하면서 깨우거나 악기 소리를 들으면서 몸을 조금씩 움직인 후에 일어나게 할 수도 있다.

낮잠 자는 모습

◇ 조용히 일어나 요를 접어 장에 정리하도록 한다. 요는 잘 개서 깨끗하게 보존하도록 하며 개인장에 요를 넣을 곳을 준비해 주는 것이 좋다. 요를 접을 때는 머리와 발이 닿았던 곳이 맞닿지 않는 방법으로 정리한다.

(3) 낮잠 진행의 유의점

- 부모가 자녀의 낮잠을 원하지 않을 경우에는 유아의 발달적 특징 때문에 낮잠 시간이 반드시 필요함을 인식하도록 설득한다. 특히 유치원 방과후 과정이나 어린이집의 경우에는 5세를 제외하고 모든 연령이 낮잠을 자는 것이 바람직하므로 부모에게 이러한 점을 잘 설명한다.
- 유아의 발달적 특징에 따라 각 연령별로 낮잠 시간을 다르게 운영한다. 예를 들어 영아의 경우에는 수면이 하루 생활의 많은 부분을 차지하므로, 기관에서도 2시간 이상의 충분한 낮잠 시간을 계획한다. 또한 자기 전에 수유와 이유, 식사 등을 하고 기저귀도 미리 갈아주어 수면 도중에 깨는 일이 없도록 한다. 3세 유아의 경우에는 한 시간 반 정도의 낮잠 시간을 계획하며, 4~5세의 경우에는 30~40분 정도의 휴식이나 낮잠 시간을 계획한다.
- 낮잠 자기를 싫어하는 유아가 있는 경우에는 우선 유아의 요구를 들어 주어 자는 유아에게 방해가 되지 않는 조용한 활동을 하며 기다리게 한다. 그러나 매번 그렇게 허용할 수는 없으므로 차츰 낮잠 자는 일정에 적응할 수 있게 유도한다.
- 유아는 낮잠을 자면서 땀을 많이 흘리므로 침구를 자주 소독하고 통풍을 시켜 항상 청결하게 유지 · 보관한다. 특히 영아의 경우에는 땀, 분비물, 배변 등으로 침구가 더러워지기 쉬우므로 유아보다 자주 세탁하여야 한다. 침구는 1주일에 1회 정도 세탁하는 것이 바람직하며 주말에 가정으로 보내 세탁해 오도록 하거나 기관에서 일괄적으로 세탁할 수 있다.
- 여름철에는 침구를 자주 건조시키고 침구를 보관해 두는 곳에도 제습제를 두어 습기로 인해 곰팡이가 생기지 않도록 주의한다.

3) 정리·정돈

정리·정돈은 현재 하는 활동을 마친 후나 놀이가 끝난 후에 실시한다. 정리·정돈은 유아별로 하는 것과 유아가 모두 함께 하는 것으로 나눌 수 있다. 개별적인 정리·정돈은 수시로 일어나는 것으로서, 누구의 지시에 의해서가 아니라 하던 놀이를 끝내고 다른 놀이로 전이할 때 먼저 사용했던 놀잇감과 교구 · 교재를 정리하여 다른 친구가 그 놀이를 불편함 없이 할 수 있게 하는 것을 말한다. 전체 유아가 함께 하는 정리·정돈은 모든 유아가 동시에 함께 참여하는 것을 말하며, 보통 실내외 놀이 시간이 끝난 후 이루어지게 된다.

(1) 정리·정돈의 목표

- 적절한 자리에 적절한 방법으로 정리하는 과정을 통해 공간을 조직하는 능력을 기른다.
- 정해진 자리에 놀잇감을 정리함으로써 영역별로 비슷한 놀잇감끼리 분류하는 경험을 할 수 있다.
- 교구·교재, 자료, 이동 시설물 등을 제자리에 정돈함으로써 유아교육기관의 실내외를 깨끗하게 유지한다.
- 정리하는 태도를 생활화하여 기관뿐 아니라 가정에서도 스스로 정리하는 습관을 가지도록 한다.
- 다른 사람과 함께 사용하는 공공물을 바르게 사용하는 태도를 가진다.
- 다른 사람에게 피해를 주지 않으며 사회적 책임을 다하는 태도를 가진다.

(2) 정리·정돈의 운영

1 준비

- 모으고 담을 것(예 비, 쓰레받기)
- 닦을 것(예 물티슈, 행주, 스펀지)
- 쓰레기통(예 쓰레기 분리 배출함)
- 소형 진공청소기

2 진행

하루에 실시하는 정리·정돈의 횟수는 유아의 연령에 관계없이 가능하면 적게 하는 것이 바람직하므로 교사는 정리·정돈하는 횟수를 최소화하는 방식으로 하루 일과를 계획한다. 예를 들면 등원하여 잠시 놀이를 한 후 계획 시간을 갖고 다시 놀이를 계속한다면, 놀던 것을 그대로 두고 모든 유아가 앉을 수 있는 한 영역만 대강 정리하고 계획 시간을 가질 수 있다. 또 실내 놀이 후 다른 장소(예 유희실)에서 대집단 활동을 하고 다시 학급으로 돌아와 놀이를 계속한다면 정리 · 정돈을 시킬 필요가 없다.

영아의 경우는 하루 종일 놀이를 하므로 낮잠 시간 등 꼭 필요한 경우가 아니면 귀가 전 한 번만 정리 · 정돈하도록 계획을 세운다. 활동실에서 자유 간식이나 단체 급식을 하더라도 책상 위와 주변의 놀잇감만 치우는 방식으로 융통성을 발휘할 수 있다.

유아가 처음 유아교육기관 생활을 경험하는 경우라면 놀이가 끝난 뒤 정리 · 정돈을 하기 전 교사는 유아와 함께 모여 앉아 정리 · 정돈의 필요성과 방법, 순서에 대해 토의하고 규칙을 정할 수도 있다. 영아의 경우는 다른 일상생활 지도와 마찬가지로 오리엔테이션보다는 매일의 생활을 통해 자연스럽게 익히도록 지도한다.

① 개인 유아별로 하는 정리·정돈

- 유아는 놀이 중 다양한 놀잇감을 가지고 놀이를 하게 된다. 이 중에 수 · 조작 영역이나 언어 영역은 놀이를 하고 난 뒤 반드시 바로 제자리에 정리하여 다른 유아가 사용하기에 불편함이 없도록 해야 한다. 예를 들어 보드 마커를 이용하여 판에 쓰는 놀잇감의 경우에는 다음 유아를 위해 깨끗이 지워 정리하며, 끈 끼우기를 다한 다음에는 다시 끈을 빼놓아 다른 유아가 할 수 있게 한다. 만약 시간이 부족하거나 어려워서 끝내지 못한 활동이 있으면 조각 종이에 자신의 이름을 적어 두고 다음 날 다른 사람의 도움을 받아 완성할 수 있도록 표시해 놓도록 한다.

② 전체 유아가 하는 정리·정돈

- 놀이 시간이 끝나기 5분 전쯤 교사는 치울 것이 많은 영역(예 쌓기놀이, 역할놀이 영역)에서 놀고 있는 유아에게 치울 시간이 임박했음을 알려주어 새로운 놀이를 시작하지 않도록 하고 진행 중인 것을 마무리 짓게 한다. 그 후 정리 · 정돈 시간임을 알려주어 약 5~10분 동안 자신이 놀았던 영역을 정리하도록 한다. 자신이 놀았던 영역을 치우는 것이 일반적이지만, 특정 영역(예 쌓기놀이, 역할놀이 영역)에 치울 것이 많다면 다른 영역을 다 치운 유아가 와서 돕게 한다.
  - > **쌓기놀이 영역:** 플라스틱으로 된 끼우기 블록과 같이 바닥에 있는 작은 물건부터 치우게 하고, 쌓기 블록으로 높은 구조물을 만들었을 경우에는 위에 있는 것부터 조심해서 내리게 한다.

> **미술 영역**: 다시 사용할 수 있는 것을 먼저 상자에 담는다. 버릴 것은 쓰레받기를 대고 바로 쓸어 분리수거통에 분리해서 넣도록 한다. 지우개 가루나 크레파스 가루가 많이 떨어져 있을 때는 진공청소기를 사용하기도 하며, 물감을 사용하였을 때는 책상보를 행주로 닦은 뒤 접어서 정리하도록 지도한다.

◇ 교사는 유아를 개별적으로 관찰하여 잘 이행하지 못한 부분에 대해 개별 지도를 한다. 유아의 정리·정돈을 전체적으로 관찰한 다음에 약속대로 시행되지 않았을 경우는 개별이나 집단 평가 시간을 갖는다.

◇ 잘 정리하는 유아를 칭찬해 주면 다른 유아도 정리에 적극적으로 참여하려는 태도를 보이게 된다. 계속하여 잘 치우지 않는 유아가 있을 때는 유아에게 "쌓기 영역에 있는 블록을 정리하자." 등으로 구체적으로 할 일을 알려주면 책임감을 길러줄 수 있다.

◇ 교사는 유아가 잘 정리하고 있는지 관찰도 하지만 모범을 보이기 위해 함께 정리에 참여할 수도 있다.

> 영아의 경우는 치워야 한다는 개념이 없어 치우면 다시 가져다 놀기를 반복한다. 1~2세 영아 학급에서는 교사가 많이 도와주고 모범을 보이는 역할을 함으로써 영아가 점차 정리·정돈의 습관을 익히도록 지원한다.

> 학기 초 오리엔테이션을 하더라도 유아가 완벽하게 정리·정돈을 하도록 기대하는 것은 무리이다. 교사는 유아의 연령에 관계없이 매일의 일과를 통해 서서히 정리·정돈에 유능해지도록 지도하는 것이 더 바람직하다.

◇ 5세 학급에서는 매주 금요일 후반부에 평소보다 긴 시간을 정리·정돈 시간으로 하여 일주일 동안 사용하였던 놀잇감을 수선하고 정리·정돈하고 청소할 수 있다.

> 플라스틱 블록으로 만들어 전시했던 작품을 분리하여 바구니에 담기

> 자료 정리장 정리하기

> 역할놀이 영역의 서랍 정리하기

> 책의 뜯어지거나 찢어진 곳을 풀, 투명 테이프로 수선하기

> 교구장을 밀어내고 퍼즐 조각 등을 찾아내기

③ 연령에 따른 정리·정돈 지원 전략

정리 · 정돈은 단지 청결이나 생활 습관 형성뿐 아니라 유아들에게 1:1 대응, 분류하기 등의 개념을 형성시켜 줄 수 있는 기회가 된다. 정리 · 정돈을 돕기 위해 교사는 다양한 전략을 사용할 수 있는데, 실물과의 유사성이 높을수록 유아는 쉽게 정리 · 정돈할 수 있다. 교사는 유아의 발달하는 인지 능력을 고려하여 연령이 증가하고 학기가 진행됨에 따라 더 수준 높은 전략을 활용하여야 하며, 궁극적으로 교사가 정리 · 정돈할 자리를 지정하지 않아도 유아가 자신만의 방식으로 정리할 수 있는 능력을 기르도록 지도한다. 다음은 유아교육기관에서 활용하고 있는 표시의 몇 가지 예이다.

표 4-35 유아교육기관에서 많이 활용하고 있는 표시의 몇 가지 예

표시의 종류	구체적 전략
실물 활용	• 실물과 같은 표시 활용(예 놀잇감 상자의 사진, 놀잇감을 찍은 사진) • 실물과 같으나 다른 방향에서 보이는 표시 활용(예 놀잇감의 위, 옆, 뒷면을 찍은 사진)
그림자/윤곽선 활용	• 실물의 그림자나 윤곽선 활용 • 실물과 같으나 다른 방향에서 보이는 그림자나 윤곽선 활용
실물과 관계없는 표시 활용	• 주제와 관련된 표시나 유아가 좋아하는 표시 활용 • 정리할 놀잇감과 정리할 자리에 붙일 표시를 동일(예 토끼)하게 하거나 다양한 방식으로 1:1 대응이 이뤄지도록 활용(예 토끼와 당근-정리할 물건에 토끼 표시를 붙이고 정리할 자리에 당근 표시 붙임)
분류/범주화 촉진 표시 활용	• 분류/범주화 능력이 발달되면 같은 범주의 놀잇감을 함께 정리하도록 표시 활용(예 역할놀이 영역의 소품은 음식 재료 담는 바구니, 화장품 정리하는 자리, 요리 도구 정리하는 자리로 분류하여 그 안에서 유아가 자율적으로 정리하도록 함) • 4~5세 학급이나 학기 말에 활용
표시 활용하지 않음	• 유아가 원하는 방식으로 정리 · 정돈할 수 있도록 표시 활용하지 않음 • 대체로 5세 학기 말에 활용 가능 • 모든 영역에 동시에 적용하기보다 정리 · 정돈이 비교적 쉬운 영역(예 수 · 조작 영역)부터 적용하고 가장 어려운 영역(예 역할놀이 영역)은 나중에 적용
참고	• 같은 실물 표시(예 사진, 그림자)라도 정면 모습이 다른 방향에서 본 모습보다 인식하기 쉬우므로 더 어린 연령이나 학기 초에 사용 • 같은 표시라도 실물 크기에 가까운 표시가 작게 만든 표시보다 인식하기 쉬우므로 더 어린 연령이나 학기 초에 사용

◇ 실물 사진 및 그림 붙이기

◇ 각 흥미 영역에 준비되어 있는 소품들을 똑같은 모양으로 그리거나 사진을 찍어 코팅하여 붙여 놓는다.

| 정리 · 정돈을 돕기 위한 밑그림 |

◇ 실물의 윤곽선(그림자) 붙이기

◇ 미술 영역의 색연필, 사인펜, 풀 등을 작은 통이나 바구니에 함께 담고 바구니 모양의 윤곽선만 잘라서 붙여둠으로써 유아가 정리하게 할 수 있다. 음률 영역의 악기는 대부분 악기마다 모양의 특성이 있으므로 도화지에 윤곽선을 그려 자른 뒤 코팅하여 붙일 수 있다.

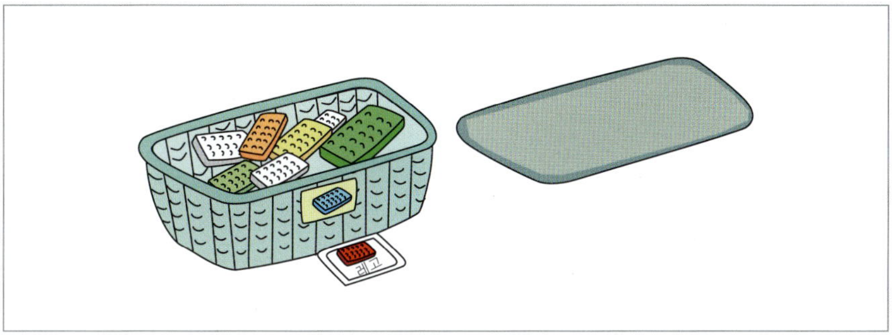

| 윤곽선 붙이기 |

◇ 표시 붙이기

◇ 언어 영역의 책이나 수 · 조작 영역의 쟁반 등에 작은 그림이나 숫자를 붙이고 교구장에도 같은 그림을 붙여두어 유아가 놀잇감을 쉽게 정리할 수 있도록 한다.

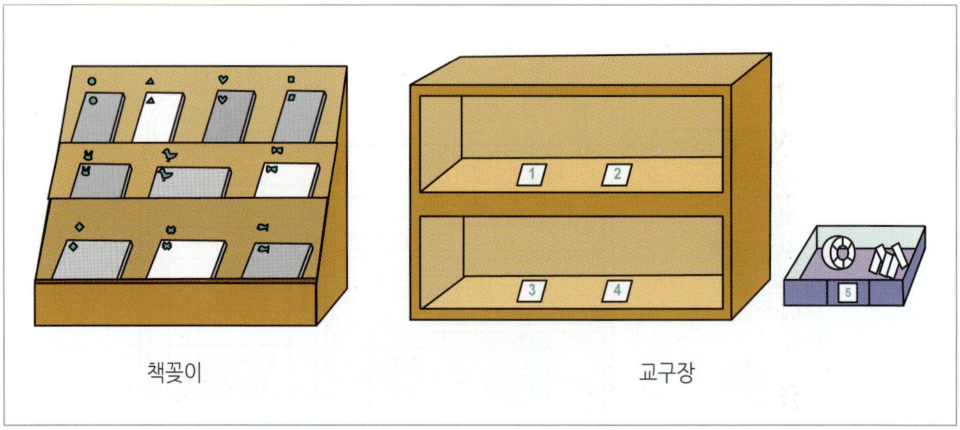

| 그림이나 숫자를 이용한 표시의 예 |

4) 전이·주의집중

하루 일과를 진행하면서 한 활동이 끝난 후 다음 활동으로 이어지는 때를 전이 시간이라고 하며 활동을 시작하면서 더욱 잘 몰입하도록 하기 위하여 활동과 관련하여 유아의 관심을 유도하기 위한 활동을 주의집중이라고 한다. 전이 시간이나 주의집중 시간은 대체로 매우 짧은 시간이기 때문에 대수롭지 않게 생각하기 쉬우나 하루 일과를 원활하게 운영하기 위하여 중요하게 다루어져야 한다. 전이 시간과 주의집중 시간에 유아는 이전 활동에서 다음 활동으로 자연스럽게 관심을 이행하게 될 뿐 아니라, 주제에 관련된 개념과 기술을 학습하게 된다.

(1) 전이·주의집중의 목표

◇ 전이 시간을 통하여 유아는 활동을 주도하고 스스로 계획하는 능력을 기르게 된다. 활동을 마무리하고 다음 활동을 준비하면서 다음 활동에 대한 계획을 스스로 수립하게 되고 좀 더 주도적으로 활동에 참여하게 된다. 예를 들어 놀이 시간이 끝나가

는 시간을 알려주고 다음 활동이 시작하기 전에 자리 배치, 필요한 자료 준비 등에 대한 유아의 역할을 교사가 미리 알려줌으로써 유아는 자연스럽게 다음 활동에 대한 기대감과 흥미를 갖게 된다.

◇ 효과적으로 운영되는 활동 간의 전이 시간은 유아의 신체적, 정신적 긴장감을 해소시켜 주고 짧은 휴식을 제공하는 역할을 한다. 신체 운동량이 많은 실외 놀이가 끝난 후, 손을 씻고 물을 마신 후 정적인 활동을 하기 위해 모여 앉아 다음 활동을 준비하는 것과 같은 전이 활동은 유아에게 신체적 피로감을 감소시켜 주는 역할을 하게 된다. 반면에 실내 활동에서 실외 활동으로 전이할 때는 겉옷을 입고 화장실을 다녀오는 시간을 여유 있게 배려함으로써 유아는 자신의 속도에 맞게 다음 활동으로 이행하게 되므로 집단 활동에 대한 긴장감을 덜 느끼게 된다.

◇ 교사가 활동을 도입하기 전에 간단히 사용하는 주의집중 활동은 유아를 적극적으로 활동에 참여할 수 있게 도와준다. 주의를 끌기 위하여 활동과 관련된 짧은 활동을 제공함으로써 유아의 사전 경험을 이끌어 내고 학습에 참여하고자 하는 의욕을 높인다. 예를 들어 여름의 날씨에 대한 이야기 나누기를 시작하기 전에 레인스틱(빗소리가 나는 악기)의 소리를 듣고 어떤 소리인지를 상상해 봄으로써 비에 대한 경험을 회상하게 되고 이것은 활동에 대한 집중력을 높여 주게 된다.

(2) 전이 활동의 운영

◇ 전이 시간이 시작되기 전에 교사는 미리 알려준다. 예를 들어 정리 · 정돈 시간이 시작되기 전에 교사는 미리 "지금은 퍼즐을 마지막으로 해야 할 만큼 시간이 남았다." 혹은 "지금 하고 있는 만들기를 끝마치도록 하자. 새로 시작하고 싶은 사람은 마칠 수가 없으니 시작하지 않기로 하자."와 같이 미리 알려줌으로써 유아가 실패감을 느끼지 않도록 한다.

◇ 만약 유아가 끝까지 마무리해야 하는 특별한 활동이 있다면 다음 활동으로의 전이 시에 교사가 여분의 시간을 허락하는 융통성을 발휘한다. 예를 들어 놀이 시간에 여러 명의 유아가 함께 동물원을 만들었고, 그것을 완성할 시간이 좀 더 필요하다면 다른 유아가 정리할 동안 여분의 시간을 허용함으로써 여유 있게 전이 시간을 운영할 수 있다.

◇ 유아가 전이 시간 동안 자신이 무엇을 해야 하는지를 정확히 알게 한다. 전이 시간 동안 유아가 할 일을 교사가 먼저 잘 계획하고 명확하게 지시해야 유아가 혼란을 느끼지 않고 효율적으로 전이할 수 있게 된다. 만약 이야기 나누기를 한 후 의자를 정리하고 나서 실내 대근육 활동실로 이동하기 위하여 입구에 줄을 서야 하는데 교사가 유아의 행동을 순서대로 정확하게 지시하지 않는다면 유아는 우왕좌왕하게 된다.

◇ 전이 시간을 효과적으로 운영하고 유아가 활동과 활동 간을 자연스럽게 이행하게 하려면 매일 순서가 비슷한 일과 운영을 하는 것이 좋다. 일과 계획을 하기 위한 대집단 활동, 놀이, 정리 · 정돈, 간식 및 급식, 대집단 활동, 실외 활동 등의 일련의 일과 순서가 유아의 연령과 발달에 맞게 잘 조직되어 있고 특별한 이유가 없는 한 비슷하게 운영된다면 유아는 좀 더 자신감 있게 적극적으로 활동에 참여하게 된다.

◇ 전이 시간도 중요한 활동으로 느끼도록 한다. 예를 들어 정리 · 정돈 시간 그 자체를 가치 있는 경험으로 취급하고 유아들에게 서두른다는 느낌이 들지 않도록 충분한 시간을 배려한다. 또한 간식이나 급식 준비, 미술 활동 후의 정리 · 정돈, 식사 후의 식기 정리와 같은 활동에 유아를 참여시킴으로써 전이를 순조롭게 하고 유아에게 책임감을 갖게 한다.

◇ 모든 유아가 하나의 집단처럼 한 활동에서 다른 활동으로 동시에 움직이는 것을 피하도록 한다. 유아마다 편안하게 받아들일 수 있는 일의 진행 속도가 다를 뿐 아니라, 다른 친구의 마무리까지 모두 기다려야 하는 것은 유아에게 매우 힘든 일이기 때문이다. 예를 들어 간식 시간에 간식을 먼저 먹은 유아는 다른 친구들을 기다리지 않고 먼저 정리한 후 책 읽기와 같은 정적인 놀이를 하게 한다. 또 화장실을 갔을 때 먼저 용변을 본 유아는 장으로 가서 겉옷을 입고 실외 활동 준비를 하게 한다.

◇ 대집단 활동이 끝난 후 다음 활동으로 연결시키기 위해서는 어떤 방법과 순서로 유아를 이동시킬지에 대해 생각해야 한다. 전체 유아를 한 번에 이동하게 한다면 안전사고의 위험이 있을 뿐 아니라 질서에 대해 배울 기회를 놓치게 된다. 교사는 한 명씩 혹은 여러 명으로 나누어 이동시켜서 유아가 복잡하지 않고 자연스럽게 다음 활동으로 이동하게 한다. 예를 들어 봄에 대한 새 노래를 배우고 귀가 준비로 전이시킬 때는 "개나리처럼 노란 옷을 입은 사람들이 먼저 가세요.", "다음은 목련처럼 하얀 옷을 입은 사람들이 가세요." 하면서 차례대로 간격을 두어 이동하게 하면 유아는 색과 방금 배운 노래에 대해 학습하면서도 질서를 지키게 된다.

(3) 주의집중 활동의 운영

◇ 주의집중의 목적이 유아의 주의를 교사에게 집중하게 하는 것임을 잊지 않아야 한다. 교사가 준비한 주의집중을 위한 활동이 아직 끝나지 않았더라도 유아가 집중을 하면 바로 본 활동으로 들어가야 한다. 유아는 주의집중 시간이 짧기 때문에 주의집중을 위한 활동 시간이 길어지면 오히려 본 활동에 주의를 집중하지 못하게 된다.

◇ 어떤 사물의 특징적인 모습이나 행동을 얼굴 표정, 제스처 등으로 표현한 후 무엇인지 알아보는 것과 같은 간단한 알아맞히기 게임은 유아의 주의를 끄는 데 도움이 된다. 예를 들어 동물원 현장학습이나 소풍을 다녀온 후 회상하기 위한 이야기 나누기를 하기 전에, 보았던 동물을 소리나 동작으로 표현하고 알아맞혀 보게 하면 유아의 회상을 돕고 활동에 대한 흥미를 북돋워 주게 된다.

◇ 활동과 관련된 수수께끼를 내는 것도 효과적인 주의집중 활동이 될 수 있다. 수수께끼를 내는 사람은 교사가 될 수 있고 유아 중의 한 명이 될 수도 있다. 교사가 수수께끼를 낼 때는 어려운 힌트에서 출발하여 점점 쉬운 힌트로 난이도를 조절하고, 활동과 관련하여 개념이나 지식을 전달할 수 있는 내용으로 하는 것이 바람직하다.

◇ 어휘를 확장할 수 있는 간단한 말놀이를 창안할 수 있다. 예를 들어 교사(또는 유아)가 제시하는 말에 해당하는 여러 가지 사물의 이름을 말해보기 놀이와 같은 말놀이는 유아의 집중력을 이끌어 낼 수 있다. 긴 것, 짧은 것, 더운 것, 찬 것, 매운 것, 달콤한 것, 빨간 것 등에 대한 지시를 듣고 생각나는 물건 이름 대보기 활동은 유아의 인지적 집중력을 발달시킨다.

◇ 이전 시간에 배웠던 짧은 동시를 읊거나 노래를 함께 불러보는 것도 유아의 주의를 환기시키는 방법이다. 활동과 관련된 동시 또는 노래라면 주의를 집중시킬 뿐 아니라 활동에 대한 관심을 일으킬 수 있다.

◇ 주의집중 활동은 활동과 관련되어 있으면서 활동의 진행에 방해가 되지 않도록 간결하게 진행하여야 한다. 주의집중을 위한 활동이 길게 늘어지거나, 유아가 완수해내기 어려운 과제를 제시한다면 오히려 본 활동에 대한 기대감과 주의력을 떨어뜨리기 때문이다.

5) 평가 및 귀가

(1) 평가 및 귀가의 목표

- 하루 일과를 마치고 유아는 활동이나 일과를 회상하면서 평가하는 시간을 가지게 된다. 이러한 활동을 통해 유아는 즐거웠던 일을 생각하면서 긍정적인 정서를 느끼게 되고, 만약 기분이 좋지 않은 일이 있었다면 다 함께 평가하고 반성하면서 어떻게 하면 이런 일이 일어나지 않을지 생각해 볼 수 있다.
- 자신이 하루 동안 기관에서 지낸 일을 회상하는 과정을 통해 스스로를 평가하는 태도를 가지게 된다.
- 다른 사람의 이야기를 주의 깊게 듣는 기술, 바른 태도로 말하는 기술이 증진된다. 평가 시간에는 내가 이야기하는 것보다 다른 유아의 이야기를 듣는 시간이 더 길다. 다른 유아의 이야기를 잘 듣기 위해서 어떻게 해야 하는지, 다른 유아가 내 말을 이해하도록 하려면 어떻게 이야기해야 하는지를 생각하고 바르게 듣고 말하려 노력하게 된다.
- 내일의 활동을 위해 생각할 것이나 준비할 것 등에 대해 이야기하고 부모님께 말씀드리도록 하면 가정과의 연계가 이루어지고 유아는 다음 날 활동에 대한 기대를 가지게 된다.

(2) 평가 및 귀가의 운영

1 평가

- 집으로 돌아가기 전 반 전체의 유아가 모여 하루 활동을 회상하면서 평가 및 귀가 지도를 할 수 있다.
- 평가 시간은 필요에 따라 5~10분 정도 가질 수 있는데, 교사는 유아와 함께 하루를 지내면서 가장 재미있었던 일이나 힘들었던 일들을 회상하여 보고, 그 이유와 앞으로 어떻게 해야 할지를 생각해 본다.
- 일과 평가 후 귀가 지도를 할 때는 특별한 전달 사항이나 귀가 시 안전 등에 대해 이야기할 수 있고 다음 날의 활동을 미리 소개하여 다음 날 도착하는 대로 활동을

시작할 수 있도록 한다. 예를 들어 다음 날 소풍이나 현장학습을 간다면 소풍 및 현장학습의 장소, 준비물, 출발 시각 등을 미리 알려주며, 다음 날 요리를 하는 경우에는 어떤 요리를 할지와 어떻게 집단을 나눌 것인지를 미리 알려주어 다음 날 유아가 기관에 와서 몇 번째 그룹에서 요리를 할지 정할 수 있도록 한다. 오늘의 활동이 다음 날로 연장될 경우에도 "내일도 미술 영역에서는 OO을 할 거야." 등으로 소개함으로써 유아가 다음 날의 활동을 예측하여 안정감을 갖고 활동할 수 있게 한다.

◇ 평가 시간에 위에 열거한 내용을 모두 다 하는 것은 아니며 기관의 특성이나 일과의 흐름에 따라 필요한 것만 골라서 활동하도록 한다.

2 귀가

◇ 귀가를 할 때에는 가정통신문이나 유아의 작품 등 소지품을 빠뜨리고 가지 않도록 도와주며 주말에는 침구 등을 가지고 가서 빨아오도록 이야기한다.

◇ 귀가 시에는 소집단으로 나누어(예 동네, 옷 색깔, 성씨 등) 내보내며 화장실을 다녀와 자기 장 앞에서 옷을 바르게 입도록 지도한다.

◇ 귀가 방법은 기관의 특징에 따라 차량으로 귀가하는 유아, 개별 귀가하는 유아, 오후 방과후 과정이나 특별활동 프로그램으로 인해 남아있는 유아 등 다양하므로 교사는 각별히 주의하여 유아가 안전하게 집으로 돌아가는 것을 끝까지 책임져야 한다.

> 부모가 사전 연락을 하지 않는 한 다른 성인이 유아를 데리고 가는 일이 없도록 한다. 유치원 방과후 과정이나 어린이집의 경우에는 각 유아별로 귀가하는 시간이 다를 수 있으므로 데리고 가는 성인이 서명을 남길 수 있는 서식을 마련한다.

> 차량 귀가는 한 반의 유아가 여러 노선의 차량을 타고 가게 될 수 있으므로 교사는 미리 어떤 차량에 어떤 유아가 타는지 명단을 작성하고 각 차량별로 유아를 보내어 유아가 혼동하지 않도록 한다. 또한 오랜 시간 차를 타야 할 가능성이 있으므로 차량에 탑승하기 전 반드시 화장실을 다녀오도록 한다. 귀가 차량에는 차량 담당 교사가 동승하여 유아가 누구와 귀가하는지, 정확한 장소에 내렸는지 확인해야 한다.

> 오후 특별활동 프로그램이나 방과후 과정 프로그램을 하는 유아의 경우에는 귀가할 유아와 함께 데리고 나가기보다는 먼저 해당 교실로 보내는 것이 좋다.

◇ 등원 시와 비교하여 유아의 옷차림 등에 변화가 있거나 기관에서 개별적으로 전달할 사항이 있으면 상황에 대해 부모님이 이해할 수 있도록 한다. 예를 들면 일과 중의 특별한 사항, 특별한 활동, 간식 및 점심 식사량, 수면 시간, 용변 실수, 다친 곳이나 상처, 심리적 변화 등과 교사가 관찰한 재미있는 일화나 특별한 일 등을 기관 홈페이지나 앱 등을 활용해 알린다.

◇ 방과후 과정의 경우에는 귀가 시간에 맞추어 놀이를 마무리 짓고 정리 · 정돈한 후 교사와 함께 집단이나 개인별로 하루 일과에 대해 편안히 이야기를 나누며, 다음 날의 놀이를 계획하고 보호자가 오면 자연스럽게 귀가하도록 할 수 있다.

◇ 방과후 과정이나 어린이집의 경우에는 유아가 오랫동안 기관에서 생활하게 되므로 귀가 지도 시 교사는 다음의 사항을 점검하고 지도할 수 있다.

> 특히 영아의 경우 수유, 낮잠, 기저귀 간 횟수

> 유아의 신체적 · 심리적 상태, 피곤함, 병색, 감기 증상, 외상

> 유아의 옷차림, 얼굴 · 손 · 발의 청결도

> 유아의 작품, 소지품, 세탁할 옷이나 실내화, 칫솔 등 교환할 물건

> 부모에게 전달할 내용이나 안내문 등 연락 사항, 투약 보고서 등의 보고 사항

Chapter

5

행 사

1 입학일

2 생일 축하

3 가족 참여 수업일

4 소풍

5 운동회

6 방학일

7 수료식

» 0~5세의 일반적인 유아를 의미할 때는 '유아'라는 용어를 사용함

» 특별히 연령을 구분할 필요가 있을 때는 'O~O세 영아 또는 유아'라는 용어를 사용함

» 2024년에 시행되고 있는 교육과정은 2019 개정 누리과정(3~5세)과 제4차 표준보육과정(0~1세 보육과정, 2세 보육과정)임

» 특정 시기에 시행된 교육과정에 포함된 내용을 기술할 때는 그 시기에 사용된 교육과정 명칭을 사용하고 일반적 의미에서 서술할 때는 '교육과정', 3~5세 유아를 위한 교육과정은 '누리과정', 0~2세 영아를 위한 보육과정은 '표준보육과정'이라는 용어를 사용함

» 유보통합 및 정부조직법(법률 제20145호, <개정 2023. 12. 26.> <시행 2024. 06. 27.>)에 따라 교육부로 보육 업무가 통합·이관되어 본 서에서는 교육과 보육을 구분하지 않고 '교육'이라는 용어로 통일함

유아교육기관에서 실시하는 행사는 매우 다양하다. 일반적인 행사로는 입학일, 수료식, 방학일, 가족 참여 수업일, 운동회 등이 있고, 종교적인 행사로는 부활절, 추수감사절, 성탄절 행사 등이 있다. 그러나 이 모든 행사를 다 하는 것은 아니며 각 유아교육기관의 특성, 교육 프로그램, 지역의 특성 등에 맞는 행사를 한다. 행사의 특성에 따라 준비-실행-평가 단계에서 고려해야 할 특이 사항이 있으나 일반적으로 행사를 할 때 다음의 사항을 고려한다.

- 유아 중심의 행사가 되도록 유아를 계획 단계에서부터 실행, 평가 단계까지 참여하게 한다. 예를 들어 운동회를 계획할 때는 하고 싶은 게임에 대한 유아의 의견을 반영하여 활동을 계획하거나 활동에 필요한 것 중 간단한 것(예 박 안에 들어갈 종이, 만국기)은 유아와 함께 만들 수 있다. 실행 단계에서는 유아가 자신이 하는 게임에만 관심을 기울이는 것이 아니라 다른 사람이 하는 것도 잘 보고 열심히 응원할 수 있도록 한다. 또한 평가를 할 때에도 유아가 재미있었던 일, 가장 인상 깊었던 일을 알아봄으로써 활동에 대해 스스로 평가해 볼 수 있는 기회를 준다.
- 유아의 발달 수준을 고려하여 행사를 계획한다. 예를 들어 운동회를 계획할 때 각 연령별 유아의 발달 수준과 교육과정에서 제시하고 있는 내용을 참고하여 유아가 하게 될 운동의 종류를 선택한다.
- 행사를 계획할 때는 시간의 길이, 정 · 동적인 활동의 균형 등을 고려하여 유아가 행사로 인해 피곤하지 않도록 계획한다. 예를 들어 운동회를 할 때는 신체 활동과 간식, 휴식 시간을 적절히 나누어 계획하고, 민속의 날에는 실내에서 할 수 있는 활동과 실외에서 할 수 있는 활동을 나누어 실시한다. 유아가 등원하는 첫날이나 수료(졸업)식의 경우 시간이 길어지면 유아가 지루해하거나 피곤해할 수 있으므로 간단히 끝내는 것이 좋다. 가족 운동회를 할 때도 모든 가족을 위한 프로그램을 넣으면 유아는 하루 종일 진행되는 행사 중에 한두 프로그램만 참여하고 소외되는 경우가 생기므로 유의한다.
- 최근 많은 기관에서 이벤트 회사에 행사를 전적으로 맡기는 경우가 늘어나고 있는데, 유아의 특성을 고려하지 않은 행사가 될 가능성이 높다. 행사는 기관의 교직원과 유아, 가족이 함께 참여하는 가운데 기관의 특성에 적합하고 각 유아와 학부모의 의견을 반영한 프로그램이 되도록 기관에서 자체적으로 준비하는 것이 바람직하다.

외부 업체에 맡겨야 하는 상황이면 전적으로 맡기지 말고 업체와 세부적인 사항까지 의논하고 점검한다.

◇ 행사를 마친 후에는 평가를 한다. 교사는 행사를 마친 뒤 프로그램의 적절성과 시간의 적절성 등에 대해 평가를 하고, 유아도 행사 중 가장 재미있었던 활동을 그림으로 그려보거나 그래프로 만들어 보는 등의 평가를 할 수 있다. 가족이 참여한 경우에는 행사에 대한 가족의 의견을 듣고 이를 이후의 행사에 반영한다.

1 입학일

1) 의의

유아교육기관은 유아가 처음으로 사회적 경험을 하는 곳으로 기관에 오는 첫날에는 설렘과 함께 두려움을 느끼게 된다. 입학식에 오는 것으로 기관에서의 첫날을 보내게 되면 낯선 분위기와 행사로 인해 자신이 다니게 될 기관에 대해 불편한 감정을 느낄 수 있다. 첫날은 형식적인 입학식을 하기보다는 유아가 자신이 속한 학급에서 교사 및 또래와 함께 가정과 같이 편안함을 느끼고 재미있게 하루를 보내도록 분위기를 조성해 준다.

2) 준비 사항

◇ 교사는 유아들을 맞이하기 전 유아에 대해 미리 파악하여 둔다. 입학 원서 등을 통하여 유아의 얼굴과 이름을 익히고, 특이한 사항이 있다면 숙지한 다음 유아가 등원하는 첫날부터 이름을 부르며 맞이한다.

◇ 유아의 개인장과 신발장에는 이름을 붙여주고 어린 영아의 경우는 사진이나 영아를 상징해 줄 수 있는 표시를 함께 붙여준다. 입학 첫날부터 자기 물건이 미리 준비되어 있으면 유아는 더욱 편안하게 느끼기 때문이다.

◇ 유아의 연령이 어릴수록, 기관 생활을 처음 하는 유아의 수가 많을수록 다양한 교구보다는 한 가지의 교구를 충분한 수로 구비한다. 유아는 다른 친구가 놀이하는 놀잇감을 자신도 가지고 싶어 하고, 같은 놀잇감이 부족한 경우는 갈등의 원인이 될 수 있으므로 첫날에는 유사한 놀잇감을 충분히 구비하는 것이 좋다.

◇ 유아가 안정감을 느낄 수 있도록 교실 내 벽면에 각 유아별 가족사진을 붙이거나 가정과 비슷한 환경을 조성하는 것도 효과적이다.

◇ 부모님을 위해서는 기관의 생활을 소개하는 사진을 붙여두어 유아의 기관 생활에 대한 이해를 돕는다.

3) 평가

교사는 유아가 등원하는 첫날(입학일)을 지내고 난 뒤 다음의 사항을 평가하도록 한다.

◇ 유아가 안정감과 친근감을 느끼도록 상호작용하였는가?

◇ 처음 기관 생활을 시작한 유아의 신체적 요구를 수용하여 계획하였는가?

◇ 유아가 혼란스러워 하지 않도록 명확하게 하루 일과를 계획하였는가?

4) 주의점

◇ 입학식과 같이 식순에 의해 진행되는 긴 행사는 처음 집단생활을 경험하는 유아가 이해하기 어렵고 부담이 되므로 의미가 없다. 교사는 하루 일과를 짧게 진행하면서 학급별로 친구의 이름을 불러보기, 선생님과 인사하기, 교실 환경에 대한 간단한 소개 및 놀이를 진행하여 유아가 첫날을 편안하고 즐겁게 느끼도록 한다.

◇ 유아가 처음 기관에 오는 날은 주 초보다는 중간(수요일이나 목요일)으로 잡는 것이 좋다. 그러면 유아는 2~3일간 기관을 경험한 뒤 얻게 되는 긴장을 주말 동안 풀고 나서 새 주간을 맞이할 수 있다.

◇ 처음부터 학급 전체 유아가 모이게 되면 혼란스럽거나 유아끼리 서로 스트레스를 받을 수 있으므로 집단을 둘로 나누어 첫 번째 집단은 아침 9시에 시작하여 10시 30분에 마치고, 두 번째 집단은 11시에 시작하여 12시 30분에 마치는 프로그램으로 운영할 수 있다. 3~4일 정도 집단을 나누어 일과를 운영하고 유아가 집단생활에 적

응하게 되면 차차 집단을 합치고 운영 시간도 조금씩 늘려간다. 그 기관에 재원했던 유아와 신입 유아가 적응에 소요되는 시간이 다르므로 적응 프로그램을 다르게 계획하는 것도 바람직하다.

- 맞벌이 부모가 많은 어린이집이나 유치원 방과후 과정의 경우에는 적응 프로그램을 이상적으로 계획하기 어렵지만, 가족의 협조를 적극적으로 구해 유아의 적응이 순조롭게 이루어지도록 한다.

2 생일 축하

1) 의의

생일은 유아가 세상에 태어났다는 기쁨과 함께 한 살 더 많아지면서 몸과 마음, 생각도 자라게 된다는 기쁨을 느끼도록 교사와 친구가 축하해 주는 날이다. 유아는 자신이 소중하다는 것을 느끼고, 친구와 교사로부터 사랑받는다는 것을 확인함으로써 자신감을 갖게 되며, 우정과 애정을 배운다.

2) 준비 사항

- 유아의 생일을 교실 달력에 미리 표시해 둔다. 매월의 첫날에 유아와 함께 달력을 보며 어떤 유아의 생일이 그달에 있는지 함께 알아본다.
- 생일을 맞은 유아의 가정에서 생일 간식을 준비하는 경우라면, 부모님께 생일 축하일 2~3일 전에 전화를 드려 간단한 음료수, 떡이나 빵류, 과일류를 유아가 먹을 만큼의 양만 부탁한다. 탄산음료, 색소나 유해물이 첨가된 과자류, 상할 위험이 있는 음식물은 적절하지 않음을 알린다.
- 생일을 맞은 유아에게 달아줄 선물(예 가슴에 달 꽃, 기관에서 주는 간단한 선물)을 미리 만들어 둔다.

◇ 학급별로 생일 축하를 하는 것이 바람직하나 부득이하게 한 기관의 모든 유아가 함께 모여 생일 축하를 한다면 강당에 단상을 준비하여 함께 생일 축하를 할 수 있게 준비한다. 학급별로 생일 축하를 하는 경우, 활동실에 넓은 공간을 만들고 생일 축하를 위한 책상과 다른 유아가 둘러앉을 수 있는 의자를 배치한다.

3) 유아의 참여

◇ 생일 축하를 위한 선물을 유아와 함께 준비하여, 유아에게 물질적인 선물을 하기보다는 마음을 전하는 선물이 중요하다는 것을 알려준다. 예를 들어 작은 모양 종이에 그림을 그리거나 간단한 문구를 써서 모아 큰 색지에 붙여서 커다란 카드를 만들어 주거나, 각 유아가 도화지에 그림을 그린 뒤 이를 책으로 묶어 그림 선물로 줄 수도 있다.

◇ 이 외에도 유아들끼리 몇 명씩 나누어서 생일을 맞은 유아를 기쁘게 할 수 있는 노래나 악기 연주 선물 등 유아가 직접 참여할 수 있는 선물을 준비한다.

◇ 생일을 맞은 유아도 생일 축하를 해준 유아들에게 답례로 노래, 악기 연주, 동화 들려주기 등의 활동을 할 수 있다.

4) 주의점

◇ 생일 축하 시간은 생일을 맞은 유아와 생일을 축하해 주는 유아 모두 즐거운 경험이 될 수 있도록 한다.

◇ 생일 축하는 15~20분 내외로 계획하여 신속히 진행하는 것이 좋다. 생일 축하 시간이 너무 길어지면 축하를 해주는 활동의 수를 줄이고 한 활동에 참여하는 유아의 수를 늘리도록 한다(예 여러 명이 함께 나와 노래 불러주기).

◇ 생일 축하를 하는 방법과 축하 시간의 길이는 유아의 연령과 요구에 따라 적절히 변화를 주며 진행한다. 2세 이하의 영아는 공식적인 생일 축하 시간을 갖기보다는 간식 시간에 생일 음식을 나눠 먹거나 놀이시간에 생일 축하 놀이를 하는 방식으로 생일 축하를 해 줄 수 있다.

◇ 생일 맞은 유아가 노래, 악기 연주, 수수께끼로 생일 축하 선물을 할 유아를 지명할

수도 있는데, 자신과 친한 유아에게만 계속하여 부탁하면 나머지 유아에게는 유쾌하지 못한 경험이 될 수 있으므로, 교사는 모든 유아가 참여할 수 있도록 생일을 맞은 유아에게 제안한다.

유아들이 참여한 생일 축하

◇ 유아의 연령이 어릴수록 자신의 생일을 다른 유아와 함께 축하받는다는 것을 이해하기 어려우므로 해당 날짜에 개별적으로 축하해 준다. 4세경이 되면 학급 단위로 같은 주 또는 같은 달에 생일이 있는 유아들을 모아 한꺼번에 축하해 줄 수 있다. 5세 정도가 되면 해당 주에 생일이 있는 여러 반의 유아를 모아 한꺼번에 축하할 수 있다. 그러나 5세 연령이라도 가능하면 강당에 모여 다 함께 하는 생일 축하는 지양한다.

◇ 생일 축하를 다양한 방법으로 실시한다. 교사가 일방적으로 정한 방법으로만 반복하기보다는 유아와 의논하여 여러 가지 방법으로 생일 축하 시간을 만들어 본다. 예를 들어 재미있었던 게임을 하면서 생일 맞은 유아에게 선생님 역할을 맡길 수 있다.

5) 생일 축하의 예

◇ 교사는 생일 축하를 받는 유아가 앉을 자리를 마련하고, 다른 유아는 미리 그려두었던 그림 선물을 가지고 와서 의자나 바닥에 앉는다.

◇ 생일 축하를 시작하기 전에 선물을 주고받는 태도와 방법에 대해 이야기한다. 예를 들어 선물을 주고받을 때의 인사말(예 생일 축하해, 고마워) 등에 대해 이야기를 나눈다.

◇ 생일 축하가 시작됨을 알리고 자리에 앉은 유아가 한 명씩 나와서 생일을 맞은 유아에게 그림 선물을 전해주도록 한다. 유아가 의자와 바닥에 나누어 앉아 있는 경우에는 바닥에 앉은 유아들부터 먼저 나와 그림을 전해주고 난 다음에 의자에 앉은 유아가 나와서 그림을 전달하게 하면 유아가 서로의 그림을 밟는 것을 피할 수 있다.

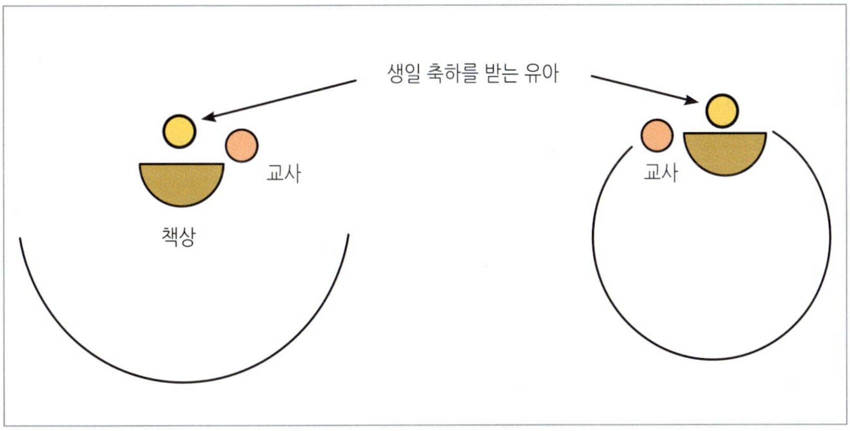

| 생일 축하를 위한 좌석 배치(원과 반원)의 예 |

◇ 선물을 전달하고 난 다음에는 노래, 동화, 율동, 수수께끼 등으로 생일 축하를 해준다.

◇ 다른 유아가 선물로 노래, 율동 등을 할 때는 교사와 생일 맞은 유아는 다른 유아가 있는 쪽으로 자리를 이동하여 무대를 확보해 준다.

◇ 친구들의 생일 축하가 끝나면 생일 맞은 유아가 어떤 기분이 드는지, 친구들에게 어떤 생각이 드는지 이야기를 나누고, 생일 축하를 해준 친구들을 위해 답례로 노래를 불러주거나 수수께끼를 내주는 등의 활동을 할 수 있다. 만약 활동을 준비하지 않았다면 "고마워."라는 말로 표현한다.

3 가족 참여 수업일

1) 의의

유아교육기관은 유아가 처음 기관 생활을 경험하게 되는 곳이므로 부모는 유아가 어떻게 생활하는지 궁금해하고, 교사도 부모님과의 교류를 통하여 유아에 대한 정보를 얻고자 한다. 부모 참여 프로그램을 계획할 때는 다양한 가족 구조를 고려하여 계획 · 실시함으로써 소외되는 유아 및 가족이 발생하지 않도록 한다.

2) 준비 사항

- 참여일의 종류를 결정한다. 가족이 참여하는 대표적인 행사는 아버지 참여 수업, 어머니 참여 수업, 할아버지 · 할머니 오시는 날 등이 있는데 이를 모두 해야 하는 것은 아니며 상황 및 지역적 특성에 따라 적합한 행사를 계획한다.
- 가족 참여일의 실시 시기를 결정한다. 어머니는 유아교육기관과 의사소통이 비교적 많은 반면 아버지는 왕래가 적은 편이므로 자녀가 다니고 있는 유아교육기관에 대한 이해와 의사소통을 돕기 위하여 1학기, 즉 4~6월의 토요일에 참여일을 갖는 것이 적합하다. 아버지 참여일을 1학기에 했다면 어머니 참여일은 2학기에 할 수 있으며 조부모님이 오시는 날은 가정의 달인 5월에 계획할 수 있다.
- 가족 참여일은 유아가 기관에 완전히 적응하고 난 후에 실시하는 것이 바람직하며, 날씨를 고려하여 어떤 활동을 할 것인지 계획한다. 예를 들어 장마철에 아버지 참여 수업을 예정하고, 일부 활동을 실외 활동으로 계획하는 것은 적합하지 않다.
- 사전 안내를 하고 참석 여부를 확인한다. 학기 초에 연간 교육 계획안을 통해 참여일에 대해 안내하지만 실시 시기가 구체적으로 결정되면 생활 예정안에 가족 참여일을 안내하고 참석 여부에 대한 답신을 받는다. 상황에 따라 아버지가 올 수 없는 유아는 다른 남자 가족이, 어머니가 올 수 없는 유아는 다른 여자 가족이 참여할 수 있음을 알려서 모든 유아가 가족과 함께 프로그램에 참여할 기회를 준다.

◇ 행사 세부 계획을 작성한다. 유아가 가족과 함께 할 수 있는 활동을 계획하고 어떤 순서로 프로그램이 진행될지 세부적인 계획을 작성한 뒤 활동에 필요한 자료를 준비한다.

◇ 행사에 필요한 물품을 준비한다. 행사에 참석할 인원이 확정되면 어떤 일정으로 진행이 될지를 미리 안내한다. 부모님과 함께 할 활동이 동적인 활동이라면 부모님들께 편한 옷을 입고 오도록 안내한다.

◇ 유아와 함께 안내 편지를 쓸 수도 있는데, 안내 편지에는 신발 넣는 곳, 반의 이름과 교실의 위치, 담임교사의 이름, 화장실의 위치 등을 포함시킬 수 있다. 이 외에도 유아의 이름을 쓴 부모님 이름표, 방명록과 필기도구, 간식, 물휴지, 슬리퍼 등을 준비한다.

◇ 행사 당일이 되면 가족이 등원하는 시간, 실내 놀이 시간, 간식 시간 등에 조용한 음악을 틀어 따뜻한 분위기를 조성하고, 가족이 앉을 수 있는 성인용 의자를 준비한다.

◇ 가족 참여일을 준비하는 과정에 유아가 함께 참여할 기회를 준다. 예를 들면 가족에게 보내는 초대장을 유아와 함께 만들거나, 가족이 유아교육기관에 왔을 때 안내 및 활동실 소개를 하는 역할을 맡게 할 수도 있다. 유아는 행사에 함께 참여하는 과정에서 가족의 소중함을 느낄 수 있고, 가족의 참여를 위해 자신이 한 일에 대하여 성취감을 느낄 수 있다.

3) 평가

교사는 가족 참여 행사를 마친 후 다음의 사항을 평가하도록 한다.

◇ 참여하는 유아와 가족 모두 즐거운 경험이 될 수 있도록 계획하였는가?

◇ 유아의 가족이 함께 참여할 수 있는 프로그램을 계획하였는가?

◇ 가족의 상황을 고려하여 참여 프로그램의 장소와 시간을 계획하였는가?

4) 주의점

◇ 가능한 많은 가족이 참여할 수 있는 시간과 날짜를 결정한다.

◇ 다양한 사회 문화적 배경을 가진 유아와 가족이 소외되지 않도록 배려한다. 최근에는 다문화 가정, 한부모 가정, 조손 가정 등 다양한 가족 구조의 형태가 나타나고 있는데, 아버지 참여일, 어머니 참여일이라고 하여 해당 가족만 참여하게 된다면 소외되는 유아가 발생하게 된다. 그러므로 아버지 참여일에는 다른 남자 가족이, 어머니 참여일에는 다른 여자 가족이 올 수도 있음을 알리고, 가능하다면 아버지 · 어머니 참여일보다는 모든 가족을 포함하는 명칭의 행사를 준비하는 것이 바람직하다. 또한 맞벌이 부모 가정은 평일에는 시간을 내기가 어려우므로 토요일 오후 등으로 시간을 정한다.

◇ 충분한 재료를 준비한다. 예를 들어 유아와 가족이 함께 미술 활동이나 요리 활동을 하는 경우 원하는 만큼 만들 수 있도록 충분한 양의 재료를 준비한다.

◇ 가족과 함께하는 날은 유아의 태도가 평소와 달라질 수 있으므로 이를 고려하여 활동을 진행한다. 예를 들면 유아는 부모님이 오면 흥분하여 평소와 달리 산만해질 수 있다. 교사는 가족에게 이러한 변화가 있을 수 있음을 미리 이야기하여 즐거운 분위기에서 가족 참여 프로그램이 이루어지도록 한다.

◇ 가족과 유아가 1:1로 상호작용을 많이 할 수 있는 교재 · 교구, 예를 들어 책이나 퍼즐 맞추기, 그룹 게임 등을 다양하게 준비하여 가족과의 긍정적인 관계 형성을 돕는다.

4 소풍

1) 의의

소풍은 계절의 변화와 여러 자연환경의 변화를 관찰하고 마음껏 뛰어노는 경험을 할 수 있는 행사이므로 유아가 자연과 친숙해지는 경험을 중심으로 일정을 계획한다.

2) 준비 사항

- 소풍 갈 장소를 교사가 미리 답사하여 놀이 장소 및 화장실의 위치 등을 파악하고 유아에게 보여줄 사진이나 안내지를 준비한다.
- 소풍 일주일 전 정도부터 소풍 갈 장소에 대한 사진이나 웹사이트 등을 소개하여 소풍에 대한 관심을 유도한다.
- 유아와 가정에 소풍에 관한 안내를 한다. 유아에게는 소풍을 가는 날짜와 장소를 안내하고, 가서 하고 싶은 활동에 관해 함께 이야기 나눈다. 가정에는 월간 생활 예정안을 통해 소풍 날짜, 장소, 준비물, 소요 시간, 우천 시 변경 사항 등을 안내한다.
- 소풍을 위한 준비물을 점검한다. 준비물로는 약품 가방, 호루라기(게임용), 스피커, 마이크, 녹음기, 각 반 유아의 명단, 비상 연락망, 필기도구, 게임 자료, 소풍 장소 안내 피켓, 방향 표시, 투명 테이프 등이 있다. 소풍에서 게임을 한 후 유아에게 상품을 준다면 각 유아의 연령에 맞는 유아용품(예 양말, 퍼즐, 머리핀 등)으로 준비한다.
- 행사 진행을 위한 준비를 한다. 유아와 가족이 함께 소풍 장소로 오는 경우는 교사가 유아보다 먼저 소풍 장소로 가서 준비한다. 교사가 유아를 인솔하여 가는 경우는 미리 행사에 필요한 물품을 확인하여, 소풍 장소에 도착한 뒤 바로 사용할 수 있도록 한다.

3) 주의점

◇ 소풍이나 견학과 같이 유아 전체가 단체로 이동하는 경우, 교사는 반드시 출발 · 도착 시의 인원 체크를 하고 유아가 다치는 일이 없도록 주의를 기울여야 한다. 유아가 혼자 떨어지게 될 경우를 대비하여 모든 유아에게 이름표를 달아주는데, 이름표 뒤에는 기관명과 전화번호, 유아의 집 전화번호, 부모님의 휴대 전화 번호 등을 적어 둔다.

◇ 소풍을 가서 유아가 함께 자연을 만끽하는 가운데 게임과 단체놀이를 통해 협동심과 소속감을 기르게 되므로 소외되는 유아가 있는지 주의 깊게 관찰한다.

◇ 소풍을 진행하면서 같은 장소에 놀러 온 다른 사람에게 피해를 주는 일이 없어야 한다. 시끄럽게 하거나 쓰레기를 아무 곳에나 버리지 않도록 사전에 교육하고, 유아를 부를 때 호루라기를 크게 불거나 함께 이동할 때 '오리-꽥꽥', '참새-짹짹' 등을 복창하게 하지 않는다.

5 운동회

1) 의의

유아는 운동회에서의 다양한 운동 경험을 통해 신체의 건강과 발달을 이룰 수 있다. 유아가 함께 운동회를 계획하고, 유아교육기관의 안팎을 장식하고, 각자 분담한 일을 수행함으로써 협동심과 책임감을 기를 수 있다. 또한 규칙을 지켜 정정당당하게 경기하는 운동 정신을 기르고, 올바르게 응원하는 태도도 배우게 된다.

2) 준비 사항

- 운동회 시기를 결정한다. 운동회를 1학기로 계획하였다면 날씨가 좋고 너무 덥지 않은 5월경에, 2학기에 계획하였다면 9월에서 10월경에 하는 것이 좋다.
- 운동회를 한 다음 날에는 유아가 쉴 수 있도록 날짜를 고려한다. 시기가 결정되면 생활 예정안을 통해 미리 가정에 알리며 원하는 부모님은 참관할 수 있도록 하고, 우천 시 변경 사항에 대한 안내도 한다.
- 장소를 결정한다. 유아교육기관에 전체 유아가 함께 운동회를 할 수 있는 실외 공간이 없다면 인근 공원이나 학교의 운동장을 빌린다. 이 경우 미리 공문을 보내어 실시하고자 하는 날짜에 특별한 행사가 있는지 등의 여부를 반드시 확인한다.
- 행사를 위한 환경 구성을 한다. 최근에는 이벤트 회사에 운동회 전체 진행을 맡기는 경우가 많아지고 있으나 유아교육기관에서 직접 행사를 주관하는 것이 바람직하다. 유아교육기관에서 직접 행사를 주관할 경우에는 유아가 그린 장식물을 중간에 걸어 놓거나 풍선을 매다는 등의 환경 구성을 할 수 있다.
- 행사 준비물을 점검한다. 교사는 우선 단상과 점수판을 준비한다. 행사 진행을 위해서 각 팀 표시 깃발, 돗자리나 깔개, 마이크 등의 음향 시설, 행진곡 음악, 비상약품, 간식 및 물, 물수건, 쓰레기통 등을 준비하고 각각의 활동에 필요한 자료를 준비한다.

◇ 운동회를 준비하는 과정에 유아가 함께 참여하도록 한다. 운동회는 유아가 설레는 마음으로 기다리는 행사이므로 운동회를 준비하는 과정에서부터 유아가 참여할 수 있게 한다. 예를 들면 환경 구성에 사용할 만국기나 박 터뜨리기에 사용할 팥주머니를 기관이나 가정에서 함께 만들어 볼 수 있다.

3) 주의점

◇ 3, 4, 5세의 모든 유아가 골고루 활동에 참여할 수 있는 프로그램을 계획한다. 연령 및 발달 수준에 적합한 게임을 선정하고, 5세의 경우에는 개인으로 하는 게임보다는 편끼리 할 수 있는 반환점 돌아오기, 줄다리기 등의 단체 활동을 준비한다.

◇ 가족이 운동회에 참여하는 경우에는 가족과 유아가 함께 할 수 있는 활동을 계획(예 가족과 함께 달리기나 공굴리기)한다.

◇ 유아의 건강과 안전을 고려하여 활동을 진행한다. 장시간 햇빛에 노출되지 않게 간식 및 휴식 시간을 안배하여야 하며, 유아가 다치지 않도록 안전에 유의한다.

◇ 운동회는 편을 나누어 게임을 하는 것이지만 경쟁보다는 서로 협동하고 즐거움을 느끼는 것에 초점을 두어, 유아가 이기고 지는 것에 얽매이기보다 함께 활동하는 기쁨과 보람을 느낄 수 있도록 한다.

| 실내외에서 이루어지는 운동회 활동

6 방학일

1) 의의

방학은 반복되는 매일의 일과와 긴장되는 유아교육기관 생활에서 벗어나 새로운 힘을 충전하는 시간이다. 방학은 새로운 생활을 준비하는 시간이기도 하므로 유아와 방학을 보내는 다양한 계획이나 방법에 대해 알아본다.

2) 준비 사항

◇ 가정에 보내는 통신문을 준비한다. 통신문에는 원장 및 교직원이 부탁하는 내용뿐 아니라 유아가 원하는, 혹은 유아에게 바람직한 방학 생활을 알려주어 의미 있는 방학이 되도록 한다. 예를 들면 방학 동안 학습에 얽매이는 것은 유아의 발달에 바람직하지 않으며, 방학을 이용하여 평소에는 갈 수 없었던 다양한 경험을 할 수 있는 장소를 안내할 수 있다.

◇ 유아의 작품이나 소지품을 집에 가지고 갈 수 있도록 빈 종이봉투를 가지고 오도록 한다.

◇ 방학 며칠 전부터 유아의 작품이나 소지품을 정리하여 집에 가지고 갈 것과 둘 것을 분류해 둔다.

3) 방학일의 운영

◇ 유아와 함께 방학의 의미와 방학을 하는 이유에 대해 이야기를 나누고 방학에 할 수 있는 다양한 활동을 생각해 본다.

◇ 방학 동안 기관에 오지 않으므로 교실 내의 놀잇감을 정리할 것임을 알려주고 유아가 정리할 수 있는 놀잇감을 정리(예 그림책, 퍼즐 등)한 후 각 흥미 영역별로 나누어 정리 및 청소를 한다.

◇ 정리 및 청소를 마친 후 개학일이 언제인지와 개학일에 가져올 수 있는 것(예 놀러 가서 가져온 신기하고 재미있는 물건, 놀러 가서 찍은 사진) 등에 대해 이야기를 나눈다.

• TIP • **방학일 가정통신문의 예**

방학 동안 부모님께 부탁드리는 말씀

- 기관에 다닐 때와 같이 하루의 생활을 규칙적으로 하도록 도와주십시오.
- 다양한 경험을 할 수 있도록 많은 기회를 마련해 주십시오.
- 자신의 이름, 전화번호, 현주소, 부모 이름 등을 알도록 해주십시오.
- 예기치 않은 문제 발생 시 도움을 청하는 방법을 알도록 해주십시오(어른들께, 경찰 관계자, 자기보다 나이 많은 형들에게 알린다).
- 교통 신호를 바르게 보고 교통질서를 꼭 지키도록 해주십시오.
- 일상생활의 바른 습관 교육이 방학 동안에도 이어지도록 해주십시오(취침, 기상 및 식사 예절, 신체 및 환경 청결, 절약, 대소변 보기, 외출할 때 허락받고 가기, 약속 지키기 등).
- 그림책을 보는 시간 또는 읽어주는 시간을 갖고 대화 시간을 가져 주십시오.
- 다양한 폐품을 활용한 놀이 시간을 갖도록 해주십시오.
- 바다, 산, 농촌, 우체국, 박물관, 고궁, 은행, 비행장, 역 등의 다양한 장소에 함께 가주십시오.
- 부모님과 함께 음악 감상을 할 수 있는 시간을 가져 주십시오.
- 유아는 부모님을 그대로 따라 하니 좋은 본보기를 많이 보여 주십시오.

2○○○년 ○월 ○일

유 치 원
어린이집 ○○원장 ○○○

◇ 유아에게 통신문을 나누어 주고 각자의 소지품을 잘 챙기도록 한다.

◇ 방학의 중반 즈음하여 교사는 각 학급의 유아에게 편지를 써서 가정으로 보내도록 한다. 유아의 문해 능력에 따라 그림 편지를 보낼 수도 있다.

______ 에게

그동안 잘 있었니?

올해는 유난히 날씨가 지내기가 좀 힘들지나 않았는지 모르겠구나.

의 들, 들, 들께서는 모두 건강하게 여름을 잘 보내셨단다.

의 는 커서 이제는 이 되었고, 이 품고 있었던 에서는 또 나왔어.

편지를 쓰고 있는 지금 가 신나게 울고 있네. 는 어떻게 되었을까? 그래, 과일들이 먹음직스럽게 주렁주렁 달려 있어.

들은 네가 무척 보고 싶구나. 이제 남은 방학동안 더욱 건강하고, 재미있게 지내고

8월 29일(목요일)에 에서 반갑게 만나자. 만나면 그동안 재미있었던 이야기 많이 들려 주렴.

잘 있거라.

20ㅇㅇ년 8월 22일 · · 들이

* 개원일 : 20ㅇㅇ년 8월 29일(목) 오전 9시~11시

* 준비물 : , , , 만든 것, 모은 것들

〈보기〉

무더워서 · 유치원 · 선생님

아주머니 · 아저씨 · 대추나무

방신 · 작업복 · 여벌의 옷

7 수료식

1) 의의

수료식은 다음 연령으로 진급하는 유아에게는 그 연령에서 보낸 1년간의 생활을 끝내는 날이며, 초등학교에 입학하는 유아에게는 유아교육기관의 생활을 마치는 날이기도 하다. 수료식은 또 하나의 새로운 시작을 위하여 하나의 과정을 마무리하는 의미가 있으므로, 그동안 유아교육기관에서 지냈던 일을 돌아보면서 많은 수고와 사랑으로 가르쳐주신 선생님들께 감사하는 시간이 되도록 한다.

2) 준비 사항

- 수료일을 정하여 2월 생활 예정안에 안내하고, 수료식 일주일 전에는 초대장을 만들어 보낸다. 이때 초대장은 유아와 함께 만들어 본다.
- 4세 이하 학급의 수료식과 5세의 수료(졸업)식을 같은 날에 한다면 시차를 두어 혼잡하지 않도록 한다. 가능하다면 4세 이하 학급의 수료식과 5세 수료식은 다른 날로 정하는 것이 좋다.
- 유아가 유아교육기관에서 생활한 사진을 다양한 멀티미디어 프로그램을 활용하여 편집한 후 기관에 따라 각 유아별 또는 학급별로 제작하여 선물할 수 있다.
- 초등학교에 진학하는 유아를 위한 수료증과 수료생 명단, 졸업 앨범, 기념품 등을 준비한다.
- 행사장의 환경을 구성한다. 초등학교에 진학하는 유아를 위한 행사장 앞쪽에는 식순 안내, '축 수료'의 글을 붙여두고 태극기, 책상(수료증, 앨범, 기념품 등을 놓아둘 책상), 유아용 · 학부모용 의자를 배치한다.
- 초등학교에 진학하는 유아를 위한 식순과 원가, 수료가 등이 적힌 순서지를 준비한다.
- 기다리는 시간 동안 유아가 함께 녹음한 노래나 실내악을 틀어 놓는다.

3) 주의점

- 초등학교에 진학하는 유아를 위한 수료식은 학부모와 친척이 함께 참여하므로 매우 혼잡할 수 있다. 한 유아당 초정할 수 있는 사람 수를 미리 정해 공지하고 행사 시작 10분 전에 미리 오도록 안내한다.
- 행사 시간이 길어지면 유아가 매우 지루해하고 피곤해 할 수 있으므로 행사를 신속하게 진행할 수 있도록 준비한다. 특히 성인의 훈시가 길어지지 않도록 하며, 유아가 행사를 통하여 기관에서의 생활을 되돌아보는 기회를 갖도록 하는 것이 바람직하다.
- 행사가 끝난 뒤 각 유아가 바로 집으로 돌아갈 수도 있으나, 나갈 때 혼잡해지는 것을 막고 담임교사와 유아가 조용한 분위기에서 인사를 나눌 수 있도록 교실로 가서 각 반별로 모인 뒤 행사를 마무리한다.
- 유아교육기관에서의 마지막 행사가 즐겁고 유쾌한 경험이 되기 위하여 각 유아에게 줄 수료증, 기념품, 앨범 등을 차질 없이 준비한다.
- 이 외에도 아래와 같은 다양한 행사를 할 수 있는데, 모든 행사를 다 하는 것이 아니라 각 기관의 특성과 교육 철학에 따라 융통성 있게 행사를 운영하는 것이 바람직하다.

표 5-1 다양한 행사와 내용

행사	내용
할아버지 할머니 참여일	• 유아가 가족의 의미를 깨닫고 가족에게 감사하는 마음을 갖도록 한다. • 할아버지, 할머니가 참여할 수 있는 활동을 준비한다. 예를 들면 할아버지, 할머니가 동화를 들려준다거나, 할아버지, 할머니가 등장하는 동극(예 커다란 순무)을 준비하여 유아와 조부모가 함께 즐거운 경험을 가질 수 있도록 한다. • 간식을 준비할 때는 할아버지, 할머니를 위해 우유나 주스보다는 전통차를 준비하는 것이 좋다. 이를 위해 자원봉사 부모님의 도움을 받을 수 있다. • 안내를 하거나 거동이 불편한 분에게 도움을 드려야 할 때는 자원봉사 부모님의 도움을 받는다. • 할아버지, 할머니를 위해 성인용 의자를 준비한다.
민속의 날	• 우리나라의 전통 문화를 이해하고 이를 즐기는 태도를 가지도록 한다. • 민속의 날에는 다양한 전통놀이를 할 수 있는데, 전통놀이는 민속의 날 당일에 처음으로 실시하는 것이 아니라 행사 전 2~3주에 걸쳐 미리 준비하여 유아가 교실과 실외에서 충분히 놀이할 수 있게 한다. • 유아가 한복을 입고 오게 되므로 계단을 오르거나 화장실을 갈 때 불편할 수 있다. 여아의 경우 치맛단을 올려 끈으로 고정해 주고, 남아의 경우에도 바지 부분이 고무줄이나 후크로 되어 있는 것을 입게 한다. • 한복을 입고 오지 않은 유아가 소외감을 느끼지 않게 배려한다.
부활절	• 행사나 활동(계란 색칠하기)에 치중하기보다는 유아가 부활절의 의미를 이해할 수 있도록 한다.
추수감사절	• 추수감사절의 유래를 이해하고, 다양한 곡식과 과일을 먹을 수 있음에 감사하는 마음을 갖도록 한다. • 각 유아가 원하는 과일을 한 개씩 가져와 예배에 사용하고 함께 나누어 먹을 수 있으나, 가정에 부담이 되지 않게 한다.
성탄절	• 크리스마스는 선물을 받는 날이기보다는 아기 예수님의 탄생을 축하하고 불우한 이웃과 함께 크리스마스의 기쁨을 나누려는 마음을 갖는 날임을 이해할 수 있도록 한다. • 유아가 갖고 싶은 선물을 미리 가정에 부탁하여 준비할 수 있으며, 불우한 이웃을 도울 수 있는 물건이 있으면 함께 보내줄 것을 안내한다.

※ 본 서에 수록된 사진 일부는 다음 문헌에서 저자의 허락하에 사용하였습니다.

김현주(2019). 개정 누리과정에 따른 '진짜' 놀이를 위한 놀잇감. 아이코리아.
김희진(2022). 유아의 놀이, 일상생활 그리고 교사의 교육적 의도를 통합하는 대·소집단 활동. 아이코리아.
김희진·박은혜·김현주·김언경·박혜림(2017). 교육지원자로서의 환경: 어린이의 배움, 놀이, 생각을 바꾸다. 파란마음.
이화여자대학교 이화어린이연구원(2016). 영유아교육기관에서의 일상생활 지도. 파란마음.
정혜욱·김은영·김희진·김언경(2021). 발현적 교육과정에 기초한 유아·놀이 중심 교육과정 사례집. 파란마음.

교육과학기술부(2012). 5세 누리과정 교사용 지도서 1: 유치원과 친구. 교육과학기술부.
교육과학기술부(2012). 5세 누리과정 교사용 지도서 2: 나와 가족. 교육과학기술부.
교육과학기술부(2012). 5세 누리과정 교사용 지도서 3: 우리 동네. 교육과학기술부.
교육과학기술부(2012). 5세 누리과정 교사용 지도서 4: 동 · 식물과 자연. 교육과학기술부.
교육과학기술부(2012). 5세 누리과정 교사용 지도서 5: 건강과 안전. 교육과학기술부.
교육과학기술부(2012). 5세 누리과정 교사용 지도서 6: 생활도구. 교육과학기술부.
교육과학기술부(2012). 5세 누리과정 교사용 지도서 7: 교통기관. 교육과학기술부.
교육과학기술부(2012). 5세 누리과정 교사용 지도서 8: 우리나라. 교육과학기술부.
교육과학기술부(2012). 5세 누리과정 교사용 지도서 9: 세계 여러 나라. 교육과학기술부.
교육과학기술부(2012). 5세 누리과정 교사용 지도서 10: 환경과 생활. 교육과학기술부.
교육과학기술부(2012). 5세 누리과정 교사용 지도서 11: 봄 · 여름 · 가을 · 겨울. 교육과학기술부.
교육과학기술부·보건복지부(2012). 5세 누리과정 교사용 지침서. 교육과학기술부·보건복지부.
교육과학기술부·보건복지부(2012). 5세 누리과정 해설서. 교육과학기술부·보건복지부.
교육부(2019). 유치원 교육과정(교육부 고시 제2019-189호). 교육부.
교육부(2020). 관찰에 기반한 유아 놀이지원(교사용, 부모용). 교육부.
교육부(2022). 유아와 함께 하는 인공지능교육(교사 지원자료). 교육부.
교육부·보건복지부(2012). 3~5세 누리과정. 교육부·보건복지부.
교육부·보건복지부(2019a). 2019 개정 누리과정 놀이실행자료. 교육부·보건복지부.
교육부·보건복지부(2019b). 2019 개정 누리과정 놀이이해자료. 교육부·보건복지부.
교육부·보건복지부(2019c). 2019 개정 누리과정 해설서. 교육부·보건복지부.
교육부·보건복지부(2020). 「2019 개정 누리과정」 놀이운영사례집: 놀이를 지원하는 교사의 역할–유아의 발현적 놀이에 리듬을 맞추는 교사. 교육부·보건복지부.

김교령(2022). 유아교사의 디지털역량 강화를 위한 교육 프로그램 개발. 이화여자대학교 대학원 박사학위논문.

김명순·신혜영·신보원·남진경(2021). 실외놀이터 놀이 영역과 영유아 놀이행동 및 신체활동성 간의 관계. 유아교육연구, 41(3), 293-316.

김미경(2021). 실내 유아 목공놀이영역의 효율적 운영을 위한 협력적 실행과정과 의미. 중앙대학교 대학원 박사학위논문.

김미선(2019). 유아 교사의 유아평가 실행 역량: 사회 · 정서 영역을 중심으로. 이화여자대학교 대학원 석사학위논문.

김민경(2019). 5세 학급 자유놀이시간 놀이평가 운영 개선을 위한 실행연구. 이화여자대학교 교육대학원 석사학위논문.

김새롬(2017). 유아의 흥미를 반영한 자유선택활동 영역 구성을 위한 실행연구. 이화여자대학교 교육대학원 석사학위논문.

김선영·김언경·홍누리(2015). 쌓기놀이 영역 지도에 대한 유아교사의 인식과 현황. 미래유아교육학회지, 22(1), 47-72.

김성미(2022). 쌓기놀이에서 나타나는 만 2세반 영아의 수학적 대화 탐색. 덕성여자대학교 대학원 박사학위논문.

김수민(2024). 3세 학급 유아를 위한 정리정돈 지도 방안에 대한 실행연구. 이화여자대학교 대학원 석사학위논문.

김순환·김교령·박선혜·손수연·오지영·유선영·장민영·전우용·조해연(2023). 유아언어교육. 파워북.

김아영·이승연(2020). 유치원에서의 정리정돈에 대한 유아들의 인식 탐구. 교육과학연구, 51(3), 53-81.

김언경(2020). 유아의 삶, 놀이로 물들다: 개정누리과정 놀이운영사례집. 한국보육학회 학술대회자료집 2020 (pp. 147-160).

김영실·김지영·안진경·임양금·최진숙(2020). 영유아 수학교육. 공동체.

김영옥(2020). 유아사회교육. 양서원

김은영·강재희·이성희·한희경(2021). 유아 · 놀이중심 교육과정에 기초한 교과교재 연구 및 지도법. 공동체.

김은영·최혜윤(2024). 유아교육에서의 디지털 미디어 활용. 창지사.

김정원·김유정(2020). 유아교과교육론. 창지사.

김지은(2023). 음률놀이와 연계한 유치원 적응교육 프로그램 개발 및 효과: 만 3세아를 중심으로. 중앙대학교 대학원 박사학위논문.

김지현(2015). 협동적 요리활동이 유아의 과학적 태도 및 친사회적 행동에 미치는 영향. 한국교원대학교 교육대학원 석사학위논문.

김지희(2019). 미술 매체 탐색을 중심으로 한 미술영역 활성화 방안에 대한 실행연구. 이화여자대학교 교육대학원 석사학위논문.

김진영(2018). 유아음악교육의 기초. 파워북.

김진영(2020). 유아와 함께하는 노래 놀이. 파워북.

김현주(2019). 개정 누리과정에 따른 '진짜' 놀이를 위한 놀잇감. 아이코리아.

김희영(2019). 유치원 5세 산들반 놀이 중심 교육 활성화를 위한 실행연구. 이화여자대학교 대학원 박사학위논문.

김희진(2014a). 유아교육기관에서의 부모교육과 지원(개정). 파란마음.

김희진(2014b). 유아교육기관에서의 영유아 평가: 발달과 교육적 지원을 위한 첫걸음. 파란마음.

김희진(2017). 놀이의 관점에서 본 자유선택활동에 대한 비판적 분석. 육아지원연구, 12(3), 5-23.

김희진(2017). 발현적 교육과정에 기초한 영아 프로그램의 이론과 실제. 파란마음.

김희진(2020). 영유아교육기관에서의 행동지도: 주도적으로 판단하고 조절하는 힘 기르기. 파란마음.

김희진(2022). 유아의 놀이, 일상생활 그리고 교사의 교육적 의도를 통합하는 대 · 소집단 활동. 아이코리아.

김희진·김은영·성민주·송정아·안정원·윤진주·이세영·이주은·이초원·최혜윤(2018). 영유아교육기관에서의 행동지도 바로 알기. 창지사.

김희진·김현주·김은영·최명희(2011). 현장학습 바로 알기. 창지사.

김희진·박은혜·김현주·김언경·박혜림(2017). 교육지원자로서의 환경: 어린이의 배움, 놀이, 생각을 바꾸다. 파란마음.

김희진·박은혜·김현주·김언경·이화어린이연구원 교사(2016). 함께 만들어가는 놀이터: 놀이를 통한 학습. 파란마음.

김희진·박은혜·이지현(2018). 영유아교육기관에서의 관찰(3판). 창지사.

김희진·박은혜·최혜윤(2016). 영유아교육기관에서 좋은 사진 찍기. 파란마음.

김희진·최혜윤(2022). 유아건강교육 대학교재의 내용과 2019개정 누리과정이 강조한 교수학습방법의 반영에 대한 분석. 영유아교육: 이론과 실천, 7(2), 81-104.

김희진·한영미(2022). 영유아교육기관 건강 · 영양 · 안전 평가 지표 비교 연구: 한국, 미국, 호주를 중심으로. 교육과학연구, 53(3), 327-354.

김희진·한영미(2023). 2019 개정 누리과정 이후 유아 교사의 대·소집단활동 실시 현황과 교수 방법. 교육과학연구, 54(4), 1-28.

나귀옥·김경희·김화(2017). 외부 전문가와 내구 구성원의 지원 및 협의를 통한 유아교육기관 내 실외놀이 개선 실행연구. 유아교육학논집, 21(5), 125-148.

노다솜·김언경(2023). 공립유치원 교사의 2019개정누리과정 해석과 실천 경험 탐색. 한국유아교육연구, 25(4), 91-125.

박소희(2022). 이름글자 활용 그래프 활동이 유아의 단어읽기, 음운인식, 수학능력에 미치는 영향. 원광대학교 일반대학원 박사학위논문.

박은혜(2020). 유아교사론(6판). 창지사.

박은혜·곽아정·김난실·김현주·김희진·유청옥·이혜경(2022). 유치원 교사를 위한 교직실무(4판). 창지사.

박은혜·김희진·성원경·이성희·박선혜(2021). 영유아교육과정. 창지사.

박은혜·박선혜·박신영·장민영·김지은(2019). 현장사례에 기초한 보육교사 인성론. 창지사.

박은혜·신은수(2012). 2011 국제표준교육분류 0단계(ISCED)에 기초한 누리과정의 유아교육제도로서의 의미. 유아교육학논집, 16(2), 341-356.

박은혜·조운주(2020). 반성적 실천을 위한 유아교육실습(3판). 창지사.
박은혜·조혜선·이성희·황보영(2021). 현장중심 영유아 안전교육. 파란마음.
박재진(2020). 영유아 문제행동 지도를 위한 교사교육 프로그램 개발. 이화여자대학교 대학원 박사학위논문.
보건복지부(2020). 제4차 표준보육과정 해설서. 보건복지부.
서울특별시유아교육진흥원(2014). 쌓기놀이지도, 완전정복! 서울특별시유아교육진흥원.
서울특별시유아교육진흥원(2023). 놀이를 통한 유아음악교육 프로그램. 서울특별시유아교육진흥원.
서울특별시유아교육진흥원(2023). 문해력 향상을 위한 유아언어교육 프로그램. 서울특별시유아교육진흥원.
서정숙·김언경·안은희·최현주·최소린(2016). 그림책 읽어주기의 실제. 창지사.
서정숙·남규(2020). 유아문학교육. 창지사.
서현정(2018). 지속가능발전지향 유아과학교육 프로그램 개발. 한국교원대학교 대학원 박사학위논문.
성원경·박혜경·이춘자·조인경(2023). 유아교과교육론. 창지사.
손미이(2017). 3~5세 연령별 누리과정 및 3, 4, 5세 누리과정 교사용 지도서에 제시된 유아기 음악교육 내용의 범위와 계열 분석. 이화여자대학교 대학원 박사학위논문.
손혜진(2024). 가상현실을 활용한 디지털 놀이에서의 유아 메타 커뮤티케이션 분석. 이화여자대학교 대학원 박사학위논문.
안상화(2020). 자연물 표상을 통한 유아미술교육 프로그램 개발 및 효과. 전남대학교 대학원 박사학위논문.
안수정(2023). 만 2~5세 자녀의 의생활과 부모의 지도 실태 및 인식. 이화여자대학교 대학원 석사학위논문.
오현미(2022). 창작활동과 연계한 유아 명화감상 교수모형 개발 및 적용 효과. 성신여자대학교 일반대학원 박사학위논문.
유지현·이승연(2017). 전이시간을 활용한 말놀이 활동이 4세 유아의 언어표현력과 음운인식에 미치는 영향. 어린이미디어연구, 16(1), 53-74.
유혜령·강은희·박지영(2019). 유아 교수공학과 교수학습방법(3판). 창지사.
이가원(2018). 자유선택활동 시 교사의 놀이 제한이 유아의 가상놀이에 미치는 영향. 이화여자대학교 대학원 석사학위논문.
이경우·곽향림·정경진·이윤희(2019). 그룹게임: 코딩과 컴퓨팅 사고 놀이. 창지사.
이기숙·김정원·이현숙·전선옥(2019). 영유아교육과정(4판). 공동체.
이기숙·장영희·정미라·엄정애(2021). 유아교육개론(4판). 양서원.
이영자·이기숙·이정욱(2022). 유아교수 · 학습방법(4판). 창지사.
이은화·김희진·이승연(1996). 기본생활습관 평가척도의 개발을 위한 연구. 유아교육연구, 16(2), 161-177.
이정환(1999). 유아교육 교수학습방법(개정판). 교문사.
이정환·김희진(2016). 영유아를 위한 미술활동(개정). 파란마음.

이지현·이경연(2021). 바깥놀이가 유아 발달에 미치는 효과에 대한 메타분석. 어린이미디어연구, 20(3), 153-178.
이지혜(2024). 3세 유아 실외 모래놀이의 교육적 의미. 중앙대학교 대학원 박사학위논문.
이초원(2019). 만2세 영아학급의 역할놀이 활성화를 위한 실행연구. 이화여자대학교 교육대학원 석사학위논문.
이화여자대학교 사범대학 부속이화유치원(2017). 국가수준 교육과정 바로 알기. 창지사.
이화여자대학교 이화어린이연구원(2016). 교사라면 꼭 알아야 하는 쌓기놀이 지도의 모든 것. 파란마음.
이화여자대학교 이화어린이연구원(2016). 부모라면 내 아이를 위해 꼭 알아야 하는 쌓기놀이의 모든 것. 파란마음.
이화여자대학교 이화어린이연구원(2016). 영유아교육기관에서의 일상생활 지도. 파란마음.
임승렬·정미라·김연미(2016). 누리과정의 효율적 운영을 위한 교육계획안의 평가 내용 분석. 어린이미디어연구, 15(2), 21-61.
장민영(2019). 자유선택활동시간을 중심으로 살펴본 유아의 '참여'에 대한 의미 고찰. 학습자중심교과교육연구, 19(6), 789-817.
전난희·김언경(2022). 기본운동능력 중심 신체활동이 유아의 기초체력 및 자기효능감에 미치는 영향. 한국유아교육연구, 24(3), 73-101.
전우용(2017). 활동이론에 따른 만 5세 유아들의 수 · 조작 활동에 관한 사례 연구. 이화여자대학교 대학원 박사학위논문.
정혜욱·김은영·김희진·김언경(2021). 발현적 교육과정에 기초한 유아·놀이 중심 교육과정 사례집. 파란마음.
정혜욱·김은영·윤진주·송정아·안정원·정혜원(2019). 놀이 중심 교육과정에서의 교사 역할 바로 알기. 창지사.
조부경(2021). 유아과학교육(5판). 양서원.
조부경(2021). 유아교사의 전문성과 학습공동체. 양서원.
조형숙·김선월·김지혜·김민정·김남연(2021). 유아과학교육. 학지사.
중앙교육연수원(2022). 2019 개정 누리과정(심화): 관찰과 평가를 통한 유아의 놀이지원과 가정과의 연계(원격과정). 교육부.
진송미·김언경(2022). 효과적인 관찰 기록 방법 개선을 위한 실행연구. 영유아교육: 이론과 실천, 7(3), 69-94.
최일선·조운주(2020). 유아교육 평가의 이론과 실제(5판). 창지사.
최현정·이금구·우혜진(2020). 유아사회교육. 학지사.
한영주(2012). 점토활동에 나타난 영아의 표상과 도구 사용 방법의 미시발생적(microgenetic) 변화. 이화여자대학교 대학원 석사학위논문.
허수연(2019). 학급 차원의 긍정적 행동지원이 통합학급 유아의 사회성 기술과 활동 참여에 미치는 영향. 이화여자대학교 대학원 박사학위논문.

Alcock, S., & Stobbs, N. (Eds.). (2019). *Rethinking play as pedagogy (Thinking about pedagogy in early childhood education)*. Routledge.

Australian Government Department of Education [AGDE] (2022). *Belonging, Being and Becoming: The Early Years Learning Framework for Australia* (V2.0). Australian Government Department of Education for the Ministerial Council. https://www.acecqa.gov.au/sites/default/files/2023-01/EYLF-2022-V2.0.pdf

Berk, L. E. (1995). 어린이들의 학습에 비계 설정(홍용희 역). 창지사.

Berk, L. E. (2022). *Development through the lifespan*(6th ed.). Pearson.

Blatchford, J. S., Smith, K. C., & Samuelsson, I. P. (2012). 유아를 위한 지속가능발전 교육(박은혜·신은수 공역). 이화여자대학교 출판부.

Bodrova, E., & Leong, D. J. (2010). 정신의 도구: 비고츠키 유아교육(박은혜·신은수 공역). 이화여자대학교 출판부.

Branscombe, N. A., Burcham, J. G., Castle, K., & Surbeck, E. (2013). *Early childhood curriculum: A constructivist perspective*. Routledge.

Bredekamp, S. (2019). *Effective practices in early childhood education: Building a foundation*(4th ed.). Pearson.

Bresson, L. M., & King, M. (2022). *Preschoolers at play: Choosing the right stuff for learning and development*. NAEYC.

Broderick, J. T., & Hong, S. B. (2020). *From children's interests to children's thinking: Using a cycle of inquiry to plan curriculum*. NAEYC.

Cameron, A., Gallahue, P., & Iacoviello, D. (2020). *Early childhood math routines*. Routledge.

Clements, D. H., & Sarama, J. (2020). *Learning and teaching early math: The learning trajectories approach*. Routledge.

Cornnors, A. F., & Wright, D. (2004). *101 rhythm instrument activities for young children*. Gryphon House.

Daly, L., & Beloglovsky, M. (2014). *Loose parts*. Redleaf Press.

Daly, L., & Beloglovsky, M. (2016). *Loose parts 2*. Redleaf Press.

Daly, L., & Beloglovsky, M. (2018). *Loose parts 3*. Redleaf Press.

Daly, L., & Beloglovsky, M. (2019). *Loose parts 4*. Redleaf Press.

Davis, J. M., & Elliott, S. (2024). *Young children and the environment: Early education for sustainability*(3rd ed.). Cambridge University Press.

Deiner, P. L. (2008). *Infants & toddlers: Development and curriculum planning*(Ed.). Wadsworth.

DeViney, J., Duncan, S., Harris, S., Rody, M. A., & Rosenberry, L. (2010). *Inspiring spaces for young children*. Gryphon House.

DeVries, R., & Zan, B. (1997). (유아를 위한) 사회 도덕성 교육(이은화·이경우·곽향림 공역). 창지사.

Dodge, D. T., Colker, L. J., & Heroman, C. (2002). *The creative curriculum for preschool*. Teaching Strategies.

Edwards, C., Gandini, L., & Forman, G. (Eds.). (2011). *The hundred languages of children: The Reggio Emilia experience in transformation*(3rd ed.). Praeger.

Edwards, L. (2012). *Music and movement: A way of life for the young child*(7th ed.). Pearson.

Edwards, S. (2017). Play-based learning and intentional teaching: Forever different? *Australasian Journal of Early Childhood, 42*(2), 4-11

Eliason, C., & Jenkins, L. (2015). *Practical guide to early childhood curriculum*(10th ed.). Pearson.

Epstein, A. S. (2014). *The intentional teacher* (Rev. ed.). NAEYC.

Flohr, J. W. (Ed.). (2004). *The musical lives of young children*. Pearson.

Fox, J. E., & Schirrmacher, R. (2014). *Art and creative development for young children*(8th ed.). Cengage Learning.

Gonzalez-Mena, J., & Eyer, D. W. (2020). *Infants, toddlers, & caregivers: Curriculum relationship*(12th ed.). McGraw-Hill Education.

Gordon, E, E. (2013). *A music learning theory for newborn and young children*. GIA Publications.

Grant, K. B., & Ray, J. A. (2023). *Home, school, and community collaboration: Culturally responsive family engagement*(5th ed.). SAGE Publication.

Grindheim, L. T., Søresen, H. V., & Rekers, A. (Eds.). (2021). *Outdoor learning and play: Pedagogical practices and children's cultural formation*. Springer Open.

Hedegaard, M., & Ødegaard, E. E. (Eds.). (2020). *Children's exploration and cultural formation*. Springer Open.

Helm, J. H., Beneke, S., & Steinheimer, K. (2007). *Windows on learning: Documenting young children's work(Early childhood education series)*(2nd ed.). Teachers College Press.

Henniger, M. (2017). *Teaching young children: An introduction*(6th ed.). Pearson

Hobart, C., & Frankel, J. (2014). *A practical guide to child observation and assessment*(4th ed.). Oxford University Press.

Hunting, R., Mousley, J., & Perry, B. (2012). *Young children learning mathematics: A guide for educators and families*. ACER Press.

Johnson, R. S., Mims-Cox, J. S., & Doyle-Nichols, A. R. (2018). *Developing portfolios in education: A guide to reflection, inquiry, and assessment*(2nd ed.). SAGE Publication.

Katz, L. G., & McCellan, D. E. (2001). 어린이들의 사회적 능력 배양: 교사의 역할(홍용희 역). 양서원.

Kingore, B. (2007). *Developing portfolios for authentic assessment, pre k-3: Guiding potential in young learners*. Corwin Press.

Kohl, M. F., & Gainer, C. (2018). *Matharts: Exploring math through art for 3 to 6 year olds*. Chicago Review Press.

Kostelnik, M. J, Soderman, A. K., Whiren, A., Rupiper, M. L., & Gregory, K. (2017). 영유아의 사회정서발달과 교육(2판)(박경자·김송이·신나리·권연희·김지현 공역). 교문사.

Kostelnik, M. J., Onaga, E., Rohde, B., & Whiren, A. (2007). 장애유아 통합교육 이야기(박혜준·이승연 공역). 학지사.

Koster, J. B. (2014). Growing artists: *Teaching the arts to young children*(6th ed.). Cengage Learning.

Krogh, S. L., & Morehouse, P. (2020). *The early childhood curriculum: Inquiry learning through integration*. Routledge.

Lewin-Benham, A. (2023). *Infants and toddlers at work: Using Reggio-inspired materials to support brain development*(2nd ed.). Teachers College Press.

Mac Naughton, G., & Williams, G. (2009). *Teaching young children*(2nd ed.). Open University Press.

Mcafee, O., Leong, D., & Bodrova, E. (2015). *Assessing and guiding young children's development and learning*(6th ed.). Pearson.

McLaughlin, T., Aspden, K., & Snyder, P. (2016). Intentional teaching as a pathway to equity in early childhood education: Participation, quality, and equity. *New Zealand Journal of Educational Studies, 51*, 175-195.

McMullen, M. B., & Brody, D. (2021). *Infants and toddlers at play: Choosing the right stuff for learning and development*. NAEYC.

Meisels, S. J., & Atkins-Burnett, S. (2005). *Developmental screening in early childhood* (5th ed.). NAEYC.

Moomaw, S. (2024). *Teaching STEM in the early years: Activities for integrating science, technology, engineering, and mathematics*(2nd ed.). Redleaf Press.

Murray, C. G. (2018). *Simple signing with young children: A guide for infant, toddler, and preschool teachers*. Gryphon House.

National Association for the Education & Young Children (2021). *Developmentally appropriate practice in early childhood programs serving children from birth through age 8*(4th ed.). NAEYC.

Ostroff, W. L. (2012). *Understanding how young children learn: Bringing the science of child development to the classroom*. ASCD.

Powell, D. R. (2010). *Who's watching the babies?: Improving the quality of family, friend, and neighbor care*. Xlibris US.

Pramling, N., Wallerstedt, C., Lagerlof, P., Bjorklund, C., Kultti, A., Palmer, H., Magnusson, M., Thulin, S., Jonsson, A., & Samuelsson, P. I. (2019). *Play-responsive teaching in early childhood education*. Springer Open.

Reggio Children S.R.L. (2008). 유아, 공간, 관계: 유아를 위한 포괄적 교육환경 프로젝트(박병희·박선희 공역). 다음세대.

Sapon-Shevin, M. (2000). 유아교육 과정의 재개념화: 그 대화의 시작(신옥순·염지숙 공역). 창지사.

Saracho, O. N. (2020). *An integrated play-based curriculum for young children*(3rd ed.). Routledge.

Sarama, J., & Clements, D. H. (2009). *Early childhood mathematics education research: Learning trajectories for young children*. Routledge.

Schwake, S., & Schwake, R. (2012). *Art lab for kids: 52 creative adventures in drawing, painting, printmaking, paper, and mixed media-for budding artists of all ages*(Lab Series). Quarry Books.

Schwartz, S. L., & Copeland, S. M. (2010). *Connecting emergent curriculum and standards in the early childhood classroom*. Teachers College Press.

Sipe, L. R. (2011). 유아교사의 그림책 읽어주기: 유아의 문학적 이해 및 문학교육(서정숙 역). 창지사.

Stacey, S. (2011). *The unscripted classroom*. Redleaf Press.

Turrou, A. C., Johnson, N. C., & Franke, M. (2021). *The young child and mathematics*(3rd ed.). NAEYC.

Van Hoorn, J., Nourot, P., & Scales, B. (2018). 놀이중심 교과과정(6판)(순진이·정현심 공역). 시그마프레스.

Vukelich, C., Enz, B., Roskos, K. A., & Kristie, J. (2019). *Helping young children learn language and literacy: Birth through kindergarten*(5th ed.). Pearson.

Wallerstedt, C., Brooks, E., Ødegaard, E. E., & Pramling, N. (Eds.). (2023). *Methology for research with early childhood education and care professionals*. Springer Open.

Willis, C. A. (2013). *Creating inclusive learning environments for young children: What to do on Monday morning*. Corwin Press.

Wittmer, D. S., & Petersen, S. H. (2011). 영아 발달과 반응적 교육: 관계 중심 접근법(이승연·김은영·강재희·문혜련·이성희 공역). 학지사.

Wittmer, D. S., Petersen, S. H., & Puckett, M. B. (2016). *The young child: Development from prebirth through age eight*(7th ed.). Pearson.

Wood, E. (2013). *Play, learning and the early childhood curriculum*(3rd ed.). SAGE Publications.

Wright, T. S., Cabell, S. Q., Duke, N. K., Souto-Manning, M. (2022). *Literacy learning for infants, toddlers, and preschoolers: Key practices for educators*. NAEYC.

Wurm, J. P., & Genishi, C. (2005). *Working in the Reggio way: A beginner's guide for American teachers*. Redleaf Press.

김 희 진

이화여자대학교 사범대학 교육학과(학령전교육 전공) 학사
University of Illinois at Urbana-Champaign 유아교육전공 석사
Purdue University 유아교육전공 박사
이화여자대학교 사범대학 부속 이화유치원 교사
현, 이화여자대학교 사범대학 유아교육과 교수
관심 분야: 부모교육과 지원, 부모-유아 상호작용, 유아의 사회적 관계, 영아교육프로그램

김 언 경

이화여자대학교 사범대학 유아교육과 학사
이화여자대학교 대학원 유아교육학과(유아교육 전공) 석사
이화여자대학교 대학원 유아교육학과(유아교수학습방법 전공) 박사
수영유치원 교사, 이화어린이연구원 수석연구원 및 이화여자대학교 직장어린이집 원장
현, 한국교원대학교 유아교육과 교수
관심 분야: 유아교수학습방법, 영유아 놀이지원 및 실행, 영유아 사회적 관계 및 상호작용

제3판 **영유아교육의 교수학습방법**

초판 1쇄 발행 2007년 11월 20일
초판 8쇄 발행 2012년 8월 25일
제2판 1쇄 발행 2013년 2월 26일
제2판 11쇄 발행 2023년 2월 26일
제3판 1쇄 발행 2024년 8월 26일

지은이_ 김희진 · 김언경
펴낸이_ 황호철
펴낸곳_ 도서출판 파란마음
주소_ 10097 경기도 김포시 김포대로926번길 88-27, 227동 1401호
전화_ (031) 992-7679 | 팩스_ 0508-900-2212
홈페이지_ http://paranmaum.co.kr/
등 록_ 2006년 4월 24일 · 제409-3020000251002006000024호

ISBN 979-11-90935-55-5 93370
값 25,000원